국민건강보험공단

NCS + 법률
봉투모의고사
/
1회

박문각

제1회 모의고사

NCS 직업기초능력 60문항/60분	의사소통 · 수리 · 문제해결 각 20문항	80문항/80분
직무시험(법률) 20문항/20분	국민건강보험법(행정직 · 건강직 · 기술직)	
	노인장기요양보험법(요양직)	

NCS 직업기초능력 | 01 ~ 60번

[01 ~ 02] 다음 보도자료를 보고 이어지는 물음에 답하시오.

'비급여 정보 포털' 개설
비급여 진료정보, 이제 한 눈에 확인하세요!

국민건강보험공단은 국민의 알 권리를 향상시키고 합리적 의료이용을 도모하기 위해 비급여 정보를 한 눈에 쉽게 파악할 수 있는 '비급여 정보 포털'을 2025년 4월 10일부터 운영한다고 밝혔다. 비급여는 가격이나 진료기준이 법으로 정해진 급여항목과 달리, 의료기관이 가격과 진료기준 등을 자율적으로 제공하여 국민들이 비급여 의료 서비스의 가격이 적정한지, 안전한지 등에 대한 충분한 정보가 없어 의료 선택에 어려움이 있었다. 이에 공단은 국민들의 의료 선택에 도움을 주고자 비급여 항목의 가격 정보뿐만 아니라 주요 항목의 안전성 · 효과성 정보, 질환별 증상 · 치료 정보 등을 종합적으로 제공하기 위해 '비급여 정보 포털'을 구축하였다. 또한, 공단 · 심평원 · 한국보건의료연구원 · 질병관리청 등 여러 기관에 산재한 비급여 정보를 모아 국민들이 보다 손쉽고 합리적으로 의료 서비스를 이용할 수 있도록 접근성을 강화하였다.

'비급여 정보 포털'은 '비급여 바로 알기', '알고 받는 비급여', '통계로 보는 비급여' 메뉴로 구성되어 있으며, 이용자가 주요 정보를 시작화면에서 한 눈에 쉽게 확인할 수 있다. 국민들이 비급여 진료이용 시 적정하고 합리적인 선택을 하는 데 도움이 되는 비급여 이용 가이드와 비급여 관련 제도 소개를 시작으로, 비급여 항목별 가격, 주요 질환 · 수술별 진료비(급여 + 비급여), 비급여 항목의 안전성 · 효과성 평가결과, 비급여 관련 다양한 통계 결과 등을 보여준다. 또한, 자가 건강관리에 도움이 되는 동영상, 비급여 항목과 연계된 질환정보, 제공 정보에 대한 상세 내용을 확인할 수 있는 각 기관별 바로가기 서비스도 제공한다. 이번 '비급여 정보 포털'에서 제공하는 정보는 비급여 항목 1,064개, 질환 91개, 의료기술 재평가 결과 54개 등이며, 향후 전문기관 등과 협력을 강화하고, 지속적인 분석 및 평가를 통해 제공정보를 확대해 나갈 예정이다.

국민건강보험공단 정기석 이사장은 "'비급여 정보 포털'을 통해 비급여 진료 정보를 통합적으로 제공함으로써 비급여 정보에 대한 접근성이 강화되어, 국민들이 필요한 비급여 진료를 적정 비용으로, 안전하고 합리적으로 이용할 수 있도록 하는 데 기여할 것으로 기대된다"고 밝혔다. 또한, "국민의 합리적인 의료 이용을 돕고 의료비 부담을 줄일 수 있도록 지속적으로 노력할 계획"이라고 덧붙였다.

※ 출처 : 국민건강보험공단 보도자료

01 **위 보도자료의 내용과 일치하지 않는 것은?**

① '비급여 정보 포털'의 목적은 비급여 의료 서비스에 대한 충분한 정보를 국민들에게 제공하는 것이다.
② '비급여 정보 포털'은 크게 비급여 바로 알기, 알고 받는 비급여, 통계로 보는 비급여의 세 가지 메뉴로 구성되어 있다.
③ '비급여 정보 포털'에서는 비급여 항목에 대한 정보뿐만 아니라, 관련된 주요 질환 및 그에 따른 진료비에 관한 정보도 제공한다.
④ 공단·심평원·한국보건의료연구원·질병관리청 등 여러 기관에 산재한 비급여 정보를 '비급여 정보 포털'에 실시간으로 공개한다.

02 **'비급여 정보 포털'에서 찾아볼 수 있는 정보를 〈보기〉에서 모두 고르면?**

보기
㉠ 자가 건강관리에 도움이 되는 동영상
㉡ 수술별 급여 및 비급여 진료비
㉢ 비급여 항목의 안전성 평가결과
㉣ 비급여 항목별 가격

① ㉠, ㉡, ㉢, ㉣ ② ㉠, ㉡, ㉣
③ ㉠, ㉢, ㉣ ④ ㉡, ㉢, ㉣

[03~04] 다음 보도자료를 보고 이어지는 물음에 답하시오.

보건복지부는 2024년 제1차 국가건강검진위원회를 서면으로 개최(4.9.~4.12.)하여 '4주기 병원급·의원급 검진기관 평가 결과(안)'을 심의하고 그 평가 결과를 공개한다. 검진기관 평가는 건강검진 업무의 적정 수행 여부 평가를 통한 국가건강검진의 질 향상을 위해 「건강검진기본법」 제15조에 근거하여, 2012년부터 3년 주기로 실시하고 있다. 이는 일반건강검진, 영유아검진, 구강검진, 6대 암검진까지 총 9개 검진유형에 대해 병원급·의원급 검진기관을 대상으로 평가한다. 이번 4주기 평가에서는 검진유형별 연간 검진건수 50건 이상 검진기관인 13,203개소(병원급 검진기관 1,398개소, 의원급 11,805개소) 기관에 대해 서면조사와 일부 방문조사(5% 내외)를 통해 8개 평가분야, 437개 평가문항으로 구성하여 평가를 진행하였다.
평가 결과, 평균점수는 영유아검진이 가장 높았고, 병원급 검진기관은 위암검진 가장 낮고 의원급 검진기관은 일반검진과 대장암검진이 가장 낮게 나타났다. 대체적으로 검진유형을 구성하는 평가분야 수가 많을수록 평균점수가 낮고 과락제도 등의 영향으로 우수등급 비율도 낮았다.(평가분야 수: 영유아·자궁·구강검진 1개, 대장암검진 3개, 일반·위검진 4개)
평가 결과 공개 후에는 미흡기관에 대해 교육(온라인, 오프라인) 및 전문가 자문, 방문점검 등 체계적인 사후관리를 통해 검진기관 자체역량 향상을 지원한다. 검진유형에 따라 국민건강보험공단에서 일반·영유아·구강검진 사후관리를 실시하고, 국립암센터에서 6대암검진에 대해 사후관리를 실시할 계획이다. 사후관리는 평가분야를 일반·전문분야로 구분하여 일반분야는 건보공단에서 직접 기관에 방문하여 맞춤형 컨설팅을 제공한다. 진단·영상 등 전문분야에 대해서는 관련 학회 소속의 전문의가 온라인으로 사례중심 강의 및 컨설팅을 제공하고, 미흡비율이 가장 높은 진단분야는 온라인 강의 외에 집합교육도 병행할 계획이다. 또한 3·4주기 평가에서 가장 낮은 평가등급(미흡)을 연속으로 받은 기관에 대해서는 업무정지 등 행정처분이 부과될 계획이다.(2회 연속 업무정지 3개월, 3회 연속 검진기관 지정취소) 평가결과 2회 연속 미흡기관은 의원급 67개소, 병원급 17개소이며 평가 결과 공개 이후 관할 지방자치단체(보건소)로 행정처분을 의뢰할 예정이다.
향후 국가검진위원회 결정에 따라 4주기 평가 결과를 각 검진기관에 통보하고, 국민건강보험공단 홈페이지(건강iN) 등을 통해 국민에게 투명하게 공개할 계획이다. 국민 누구나 국민건강보험 홈페이지와 앱(The건강보험) 등을 통해 검진기관 평가 결과를 확인할 수 있다.

※ 출처: 보건복지부 보도자료

03 위 자료의 내용과 일치하는 것을 〈보기〉에서 모두 고르면?

보기

㉠ 검진기관 평가는 2012년부터 3년 주기로 실시하고 있다.
㉡ 2024년 검진기관 평가는 13,203개소 기관에 대해 평가를 진행했으며, 90% 이상이 서면조사로 이루어졌다.
㉢ 검진유형을 구성하는 평가분야 수가 많을수록 평균점수가 낮게 나타났다.
㉣ 검진기관은 평가 결과에 대해서는 별도의 개별통보를 받지 않고, 공개되는 홈페이지나 앱을 통해서 확인할 수 있다.

① ㉠, ㉡, ㉢
② ㉡, ㉢, ㉣
③ ㉠, ㉢
④ ㉡, ㉣

04 위 자료에서 제시된 검진기관 평가 사후관리에 대한 설명으로 틀린 것은?

① 일반분야는 건보공단에서 직접 기관에 방문하여 맞춤형 컨설팅을 제공하고, 전문분야에 대해서는 온라인 강의 및 컨설팅, 집합교육 등을 제공한다.
② 평가결과 공개 후 국민건강보험공단 및 국립암센터에서 사후관리를 실시한다.
③ '미흡' 등급을 2회 연속으로 받은 경우 지정취소의 행정처분을 받게 된다.
④ 2024년 평가에서 2회 연속 '미흡' 등급을 받은 기관은 의원급과 병원급 84개소이다.

[05～07] 다음 보도자료를 보고 이어지는 물음에 답하시오.

보건복지부는 2025년 7월 22일부터 '치매관리주치의 시범사업'의 대상 지역을 현재 22개 시군구에서 37개 시군구로 확대하고, 치매관리주치의도 219명에서 284명으로 확대 선정하여 시행한다고 밝혔다. 치매관리주치의 시범사업(이하 '시범사업')은 치매환자가 지역사회에 거주하면서 치매뿐만 아니라 전반적인 건강문제까지 체계적으로 치료와 관리를 받을 수 있도록 의료 서비스를 제공하는 사업이다.

치매관리주치의 시범사업 서비스 내용

- 환자 포괄평가에 따른 맞춤형 치료·관리 계획 수립(연 1회)
- 치매환자와 그 보호자를 대상으로 대면 교육 및 상담(연 8회 이내, 10분 이상)
- 약 복용이나 합병증 발생 여부 등에 대한 비대면 관리(연 12회 이내, 전화 또는 화상통화)
- 거동 불편 등 치매환자에 대한 의사의 방문진료(연 4회 이내)

2024년 7월부터 시행한 시범사업은 2025년 7월 현재 22개 시군구, 의사 219명(174개 의료기관)이 참여하고 있고, 등록 환자수는 4,341명('25. 4월, 심평원 자료제출시스템 등록 기준)으로 치매관리주치의를 통해 지역사회에서 전문적이고 체계적인 치료와 관리를 받고 있다.
보건복지부는 보다 많은 치매환자가 지역사회에서 치료·관리받을 수 있도록 시범사업 참여 기관 확대를 위한 공모('25.1.24.～3.21.)를 실시하였다. 이를 통해 2024년도 시범사업 지역에서 의사 16명(의료기관 16개소)을 추가하고 2025년도 시범사업 대상 지역으로는 20개 시군구를 새롭게 선정하였다. 다만, 2025년도 시범사업 대상 지역인 20개 시군구 중 5개* 시군구의 신청 의사들은 시범사업 참여 요건을 미충족하여 최종적으로 15개 시군구와 해당 지역의 참여 요건을 충족한 의사 49명**(의료기관 37개소)이 시범사업에 참여하게 되었다.

* 5개 시군구 신청 의사들에 대한 교육 등은 연내 추가 실시 예정
** 참여 의사(의료기관) 선정 결과는 문자 안내 등 개별 통보

치매관리주치의 시범사업 개요

○ 사업목적: 치매관리주치의를 통해 치매환자가 지역사회에서 치매 증상과 전반적 건강문제를 지속적으로 치료·관리받음으로써 삶의 질 유지·증진
  * 신경과·정신건강의학과 전문의·치매전문교육 이수 의사

○ 사업기간: 2024년 7월～2026년 6월, 2년간 시범운영

○ 사업대상자: 치매환자(입원 중인 환자 제외)

○ 대상기관: 시범사업 지역 의원, 일부 병원·종합병원
  * 치매안심센터 협약기관, 광역치매센터 운영기관(일부 상급종합병원 포함)만 해당

○ 사업규모: 37개 시군구, 227개 의료기관, 의사 284명('25. 7월 기준)
  * 1차년도('24. 7월～'25. 6월) 시범운영 후 2차년도('25년)부터 확대 실시, 전국 확대('26년) 추진

○ 서비스: 치매에 전문성 있는 의사가 환자를 포괄평가하고 맞춤형 치료·관리계획 수립, 심층 교육·상담, 비대면 관리, 방문진료 등 실시
  * 시범사업 수가 적용, 서비스 비용 환자 본인부담률 20%(중증치매는 10%)
  * 환자가 치매전문관리, 통합관리(치매전문관리 + 일반건강관리) 중 서비스 선택

구분	치매전문관리	통합관리 (치매전문관리 + 일반건강관리)
대상자	치매 환자	만성질환(고혈압, 당뇨병 등) 관리를 함께 받기 원하는 치매 환자
치매관리 주치의	신경과 또는 정신건강의학과 전문의, 치매전문교육 이수 의사	신경과 또는 정신건강의학과 전문의, 치매전문교육 이수 의사 중 일차의료 만성질환관리 사업 참여 의사
서비스 제공 의료기관	의원, 치매안심센터 협약 또는 광역치매센터 운영 병원 · 종합병원	일차의료 만성질환관리 사업 참여 의원 ※ 체계적 만성질환관리가 가능하도록 일차의료 만성질환관리 사업 참여 의원에서 실시
서비스 내용	치매관리 계획 수립 · 제공, 치매 교육 · 상담, 환자 관리, 방문진료(의원만 해당) ※ 치매안심센터 연계, 진료 의뢰 · 회송, 기타 지역사회 서비스 연계 등	치매전문관리 제공 서비스 + 만성질환(고혈압 · 당뇨병 등) 일반건강관리

※ 출처: 보건복지부 보도자료

05 **위 자료의 치매관리주치의 시범사업과 관련된 내용으로 적절하지 않은 것은?**

① 시범사업의 목적은 치매환자가 치매 증상과 전반적 건강문제를 지속적으로 치료 · 관리받음으로써 삶의 질을 유지 · 증진하는 것이다.
② 시범사업은 2024년 처음 실시되었으며, 2025년 시범사업 참여 기관 확대를 위한 공모는 약 2달간 실시되었다.
③ 시범사업의 서비스 비용은 환자 본인부담률이 예외 없이 20%이다.
④ 입원 중인 치매환자는 시범사업 대상에서 제외된다.

06 **다음 중 치매관리주치의 시범사업에 따른 서비스 내용이 잘못된 것은?**

① 치매환자와 그 보호자를 대상으로 한 연 8회의 대면 교육
② 거동이 불편한 치매환자에 대한 연 2회 의사의 방문진료
③ 매월 말 약 복용에 대한 전화를 통한 비대면 관리
④ 환자 포괄평가를 통한 연 2회 맞춤형 치료 계획 수립

07 **위 자료의 치매전문관리와 통합관리 서비스에 대해 잘못 이해한 것을 〈보기〉에서 모두 고르면?**

보기

㉠ 고혈압이 있는 치매 환자는 통합관리만 받을 수 있다.
㉡ 정신건강의학과 전문의는 치매전문관리주치의가 되는 것이 가능하며, 일차의료 만성질환관리 사업에 참여해야 통합관리 서비스를 제공할 수 있다.
㉢ 통합관리는 치매전문관리에서 받는 서비스를 모두 제공하며, 여기에 더해 만성질환 일반건강관리를 제공한다.
㉣ 통합관리는 일차의료 만성질환관리 사업 참여 의원 및 광역치매센터 운영 병원 · 종합병원에서 실시한다.

① ㉠, ㉡ ② ㉠, ㉣
③ ㉡, ㉢ ④ ㉢, ㉣

[08 ~ 09] 다음 보도자료를 보고 이어지는 물음에 답하시오.

보건복지부는 2025년 1월 16일 2025년 제1차 심뇌혈관질환관리위원회(이하 '관리위원회')를 개최했다고 밝혔다. 관리위원회에서는 지역심뇌혈관질환센터 지정기관 선정(안)을 심의 · 의결하고, 중증 · 응급 심뇌혈관질환 진료협력 네트워크 시범사업 추진현황 등을 논의하였다. 지역심뇌혈관질환센터 지정기관 선정은 중증 · 응급도가 높은 심뇌혈관질환자가 지역 내에서 신속하게 전문 진료를 받을 수 있는 지역완결적 의료체계를 구축하기 위함이다. 관리위원회는 2024년 12월 공모에 지원한 71개 기관 중 서면 및 구두평가 절차를 통해 선정된 총 10개소를 신규 지역심뇌혈관질환센터로 지정하기로 의결하였다. 특히, 전남 순천, 경남 창원, 경북 포항, 경기 의정부 등 취약지 진료권에서도 우수한 역량을 가진 기관들이 지원하여 선정되었다.

지역심뇌혈관질환센터 신규 지정 예정기관(10개소)

연번	시도	진료권	병원명	연번	시도	진료권	병원명
1	서울	서울서북	순천향대서울병원	6	경남	경남창원	창원한마음병원
2	경기	경기의정부	의정부을지대병원	7	울산	울산서남	동강병원
3	경기	경기고양	국민건강보험일산병원	8	대전	대전서부	대전을지대병원
4	인천	인천동북	인천세종병원	9	충북	충북청주	효성병원
5	경북	경북포항	세명기독병원	10	전남	전남순천	성가롤로병원

(가) 이로써, 중앙심뇌혈관질환센터 1개소, 권역심뇌혈관질환센터 14개소, 지역심뇌혈관질환센터 10개소의 중앙-권역-지역 심뇌혈관질환 대응체계가 첫 발을 내딛게 된다. (나) 중앙심뇌혈관질환센터는 서울대병원으로 △심뇌혈관질환 정책개발 및 기술지원 △인력교육 △통계 · 연구개발 △예방관리교육 · 홍보 등의 역할을 수행하고 있다. 권역심뇌혈관질환센터는 시 · 도 단위 광역 거점기관으로서 고난이도 중증 · 응급 심뇌혈관질환 전문치료가 24시간 가능하고 조기재활 및 예방관리사업 등을 수행하며 현재 총 14개소가 운영 중이다. (다) 이번에 지정하게 되는 지역심뇌혈관질환센터는 △지역 내 심뇌혈관질환자의 급성기 최종치료를 24시간 제공하고, △퇴원환자 등에 예방관리 교육 및 지역홍보 등을 담당하며, △권역심뇌혈관질환센터와 협력체계를 구축하여 필요 시 신속한 이송 등으로 적시 치료가 핵심인 심뇌혈관질환의 지역 간 격차를 해소하는 데 핵심적인 역할을 수행할 예정이다. (라)
한편, 관리위원회는 2024년 2월 시작한 중증 · 응급 심뇌혈관질환 진료협력 네트워크 시범사업에 대한 그간의 추진현황 등에 대해 보고 받고, 2차년도 보상 방향 등을 논의하였다. 해당 시범사업에서 권역심뇌혈관질환센터 기반 네트워크에 참여 중인 의료기관 53개소도 권역 내 심뇌혈관질환자의 신속한 이송, 치료, 전원 등을 담당하며 전달체계 확립에 기여하고 있다.

※ 출처: 보건복지부 보도자료

08 위 자료의 내용과 일치하는 것은?

① 신규 지역심뇌혈관질환센터로 선정된 병원 중 절반 이상이 수도권에 위치한다.
② 심뇌혈관질환관리위원회에 지역심뇌혈관질환센터 지정을 신청한 기관들 중 10개 기관만이 신규 지역심뇌혈관질환센터로 선정되었다.
③ 권역심뇌혈관질환센터는 중앙심뇌혈관질환센터와 함께 심뇌혈관질환 정책개발 및 기술지원 기능을 수행한다.
④ 중앙-권역-지역 심뇌혈관질환 대응체계는 2024년 2월에 완성되었다.

09 위 자료의 (가)~(라) 중 〈보기〉의 내용이 들어가기에 가장 적절한 곳은?

> 보기
>
> 보건복지부는 신규 지정되는 지역심뇌혈관질환센터의 안정적 조기 정착을 위해 중앙과 권역센터에서도 운영 기술지원 등 협력하도록 할 예정이다.

① (가) ② (나)
③ (다) ④ (라)

[10～11] 다음은 담뱃값 건강경고제 관련 자료이다. 이를 읽고 이어지는 물음에 답하시오.

보건복지부 제5기 담뱃갑 건강경고 그림·문구를 6개월의 유예 기간을 거쳐 2024년 12월 23일부터 새롭게 적용한다고 밝혔다. 담뱃갑 건강경고는 흡연의 건강상 폐해를 그림 또는 문구로 담뱃갑에 표기하여, 흡연자의 금연 유도와 비흡연자의 흡연 예방을 도모하는 대표적인 담배 규제 정책이다. 2001년 캐나다에서 처음 도입된 이후 2023년 기준 138개국에서 시행 중이며, 국내에서는 2016년 12월 23일부터 시행된 이래 매 2년마다 경고그림 및 문구를 고시하여 이번 개정이 5기에 해당한다. 「국민건강증진법」에 따라, 제4기 담뱃갑 건강경고는 2024년 12월 22일 종료되고 제5기 담뱃갑 건강경고 그림·문구 표기사항은 향후 2년간 적용(2024. 12. 23. ~ 2026. 12. 22.)된다. 한국건강증진개발원에서는 새롭게 바뀌는 담뱃갑 건강경고의 올바른 표기를 위해 2024년 8월 19일 제5기 담뱃갑 경고그림 및 경고문구 표기 지침(매뉴얼)을 배포한 바 있다.

이번 담뱃갑 건강경고 그림·문구는 국내·외 연구 결과 및 사례 분석, 대국민 표본 설문조사, 건강경고 효과성 측면 등을 종합적으로 고려하여 후보안을 개발하였으며, 금연정책전문위원회의 4차례 심의와 행정예고 및 국민건강증진정책심의위원회 심의·보고를 거쳐 최종 확정되었다. 담뱃갑 경고그림은 궐련의 경우 그림 주제 10종 중 2종을 변경하여, 2016년 제도 도입 이후 처음으로 병변 주제 비중을 확대(5:5 → 7:3)하였다. 전자담배 2종(궐련형·액상형)은 그림 주제를 1종에서 2종으로 늘렸다. 담뱃갑 경고문구는 궐련의 경우 단어형 표현에서 문장형 표기로 변경하여, 흡연으로 인한 질병 발생과 건강 위험을 비유적으로 표현하였다. 전자담배 2종(궐련형·액상형)은 현행 문구를 유지(니코틴 중독, 발암물질 노출!)한다.

담뱃갑 건강경고제 제·개정 목적 및 제5기 건강경고 변동사항

1. 목적

기존 건강경고의 익숙함 방지 및 경고 효과 제고를 위해 건강경고 주제 변경 또는 경고그림·문구 교체 실시

* WHO FCTC에서도 담뱃갑 건강 경고를 주기적으로 수정·보완할 것을 권고

2. 변동사항

(1) 그림 10종은 병변 비중 확대(5:5 → 7:3)

* 담뱃갑 건강경고 도입 이후 병변 : 비병변 비중은 5 : 5 유지(1기~4기)

(2) 문구는 단어형(폐암) → 문장형(폐암으로 가는 길)으로 변경

⟨(궐련) 4기 대비 5기 담뱃갑 경고그림 변경사항⟩

유형		주제 유지		주제 변경	
		그림 변경	그림 유지	도입	삭제
궐련 (10종)	병변 (7종)	폐암, 후두암, 구강암, 심장질환, 뇌졸중		안질환, 말초혈관질환	
	비병변 (3종)	치아변색	간접흡연, 성기능장애		임산부흡연, 조기사망

* 폐암(3기), 후두암(2기)은 과거 경고그림 재사용

※ 출처: 보건복지부 보도자료

10 위 자료의 내용과 일치하지 않는 것은?

① 담뱃갑 건강경고는 2001년 캐나다에서 처음 도입하였으며, 우리나라에는 2016년 도입되었다.
② 국내 담뱃갑 건강경고는 2년에 한 번 경고그림 및 문구를 변경하는데, 다른 국가에 비해 바꾸는 주기가 긴 편이다.
③ 담뱃갑 건강경고 경고그림 및 문구를 주기적으로 변경하는 이유는 기존 경고의 익숙함을 방지하고 경고 효과를 높이기 위해서이다.
④ 담뱃갑 건강경고 그림·문구는 여러 측면을 고려하여 후보안을 개발한 후 몇 차례 심의와 행정예고, 보고 등을 거쳐 확정된다.

11 제5기 담뱃갑 건강경고의 특징으로 옳은 것을 〈보기〉에서 모두 고르면?

> 보기
> ㉠ 2026년 12월 22일까지 적용됨
> ㉡ 담뱃갑 경고문구는 궐련의 경우 단어형 표현에서 문장형 표기로 변경, 전자담배의 경우 현행 문구 유지
> ㉢ 4기에 사용되었던 임산부흡연과 간접흡연 관련 그림은 삭제됨
> ㉣ 간접흡연, 성기능장애 관련 그림은 4기와 동일하게 사용
> ㉤ 담뱃갑 건강경고제 국내 도입 이후 최초로 궐련에 사용하는 병변 그림의 비중을 늘림

① ㉠, ㉡, ㉣, ㉤
② ㉡, ㉢, ㉣, ㉤
③ ㉠, ㉡, ㉣
④ ㉡, ㉢, ㉤

[12 ~ 13] 다음 보도자료를 보고 이어지는 물음에 답하시오.

국민건강보험공단은 2023년 급여의약품 지출현황 분석 결과, 총 약품비는 26조 1,966억 원으로 2022년(24조 1,542억 원) 대비 8.5% 증가했다고 밝혔다. 2023년 전체 진료비(110조 8,029억 원)가 2022년 대비 4.7% 증가한 것과 비교해 2배 가량 높은 증가율이며, 진료비 중 약품비가 차지하는 비중도 23.6%로 2022년 대비 0.8%p 증가한 것으로 나타났다.

한편, 최신 OECD 보건통계(2024.8.)에 따르면 2022년 기준 우리나라의 경상의료비 중 의약품 지출 비율은 18.0%로 OECD 평균인 14.2%보다 3.8%p 높았으며, 멕시코(21.0%) 등에 이어 OECD 국가 중 7위에 해당되는 것으로 나타났다.

정부는 국민건강보험종합계획에 따라 약제비 부담이 큰 암, 희귀질환치료제의 건강보험 적용을 확대하고, 치료에 필요한 필수의약품에 대해 사회적·임상적 요구, 비용효과성, 국민수용도, 재정여건 등을 종합적으로 고려하여 약제 급여를 추진하여 왔다. 2022년에는 급성 림프구성 백혈병 치료제인 킴리아주 등 22개 약제를 급여 적용하였고, 면역항암제 등 7개 약제에 대해 사용범위를 확대하였으며, 2023년에는 척수성 근위축증 치료제인 에브리스디 등 24개 약제를 급여하고, 중증아토피치료제 등 8개 약제의 사용범위를 확대하였다. 이러한 국민 생명과 직결된 필수의약품 급여를 지속 확대한 결과, 암·희귀난치질환 환자의 본인 부담이 줄어들면서 2023년 기준, 암 및 희귀난치질환자 치료에 사용한 급여 약품비는 각각 3조 8,402억 원, 2조 5,492억 원으로 2022년 대비 10.8%와 9.7%씩 증가하여 전체 약품비 증가율(8.5%)을 상회하였다.

연령대 및 요양기관 종별로 살펴보면, 연령대별로는 60대 환자의 약품비가 6조 6천억 원으로 가장 높은 비중(25.2%)을 차지하였으며, 70대(5조 2천억 원), 50대(4조 4천억 원), 80대(3조 1천억 원) 순으로 나타났다. 전체 약품비 중 60대 이상이 차지하는 비중은 58.1%였다. 요양기관 종별로는 약국 청구액이 18조 원(68.9%)으로 가장 높았고 상급종합병원(3조 8천억 원), 종합병원(2조 2천억 원), 의원(1조 1천억 원) 순으로 나타났다.

지출 상위 효능군 및 성분군의 분석 결과는 다음과 같다. 효능군별로는 동맥경화용제(고지혈증 치료제)가 2조 8,490억 원으로 지출 규모가 제일 크고 항악성종양제(2조 7,336억 원), 혈압강하제(2조 원), 소화성궤양용제(1조 3,904억 원), 당뇨병용제(1조 3,667억 원) 순으로 나타났다. 인구 고령화와 서구화된 식습관 등의 영향으로 고지혈증 치료제가 최근 들어 매해 지출 1순위를 차지하고, 이를 포함한 만성질환(고혈압, 당뇨병 및 고지혈증) 치료제가 상위를 점유하고 있다. 성분군 별로도 지출 상위 효능군 1위인 동맥경화용제에 해당하는 고지혈증 치료제 에제티미브+로수바스타틴 복합제가 1위로 6,058억 원 지출되었고, 이어 콜린 알포세레이트(뇌기능 개선제, 5,630억 원), 아토르바스타틴(고지혈증약, 5,587억 원), 클로피도그렐(항혈전제, 4,179억 원), 로수바스타틴(고지혈증약, 3,377억 원) 순으로 나타났다. 2위인 콜린 제제는 최근 5년간 지출액이 104.3%(2018년 2,756억 원 → 2023년 5,630억 원) 증가하였는데 해당 약제는 식품의약품안전처에서 임상시험을 통해 치료효과를 입증토록 하는 임상재평가를 진행 중이며, 약제의 적정 처방 관리를 위하여 심평원은 2022년부터 선별집중심사 대상 항목으로 치매 외 질환에는 처방 자제를 권고하고 있다.

※ 출처: 국민건강보험공단 보도자료

12 위 자료의 내용과 일치하지 않는 것을 〈보기〉에서 모두 고르면?

보기

㉠ 진료비 중 약품비가 차지하는 비중은 2022년과 2023년 모두 22% 이상이다.
㉡ 킴리아주, 에브리스디는 모두 2023년에 약제 급여가 적용된 약제이다.
㉢ 암·희귀난치질환 치료에 사용한 급여 약품비는 2023년 기준 전체 약품비의 20% 이상을 차지한다.
㉣ 정부는 필수의약품 중 비용효과성 측면을 가장 우선적으로 고려해 약제 급여 대상을 선정한다.

① ㉠, ㉡　　② ㉡, ㉢
③ ㉡, ㉣　　④ ㉢, ㉣

13 **위 자료를 보고 보일 수 있는 반응으로 가장 적절하지 않은 것은?**

① 60대 환자의 약품비가 전체 약품비의 4분의 1 이상을 차지하는 걸 보니, 이 연령대의 유병률이 높은 것 같네.

② 콜린 알포세레이트에 대한 지출 규모가 5,000억 원 이상인데, 앞으로는 치료효과를 입증할 때까지는 치매 외의 질환에만 처방이 가능하군.

③ 약품비 지출 상위 효능군에 고지혈증치료제, 당뇨병용제 등이 있는 걸 보니, 우리나라 국민들의 식습관이 서구화된 것에 대한 부작용이 보이는 것 같아.

④ 2023년에는 전체 진료비가 늘어나면서 급여의약품 약품비도 전년대비 1조 원 이상 늘어났군.

[14～15] 다음은 국민건강보험공단에서 제공한 여드름에 관한 자료이다. 이를 보고 이어지는 물음에 답하시오.

인구 10만 명당 '여드름' 환자의 진료인원을 연도별로 살펴보면, 2022년 237명으로 2018년 184명 대비 28.8% 증가하였으며, 연령대별로 살펴보면, 20대가 863명으로 가장 많았다. 성별로 구분해보면, 남성은 20대가 815명으로 가장 많았고, 10대 612명, 30대 294명 순이며, 여성도 20대가 916명으로 가장 많았고, 10대 553명, 20대 366명 순으로 나타났다. 20~30대 성인 여드름환자가 증가하는 배경으로는 실제로 여드름이 주로 발생하는 시기는 10대 후반의 사춘기이지만 이 시기에는 여드름을 '청춘의 상징'으로 생각하는 경향이 있고, 학업에 바빠 병의원을 잘 찾지 않는 경향이 있는 것으로 보인다. 그러다가 20대가 되면서 대인관계 및 사회적인 활동이 증가하게 되고 여드름을 치료하고자 하는 욕구가 증가하여 병의원을 많이 찾게 되는 것으로 보인다.

여드름의 발생원인 및 주요 증상, 예방법 등은 다음과 같다.

우선, '여드름'이란 피지선과 모낭에 만성적으로 염증이 발생하는 질환이다. 면포, 구진, 농포, 결절 등 다양한 병변이 나타난다. 피지선이 밀집되어 있는 얼굴에 가장 흔하게 생기며 목, 등, 가슴 같은 다른 부위에도 발생한다. 여드름은 영아에서 성인까지 어느 연령에서든지 발생할 수 있지만 주로 사춘기에 발생한다. 12세에서 25세 남녀의 85%에서 관찰되며 남자는 15세와 19세 사이에, 여자는 14세와 16세 사이에 발생 빈도가 높다. 사춘기 이후에는 나이에 따라 감소하는 양상을 보인다.

여드름은 다양한 요인들이 복합적으로 작용하여 발생하는 것으로 알려져 있는데, 최근 연구에서는 염증 및 면역반응이 중요하다는 것이 많이 알려지고 있다. 대표적인 요인들로는 안드로겐 호르몬에 의한 피지생산의 증가, 모낭상피의 비정상적인 각질화로 인한 모낭의 막힘, 모낭에 상주하는 세균인 큐티박테리움 아크네스(Cutibacterium acnes)에 의한 염증반응 등이 있다.

여드름은 얼굴, 등, 가슴 등에 특징적인 증상이 발생하면 임상적으로 진단할 수 있다. 특히 면포가 관찰되는 것이 여드름 진단에 중요하다. 일반적으로 특별한 검사는 필요하지 않으나, 고안드로겐혈증이 의심되는 경우에는 혈액검사를 할 수 있다.

여드름 치료로는, 피지분비 감소, 모낭각화이상 교정, 큐티박테리움 아크네스의 집락 수 감소 와 항염증 치료 등 여드름 발생에 관여하는 다양한 요인들에 대한 치료를 한다. 국소요법으로 국소항생제, 레티노이드, 벤조일 퍼옥사이드 등을 사용할 수 있으며 깊은 결절 병변에 대해서는 스테로이드 병변 내 주사를 할 수 있다. 전신치료로 경구항생제, 이소트레티노인(비타민 A를 변형시켜 만든 레티노이드) 등을 사용할 수 있다. 외과적인 치료로 여드름 압출, 박피술 등이 있으며 광치료나 레이저 치료도 여드름 치료에 이용된다. 그 밖에도 다양한 여드름 흉터 치료법들이 있다.

여드름을 예방하기 위해서는 과도한 스트레스나 흡연 및 음주를 피하는 것이 중요하다. 잦은 세안도 피하는 것이 좋다. 하루에 두 번 부드러운 세안제를 사용하여 세안하는 것이 좋다. 과도한 세안이나 강한 알칼리성 비누를 사용하면 피부의 pH를 높여 피부 지질장벽을 손상시킬 수 있고, 국소 여드름 치료제의 자극을 높일 수 있다.

14 위 자료의 내용과 일치하는 것은?

① 2022년 인구 10만 명당 여드름 환자는 4년 전에 비해 30% 가까이 증가했으며, 남성 환자의 증가율이 여성 환자의 증가율보다 높았다.

② 성인 여드름 환자가 증가하는 것은 예전에 비해 20대 이후에 여드름이 발생하는 경우가 늘어났기 때문이다.

③ 여드름이 등, 가슴 분위에서 면포 형태로 생기는 경우 혈액검사를 해볼 필요가 있다.

④ 10대~20대 남녀의 절반 이상에서 여드름이 생기며, 사춘기 이후에는 감소하는 경향이 있다.

15 **위 자료에서 알 수 있는 것은?**

① 2022년 인구 10만 명당 10대 여드름 환자 진료인원
② 여드름 발생의 대표적인 요인들
③ 레티노이드와 이소트레티노인으로 여드름이 치료되는 과정
④ 여드름을 예방하기 위한 최선의 방법

[16～17] 다음 보도자료를 보고 이어지는 물음에 답하시오.

국민건강보험공단은 2025년 4월부터 장기요양시설 입소자(서울・경기・인천・강원 총 22개 시설)가 사용하는 약물을 종합적으로 점검하고 필요에 따라 약물을 조정하여 올바른 약물 복용을 유도하기 위한 다제약물 관리서비스를 제공한다고 밝혔다. 공단은 전문가(의대, 약대 교수)와 현장(계약의사, 요양시설장 등)의 의견을 수렴하여 장기요양시설 입소자의 약물관리를 위한 서비스 모형을 마련하였다.

서비스 내용을 자세히 살펴보면 ① 시설에서 간호사 등이 10종 이상 약물복용 등으로 점검이 필요한 대상자를 선정하면 ② 공단에서 위촉한 약사가 시설을 방문하여 입소자의 약물을 점검하고 ③ 필요시에는 시설의 계약의사가 약물의 제거 및 변경까지 수행하는 절차로 구성되어 있다. 이는 약사의 약물 점검에만 그치지 않고 의사의 처방조정까지 연계되는 포괄적인 약물관리 서비스 모형이며, 특히 약물관리 효과를 더욱 높일 수 있도록 약사가 시설의 종사자에게 약물보관 방법 등을 교육하는 절차도 포함되어 있다.

공단은 참여시설을 모집한 결과, 2025년 상반기 참여 시설은 서울・경기・인천・강원 지역의 총 22개 시설이며, 하반기에 참여시설을 추가 모집할 계획으로 사업에 참여하는 시설은 더 늘어날 것이라고 밝혔다. 더불어 시설에 방문하여 약물 점검하는 약사를 대상으로 교육을 실시하였고, 약물점검이 필요한 환자의 등록도 이루어지고 있어 시설 입소자의 약물관리 노력이 곧 가시적인 성과로 나타날 것이라고 말했다.

장기요양시설 수급자는 재가 수급자보다 더 많은 약을 처방받고 주의가 필요한 약물 복용 비율도 높으며, 약물 관련 부작용 등의 발생 확률도 높아 세심한 관리가 필요한 것으로 확인되었다. 공단 건강보험연구원이 2023년 장기요양수급자(시설 187,077명, 재가 704,109명) 약물 사용 실태를 분석한 결과, 시설 수급자는 1일 평균 7.22개 성분(의약품수 11.47개)을 처방받고 있어 재가 수급자의 1일 평균 5.33개 성분(의약품수 7.93개)보다 다제약물 사용현황이 심각한 것으로 나타났다. 또한, 연간 28일 이상 중추신경계용 약물 복용자 비중은 시설 수급자가 76.7%로 재가 수급자 56.6%보다 20.1%p 높아 시설 수급자에서 중추신경계용 약물의 장기복용 비율이 높은 것으로 나타났다.

가천대학교 약학대학 장선미 교수는 "장기요양시설에 거주하는 노인들은 거동이 불편하여 활동량이 적다 보니 지역 사회에 거주하는 노인보다 노쇠해질 가능성이 크다"며, "신체 기능도 많이 약해져 약물의 흡수, 대사나 배설 능력이 저하되기 때문에 약물 간 상호 작용에 민감하고, 약물 부작용도 더 많이 발생할 수 있어 시설 입소자야말로 다제약물로 인한 상호작용이나 부작용이 가장 많이 발생할 수 있는 '고위험군'인 것이다"라며 시설에서의 다제약물 관리 필요성을 강조했다.

공단 박향정 건강지원사업실장은 "우리나라는 초고령사회에 진입하였고 만성질환자는 빠르게 증가하고 있어 노인의 약물관리는 더 이상 미룰 수 있는 과제가 아니다"라며, "특히 장기요양시설 입소자의 약물관리는 중요하면서도 시급한 과제로 전문가, 현장, 공단 내 장기요양시설 관련 부서 등과의 적극 협업을 통해 관리를 확대 및 고도화하며," "아울러 '25.1월부터 부서 명칭을 '의료이용관리실'에서 '건강지원사업실'로 개편한 만큼, 자기 주도적인 예방적・통합적 건강관리 지원 강화를 위한 건강백세운동교실, 건강생활실천지원금제, 검진결과 사후관리, 일차의료 만성질환관리 사업을 더욱 활성화하기 위해 노력할 것"이라고 밝혔다.

※ 출처: 국민건강보험공단 보도자료

16 위 자료의 내용과 일치하지 않는 것은?

① 2025년 4월 기준 22개 장기요양시설에 다제약물 관리서비스를 제공하며, 서비스를 제공받는 시설 수는 하반기에 늘어날 예정이다.

② 장기요양시설에서 선정한 대상자에게 다제약물 관리서비스가 제공되며, 이때 공단 직원이 시설을 방문해 입소자의 약물을 점검한다.

③ 장기요양시설 수급자의 처방 의약품 수는 재가 수급자에 비해 1일 평균 3개 이상 많다.

④ 시설 수급자의 70% 이상이 연간 28일 이상 중추신경계용 약물을 복용한다.

17 **다제약물 관리서비스의 절차와 그에 대한 설명이 잘못된 것을 고르면?**

① 서비스 모형 마련 – 의료인 등 전문가와 요양시설 현장의 의견을 국민건강보험공단이 수렴하여 마련

② 서비스 대상자 선정 – 장기요양시설 측에서 10종 이상의 약물을 복용하는 수급자 등을 대상자로 선정

③ 대상자 점검 – 공단에서 위촉한 약사가 현장에 방문하여 대상자의 약물을 점검

④ 점검 이후 – 시설에 방문한 약사가 약물 제거, 변경 수행

[18～20] 다음은 국민건강보험공단에서 제공한 상병수당 시범사업에 관한 자료이다. 이를 보고 이어지는 물음에 답하시오.

상병수당제도는 근로자가 업무 외 질병・부상 발생으로 경제활동이 어려운 경우 치료에 집중할 수 있도록 소득을 보전하는 사회보장제도이다. 상병수당은 아픈 근로자에 대한 소득 안전망 구축, 무리하여 참고 일함으로 인한 질병 악화 및 생산성 손실 방지, 일터 감염병 확산 방지 등에 기여할 수 있다. OECD 38개국 중 한국, 미국(뉴욕 등 일부 주 도입)을 제외한 모든 나라에서 도입하고 있다. 우리나라는 「국민건강보험법」 제50조에서 이에 대해 명시하고는 있으나, 관련 하위법령이 없어 실질적 미도입 상태이다. 다만 유급병가 형태로 사업장마다 취업규칙에 맞춰 제한적으로 운영되고 있는 실정이다. 우리나라에서도 코로나19 확산을 계기로 근로자의 아프면 쉴 권리 보장 및 감염병 대응 차원에서 상병수당에 대한 사회적 요구가 증대하였다. 코로나19 극복을 위한 노－사－정 사회적 협약('20.7)을 계기로 사회적 논의가 시작되었고, 2022년부터 단계적인 시범사업을 거쳐 2025년 제도 도입을 추진하고 있다. 상병수당 시범사업의 목적은 상병수당 본 제도 도입 전 단계별 시범사업 통해 정책효과를 분석하고 운영체계를 점검하기 위함이다. 대상자 특성, 적정 보장범위・수준, 재정규모 등에 대한 실증적 근거・사례를 확보하고, 이를 토대로 사회적 논의를 거쳐 본 제도의 방향을 설계한다. 2023년 7월부터 2단계 시범사업이 경기 용인시, 경기 안양시, 전북 익산시, 대구 달서구의 4개 시・군・구에서 시행되고 있다. 근로활동불가모형과 의료이용일수모형의 2개 모형이 각 2개 지역에 적용되어 시행 중이다. 2단계 시범사업의 내용은 아래와 같다.

1. 지원대상

시범사업 지역 거주 또는 해당 지역에서 근로하는 소득 하위 50% 취업자

(1) 취업자격: △건강보험 직장 가입자 △고용・산재보험 가입자 △자영업자(사업자 등록 및 직전 3개월 평균 매출 201만 원 이상)

(2) 소득・재산기준: △가구합산 건강보험료 기준중위소득 120% 이하 △재산 7억 원 이하 가구에 속하는 취업자

2. 질병・부상 요건

구분	근로활동불가모형	의료이용일수모형
입원 여부	제한 無	입원
급여	근로활동불가기간	의료이용일수
대기기간	7일	3일
최대보장기간	120일	90일
대상지역	경기 안양, 대구 달서	경기 용인, 전북 익산

(1) 근로활동불가 모형: 질병 유형 제한 없이 일을 하지 못하는 기간 동안 지급, 대기기간 7일, 보장기간 최대 120일

(2) 의료이용일수 모형: 입원이 발생한 경우만 인정, 입원 및 관련 외래 진료일수만큼 지급, 대기기간 3일, 보장기간 최대 90일

3. 지원 내용

(1) 지급금액: 일 46,180원('23년 기준 최저임금의 60%)

(2) 급여지급기간: 모형별로 근로활동이 어려운 전체 기간(근로활동불가모형) 또는 의료이용일수(의료이용일수모형)에서 대기기간을 제외한 기간

18 **위 자료의 내용과 일치하는 것은?**

① 국내 상병수당제도 관련 법률은 2020년에 제정되었으나 실질적으로 시행되고 있지는 않다.
② 사업장별로 실시하고 있는 유급병가는 상병수당제도의 한 형태로 볼 수 있다.
③ 상병수당제도는 소득 하위 50%에 해당하는 취업자를 대상으로 일하지 못하는 기간 또는 의료이용 일수만큼 수당을 지급한다.
④ 상병수당 2단계 시범사업의 경우 제시된 취업자격을 충족하는 취업자라면 그 재산에 관계없이 지원을 받을 자격이 주어진다.

19 **〈보기〉는 위 자료의 상병수당 2단계 시범사업에 해당하는 사례이다. 갑~정의 사례와 관련된 설명으로 옳은 것은?**

보기

- 경기 안양에 있는 회사에 다니는 갑은 급성위염으로 병원에 4일간 입원하여 치료를 받았다.
- 전북 익산에서 일하는 택배기사 을은 교통사고를 당해 병원에 일주일간 입원하였다.
- 대구 달서의 한 음식점 요리사인 병은 코로나19에 감염돼 일주일간 집에서 격리처분을 받았다.
- 경기 용인에 거주하는 정은 목디스크로 인한 통증 때문에 자택에서 요양하며 5일간 외래 진료를 받은 후에야 출근할 수 있었다.

① 상병수당을 받을 수 있는 사례는 두 가지이다.
② 갑과 을이 받을 수 있는 상병수당의 합은 15만 원 이하이다.
③ 을이 받을 수 있는 상병수당은 184,720원이다.
④ 정이 받을 수 있는 상병수당은 92,360원이다.

20 **〈보기〉에서 위 자료의 상병수당 2단계 시범사업의 내용에 대해 잘못 이해한 사람을 모두 고르면?**

보기

A: 근로활동불가모형에서 치료기간이 아닌 근로활동불가기간을 적용한 것은 의미가 있다고 생각해. 치료를 마쳐도 당장 일할 수 없는 경우도 있잖아. 근로자 입장에서 합리적이라고 생각해.
B: 시범사업 지역에서 일하지만 다른 곳에 거주하는 사람들도 많을 테니, 지원대상의 지역폭을 좀 더 넓혔으면 해.
C: 상병의 특성, 대상자의 직업・업무 특성 등을 종합적으로 고려해서 지급금액을 차별화하면 좋겠어.
D: 용인에서 근무하는 대상자가 수술 당일을 포함해 3일간 입원하고, 이후 4일간 집에서 쉬면서 일을 하지 못하는 경우에 근로활동불가기간은 7일이 되는 거네.

① A, C
② B, C
③ A, D
④ B, D

[21 ~ 23] 다음은 '초등학생의 학교건강검사 표본조사결과'를 나타낸 것이다. 이를 보고 이어지는 물음에 답하시오.

(단위 : %)

영역	지표	남자	여자	계
영양 섭취	주1회 이상 라면 섭취율	79.25	73.36	76.39
	주1회 이상 음료수 섭취율	81.23	75.83	78.61
	주1회 이상 패스트푸드 섭취율	70.19	65.67	68
식습관	육류 먹지 않는 비율	1.69	2.17	1.93
	우유·유제품 매일 섭취율	51	45.25	48.2
	과일 매일 섭취율	35.4	40.07	37.67
	채소 매일 섭취율	29.49	33.16	31.27
	아침식사 결식률	4.42	4.91	4.65
	다이어트 약물 경험률	0.43	0.48	0.46
운동	주3일 이상 격렬한 신체활동 실천율	68.04	47.99	58.3
	주5일 이상 격렬한 신체활동	–	–	–
수면	하루 6시간 이내	2.9	2.49	2.7
비만, 저체중	자기 체형 이미지 비율	11.89	9.66	10.81
위생	손 씻기 실천율	90.16	91.33	90.73
	하루 두 번 이상 양치질 비율	92.35	94.4	93.34
안전	안전밸트 착용율	82.44	81.37	81.92
	헬멧과 보호장구 이용율	55.36	61.63	58.4
	외상으로 치료받은 경험율	–	–	–
TV	하루 2시간 이상 TV 시청율	33.65	31.66	32.68
인터넷	하루 2시간 이상 인터넷이나 게임	24.89	19.65	22.34
	음란물이나 성인사이트에서 채팅	–	–	–
정서	무기력과 우울 비율	2.63	2.37	2.5
	수업 적응 어려움(수업시간 혼남)	5.33	1.4	3.42
1학년만	과잉행동	9.51	5.23	7.43
	주의력 부족 및 산만	9.72	4.93	7.39

21

위 자료에 대한 설명으로 적절한 것을 〈보기〉에서 모두 고르면? (단, 전국의 초등학생 수는 266만 명이며, 소수점 첫째 자리에서 반올림하여 계산한다.)

보기

㉠ 주1회 이상 음료수를 섭취하는 학생이 주1회 이상 패스트푸드를 섭취하는 학생보다 30만 명 이상 더 많다.
㉡ 하루 두 번 이상 양치질을 하는 학생의 비율은 손 씻기를 실천하지 않는 학생의 비율의 약 10배이다.
㉢ 여학생 수가 130만 명일 경우 과일을 매일 섭취하는 남학생 수는 45만 명 이상이다.
㉣ 초등학교 1학년 학생 수가 43만 명이라면, '과잉행동 장애'를 보이는 학생의 수와 '주의력 부족 및 산만'을 보이는 학생의 수의 합은 약 6만 명이다.

① ㉠, ㉡　　② ㉠, ㉢
③ ㉡, ㉢　　④ ㉡, ㉢, ㉣

22 **다음 주어진 '중학생의 학교건강검사 표본조사결과'를 위 자료와 비교하였을 때 옳지 않은 것은? (단, 전국의 초등학생 수는 266만 명, 중학생 수는 135만 명이다.)**

(단위: %)

영역	지표	남자	여자	계
영양	주1회 이상 라면 섭취율	90.35	84.82	87.69
섭취	주1회 이상 음료수 섭취율	90.12	85.52	87.91
	주1회 이상 패스트푸드 섭취율	80.64	76.18	78.5
식습관	육류 먹지 않는 비율	1.64	2.19	1.91
	우유·유제품 매일 섭취율	35.77	25.25	30.73
	과일 매일 섭취율	27.21	32.18	29.59
	채소 매일 섭취율	26.33	26.05	26.2
	아침식사 결식률	12.17	14.92	13.49
	다이어트 약물 경험률	0.79	1.86	1.3
운동	주3일 이상 격렬한 신체활동 실천율	45.76	24.79	35.69
	주5일 이상 격렬한 신체활동	19.83	6.8	13.57
수면	하루 6시간 이내	9.02	16.13	12.43
비만, 저체중	자기 체형 이미지 비율	13.25	10.46	11.91
위생	손 씻기 실천율	78.65	78.48	78.57
	하루 두 번 이상 양치질 비율	90.53	94.97	92.66
안전	안전벨트 착용율	67.56	65.51	66.58
	헬멧과 보호장구 이용율	30.95	36.67	33.7
	외상으로 치료받은 경험율	41.79	31.6	36.91
TV	하루 2시간 이상 TV 시청율	–	–	–
인터넷	하루 2시간 이상 인터넷이나 게임	42.57	35.99	39.41
	음란물이나 성인사이트에서 채팅	5.56	1.77	3.74
정서	무기력과 우울 비율	–	–	–
	수업 적응 어려움(수업시간 혼남)	–	–	–
1학년만	과잉행동	–	–	–
	주의력 부족 및 산만	–	–	–

① '하루 2시간 이상 인터넷이나 게임'을 하는 학생의 비율은 중학생이 초등학생보다 15%p 이상 더 높다.
② '헬멧과 보호장구 이용율'의 중학생과 초등학생의 차이는 남자보다 여자가 더 크다.
③ 아침식사를 하지 않는 중학생이 초등학생보다 약 7만 명 더 많다.
④ 남자 중학생의 표본조사결과 중 다섯 번째로 높은 비율을 가진 지표와 여자 초등학생의 표본조사결과 중 세 번째로 낮은 비율을 가진 지표의 차이는 76%p 이상이다.

23 **2023년 남자 초등학생 수가 136만 명, 여자 초등학생 수가 130만 명이다. 채소를 매일 섭취하는 남녀 초등학생 수가 A만 명 차이 나고, 주1회 이상 패스트푸드를 섭취하는 남녀 초등학생 수는 B만 명 차이 날 때, A+B의 값은? (단, A와 B의 값은 소수점 둘째 자리에서 반올림하여 나타낸다.)**

① 5.2　　② 8.8
③ 10.1　　④ 13.1

[24~26] 다음은 연도별 진료실적 통계를 나타낸 자료이다. 이를 보고 이어지는 물음에 답하시오.

연도별 진료실적 통계

항목		2019년	2020년	2021년	2022년
진료실 인원(명)	계	3,600,789	3,341,152	3,328,124	3,402,483
	입원	456,621	410,572	451,995	418,290
	외래	1,638,167	1,513,784	1,496,632	1,539,869
	약국	1,506,001	1,416,796	1,379,497	1,444,324
진료건수(건)	계	77,925,313	74,067,617	74,299,234	74,460,042
	입원	2,280,694	2,241,417	2,408,252	2,388,882
	외래	49,968,393	47,321,961	47,600,457	47,647,785
	약국	25,676,226	24,504,239	24,290,525	24,423,375
내원일수(일)	계	111,085,182	109,437,378	110,735,263	111,730,881
	입원	36,812,882	37,835,635	39,178,074	39,890,613
	외래	48,596,074	47,097,504	47,266,665	47,416,893
	약국	25,676,226	24,504,239	24,290,524	24,423,375
진료일수(일)	계	507,459,855	511,886,920	526,007,834	544,598,503
	입원	42,483,952	43,395,436	44,929,231	45,817,728
	외래	120,313,614	119,667,359	122,791,380	126,300,634
	약국	344,662,289	348,824,125	358,287,223	372,480,141
내원 1일당 진료비(원)	계	141,913	144,893	151,085	158,313
	입원	74,798	75,407	77,478	80,812
	외래	31,330	33,104	35,557	37,654
	약국	35,785	36,382	38,050	39,847
수급권자 1인당 내원일수(일)	계	73	73	77	76
	입원	24	25	27	27
	외래	32	32	33	32
	약국	17	16	17	17

24

위 자료에 대한 설명으로 적절하지 않은 것을 〈보기〉에서 모두 고르면?

보기

㉠ 2019년부터 2021년까지 내원일수와 진료건수의 증감추이는 같다.
㉡ 입원 진료일수가 가장 많았던 해에 약국 진료일수도 가장 많았다.
㉢ 수급권자 1인당 입원과 외래 내원일수의 합은 2019년이 2022년보다 많다.

① ㉠
② ㉢
③ ㉠, ㉡
④ ㉡, ㉢

25

2019년 내원 1일당 진료비의 합계는 2018년에 비해 7% 증가한 값이라고 한다면, 2018년 내원 1일당 진료비의 합계는 얼마인가? (단, 원 단위 미만은 절사한다.)

① 131,892원
② 132,628원
③ 132,645원
④ 132,121원

26 위 자료를 바탕으로 만든 그래프로 옳지 않은 것은?

① 연도별 전체 내원일수에 대한 외래 비율 추이

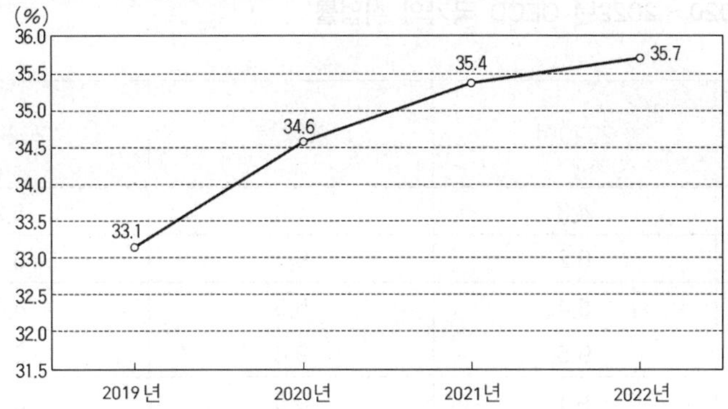

② 연도별 진료건수

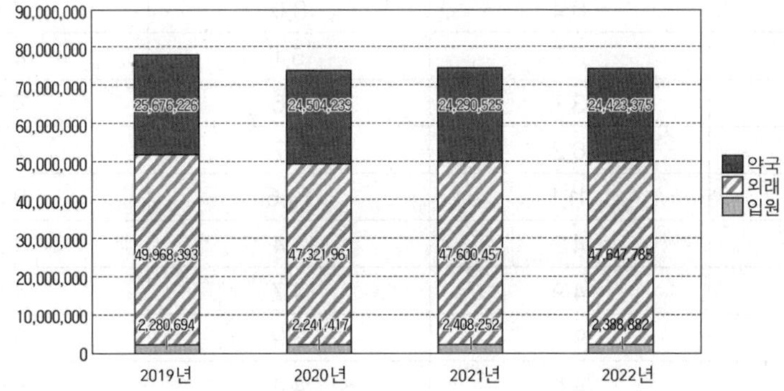

③ 연도별 내원 1일당 입원과 외래 진료비

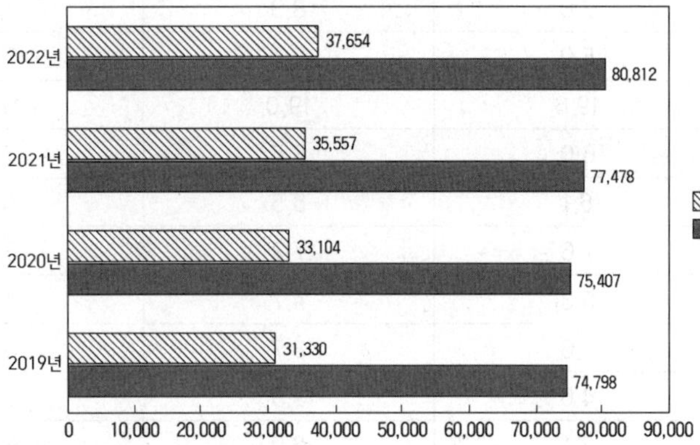

④ 2022년 진료일수 구성비

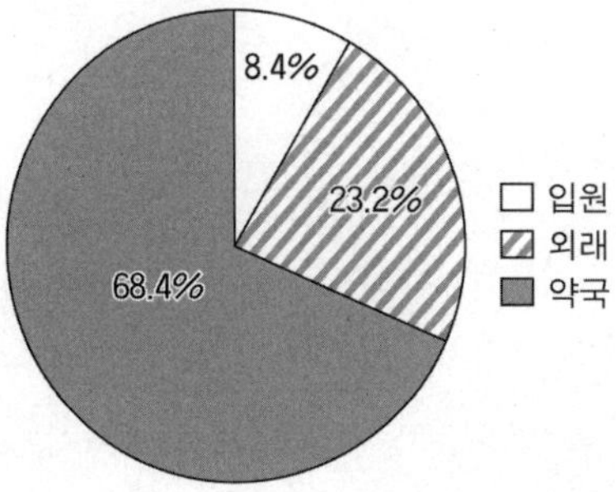

[27～29] 다음은 2020년부터 2022년까지 OECD 25개국의 취업률을 기록한 자료이다. 이를 보고 이어지는 물음에 답하시오.

2020～2022년 OECD 국가의 취업률

(단위: %)

지역	국가 \ 연도	2020년	2021년	2022년
서유럽 지역	오스트리아	4.3	4.9	5.2
	벨기에	8.2	8.4	8.4
	덴마크	5.4	5.5	4.8
	프랑스	9.5	9.6	9.9
	독일	9.1	9.5	9.4
	아일랜드	4.7	4.5	4.4
	이탈리아	8.4	8.0	7.7
	룩셈부르크	3.7	5.1	4.5
	네덜란드	3.7	4.6	4.7
	포르투갈	6.2	6.7	7.6
	스페인	11.1	10.6	9.2
	스위스	4.2	4.4	4.5
	영국	4.9	4.7	4.8
북유럽 지역	핀란드	9.0	8.9	8.4
	노르웨이	4.5	4.4	4.6
	스웨덴	5.6	6.4	6.5
동유럽 지역	체코	7.8	8.3	7.9
	헝가리	5.9	6.1	7.2
	폴란드	19.6	19.0	17.7
기타 지역	미국	6.0	5.5	5.1
	호주	6.1	5.5	5.1
	캐나다	7.6	7.2	6.8
	일본	5.3	4.7	4.4
	한국	3.6	3.7	3.7
	뉴질랜드	4.6	3.9	3.7
OECD 전체 평균		7.1	6.9	6.6
EU-15 평균		8.0	8.1	7.9

※ 1) EU-15는 조사 당시 OECD 회원국인 EU 15개국을 가리킴

2) 취업률 $= \frac{\text{취업자 수}}{\text{경제활동인구}} \times 100$

27 위 자료에서 2020년부터 2021년까지의 기간, 그리고 2021년부터 2022년까지의 기간 각각의 취업률 증감 방향이 OECD 전체 및 EU-15 취업률 평균값의 증감 방향과 같게 나타난 국가들을 바르게 짝지은 것은?

	OECD 전체 평균	EU-15 평균
①	미국, 스웨덴	독일, 룩셈부르크
②	이탈리아, 뉴질랜드	체코, 덴마크
③	일본, 헝가리	핀란드, 캐나다
④	스페인, 폴란드	포르투갈, 영국

28 위 자료에 대한 설명 중 옳지 않은 것은?

① 2020년 서유럽 지역에서 취업률이 가장 높은 국가의 취업률은 같은 해 동유럽 지역에서 취업률이 가장 높은 국가의 취업률보다 낮다.

② 2022년에 지역별로 취업률이 가장 높은 국가들의 경우, 서유럽 지역을 제외하고는 2021년과 2022년의 취업률이 전년 대비 감소했다.

③ 2020년에 한국의 경제활동인구가 3,000만 명, 2022년에 3,500만 명이라고 할 경우 2020년 대비 2022년의 한국 취업자 수는 20만 명 미만 증가하였다.

④ 2021년과 2022년 서유럽 지역의 경우, 취업률이 전년 대비 매년 증가한 국가 수가 전년 대비 매년 감소한 국가 수보다 많다.

29 2022년 프랑스와 영국의 경제활동인구가 각각 5,000만 명과 4,000만 명이라고 한다면, 프랑스 취업자 수와 영국 취업자 수의 차이는 몇 명인가?

① 3,030,000명　　② 2,970,000명

③ 2,040,000명　　④ 1,750,000명

[30 ~ 31] 다음은 '뇌경색' 환자의 연령대별 · 성별 진료실인원 현황이다. 이를 보고 이어지는 물음에 답하시오.

(단위: 명)

구분		2018년	2019년	2020년	2021년	2022년
계	계	484,411	500,617	494,630	508,399	521,011
	남성	267,735	279,185	279,987	290,284	300,157
	여성	216,676	221,432	214,643	218,115	220,854
19세 이하	계	485	472	462	507	520
	남성	272	272	259	280	294
	여성	213	200	203	227	226
20대	계	895	1,000	994	1,074	1,056
	남성	475	560	528	600	580
	여성	420	440	466	474	476
30대	계	3,815	3,963	3,878	4,059	3,945
	남성	2,506	2,648	2,508	2,628	2,623
	여성	1,309	1,315	1,370	1,431	1,322
40대	계	17,058	17,206	16,552	16,794	16,790
	남성	12,008	12,020	11,688	11,765	11,828
	여성	5,050	5,186	4,864	5,029	4,962
50대	계	61,297	61,602	58,285	58,110	57,862
	남성	42,849	43,141	41,337	41,436	41,385
	여성	18,448	18,461	16,948	16,674	16,477
60대	계	116,815	121,748	122,423	128,580	130,751
	남성	75,529	79,426	81,318	86,610	88,717
	여성	41,286	42,322	41,105	41,970	42,034
70대	계	162,677	163,436	158,491	157,214	156,729
	남성	86,345	88,516	87,849	88,462	90,355
	여성	76,332	74,920	70,642	68,752	66,374
80세 이상	계	121,369	131,190	133,545	142,061	153,358
	남성	47,751	52,602	54,500	58,503	64,375
	여성	73,618	78,588	79,045	83,558	88,983

1) 수진기준(실제 진료받은 일자기준), 주상병 기준(부상병 제외), 한의분류 및 약국 제외
2) 건강보험 급여실적(의료급여 제외)이며, 비급여는 제외
3) 진단명이 확정되지 않은 상태에서의 호소, 증세 등에 따라 1차진단명을 부여하고 청구한 내역 중 주진단명 기준으로 발췌한 것이므로 최종 확정된 질병과는 다를 수 있음

30 **위 표에 대한 설명으로 옳은 것은?**

① 2022년 뇌경색 환자 수는 4년 전에 비해 9% 이상 증가하였다.
② 2022년 남성 뇌경색 환자 수는 4년 전에 비해 12% 이상 증가하였다.
③ 2018년과 2019년 60대 뇌경색 환자 중 여성 환자 수는 같은 연령대 남성 환자 수의 50%에 미치지 못한다.
④ 2022년 전체 뇌경색 환자 중 40대 이하가 차지하는 비율은 3% 미만이다.

31 **80세 이상에서 전년 대비 뇌경색 환자 수 증가율이 가장 높은 해는 언제인가?**

① 2019년
② 2020년
③ 2021년
④ 2022년

[32~34] 다음은 '허리디스크' 질환의 건강보험 진료 현황을 나타낸 자료이다. 이를 보고 이어지는 물음에 답하시오.

'허리디스크' 질환의 건강보험 진료 현황

(단위 : 명, %)

구분	2018년	2019년	2020년	2021년	2022년	연평균 증가율 (2019~2022년)
합계	91,079	107,174	138,733	155,382	178,638	(A)
남성	39,557	45,611	57,209	64,594	75,456	17.61
여성	51,522	61,563	81,524	90,788	103,182	19.23
여성/남성	1.31	(B)	1.43	1.41	1.37	–

'허리디스크' 질환의 건강보험 진료비 · 급여비 현황

(단위 : 백만 원)

구분	진료비					공단부담금(급여비)				
	2018년	2019년	2020년	2021년	2022년	2018년	2019년	2020년	2021년	2022년
계	7,752	8,818	11,605	13,258	16,095	5,270	5,991	7,858	8,984	10,954
입원	328	317	444	464	618	249	241	337	353	469
외래	5,486	6,091	7,945	9,154	11,073	3,645	4,040	5,239	6,047	7,354
약국	1,939	2,410	3,216	3,640	4,404	(C)	1,710	2,282	2,584	3,131

32 위 자료를 바탕으로 만든 그래프로 옳지 않은 것은?

① 연도별 '허리디스크' 질환 건강보험 진료 인원

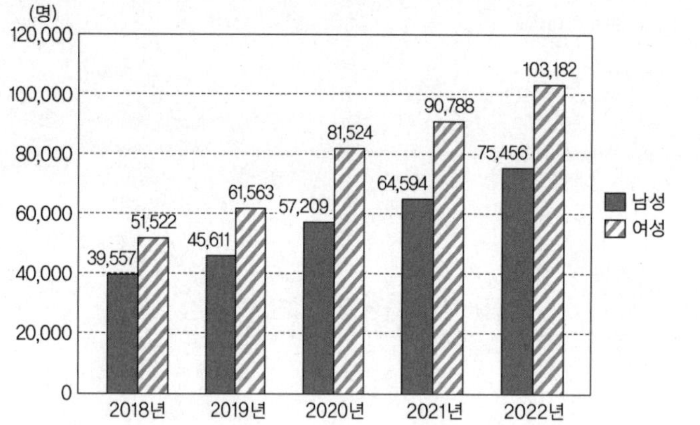

② 2019~2022년 '허리디스크' 질환 건강보험 입원 진료비 현황

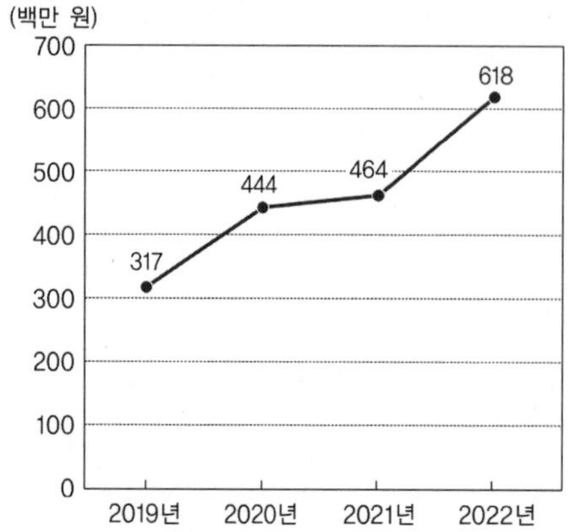

③ '허리디스크' 질환 건강보험 진료비 및 공단부담금 현황

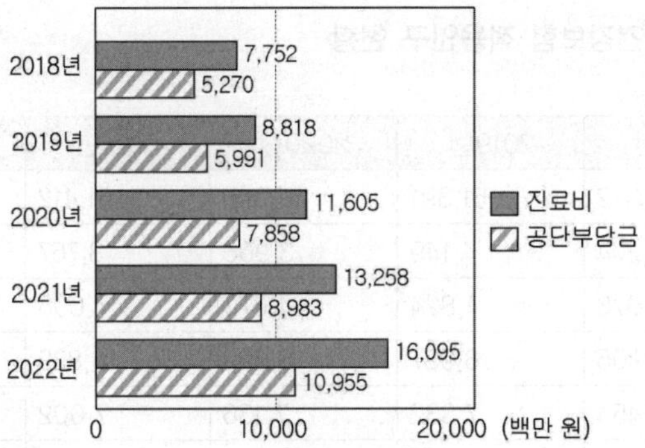

④ '허리디스크' 질환 외래 진료비의 연도별 공단부담금

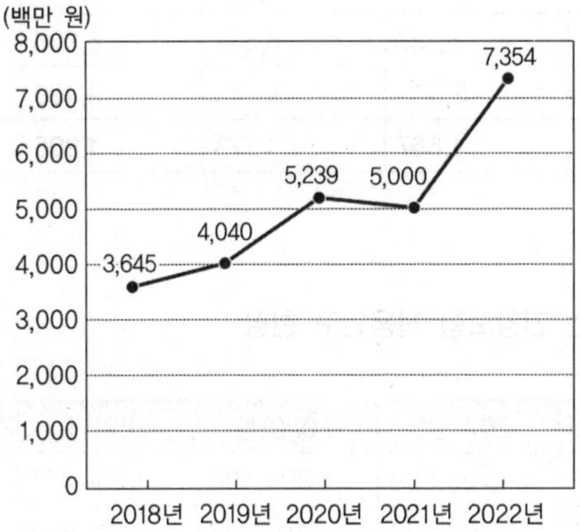

33 **위 자료에 대한 설명으로 옳은 것은?**

① 2019년 '허리디스크' 질환으로 인한 공단부담금 중 입원비는 전년 대비 5% 이상 감소하였다.
② '허리디스크' 질환에 대한 건강보험 진료비 중 약국 진료비는 해마다 25% 이상을 차지한다.
③ 2019년~2022년 공단부담금은 해마다 15% 이상씩 증가한다.
④ 2018년~2022년 '허리디스크' 질환으로 진료를 받는 환자 중 여성의 비중은 해마다 증가한다.

34 **위 자료의 빈칸 (A), (B), (C)에 해당하는 값을 차례로 나열한 것을 고르면? (단, 소수점 아래 셋째 자리에서 반올림한다.)**

	(A)	(B)	(C)
①	18.52	1.35	1,376
②	18.52	2.35	1,376
③	19.52	1.34	1,476
④	19.52	2.34	1,476

[35~37] 다음은 건강보험 적용인구 관련 자료이다. 이를 보고 이어지는 물음에 답하시오.

연도별 · 연령별 건강보험 적용인구 현황

(단위: 천 명)

구분	2016년	2017년	2018년	2019년	2020년	2021년	2022년
계	50,763	50,941	51,072	51,391	51,345	51,412	51,410
9세 이하	4,519	4,397	4,274	4,149	3,960	3,757	3,537
10대	5,279	5,127	4,973	4,824	4,670	4,606	4,619
20대	6,845	6,893	6,905	6,937	6,899	6,822	6,626
30대	7,675	7,534	7,454	7,332	7,136	7,002	6,923
40대	8,696	8,629	8,441	8,408	8,330	8,238	8,177
50대	8,249	8,327	8,474	8,590	8,575	8,608	8,619
60대	5,185	5,471	5,763	6,137	6,557	6,984	7,247
70대	2,994	3,134	3,251	3,349	3,445	3,490	3,609
80세 이상	1,322	1,429	1,536	1,667	1,773	1,905	2,053

※ 연도말 기준

연도별 재외국민 및 외국인 건강보험 적용인구 현황

(단위: 명)

구분	2016년	2017년	2018년	2019년	2020년	2021년	2022년
계(c=a+b)	883,774	913,150	971,199	1,239,539	1,209,409	1,264,427	1,343,172
- 직장	635,295	642,734	664,529	714,323	704,287	689,692	725,843
- 지역	248,479	270,416	306,670	525,216	505,122	574,735	617,329
재외국민(a)	20,680	23,259	24,454	27,064	27,068	27,152	27,698
- 직장	14,973	16,843	17,472	17,089	16,852	17,182	17,270
- 지역	5,707	6,416	6,982	9,975	10,216	9,970	10,428
외국인(b)	863,094	889,891	946,745	1,212,475	1,182,341	1,237,275	1,315,474
- 직장	620,322	625,891	647,057	697,234	687,435	672,510	708,573
- 지역	242,772	264,000	299,688	515,241	494,906	564,765	606,901

※ 연도말 기준

※ 재외국민 : 해외 영주권 취득 등으로 「해외이주법」상 해외이주를 신고하여 국내에 거주하지 않음이 확인된 사람(「국민건강보험법」상 재외국민을 의미하며, 「재외국민법」상 재외국민이 아님)

35 위 자료에 대한 설명으로 옳은 것은?

① 2022년 건강보험 직장가입자 중 외국인의 비율은 7%를 넘는다.

② 2022년 건강보험 재외국민 가입자는 전년 대비 3% 이상 증가하였다.

③ 2018년 건강보험 외국인 지역가입자의 전년 대비 증가율은 2017년의 전년 대비 증가율보다 4%p 이상 높다.

④ 2020년 대비 2022년 기준 건강보험을 적용받는 80세 이상 인구는 약 15.8%, 70대 인구는 약 6.8% 늘어났다.

36 **2022년 기준 건강보험 적용인구를 연령대별로 구분했을 때, 전년 대비 감소율이 가장 큰 연령대와 증가율이 두 번째로 큰 연령대를 순서대로 바르게 나열한 것은?**

① 20대, 80세 이상
② 9세 이하, 60대
③ 9세 이하, 70대
④ 30대, 60대

37 **위 자료로 보아, 〈보기〉의 수치가 큰 순서를 바르게 나타낸 것은?**

보기
(A) 2020년 전년 대비 50~60대 건강보험 적용인구 증가율
(B) 2021년 전년 대비 재외국민 및 외국인 건강보험 적용인구 증가율
(C) 2017년 전년 대비 재외국민 건강보험 적용인구 증가율

① (A) > (B) > (C)
② (A) > (C) > (B)
③ (C) > (B) > (A)
④ (B) > (A) > (C)

[38～40] 다음은 연도별 건강보험 재정 현황과 건강보험 보장률 추이에 대한 자료이다. 이를 보고 이어지는 물음에 답하시오.

연도별 건강보험 재정 현황

(단위: 억 원)

구분	2018년	2019년	2020년	2021년	2022년
수입	335,605	379,774	418,192	451,733	485,024
보험료수입 (증가율)	281,650 (8.6%)	323,995 (15.0%)	358,535 (10.7%)	386,117 (7.7%)	412,404 (6.8%)
정부지원 (증진기금 포함)	49,753	51,697	55,053	60,179	65,956
기타 수입	4,202	4,082	4,604	5,437	6,664
지출	348,599	373,766	388,035	415,287	439,155
보험급여비 (증가율)	336,835 (11.7%)	361,890 (7.4%)	376,318 (4.0%)	402,723 (7.0%)	424,939 (5.5%)
관리운영비 (기타 지출 포함)	11,764	11,876	11,717	12,564	14,216
당기수지	12,994	6,008	30,157	36,446	45,869
누적수지	9,592	15,600	45,757	82,203	128,072
보험료율 (인상률)	5.33% (4.9%)	5.64% (5.9%)	5.80% (2.8%)	5.89% (1.6%)	5.99% (1.7%)
수가인상률	2.05%	1.64%	2.20%	2.36%	2.36%

건강보험 보장률 추이

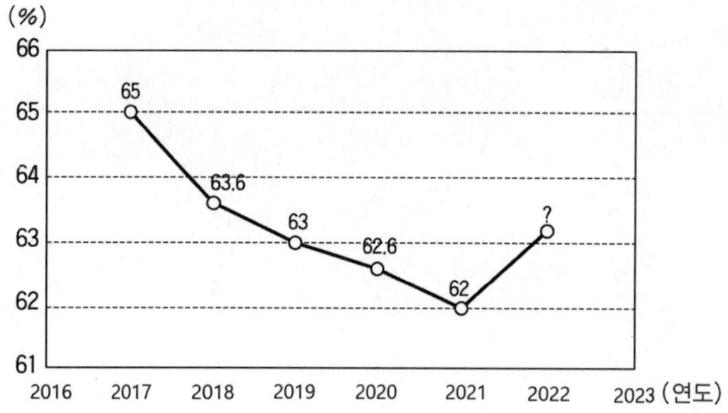

※ 건강보험 보장률: 전체 의료비 가운데 건강보험이 차지하는 비율 $= \frac{\text{보험급여비}}{\text{총 진료비}} \times 100(\%)$

38 **위 자료에 대한 설명으로 옳지 않은 것은?**

① 건강보험 재정에 대한 정부의 지원금은 꾸준히 증가하고 있다.
② 정부지원 금액이 전년도에 비해 가장 적게 증가한 해에 수가인상률이 가장 낮았다.
③ 지출에서 관리운영비가 차지하는 비중은 조사 기간 중 5%를 넘지 않았다.
④ 전년 대비 보험료수입은 2019년 이후 꾸준히 감소하고 있다.

39 **2022년의 총 진료비가 2021년도와 동일하다면, 2022년도의 건강보험 보장률로 가장 적절한 값은? (단, 소수점 첫째 자리에서 반올림한다.)**

① 63%
② 65%
③ 68%
④ 70%

40 **전년 대비 누적수지에 대한 2022년의 증가율과 2023년의 증가율이 같다면 2023년의 누적수지는 얼마인가?**

① 약 199,792억 원
② 약 199,970억 원
③ 약 200,106억 원
④ 약 200,212억 원

[41~43] 다음은 ○○시의 2025년 청소년 특별지원 사업에 대한 자료이다. 이를 보고 이어지는 물음에 답하시오.

청소년 특별지원 사업

1. 지원 내용
 1) 생활지원
  • 청소년이 일상생활을 유지하기 위하여 필요한 의식주 등 기초생계비와 숙식 제공 등의 서비스 지원(의복/음식물 및 연료비 기타 일상생활에 필요한 기초생계비, 숙식 제공)
  • 월 65만 원 이내
 2) 건강지원
  • 청소년이 신체/정신적으로 건강하게 성장하기 위해 요구되는 요양급여비용 및 서비스 지원(진찰/검사, 약제/치료재료의 지급, 처치/수술, 그 밖의 치료, 예방/재활, 입원, 간호, 이송 등 의료목적 달성을 위한 기타 조치사항)
  • 연 200만 원 내외(220만 원 한도)
  ※ 비급여 제외, 본인부담액을 지원
 3) 학업지원
  • 청소년이 계속적인 학업을 수행하기 위하여 필요한 교육비용 및 건전육성을 위한 서비스 지원[「초・중등교육법」 제2조에 의한 학교 입학금 및 수업료(대안학교를 포함하며 인가 여부는 불문함)], 교과서대, 「초・중등교육법 시행령」 제97조 제1항에 의한 고등학교입학자격 검정고시 및 동법 제98조 제1항에 의한 고등학교 졸업 학력검정고시의 준비에 필요한 학원비
  • 월 30만 원 이내
 4) 자립지원
  • 청소년이 지식/기술/기능이나 능력을 함양하여 사회의 한 구성원으로서 자립하는 데 필요한 비용 및 서비스 지원[진로상담 비용(적성/흥미 검사 및 상담 비용 포함) 및 직업체험 비용, 취업 알선 및 사후지도 비용]
  • 월 36만 원 이내
 5) 상담지원
  • 청소년의 건강한 발달을 도모하기 위한 심리 및 사회적 측면의 상담을 지원하는 데 필요한 비용 및 서비스 지원[정신적, 심리적 치료를 위한 청소년 본인이나 그 가족의 상담비 및 심리검사비, 상담관련 프로그램(집단상담, 특수치료 등) 참가비]
  • 월 30만 원 이내, 심리검사비(연 40만 원) 별도
 6) 법률지원
  • 폭력이나 학대 등으로 위기상황에 있는 피해청소년의 위기극복 등에 필요한 소송비용 및 법률적 서비스 지원(소송 비용, 법률 상담 비용)
  • 연 350만 원 이내
 7) 활동지원
  • 특별지원청소년심의위원회가 청소년의 건전한 성장을 위하여 필요하다고 인정하는 청소년활동 비용 및 서비스 지원(수련활동비, 문화활동비, 교류활동비, 특기활동비 등)
  • 월 30만 원 이내

2. 지원 대상
 • 연령: 만 9세 이상~만 18세 이하 청소년(「초・중등교육법」 제2조에 따른 학교에 재학 중인 만 18세 초과 만 24세 이하 청소년 포함)
 • 「청소년복지지원법」 제19조 제1항에 따른 교육적 선도 대상자 중에서 비행예방을 위하여 지원이 필요한 청소년
 • 「학교 밖 청소년 지원에 관한 법률」 제2조 제2호에 따른 학교 밖 청소년
 • 보호자가 없거나, 실질적으로 보호자의 보호를 받지 못하는 청소년

3. 선정기준
 • 생활, 건강지원: 기준중위소득 65% 이하
 • 학업, 자립, 상담, 법률, 활동, 기타지원: 기준중위소득 72% 이하
 ※ 소득인정은 해당 청소년과 실제 생계나 거주를 같이하는 부모에 대한 소득을 기준으로 함

- 소득기준 산정방법
  - 건강보험료 본인부담금 납부액(노인장기요양보험료 제외)을 기준으로 월평균 소득금액을 산정
  - 건강보험료 본인부담액을 적용함이 원칙임. 다만 실제 소득활동을 하고 있으나 피부양자로 등록된 경우에는 그 소득활동자의 소득을 수동 입력(소득증빙서류 필요)

    ※ 건강보험 미가입자로서 급여명세서 등 객관적 자료가 없어 통장사본으로 소득을 확인하는 경우에는 최근 3개월간 금액을 평균하여 산정(실제 소득이 있는 달 기준)하고 확인서 등(예 소득신고서)을 첨부하여 증빙
  - 매월 건강보험료가 변경되는 경우(예 군인)는 신청 월 직전 1년간 납부한 건강보험료를 평균하여 산정(건강보험료 납부확인서 제출 필요)
  - 지역건강보험에 부양자로 등록된 자가 건강보험 미가입 사업장에 취업한 경우에는 지역건강보험 납부 금액을 그대로 적용

※ 참고사항(2025년 기준중위소득)

구분	1인 가구	2인 가구	3인 가구	4인 가구
금액(원/월)	239만 2,013	393만 2,658	502만 5,353	609만 7,773

41 **청소년 대상 특별지원을 신청한 A, B, C에 대한 정보가 다음과 같다. 세 사람에게 지원될 수 있는 월 최대금액의 합은 총 얼마인가?**

구분	신청 내용	가구인원	월 평균 소득금액
A	검정고시 준비 지원금	4인	442만 원
B	학대로 인한 정신적 충격에 대한 치료 및 심리검사 지원	3인	350만 원
C	보호자 사망으로 생계유지를 위한 생활지원	1인	151만 원

① 95만 원　② 110만 원
③ 125만 원　④ 135만 원

42 **위 자료에 대한 설명으로 옳지 않은 것은?**

① 교육적 선도 대상자 중 비행예방을 위해 지원이 필요한 청소년이 보호자를 포함해 2인 가구이며 월 평균 소득금액이 260만 원인 경우 생활지원 대상자에 해당하지 않는다.

② 지역건강보험 피부양자로 등록된 만 17세 청소년의 어머니가 소득활동을 하고 있는 경우 소득증빙서류 없이 소득을 수동 입력하여 월 평균 소득금액을 산정한다.

③ 건강보험 미가입자인 보호자와 거주하는 청소년은 통장사본으로 소득을 확인하며, 최근 3개월간 금액을 평균하여 월 평균 소득금액을 산정한다.

④ 고등학교 재학 중인 만 19세와 만 20세 청소년으로 구성된 2인 가구인 경우 건강지원을 받기 위해서는 월 평균 소득금액이 약 2,556,227원 이하여야 한다.

43 **청소년 대상 특별지원 대상이 되는 청소년에게 줄 수 있는 연간 최대 지원금액은 얼마인가?**

① 2,715만 원　② 2,782만 원
③ 2,831만 원　④ 2,902만 원

[44~46] 다음 상황을 보고, 이어지는 물음에 답하시오.

- ○○공단 기획팀에 근무하는 김 대리는 M시에 출장 중이며, 총 10시간(10 : 00 ~ 20 : 00) 동안 A~E 주차장 중 하나를 이용하려고 한다.
- 김 대리는 요금이 최대한 저렴한 주차장을 선택해 이용하고자 한다.
- 김 대리의 자동차는 중형차이며, 3종 저공해차량이다.
- 주차장별 주차요금에 대한 정보는 아래와 같다.

구분	기본요금	추가요금	비고
A주차장	3,000원	1,200원	• 경차 20% 할인 • 저공해차량 10% 할인 • 6시간 이상 주차 시 10% 할인 • 토, 일요일에는 2시간당 3,000원 적용(단, 다른 할인은 적용되지 않음)
B주차장	4,000원	1,000원	• 경차 10% 할인 • 토, 일요일에는 기본요금 3,000원, 추가요금 700원 적용
C주차장	5,000원	800원	• 경차 30% 할인 • 1일 주차권 20,000원(당일 00 : 00 ~ 24 : 00 이용 가능)
D주차장	3,000원	1,000원	• 경차 30% 할인 • 저공해차량(1, 2종) 20% 할인
E주차장	3,000원	1,100원	• 저공해차량(1종) 30% 할인 • 경차, 저공해차량(2종) 20% 할인 • 저공해차량(3종) 15% 할인 • 토, 일요일에는 06 : 00 ~ 12 : 00 주차 무료

※ A, B 주차장은 기본요금이 최초 2시간 기준이며, 추가요금은 이후 30분마다 적용된다.
C, D, E 주차장은 기본요금이 최초 1시간 기준이며, 추가요금은 이후 30분마다 적용된다.

※ 제시된 주차요금 할인은 기본요금과 추가요금을 합한 최종요금에 적용되며, 두 가지 이상 할인이 가능한 경우 할인율이 높은 조건만 적용된다.

44 김 대리가 이용할 주차장은 어디인가? (단, 김 대리의 출장일은 평일이다.)

① A주차장 ② C주차장
③ D주차장 ④ E주차장

45 김 대리는 같은 팀 직원들과 M시에 세미나 참석 차 다시 방문하게 되었다. 이때 방문한 직원은 5명이며, 이들은 두 대의 차를 나누어 타고 왔다. 이들은 A~E 주차장 중 가장 저렴한 주차장을 이용하려고 하고 상황이 〈보기〉와 같을 때, 김 대리와 직원들이 이용할 주차장을 고르면?

보기

- 차를 가져온 직원은 황 주임, 윤 과장이다.
- 황 주임의 자동차는 경차이며, 윤 과장의 자동차는 1종 저공해차량인 중형차이다.
- 세미나는 토요일에 열렸으며, 직원들은 총 7시간(11 : 00 ~ 18 : 00) 동안 주차장을 이용하려 한다.
- 황 주임과 윤 과장은 각자 주차 요금이 가장 저렴한 주차장을 골라 이용하려고 한다.

	황 주임	윤 과장
①	B	E
②	E	B
③	A	B
④	B	A

46 위 45번 문제의 황 주임과 윤 과장은 각자 요금이 가장 저렴한 곳에 따로 주차를 하기보다는 주차금액 합계가 가장 저렴한 주차장에 주차를 하기로 했다. 이때, 주차할 곳과 이때의 주차요금 합계는?

① B주차장, 19,000원
② B주차장, 20,050원
③ E주차장, 18,600원
④ A주차장, 21,000원

[47~48] ○○공사에서는 하반기에 열리는 업무 관련 세미나에 직원들을 참석시키려고 한다. 다음은 세미나가 열리는 도시별 세미나 평가표이다. 이 평가표에 따른 평가점수에 따라 어떤 세미나에 직원들을 참석시킬지 결정하려고 할 때, 이어지는 물음에 답하시오.

세미나 개최도시별 세미나 평가표

평가항목	서울	대전	부산	제주	상하이	도쿄
1. 업무연관성 현재 진행 중인 업무와 얼마나 연관성이 있는가?	B	A	C	A	B	A
2. 세미나 규모(예상 참석인원) 세미나에 참석하는 업계 종사자가 얼마나 되는가? (300명 이상 A, 200명 이상 300명 미만 B, 200명 미만 C)	550명	350명	250명	280명	700명	150명
3. 이동 편의성 세미나 참석을 위한 이동 시 걸리는 시간 및 소요비용이 얼마나 되는가?	A	B	B	C	C	C
4. 세미나 역량 세미나가 개최된 지 얼마나 되었는가? 세미나에 대한 종사자들의 평가가 어떠한가?	C	B	A	B	B	A
5. 참석자 만족도 전년도 세미나 참석자들의 세미나 만족도는 어떻게 되는가?	D	B	B	B	A	A

※ A: 10점, B: 8점, C: 6점, D: 3점, E: 1점

- 평가항목별 점수의 합이 최종 평가점수가 됨
- '업무연관성'에서 A를 받은 경우 3점의 가점을 부여
- 세미나 참석자가 500명 이상으로 예상되는 경우 2점의 가점을 부여
- 해외에서 열리는 세미나의 경우 2점 감점
- 동점인 경우 세미나 역량 점수가 더 높은 세미나를 선택함

47 ○○공사는 위 평가표에 따라 가장 높은 평가점수를 얻은 세미나 2개에 직원들을 참석시키기로 결정했다. 공사 직원들이 참석할 세미나 개최도시가 바르게 묶인 것은?

① 서울, 도쿄
② 대전, 도쿄
③ 부산, 상하이
④ 제주, 상하이

48 ○○공사는 〈보기〉의 조건에 따라 직원들을 어느 세미나에 참석시킬지 다시 정하려 한다. 가장 높은 평가점수를 얻은 세미나 2개에 직원들을 참석시키려 할 때, 공사 직원들이 참석할 세미나 개최도시가 바르게 묶인 것은?

보기

- 예상 참석인원이 200명 미만인 세미나는 제외한다.
- 세미나 역량과 참석자 만족도 점수의 합이 15점 미만인 세미나는 제외한다.
- 업무연관성이 A나 B가 아닌 세미나는 제외한다.
- 평가표의 A~E에 따른 점수 배점이 아닌 가점은 적용하지 않는다. 단, 해외에서 열리는 세미나 경우 감점을 그대로 적용한다.
- 평가표에 따라 평가점수를 계산하여 가장 높은 평가점수를 얻은 세미나에 참석을 결정한다. 이 과정에서 동점이 나오는 경우 업무연관성 점수가 더 높은 세미나를 선택한다.

① 부산, 대전
② 대전, 상하이
③ 부산, 상하이
④ 대전, 제주

[49~50] 다음은 법인사업자에게 부과되는 주민세 관련 자료이다. 이를 보고 이어지는 물음에 답하시오.

법인 주민세

자본금액(출자금액)	사업소 연면적	세액
30억 원 이하	330m² 이하	5만 원
	330m² 초과	5만 원+[연면적(m²)×250원]
30억 원 초과 50억 원 이하	330m² 이하	10만 원
	330m² 초과	10만 원+[연면적(m²)×250원]
50억 원 초과	330m² 이하	20만 원
	330m² 초과	20만 원+[연면적(m²)×250원]
그 밖의 법인	330m² 이하	5만 원
	330m² 초과	5만 원+[연면적(m²)×250원]

※ 오염물질배출사업소는 연면적(m²)당 500원의 중과세율을 적용함

법인 A~F의 자본금액 및 사업소 연면적

법인	자본금액(억 원)	사업소 연면적	오염물질배출사업소 여부
A	120	500m²	×
B	20	120m²	×
C	40	350m²	×
D	65	300m²	○
E	30	?	×
F	?	380m²	×

49 **위 자료로 보아, 법인 A~F의 주민세 관련 설명으로 잘못된 것은?**

① A, B가 납부해야 할 주민세는 각각 30만 원 이상, 5만 원 이상이다.
② C가 납부할 주민세는 D가 납부할 주민세보다 15만 원 이상 적다.
③ E의 사업소 연면적이 200m²인 경우 5만 원의 주민세를 납부해야 한다.
④ F의 자본금액이 35억 원인 경우, 20만 원 이상의 주민세를 납부해야 한다.

50 **〈보기〉의 법인 갑과 을에 부과되는 주민세 합은 얼마인가?**

보기

갑: 자본금액이 15억 원인 법인으로, 사업소인 공장의 연면적이 450m²이고, 오염물질배출사업소로 지정되어 있다.
을: 자본금액이 70억 원인 법인으로, 2개 사업소인 사무실과 공장의 연면적이 각각 150m², 570m²이며, 비과세되는 종업원 기숙사의 연면적이 200m²이다.

① 587,500원
② 605,000원
③ 658,000원
④ 717,500원

[51～52] 다음 ○○대학교병원 외래진료 안내문을 보고 이어지는 물음에 답하시오.

○○대학교병원 외래진료 안내

1. 진료 및 접수시간
   (1) 진료시간
   - 평일 : 9:00～12:30, 13:30～17:30
   - 토요일 : 9:00～13:30

   (2) 접수시간
   - 평일 : 9:00～12:30, 13:30～16:30
   - 토요일 : 8:30～12:30

2. 초진절차

1	진료신청서 작성	종합안내센터
2	원무창구 접수	건강보험증 또는 신분증 제시, 진찰권 수령
3	진료과 접수	진찰권 또는 진료영수증 제시
4	진료	입원수속을 하려면 1층 입원수속 창구 이용
5	수납(검사료, 투약료, 예약진료비)	1층, 2층 수납창구 및 무인수납기 이용
6	처방전 발급 및 검사 시행	지하 1층, 1층, 2층, 3층 무인처방발행기 이용

3. 초진환자 진료접수 방법
   - 예약하고 오신 경우(방문 및 전화)
     진료예약시간 20분 전까지는 내원하셔서 1층 종합안내센터에서 진료신청서 작성 후 진료신청서, 건강보험증, 진찰료를 같이 1층 접수창구에 제출하시고, 종합안내센터에서 진찰권을 발급 받으신 후 해당 진료과에 가셔서 간호사에게 진찰권을 제출하십시오.
   - 예약 없이 오신 경우(접수시간 종료 1시간 전까지 방문 접수 시 진료 가능)
     1층 종합안내센터에서 진료신청서 작성 후, 1층 접수창구에서 진료신청서와 건강보험증을 제출하여 접수하신 후, 오후 4시 30분 이내에 진찰료를 수납하시고 종합안내센터에서 진찰권을 발급 받으신 다음 해당 진료과에 가셔서 간호사에게 진찰권을 제출하십시오.

51 **갑은 ○○대학교병원에 전화를 걸어 진료예약을 하려고 한다. 갑은 ○○대학교병원에 처음 방문하는 것이고, 병원 진료를 마치고 근처에서 열리는 세미나에 늦지 않게 참석하려고 한다. 진료는 10～20분이 걸린다고 할 때, 이에 대한 설명으로 옳지 않은 것은? (단, 진료대기 시간은 고려하지 않으며, 진료 후 세미나 장소까지 이동하는 데는 30분이 걸린다.)**

① 갑이 오전 10시에 진료예약을 했다면, 병원에 9시 40분까지는 도착해야 한다.
② 세미나가 금요일 오후 1시에 열린다면 갑은 늦어도 12시 20분에는 진료예약을 해야 한다.
③ 세미나가 토요일 오전 10시에 열린다면, 갑은 늦어도 8시 50분까지는 병원에 도착해야 한다.
④ 갑이 월요일 오전 10시 30분에 진료예약을 했다면, 정오에 열리는 세미나에 제시간에 참석할 수 있다.

52 **을은 진료를 마친 후에 입원수속을 하려고 한다. 을이 찾아가야 하는 층은 몇 층인가?**

① 지하 1층
② 1층
③ 2층
④ 3층

[53 ~ 54] 다음은 재난적의료비 지원사업제도의 개요를 나타낸 자료이다. 이를 보고 이어지는 물음에 답하시오.

◎ 재난적의료비 지원사업이란?
과도한 의료비 지출로 경제적 어려움을 겪는 국민들에게 건강보험이 보장하지 않은 부분에 대해 의료비 일부를 지원하는 사업이다.

◎ 지원대상
선정기준(질환, 소득, 재산, 의료비 부담수준 기준)을 모두 충족하는 자
- 질환기준: 입원, 외래 구분 없이 모든 질환 합산 지원
  다만, 질환특성과 의료적 필요성을 고려해야 하는 경우(치과, 한방병원, 정신병원 진료 등) 개별심사를 통해 선별 지원
- 소득기준: 가구 소득이 기준중위소득 100%(소득하위 50%) 이하 중심
  ※ 가구원은 환자기준 주민등록표(등본)를 기준으로 생계·주거를 같이 하는 자
- 재산기준: 지원대상자가 속한 가구의 재산 과세표준액이 7억 원 이하
- 의료비 부담수준: 가구의 소득 구간별로 본인이 부담한 의료비 총액이 기준금액 초과 시 지원

소득수준	의료비 부담수준	지원비율
기초생활수급자, 차상위계층	본인부담의료비 총액이 80만 원 초과	80%
기준중위소득 50% 이하	1인 가구: 본인부담의료비 총액이 120만 원 초과 2인 가구 이상: 본인부담의료비 총액이 160만 원 초과	70%
기준중위소득 50% 초과 100% 이하	본인부담의료비 총액이 연소득 10% 초과	60%
기준중위소득 100% 초과 200% 이하	본인부담의료비 총액이 연소득 20% 초과(개별심사 대상)	50%

※ 본인부담의료비총액 = 급여일부본인부담금 + 전액본인부담금 + 비급여 − 지원제외항목
※ 단, 1만원 미만 소액 진료비 및 단순 약제비는 지원하지 않음

◎ 지원 제외 항목 및 제한
- 일상생활에 지장이 없거나 대체진료와 비용편차가 큰 치료, 제도 취지에 부합하지 않는 의료비 제외
- 미용·성형, 특·1인실, 간병비, 한방첩약, 요양병원에서 발생한 의료비, 다빈치로봇수술, 도수치료, 보조기, 증식치료, 제증명수수료 등
- 국가·지자체 지원금 및 민간보험금(실손) 수령(예정)액 차감 후 지원 → 중복수급 확인 시 환수
- 제3자로 인한 구상, 자동차보험, 산업재해 등에 해당하는 경우 지원 제한

◎ 지원범위
- 지원금액: 연간 5천만 원 한도 내 지원
  (단, 지원기준에 따라 산정한 금액이 10만 원 미만인 경우 지원하지 않음)
- 지원수준: 소득기준에 따라 지원제외항목을 차감한 본인부담 의료비(건강보험 적용된 본인부담금 제외)의 50~80% 차등 적용
- 지원일수: 동일 질환별 입원 외래 진료 일수의 합이 연간 180일 이내(투약일수 제외)

(예시) 2022년 한 해 A상병으로 130일 입원진료 후 퇴원하여 A상병(같은 상병)으로 60일 외래진료를 받은 경우 총 190일 진료 받았으나 지원상한일수인 180일에 대한 진료비에 대해 지원금액 산정
※ 진료일수 합산이 180일에 못 미치더라도 지원상한금액에 도달 시 5천만 원 지원

- 지원금계산법: (본인부담상한제 적용을 받지 않는 본인부담금 + 전액본인부담금 + 비급여 − 지원제외항목 − 국가·지방자치단체 지원금, 민간실손보험 수령금 등) × 지원비율(50~80%)

※ 본인부담상한제 적용을 받지 않는 본인부담금
① 예비급여, 선별급여
② 노인틀니(의료급여 수급권자에 한함), 65세 이상 임플란트
③ 추나요법(급여적용 건에 한함)
④ 병원 2·3인실 입원료

53 **위 자료의 내용을 바르게 이해한 것은?**

① 한방병원 진료의 경우, 외래 진료는 개별심사를 통해 선별 지원하는 것이 원칙이다.
② 재산 과세표준액이 7억 원 이하이면서, 가구의 기준중위소득도 기준에 맞아야 재난적의료비 지원이 가능하다.
③ 기초생활수급자의 본인부담의료비가 50만 원인 경우, 이 금액의 80%인 40만 원을 지원받을 수 있다.
④ 재난적의료비보다 많지 않은 선에서 민간 실손보험금을 중복으로 수령하는 것도 가능하다.

54 **위 자료의 내용을 바탕으로 했을 때, 〈보기〉의 (A), (B)에 해당하는 재난적의료비 지원금액은 각각 얼마인가?**

보기
(A) 기준중위소득 50%에 해당하는 갑에게 수술 후 건강보험이 적용된 본인부담금을 제외한 의료비로 1,500만 원이 청구됨. 갑이 몇 년 전에 들어둔 민간보험사에서 보험금을 450만 원 수령한다고 했을 때, 갑이 받을 수 있는 지원금액
(B) 차상위계층인 만 70세 을의 임플란트 시술비의 본인부담금이 800만 원일 때의 지원금액

	(A)	(B)
①	1,50만 원	800만 원
②	40만 원	800만 원
③	735만 원	640만 원
④	525만 원	640만 원

[55~56] 다음은 대학설립 및 운영에 관한 규정의 일부이다. 이를 보고 이어지는 물음에 답하시오.

제2조(설립인가기준등) ① 대학을 설립하고자 하는 자(이하 "설립주체"라 한다)는 다음 각 호의 기준을 갖추어 교육부장관에게 대학설립의 인가(국립대학의 경우에는 개교조치를 말한다. 이하 같다.)를 신청하여야 한다.
1. 제4조에 따른 교사 및 제5조에 따른 교지를 확보할 것
2. 교원을 제6조에 따른 확보 기준의 2분의 1 이상 확보할 것. 이 경우 나머지 교원은 학생정원에 따라 연차적으로 확보하되, 편제완성연도 전까지 모두 갖추어야 한다.
3. 제7조에 따른 수익용기본재산을 확보할 것(국가 또는 지방자치단체가 대학을 설립하는 경우는 제외한다.)

제4조(교사) ② 교사시설은 교육기본시설, 지원시설 및 연구시설, 부속시설을 말하며, 교사의 확보기준은 다음 각 호와 같다.
1. **교육기본시설**: 교육・연구활동에 적합하게 갖출 것
2. **지원시설 및 연구시설**: 제3항에 따라 확보한 면적의 범위에서 대학이 필요한 경우 갖출 것
3. **부속시설**: 고등교육법 시행령 제3조에 따라 학교헌장에서 정하는 바에 따라 갖출 것. 다만 의학・치의학・한의학 의학계열이 있는 학부는 부속병원을 직접 갖추거나 그 기준을 충족하는 병원에 위탁하여 지장 없이 실습하도록 한다.

③ 교육기본시설과 지원시설 및 연구시설의 면적은 별표 1에 따른 학생 1인당 교사기준면적에 편제완성연도를 기준으로 한 계열별 학생정원을 곱하여 합산한 면적 이상으로 한다. 이 경우 계열별 학생정원을 합한 학생정원이 1천 명(대학원대학 및 장애인만을 입학대상으로 하는 대학의 경우에는 200명) 미만인 경우에는 그 정원을 1천 명으로 보되, 계열별로 학생정원을 환산하는 방법은 교육부령으로 정한다.

제7조(수익용기본재산) ① 학교법인은 대학의 연간 학교회계 운영수익총액에 해당하는 가액의 수익용기본재산을 확보하되, 다음 각 호에서 정한 금액 이상을 확보하여야 한다.
1. 대학 300억 원
2. 전문대학 200억 원
3. 대학원 100억 원

[별표 1] 교사(교육기본시설・지원시설・연구시설) 기준면적(제4조 제3항 관련)

구분	인문・사회	자연과학	공학	예・체능	의학
학생 1인당 교사기준면적(m^2)	12	17	20	19	20

[별표 2] 교지기준면적

학생정원	400명 이하	400명 초과~1,000명 미만	1,000명 이상
면적	교사건축면적 이상	교사기준면적 이상	교사기준면적의 2배 이상

55

갑은 ○○재단 이사장에게 브리핑하기 위해 위 자료를 요약하였다. 이때 그 안에 들어가는 정보로 옳지 않은 것은?

① 대학의 부속시설 건물은 학교헌장에서 정하는 바에 따라 갖추어야 한다.
② 의학계열 학생을 모집하기 위해서는 부속병원을 갖추거나 실습 가능한 여건을 확보해야 한다.
③ 대학을 설립하기 위해서는 교사, 교지, 교원, 손실가능한 기본재산을 확보해야 한다.
④ 전문대학은 200억 원 이상의 수익용기본재산을 확보해야 한다.

56 **위 55번 문제에 따른 갑의 보고를 받은 ○○재단 이사장은 대학을 설립하기로 결정했다. 〈보기〉의 조건을 참고할 때, 필요한 교지면적은 얼마인가?**

보기

편제완성연도를 기준으로 계열별 학생정원이 인문·사회계열 400명, 자연과학계열 300명, 공학계열 150명, 예·체능계열 180명, 의학계열 100명인 ○○대학을 설립하기로 하였다.

① 36,640m^2 이상
② 18,320m^2 이상
③ 15,430m^2 이상
④ 14,440m^2 이상

[57～58] 다음은 K대학교 공과대학 실험실의 비품 구매 견적서이다. 이를 보고 이어지는 물음에 답하시오.

실험실 비품 구매 견적서

1. 실험실 책상 가격(개당)

(단위: 원)

구분	Q사	G사	R사	O사
W1800×D600	715,000	728,000	703,000	742,000
W1500×D750	680,000	657,000	664,000	671,000
W1200×D750	513,000	562,000	529,000	538,000
W800×D600	326,000	336,000	318,000	346,000

※ W는 가로 길이(mm), D는 세로 길이(mm)다.
※ 높이는 800mm으로 동일하다.

2. 실험실 의자 가격(개당)

(단위: 원)

구분	Q사	G사	R사	O사
가죽 A	92,000	94,000	90,000	91,000
가죽 B	75,000	73,000	76,000	74,000
고압축 쿠션 A	63,000	69,000	64,000	67,000
고압축 쿠션 B	54,000	51,000	50,000	52,000
패브릭 A	83,000	88,000	85,000	84,000
패브릭 B	69,000	70,000	65,000	67,000

※ A는 등받이 있음, B는 등받이 없음

3. 각 제조사별 참고 사항

제조사	비고
Q사	• 실험실 책상 단일모델 30개 이상 구입 시 20% 할인 • 실험실 의자 단일모델 40개 이상 구입 시 20% 할인
G사	• W1200×D750 실험실 책상 80개 이상 구입 시 30% 할인
R사	• 고압축 쿠션 또는 패브릭 실험실 의자 20개 이상 구입 시 개당 10,000원 할인
O사	• W1800×D600, W1500×D750 실험실 책상 50개 이상 구입 시 개당 20,000원 할인 • 가죽 실험실 의자 구입 시 5개당 1개 무료 증정

57 다음은 K대학교의 실험실 인원 배치 현황이다. K대학교는 대학원생과 학부생이 사용할 책상과 의자를 구매하려 하는데, W1500×D750 사이즈의 실험실 책상과 등받이가 없는 패브릭 실험실 의자로 일괄구매하기로 하였다. 이때 가장 저렴한 업체와 이에 해당하는 비용을 고르면? (단, 1인이 책상 1개와 의자 1개를 사용한다.)

실험실 인원 배치 현황

(단위: %)

구분	소계	교수	부교수	대학원생	학부생
실험실 1	12	1	1	4	6
실험실 2	14	1	1	7	5
실험실 3	13	1	1	8	3
실험실 4	17	1	1	6	9
실험실 5	18	1	1	8	8

① G사, 38,348,800원
② R사, 45,952,000원
③ Q사, 38,348,800원
④ O사, 45,952,000원

58 〈보기〉와 같은 실험실습기획위원회의 지시가 있었을 때, 이에 해당하는 총 견적을 고르면? (단, 위 57번 문제에 제시된 인원 배치 현황 표의 인원 수에 맞춰 1인당 책상 1개와 의자 1개씩을 주문한다.)

보기

모든 실험실의 공간이 넓지 않으니 가장 작은 크기의 책상을 주문해주세요. 해당 크기의 책상도 사용하는 데는 무리가 없다고 하네요. 그리고 가죽보다는 고압축 쿠션 선호도가 높으니 학생들 실험실 의자는 등받이 없는 고압축 쿠션으로 주문 진행해 주시고, 교수와 부교수는 등받이가 있는 가죽 의자로 주문해 주세요. 특히 업체별로 가격을 비교해서 가장 저렴한 업체를 확인해 주세요.

① 22,984,000원
② 27,992,000원
③ 26,992,000원
④ 20,984,000원

[59～60] 다음은 노인장기요양보험의 본인부담금 감경 적용범위 및 기준에 대한 자료이다. 이를 보고 이어지는 물음에 답하시오.

1. 「국민건강보험법 시행규칙」 제15조에 따라 건강보험 본인부담액 경감인정을 받은 자
   1) 대상자
      - 희귀난치성질환자이면서 차상위: 2009.1.1.부터 감경 시행
      - 만성질환자이면서 차상위: 2009.4.1.부터 감경 시행
   2) 감경률: 본인부담금 100분의 60을 감경

2. 「장기요양 본인부담금 감경에 관한 고시」 제2조 제1항 제4호 및 제2항에서 정한 감경 적용기준에 해당되는 자
   1) 저소득 대상자: 2009.7.1.부터 감경 시행
   2) 감경대상 및 감경률
      - 본인부담금 100분의 60을 감경하는 자

      「국민건강보험법」 제69조 제4항 및 제5항의 월별 보험료액(이하 “보험료액”이라 한다)이 국민건강보험 가입자 종류별 및 가입자수별(직장가입자의 경우 당해 피부양자를 포함한다) 보험료 순위가 0~25% 이하에 해당되며, 직장가입자는 재산이 일정기준 이하인자

      - 본인부담금 100분의 40을 감경하는 자

      보험료액이 국민건강보험 가입자 종류별 및 가입자수별(직장가입자의 경우 당해 피부양자를 포함한다) 보험료 순위 25% 초과~보험료 순위 50% 이하에 해당되며, 직장가입자는 재산이 일정기준 이하인 자

      ※ 지역가입자는 월별보험료액과 가입자수를 기준으로 감경 여부 판단
      ※ 직장가입자는 직장보험료액과 가입자수, 재산과표액을 기준으로 감경 여부 판단
   3) 보험료액에 따른 감경 적용기준

(적용년월: 2025.2. ~ 2026.1.)

가입자 및 피부양자수	지역 건강산정보험료 기준		직장 건강산정보험료 및 재산과표 기준		
	본인부담금 감경률		본인부담금 감경률		재산과표액
	60% 감경	40% 감경	60% 감경	40% 감경	
1명	19,780원 이하	–	74,090원 이하	74,090원 초과 98,040원 이하	122,000,000원 이하
2명	19,780원 이하	19,780원 초과 77,220원 이하	81,960원 이하	81,960원 초과 122,240원 이하	207,000,000원 이하
3명	22,560원 이하	22,560원 초과 89,750원 이하	96,880원 이하	96,880원 초과 152,940원 이하	268,000,000원 이하
4명	30,130원 이하	30,130원 초과 101,850원 이하	113,440원 이하	113,440원 초과 183,700원 이하	329,000,000원 이하
5명	33,610원 이하	33,610원 초과 114,350원 이하	138,500원 이하	138,500원 초과 211,670원 이하	389,000,000원 이하
6명 이상	49,270원 이하	49,270원 초과 148,470원 이하	159,520원 이하	159,520원 초과 232,190원 이하	450,000,000원 이하

※ 보험료는 부과보험료가 아닌 산정보험료이며, 장기요양보험료를 포함하지 않음
※ 직장세대는 산정보험료 및 재산과표액 기준을 모두 충족하는 경우에 감경 적용
※ 직장세대 산정보험료는 「국민건강보험법」 제69조 제4항에 따른 보수월액보험료(가입자부담 보험료만 해당)와 소득월액보험료를 합산한 보험료를 기준으로 함
※ 재산과표액은 「지방세법」 제105조에 따른 토지, 건축물, 주택, 선박 및 항공기의 과세표준금액으로, 세대원 전체 재산과표액을 합산한 금액을 기준으로 함
※ 임의계속가입세대의 보험료는 「보험료경감고시」 제9조에 따른 경감(100분의 50) 후 금액으로 함
※ 위 감경적용기준을 충족하더라도 「장기요양 본인부담금 감경에 관한 고시」 제2조의2에 해당되는 대상은 감경적용이 제외됨

59 **위 자료에 대한 설명으로 옳지 않은 것은?**

① 2009년 7월부터 저소득 대상자는 국민건강보험 가입자 종류별 및 가입자수별 보험료 순위에 따라 본인부담금이 100분의 40이 감경될 수도 있고 100분의 60이 감경될 수도 있다.
② 재산과표액은 세대원 전체의 과세표준금액을 합산한 금액을 기준으로 한다.
③ 2009년 1월부터 희귀난치성질환자, 만성질환자이면서 차상위인 경우 본인부담금의 100분의 60을 감경받을 수 있다.
④ 가입자 및 피부양자 수가 3명이면서 보험료 순위가 25% 초과~50% 이하에 해당하는 경우 지역 건강산정보험료 기준은 22,560원 초과~89,750원 이하이다.

60 **다음은 감경대상자의 본인부담금 부담비율에 대한 내용이다. 위 자료에 적용한 후 〈보기〉에서 옳은 것을 모두 고르면? (단, 원 단위 미만은 절사한다.)**

구분	장기요양급여비용		의사소견서 발급비용	방문간호지시서 발급비용
본인부담금 100분의 60을 감경하는 자	재가급여	본인 6% 공단 94%	본인 10% 공단 90%	본인 10% 공단 90%
	시설급여	본인 8% 공단 92%		
본인부담금 100분의 40을 감경하는 자	재가급여	본인 9% 공단 91%		
	시설급여	본인 12% 공단 88%		

보기

㉠ 직장가입자이면서 저소득대상자인 A씨는 아내, 그리고 아들과 같이 살고 있다. A씨의 재산과표액이 235,000,000원이고, 보험료 순위가 25% 이하일 경우 방문간호지시서 발급비용이 39,440원이면 A씨는 3,944원만 부담하면 된다.
㉡ 지역가입자면서 저소득대상자인 R씨는 딸과 둘이 살고 있다. R씨의 재산과표액이 158,000,000원이고, 보험료 순위가 25% 초과~50% 이하일 경우 의사소견서 발급비용이 28,940원이면 R씨는 2,894원만 부담하면 된다.
㉢ 직장가입자이면서 저소득대상자인 K씨는 아내와 아들, 그리고 딸과 같이 살고 있다. R씨의 재산과표액이 295,000,000원이고, 보험료 순위가 25% 이하일 경우 장기요양시설급여비용이 342,240원이면 K씨는 41,069원만 부담하면 된다.
㉣ 지역가입자면서 저소득대상자인 B씨는 아버지, 어머니, 아내, 딸과 같이 살고 있다. B씨의 재산과표액이 345,000,000원이고, 보험료 순위가 25% 초과~50% 이하일 경우 장기요양재가급여비용이 285,540원이면 17,132원만 부담하면 된다.

① ㉠, ㉡
② ㉠, ㉡, ㉣
③ ㉡, ㉢
④ ㉡, ㉢, ㉣

직무시험(법률) | 61 ~ 80번

※ 직무시험은 자신이 선택한 직렬이 행정직 · 건강직 · 기술직이면 국민건강보험법을, 요양직이면 노인장기요양보험법을 풀기 바랍니다.

국민건강보험법

61 2025 기출

다음 중 건강보험 직장가입자에서 제외되는 경우를 모두 고르면?

> ㉠ 병역법에 따른 현역병
> ㉡ 군간부후보생
> ㉢ 선거에 당선되어 취임하는 공무원으로, 매월 보수를 받지 아니하는 사람
> ㉣ 고용 기간이 3개월 미만인 일용근로자

① ㉠, ㉡, ㉢　　② ㉡, ㉢, ㉣
③ ㉠, ㉢　　④ ㉡, ㉢

62 2025 기출

건강보험 가입자의 자격 취득 및 변동 시기에 대한 설명이 잘못된 것은?

① 직장가입자인 아들의 피부양자였던 A는 9월 1일에 그 자격을 잃었고, 9월 1일에 지역가입자 자격을 얻었다.
② 지역가입자였던 B는 9월 1일에 갑 기업의 사용자가 되었고, 9월 2일에 직장가입자 자격을 얻었다.
③ 9월 1일에 다니던 회사를 퇴사한 C는 9월 2일에 지역가입자 자격을 얻었다.
④ 9월 1일에 보험자에게 건강보험의 적용을 신청한 국가유공자인 D는 9월 1일에 지역가입자 자격을 얻었다.

63

국민건강보험종합계획에 포함되는 내용을 모두 고르면?

> ㉠ 건강보험의 중장기 재정 전망 및 운영
> ㉡ 의료시설 운영에 관한 사항
> ㉢ 건강보험 보장성 강화의 추진계획
> ㉣ 건강보험 정보의 관리에 관한 사항
> ㉤ 요양급여비용에 관한 사항

① ㉠, ㉢, ㉣, ㉤　　② ㉡, ㉢, ㉣, ㉤
③ ㉠, ㉢, ㉣　　④ ㉡, ㉣, ㉤

64 **건강보험심사평가원의 임원에 대한 설명으로 옳은 것을 모두 고르면?**

> ㉠ 이사 중 4명은 원장이, 11명은 보건복지부장관이 임명한다.
> ㉡ 원장은 임원추천위원회가 단독으로 추천한 사람을 보건복지부장관이 제청하여 대통령이 임명한다.
> ㉢ 원장의 임기와 공무원이 아닌 이사의 임기는 동일하다.
> ㉣ 비상임이사 중에는 공무원이 반드시 포함된다.
> ㉤ 비상임이사 중 의약관계단체가 추천하여 임명되는 사람이 상임이사로 임명되는 사람보다 그 수가 많다.

① ㉠, ㉢, ㉣
② ㉠, ㉣, ㉤
③ ㉡, ㉣, ㉤
④ ㉠, ㉢, ㉣, ㉤

65 2025 기출 **다음은 건강보험정책심의위원회 구성에 대한 내용이다. 빈칸 ㉠, ㉡, ㉢에 들어갈 수치를 순서대로 바르게 나열한 것은?**

> 건강보험정책심의위원회는 위원장 1명과 부위원장 (㉠)명을 포함하여 25명의 위원으로 구성한다. 심의위원회의 위원은 추천을 받아 보건복지부장관이 임명 또는 위촉하는데, 이 중 근로자단체 및 사용자단체가 추천하는 사람은 각 (㉡)명, 의료계를 대표하는 단체 및 약업계를 대표하는 단체가 추천하는 사람은 (㉢)명이다.

	㉠	㉡	㉢
①	1	2	8
②	1	1	4
③	1	4	2
④	2	2	4

66 2025 기출 **요양비등수급계좌에 대한 설명으로 옳지 않은 것을 모두 고르면?**

> ㉠ 공단이 대통령령으로 정하는 불가피한 사유로 요양비등수급계좌로 요양비등을 이체할 수 없는 경우에는 직접 현금으로 지급해야 한다.
> ㉡ 공단은 요양비등을 받는 수급자의 신청이 있는 경우 이를 수급자 명의의 지정된 계좌에 입금해야 한다.
> ㉢ 요양비등수급계좌가 개설된 금융기관은 요양비등수급계좌에 요양비등만이 입금되도록 관리해야 한다.
> ㉣ 요양비등수급계좌의 신청 방법 및 절차와 관리에 필요한 사항은 보건복지부령으로 정한다.

① ㉠, ㉡
② ㉠, ㉣
③ ㉡, ㉢
④ ㉢, ㉣

67 **다음은 보건복지부장관 또는 보건복지부령으로 정하는 사항에 관한 내용이다. 이 중 옳지 않은 내용은?**

① 국민건강보험 피부양자 자격의 인정 기준, 취득·상실시기는 보건복지부령으로 정한다.
② 국민건강보험공단의 조직, 인사, 보수, 회계에 관한 규정은 이사회 의결을 거쳐 보건복지부장관의 승인을 받아 정한다.
③ 요양급여비용은 공단의 이사장과 보건복지부령으로 정하는 의약계를 대표하는 사람들의 계약으로 정한다.
④ 보건복지부장관은 요양기관의 인정을 취소할 수 있다.

68 **보험재정에 대한 정부지원과 관련한 설명으로 옳지 않은 것은?**
2025 기출

① 공단은 국민건강증진기금에서 자금을 지원받을 수 있다.
② 국가는 매년 해당 연도 보험료 예상 수입액의 100분의 14에 상당하는 금액을 국고에서 공단에 지원하며, 이때 지원 금액은 예산 범위 내로 한다.
③ 공단은 국민건강증진기금에서 지원받은 자금을 건강검진 등 건강증진에 관한 사업 등에 사용한다.
④ 공단은 국고로 지원받은 금액을 피부양자의 흡연으로 인한 질병에 대한 보험급여 등으로 사용한다.

69 **보험료 납부에 관한 다음 설명 중 옳지 않은 것은?**

① 직장가입자였던 갑이 7월 1일 자로 지역가입자로 자격이 변동됐다면, 7월 보험료는 직장가입자 기준으로 납부하면 된다.
② 을이 10월 2일 자로 직장가입자 자격을 잃고 피부양자가 되었다면, 갑은 건강보험료를 10월분까지 납부하면 된다.
③ 피부양자였던 병이 직장가입자 자격을 6월 11일에 얻었다면, 공단은 7월부터 병의 건강보험료를 징수한다.
④ 피부양자였던 정이 3월 31일부터 지역가입자 자격을 얻었다면, 4월부터 건강보험료가 징수된다.

70 **다음 사례 중 외국인 등에 대한 특례에 따라 건강보험 피부양자가 될 수 없는 경우를 모두 고르면? (단, 주어진 정보만으로 파악한다.)**

㉠ 서울 소재 사립대학교 정교수로인 일본인 P씨의 아내 N씨도 일본인이다. N씨는 보건복지부령으로 정하는 기간보다 적게 국내에 거주했다. ㉡ 미국인 H씨는 뚜렷한 직업 없이 보건복지부령으로 정하는 기간 이상 국내에 거주하고 있다. ㉢ 인도인 B씨는 서울에서 가게를 운영하고 있는 언니 부부와 함께 살고 있으며, 대학원에 재학 중이다. 언니 부부 모두 인도인이다. ㉣ 부산에 살고 있는 재외국민 K씨는 외국에서 대학 졸업 후 귀국하였고, 「재외동포의 출입국과 법적 지위에 관한 법률」 제6조에 따라 국내거소신고를 하였다.

① ㉠, ㉡, ㉢　　② ㉡, ㉢, ㉣
③ ㉠, ㉣　　④ ㉡, ㉣

71 **건강보험 가입자인 갑은 보험급여에 대한 국민건강보험공단의 처분에 이의가 있어 2025년 5월 15일에 공단에 이의신청을 하였다. 이에 대한 공단의 처분이 같은 해 5월 31일에 있었고, 갑은 이 처분을 7월 31일에 알게 되었다. 갑이 공단 처분에 대해 공단에 이의신청을 하려고 할 때, 이의신청을 할 수 있는 기간은 언제까지인가? (단, 날짜는 초일불산입하여 계산한다.)**

① 2025년 8월 13일　　② 2025년 9월 30일
③ 2025년 10월 29일　　④ 2025년 11월 28일

72 **국민건강보험공단의 보험료등의 납입 고지에 대한 설명으로 틀린 것은?**

① 건강상의 이유로 1년간 회사에 휴직계를 낸 갑은 휴직이 끝날 때까지 건강보험료 납입 고지를 유예하려고 한다.
② 을은 건강보험공단에서 보험료 납입 고지를 받았다. 고지서를 통해 을은 납부해야 할 금액과 납부기한을 확인하였으나, 여기에 납부 장소는 적혀 있지 않았다.
③ 음식점을 운영하는 병은 건강보험 지역가입자인데, 바쁜 일정 때문에 보험료 납입 고지서를 확인하지 못하였다. 이때 병의 아내가 이를 확인하였다면, 병은 보험료 납입 고지를 받았다고 할 수 있다.
④ 건강보험 지역가입자인 정은 사무실을 이전한 관계로 보험료 납입 고지서를 뒤늦게 받게 됐다. 이에 공단에 보험료 납부기한 연장을 신청하였다.

73 **직장인 갑의 월 건강보험료를 바르게 계산한 것은? (단, 2025년도 직장가입자의 건강보험료율 7.09%로 계산한다.)**

갑은 경기도 A시에 위치한 회사에 근무하는 직장인으로, 연봉은 5,400만 원이다. 또한, 보수 외 소득이 연 2,600만 원이다.

① 177,250원　② 194,975원
③ 244,050원　④ 354,500원

74 **다음 두 사례에서 갑, 을이 받을 수 있는 최대 벌금액의 합은?**

2025 기출

• 대행청구단체 종사자인 갑은 부정한 방법으로 요양급여비용을 청구한 것이 드러나 벌금형을 받게 됐다. • 국민건강보험공단 직원 을은 유명 배우인 병의 개인정보를 친구에게 누설한 것이 드러나 벌금형을 받게 됐다.

① 6천만 원　② 7천만 원
③ 8천만 원　④ 9천만 원

75 **공단의 징수 또는 반환 금액에 대한 설명으로 잘못된 것은?**

① 공단은 징수해야 할 금액이 1건당 2천 원 미만인 경우에는 징수하지 않을 수 있다.
② 보험급여에 관한 비용을 계산할 때 10원 미만의 끝수가 있는 경우 그 끝수는 계산하지 않는다.
③ 공단은 가입자에게 지급해야 하는 금액이 1건당 2천 원 미만인 경우에 이를 지급해야 한다.
④ 보험료등에 관한 비용이 10원일 때는 이를 계산해야 한다.

76 신용카드등으로 하는 보험료등의 납부에 대한 설명으로 틀린 것은 모두 몇 개인가?

> ㉠ 신용카드, 직불카드로 국민건강보험공단이 납입 고지한 보험료등을 납부할 수 있다.
> ㉡ 신용카드로 보험료등을 납부하는 경우 납부일은 보험료등납부대행기관의 승인일로 본다.
> ㉢ 보험료등의 납부를 대행하는 보험료등납부대행기관은 납부자로부터 별도의 수수료를 받을 수 없다.
> ㉣ 보험료등납부대행기관의 지정 및 운영, 수수료 등에 필요한 사항은 보건복지부령으로 정한다.

① 1개　② 2개
③ 3개　④ 4개

77 다음 중 인적사항 등을 공개할 수 있는 경우에 해당하는 것을 모두 고르면? (단, 기준일은 2025년 3월 5일이다.)

> ㉠ 납부기한이 2024년 1월 15일인 보험료 총액이 1,200만 원인 갑은 이를 납부할 능력이 없음을 입증하기 위한 서류를 제출했다.
> ㉡ 납부기한이 2024년 3월 1일이고, 미납 보험료 총액이 3,000만 원인 을은 미납 보험료와 관련하여 행정소송이 계류 중이다.
> ㉢ 병은 2,000만 원의 보험료 미납으로 인적사항 공개대상자임을 서면으로 통지받았고, 소명 기회를 부여받았으나 이를 거절하였다.
> ㉣ 정은 보험료 상습 체납을 이유로 인적사항 공개대상자임을 2024년 7월에 통지받았고, 이후에도 보험료를 납부하지 않고 있다.

① ㉠, ㉢, ㉣　② ㉡, ㉢, ㉣
③ ㉠, ㉢　④ ㉢, ㉣

78 공단 재정운영위원회에 관한 설명 중 틀린 것은?

① 위원회는 요양급여비용 계약 및 결손처분 등 보험재정에 관련된 사항을 심의, 의결한다.
② 위원회 위원의 임기는 2년이며, 새로 위촉된 위원 임기는 전임위원 임기의 남은 기간이다.
③ 위원회 운영 등에 필요한 사항은 보건복지부령으로 정한다.
④ 위원회 위원은 직장가입자를 대표하는 10명, 지역가입자를 대표하는 10명, 공익을 대표하는 10명으로 구성된다.

79 **다음 ㉠~㉣ 중 채권과 보험료의 우선 징수 순위로 가능한 것은?**

㉠ 건강보험료	㉡ 질권
㉢ 일반 채권	㉣ 지방세

① ㉣ - ㉡ - ㉢ - ㉠
② ㉣ - ㉡ - ㉠ - ㉢
③ ㉡ - ㉠ - ㉢ - ㉣
④ ㉠ - ㉡ - ㉣ - ㉢

80 **요양급여비용의 청구와 지급에 관한 내용으로 옳은 것은 다음 중 모두 몇 개인가?**

㉠ 요양기관은 공단에 요양급여비용 지급을 청구하기 위해 심사평가원에 먼저 심사청구를 해야 한다.
㉡ 공단은 심사평가원이 요양급여의 적정성을 평가하여 통보하면, 이 결과를 보건복지부령으로 정한 기준에 따라 요양급여비용을 가산하거나 감액하여 요양기관에 지급한다.
㉢ 공단은 요양급여비용을 요양기관에 지급하는 경우 해당 요양기관이 공단에 납부하여야 하는 보험료 또는 징수금을 체납한 때에는 요양급여비용에서 이를 공제하고 지급해야 한다.
㉣ 공단은 가입자가 이미 낸 본인일부부담금이 요양기관이 청구한 요양급여비용보다 많은 경우, 요양기관에 지급할 금액에서 더 많이 낸 금액을 공제하여 해당 가입자에게 지급해야 한다.

① 1개
② 2개
③ 3개
④ 4개

노인장기요양보험법

61 2025 기출

장기요양급여 제공의 기본원칙으로 적절하지 않은 것은?

① 노인등이 자신의 의사와 능력에 따라 최대한 자립적으로 일상생활을 수행할 수 있도록 제공하여야 한다.
② 노인등의 심신상태·생활환경 및 노인 등 및 그 가족의 욕구·선택을 종합적으로 고려하여 제공하여야 한다.
③ 노인등의 심신상태나 건강 등이 악화되지 아니하도록 의료서비스와 연계하여 제공하여야 한다.
④ 노인등에게 장기요양기관의 교육훈련에 해당하는 '시설급여'를 우선적으로 제공하여야 한다.

62 2025 기출

가족 등의 장기요양에 대한 보상과 관련된 설명으로 옳지 않은 것을 모두 고르면?

㉠ 수급자가 받은 장기요양급여 금액 총액이 보건복지부장관이 정하여 고시하는 금액 이하에 해당해야 보상 대상이 된다.
㉡ 보상 대상인 수급자가 가족으로부터 제23조 제1항 제2호 가목에 따른 방문요양에 상당한 장기요양을 받은 경우 보상을 받을 수 있다.
㉢ 보상 방법은 본인부담금의 전부를 감면하거나 이에 갈음하는 조치이다.
㉣ 수급자가 본인부담금을 감면받는 경우, 이에 필요한 사항은 보건복지부령으로 정한다.

① ㉠, ㉡
② ㉠, ㉢
③ ㉡, ㉢
④ ㉢, ㉣

63

다음 중 장기요양급여 수급자나 급여를 받고자 하는 자가 장기요양인정 신청을 할 수 없을 때, 이를 대리할 수 있는 사람이 아닌 경우는?

① 「사회보장급여의 이용·제공 및 수급권자 발굴에 관한 법률」에 따른 사회복지전담공무원
② 구청장이 지정하는 자
③ 「노인복지법」에 따른 치매안심센터의 장
④ 수급자의 손녀

64 **다음 중 보건복지부장관이 장기요양사업의 실태를 파악하기 위해 정기적으로 조사해야 하는 사항이 아닌 것은?**

① 장기요양기관에 관한 사항
② 장기요양급여 수급자의 규모
③ 장기요양요원의 경력에 관한 사항
④ 장기요양급여 수급자의 급여만족도에 관한 사항

65 **장기요양기관은 수급자 안전과 보안을 위해 「개인정보 보호법」 및 관련 법령에 따른 폐쇄회로 텔레비전을 설치, 관리하도록 되어 있다. 이때, 폐쇄회로 텔레비전 설치 의무 기관이 아닌 곳은?**

- A기관을 운영하는 송 원장은 수급자와 그 보호자, 기관에서 일하는 모든 종사자들의 동의를 받아 「개인정보 보호법」 등에 따른 네트워크 카메라를 설치하였다.
- B기관을 운영하는 박 원장은 폐쇄회로 텔레비전을 설치하려 했으나 수급자와 보호자, 종사자들이 모두 이를 반대하자, 이에 대한 동의서를 받아 공단에 텔레비전을 설치하지 않기로 신고하였다.
- C기관을 운영하는 박 원장은 수급자인 노인과 보호자들 전원의 동의를 받아, 폐쇄회로 텔레비전을 설치하지 않기로 결정했다.
- D기관을 운영하는 김 원장은 모든 수급자에게 하루 중 일정 시간만 신체활동 지원 및 교육, 훈련을 제공하고 있다.

① A기관, B기관
② A기관, D기관
③ B기관, C기관
④ B기관, D기관

66 **장기요양인정 신청에 대한 설명으로 틀린 것은 모두 몇 개인가?**

㉠ 장기요양인정 신청인은 공단에 보건복지부령으로 정하는 바에 따라 장기요양인정신청서를 제출해야 하며, 이때 의사 또는 한의사가 발급하는 소견서를 제출하여야 한다.
㉡ 장기요양인정 신청 시 제출하는 의사소견서는 반드시 신청서와 함께 제출해야 한다.
㉢ 거동이 불편하여 의료기관 방문이 어려운 자는 장기요양인정 신청 시 의사소견서를 제출하지 않을 수 있다.
㉣ 장기요양보험가입자의 피부양자인 노인은 장기요양인정을 신청할 수 있다.
㉤ 의료급여수급권자인 노인은 장기요양인정을 신청할 수 있다.

① 1개
② 3개
③ 2개
④ 4개

67 **다음 장기요양급여 중 성격이 다른 하나는?**

① 주변에 장기요양기관이 없고, 육지와의 정기여객선이 하루에 1번뿐인 남해의 섬 지역에 사는 갑에게 지급되는 장기요양급여
② 폭력성을 동반한 조현병으로 인해 동생과 같은 집에 살며 계속 보살핌을 받아야 하는 을에게 지급되는 장기요양급여
③ 「의료법」에서 정하는 J요양병원에 입원한 병에게 지급되는 장기요양급여
④ 방문요양기관이나 시설급여제공 기관까지 2시간 이상 걸리고, 대중교통이 운행하지 않는 산골 지역에 거주하는 정에게 지급되는 장기요양급여

68 2025 기출 **장기요양보험료에 대한 설명으로 옳지 않은 것을 모두 고르면?**

㉠ 국민건강보험공단은 장기요양보험료와 건강보험료를 통합하여 징수하며, 이때 이를 구분하지 않고 고지한다.
㉡ 국민건강보험공단은 장기요양보험료와 건강보험료를 각각의 독립회계로 관리하여야 한다.
㉢ 장기요양보험료율은 장기요양위원회의 심의를 거쳐 대통령령으로 정한다.
㉣ 장애인이 장기요양보험가입자인 경우 보건복지부령으로 정하는 바에 따라 장기요양보험료의 전부 또는 일부를 감면할 수 있다.

① ㉠, ㉢　② ㉠, ㉣
③ ㉡, ㉢　④ ㉢, ㉣

69 **다음 중 특정 지역에 장기요양기관을 지정할 때 검토하는 사항에 해당하지 않는 것은?**

① 장기요양기관을 운영하려는 자의 장기요양급여 제공 이력
② 장기요양기관을 운영하려는 자 및 그 기관에 종사하려는 자가 「노인장기요양보험법」에 따라 받은 행정처분 내용
③ 해당 지역의 노인인구 수
④ 장기요양기관 종사자의 규모 및 이력

70 다음 사례에서 A요양기관이 받을 수 있는 조치로 알맞은 것은?

2025 기출

> A요양기관에 근무하는 장기요양요원 갑은 기관의 수급자 을을 폭행해 전치 3주의 상해를 입혔다. 폭행 혐의로 경찰 수사를 받게 된 갑이 평소에 기관의 수급자들을 상습적으로 폭행했다는 사실과 요양기관의 장인 병이 평소에 장기요양요원에 대한 교육과 감독에 소홀했다는 점이 밝혀졌다.

① 기관지정의 취소
② 1년간의 업무정지
③ 장기요양급여 제공의 제한
④ 2억 원의 과징금 부과

71 장기요양기관의 폐업 등의 신고에 대한 설명으로 옳지 않은 것은?

① 폐업이나 휴업을 하려는 장기요양기관의 장은 공단에 이를 신고해야 한다.
② 장기요양기관의 지정 갱신을 하지 않으려는 장기요양기관의 장은 해당 기관을 이용하는 수급자가 다른 기관을 선택하여 이용할 수 있도록 계획해야 한다.
③ 장기요양기관의 장이 기관 폐업을 하려는데 인근 지역에 대체 장기요양기관이 없는 경우에는 폐업 철회를 권고받을 수 있다.
④ 휴업을 하려는 장기요양기관의 장은 휴업 예정일 30일 전까지 이를 신고해야 한다.

72 장기요양기관 지정의 유효기간 및 갱신에 대한 설명으로 옳지 않은 것은?

① 2021년 10월 1일에 지정을 받은 장기요양기관의 유효기간은 2027년 9월 30일까지이다.
② 2024년 12월 1일에 지정의 유효기간이 끝나는 장기요양기관의 장이 그 지정을 유지하기 위해서는 소재지 군수에게 2024년 10월 2일까지 지정 갱신을 신청해야 한다.
③ 특별자치시장·특별자치도지사·시장·군수·구청장은 갱신 심사를 완료한 경우 그 결과를 지체 없이 해당 장기요양기관의 장에게 통보하여야 한다.
④ 장기요양기관의 지정 갱신을 신청하였으나 유효기간 내에 완료되지 못한 경우에는 심사 결정이 이루어질 때까지 지정이 유효한 것으로 본다.

73 **장기요양등급판정위원회에 대한 설명으로 옳지 않은 것을 모두 고르면?**

> ㉠ 등급판정위원회 위원은 의료인, 사회복지사, 공무원 등으로 구성되며, 위원회 위원장이 위촉한다.
> ㉡ 등급판정위원회는 위원장과 14인의 위원으로 구성된다.
> ㉢ 한 개의 도시에 3개의 등급판정위원회가 있는 것은 불가능하다.
> ㉣ 공무원이 아닌 등급판정위원회 위원은 최대 6년까지 재임할 수 있다.
> ㉤ 위원 중에 의사나 한의사가 2명 이상 포함될 수 없다.

① ㉠, ㉡, ㉢　② ㉠, ㉢, ㉤
③ ㉡, ㉢, ㉣　④ ㉢, ㉣, ㉤

74 **장기요양기관의 의무에 관한 설명으로 옳은 것을 모두 고르면?**

> ㉠ 장기요양기관은 입소정원에 여유가 없는 경우를 제외하고는 수급자가 요청한 장기요양급여의 제공을 거부하여서는 안 된다.
> ㉡ 장기요양기관의 장은 장기요양급여 제공에 관한 자료를 기록·관리해야 하며, 이를 거짓으로 작성해서는 안 된다.
> ㉢ 장기요양기관은 장기요양급여의 제공 기준·절차 및 방법 등에 따라 장기요양급여를 제공하여야 한다.
> ㉣ 장기요양기관의 장은 장기요양급여를 제공한 수급자에게 장기요양급여비용에 대한 명세서를 교부하여야 한다.
> ㉤ 영리를 목적으로 금전, 물품, 노무, 향응, 그 밖의 이익을 제공하거나 제공할 것을 약속하는 방법으로 수급자를 장기요양기관에 소개, 알선하는 행위를 하여서는 안 된다.

① ㉠, ㉡, ㉢, ㉣, ㉤　② ㉡, ㉢, ㉣, ㉤
③ ㉠, ㉡, ㉣　④ ㉡, ㉢, ㉤

75 **다음은 장기요양기관에 대한 과징금 부과와 관련된 상황이다. 밑줄 친 ㉠~㉣의 내용 중 틀린 것은?**

> S시 시장은 해당 지역의 A장기요양기관이 거짓으로 서류를 조작하여 재가 및 시설 급여비용을 청구한 것이 발각돼 업무정지를 명령하려 하였으나, ㉠ <u>업무정지로 인해 A장기요양기관을 이용하는 수급자에게 큰 불편을 줄 우려가 있다고 인정하여 업무정지명령을 갈음하여 과징금을 부과하기로 하였다</u>. 이때 ㉡ <u>과징금은 A기관이 거짓으로 청구한 금액의 3배로</u> 하였고, ㉢ <u>과징금의 금액과 부과절차 등에 필요한 사항은 보건복지부령에 따르는 것으로 하였다</u>. 그런데, ㉣ <u>A기관이 과징금을 납부기한까지 내지 않자 시장은 지방세 체납처분의 예에 따라 이를 징수하기로 했다</u>.

① ㉠　② ㉡
③ ㉢　④ ㉣

76 위반사실 등의 공표와 관련된 설명으로 옳지 않은 것을 모두 고르면?

㉠ 보건복지부장관 또는 특별자치시장·특별자치도지사·시장·군수·구청장은 장기요양기관이 거짓으로 자료를 제출하여 제37조 또는 제37조의2에 따른 처분이 확정된 경우 위반사실, 처분내용, 장기요양기관의 명칭·주소, 장기요양기관의 장의 성명 등 대통령령으로 정하는 사항을 공표하여야 한다.
㉡ 위 ㉠의 경우에 장기요양기관이 폐업하여 공표의 실효성이 없는 경우에도 위반사실은 공표해야 한다.
㉢ 보건복지부장관 또는 특별자치시장·특별자치도지사·시장·군수·구청장은 장기요양기관의 위반사실 등의 공표 여부 등을 심의하기 위하여 공표심의위원회를 설치·운영해야 한다.
㉣ 공표심의위원회의 구성·운영 등에 필요한 사항은 대통령령으로 정한다.

① ㉠, ㉡　　② ㉡, ㉢
③ ㉠, ㉣　　④ ㉢, ㉣

77 다음 ㉠~㉢의 사례에 해당하는 벌금 또는 과태료의 최대금액 총액으로 옳은 것은?

㉠ A보험회사는 노인장기요양보험과 유사한 용어를 사용한 보험상품을 출시·판매하였다.
㉡ B는 금전 제공을 약속받고, 수급자 여러 명을 근처 장기요양기관에 소개·알선하였다.
㉢ C장기요양기관은 장기요양급여 제공내용 확인에 대해 국민건강보험공단의 자료 제출 요구를 받았는데, 자료를 조작하여 제출한 것이 발각되었다.

① 1,500만 원　　② 2,500만 원
③ 3,000만 원　　④ 4,000만 원

78 장기요양위원회에 대한 설명으로 옳은 것은 모두 몇 개인가?

㉠ 장기요양보험료율, 가족요양비 지급기준 등 대통령령으로 정하는 주요 사항을 심의하는 기능을 한다.
㉡ 보건복지부장관 소속으로 설치된다.
㉢ 장기요양위원회의 효율적 운영을 위하여 분야별로 실무위원회를 둘 수 있다.
㉣ 장기요양위원회가 위원장과 부위원장을 포함해 총 16인으로 구성될 때, 회의에 8명이 출석한다면 개의할 수 있다.

① 1개　　② 2개
③ 3개　　④ 4개

79 **심사청구 및 재심사청구에 대한 상황과 이에 대한 당사자의 대처가 잘못된 것은?**

① 장기요양보험료에 관한 공단의 처분에 이의를 가진 갑이 그 처분이 있은 날부터 6개월이 넘을 때까지 특별한 사유 없이 심사청구를 하지 않았다면, 이후 공단에 심사청구를 할 수 없다.
② 을은 장기요양등급에 대해 공단에 심사청구를 했으나, 그 결정에 불복하여 행정소송을 제기하려고 한다.
③ 병은 심사청구에 대한 결정에 불복하여, 결정통지를 받은 지 60일 만에 장기요양재심사위원회에 재심사를 청구하였다.
④ 정은 장기요양인정에 관한 공단 처분에 대해 재심사청구를 제기해 재심사위원회의 재심사를 거쳤으나 그 결정도 인정할 수 없어, 마지막으로 행정심판을 청구하려 한다.

80 **장기요양요원 보호에 대한 내용으로 옳은 것을 모두 고르면?**

㉠ 수급자가 장기요양요원에게 폭언·폭행을 하는 경우 장기요양기관의 장은 업무전환 등 대통령령으로 정하는 바에 따른 적절한 조치를 할 수 있다. ㉡ 장기요양기관의 장은 장기요양요원에게 수급자가 부담하여야 할 본인부담금의 전부 또는 일부를 부담하도록 요구하는 행위를 해서는 안 된다. ㉢ 장기요양기관은 종사자가 장기요양급여를 제공하는 과정에서 발생할 수 있는 수급자의 상해 등 법률상 손해를 배상하는 전문인 배상책임보험에 가입할 수 있다. ㉣ 공단은 장기요양기관이 전문인 배상책임보험에 가입하지 않은 경우 대통령령의 기준에 따라 해당 장기요양기관에 지급하는 장기요양급여비용의 일부를 감액할 수 있다.

① ㉠, ㉡
② ㉡, ㉢
③ ㉡, ㉣
④ ㉠, ㉣

국민건강보험공단

NCS + 법률

박문각

국민건강보험공단

NCS + 법률

봉투모의고사

/

2회

박문각

제2회 모의고사

NCS 직업기초능력 60문항/60분	의사소통 · 수리 · 문제해결 각 20문항	80문항/80분
직무시험(법률) 20문항/20분	국민건강보험법(행정직 · 건강직 · 기술직)	
	노인장기요양보험법(요양직)	

NCS 직업기초능력 | 01 ~ 60번

[01 ~ 02] 다음 보도자료를 보고 이어지는 물음에 답하시오.

보건복지부는 지역 필수의료 의사 부족 문제 해결의 대안으로 시니어의사 채용 활성화를 위해 2025년 '시니어의사 지원 사업'을 본격 추진한다. 이 사업은 임상 경험이 많고 사명감 있는 시니어의사의 전문성이 지역 의료현장에서 활용될 수 있도록 지원체계를 마련하여 지역 의료공백을 최소화하는 데 목적이 있다. 2025년에는 지속적인 의사 인력난을 겪고 있는 지방의료원 등 지역 공공의료기관뿐만 아니라, 공중보건의사 감소로 의사 인력확보가 어려워진 보건소까지 포함해 확대 추진한다.
이 사업을 통해 △시니어의사를 채용한 지역의료기관, 보건소 등에 채용지원금을 지원하며, 이외에도 시니어의사 지원체계를 마련해 △시니어의사 모집, △의료기관 등과 매칭, △지역 의사 커뮤니티 활동 지원, △교육 지원 등을 실시한다.
먼저 '시니어의사 채용지원금'은 지역의료기관, 보건소 등의 시니어의사 신규 채용 및 고용 유지를 장려하기 위해 기관에 지급하는 지원금으로, 2025년 4월 18일부터 5월 9일까지 지원 신청을 받는다. 지원 조건*에 맞는 시니어의사를 채용한 지방의료원, 적십자병원 등 지역 공공의료기관과 의료취약지 보건소 등이 신청할 수 있다.

* 시니어의사 : 전문의 취득 이후 대학병원 · 종합병원급 이상 수련병원에서 10년 이상 근무 경력 또는 20년 이상 임상 경력(병원급 이하 경력 포함)이 있는 60세 이상 의과 의사

각 기관에서는 시니어의사의 근무 형태에 따라 유형*(전일제, 시간제)을 선택해 관할 시도에 신청서 및 사업계획서를 제출하면 된다.

* 지원 유형 : 전일제(1형) 월 1,100만 원, 시간제(2형) 월 400만 원 (각 6개월)

보건복지부는 선정평가위원회를 통해 각 기관에서 제출한 신청서 및 사업계획서에 대해 서면평가를 실시하고, 시니어의사의 근무 경력, 의료취약도, 사업 계획의 구체성 및 적정성, 지원 필요성 등을 고려해 시도별 채용지원금 지원 대상 기관을 선정할 계획이다. 더불어, 보건복지부는 국립중앙의료원 시니어의사 지원센터를 통해 은퇴 후 계속 진료 활동을 희망하는 시니어의사를 모집해 채용 수요가 있는 지역의료기관, 보건소 등과 연계해주는 매칭을 지원한다. 매칭을 희망하는 의사는 시니어의사 지원센터 '닥터링크' 홈페이지(https://www.edunmc.or.kr/senior, 문의 : 02-6362-3731, 3718)를 통해 신청할 수 있다. 또한 지역 의사 모집 활성화를 위한 커뮤니티 활동 지원, 시니어의사가 지역 필수의료 분야에서 계속 활동하는 경우 필요한 현장 맞춤형 리트레이닝(re-training) 교육 등도 실시할 계획이다.

※ 출처 : 보건복지부 보도자료

01 **위 자료의 내용과 일치하지 않는 것은?**

① 시니어의사 지원사업은 지역 필수의료 의사 부족 문제를 해결하기 위해 도입되었다.
② 전문의 취득 후 20년 이상의 임상 경력이 있는 63세 의사라면 시니어의사에 지원이 가능하다.
③ 신청 기한 내에 시니어의사 채용지원금을 신청한 지역의료기관 등은 조건을 충족한 경우에 모두 지원금을 받을 수 있다.
④ 시니어의사 지원 사업에는 시니어의사 모집, 의교기관 등과 매칭, 시니어의사 채용 지역의료기관 등에 채용지원금 지원, 교육 지원 등이 포함된다.

02 **다음은 위 자료를 보고 나눈 △△시 의료기관 직원들의 대화이다. 이때, 을의 마지막 말로 가장 적절한 것은?**

갑: 우리 기관도 이번에 시니어의사 채용지원금을 신청할 수 있겠는데요? 을: 맞아요. 오늘이 2025년 5월 2일이니까 일주일 내로 신청을 해야겠네요. 갑: 우리 기관에 시간제 시니어의사 두 분이 계시니까 지원받으면 좋겠어요. 신청은 어디로 해야 하는 거죠? 을: ______________________________

① 우리 기관 관할인 △△시에 신청서와 사업계획서를 제출하면 돼요.
② 보건복지부 국립중앙의료원 시니어의사 지원센터에 신청서를 제출하면 돼요.
③ 닥터링크의 홈페이지나 전화를 통해 신청하면 돼요.
④ 보건복지부의 선정평가위원회에 신청서와 사업계획서를 제출하면 돼요.

03 다음 보도자료의 내용과 일치하는 것은?

국민건강보험공단은 희귀질환자 등 건강약자에 대한 필수의료 지원 강화를 위하여 2024년 1월 1일부터 산정특례 대상 신규 희귀질환을 확대하고 중증 간질환 환자의 산정특례 등록기준을 개선한다고 밝혔다. 주요 내용은 다음과 같다.

□ 산정특례 대상 신규 희귀질환 확대

건강보험 본인일부부담금 산정특례제도는 암, 희귀질환 등 중증질환의 의료비 부담완화를 위하여 건강보험 본인부담을 경감하는 제도이다.

* 본인부담률 입원 20%, 외래 30%~60% → 산정특례 적용 시 입원·외래 0%~10% 적용

공단은 국가 희귀질환을 관리하는 질병관리청과 협업하고 학회, 전문가 등의 의견을 수렴하여 희귀질환관리위원회(보건복지부) 및 산정특례위원회(공단)의 심의·의결을 거쳐 매년 지속적으로 희귀질환 산정특례 적용대상을 확대해왔다. 2024년에는 '안치지의 형성이상(Q87.0)' 등 83개 신규 희귀질환에 대한 산정특례를 확대하여 2024년 1월 1일부터 특례를 적용받는 희귀질환은 기존 1,165개에서 1,248개로 늘어나게 된다(희귀질환 10개, 극희귀질환 46개, 기타염색체이상질환 27개). 이번 확대로 신규 희귀질환자는 산정특례 등록 질환 및 해당 질환과 의학적 인과관계가 명확한 합병증 진료 시 진료비의 10%만 본인부담금을 납부하면 된다.

□ '간질환에 의한 응고인자 결핍(D68.4)' 산정특례 등록기준 개선

간질환 환자의 후천성 출혈장애인 '간질환에 의한 응고인자 결핍'은 '혈우병'과는 별개의 질환으로 그동안 산정특례 고시(보건복지부 고시 「본인일부부담금 산정특례에 관한 기준」)상 혈우병의 하위 질환으로 분류되어 있었으나, 2024년 1월 1일부터 별개의 상병으로 구분된다. 이에 공단은 응고인자 결핍 및 출혈경향을 동반한 중증 간질환 환자가 특례 적용을 받을 수 있도록 학회 등 전문가 자문을 거쳐 해당 질환의 산정특례 등록기준을 개선하였다.

※ 출처 : 국민건강보험공단 보도자료

① 산정특례제도를 적용받는 희귀질환 중 극희귀질환의 비중이 희귀질환이나 기타염색체이상질환보다 크다.
② 산정특례 적용을 받는 희귀질환은 보건복지부와 공단 산하 위원회의 심의·의결을 거쳐 결정된다.
③ 중증 간질환 환자의 응고인자 결핍은 혈우병과 그 증상이 비슷해 그 하위 질환으로 분류되어 왔다.
④ 중증 간질환을 앓고 있으나 응고인자 결핍 및 출혈경향을 보이지 않는 환자도 산정특례 적용을 받을 수 있다.

[04～05] 다음 보도자료를 보고 이어지는 물음에 답하시오.

국민건강보험공단은 2024년 10월 1일부터 노인요양시설에 선임 요양보호사를 배치하여 운영하는 '요양보호사 승급제'를 실시한다고 밝혔다. 요양보호사 승급제는 2024년 처음 시행되는 제도로서, 요양보호사의 경력과 전문성에 상응하는 승급체계 마련과 장기근속을 유도하여 처우를 개선하고 장기요양 서비스 질을 향상하는 데 목적이 있다. 요양보호사 승급제는 입소자 50인 이상 규모의 노인요양시설에 소속된 요양보호사로서, 시설급여기관 근무경력이 5년 이상인 경우 공단이 주관하는 승급교육을 받은 후 선임 요양보호사로 지정되었을 때 월 15만 원의 수당을 받는 제도이다. 선임 요양보호사는 장기요양의 기관장이 지정하게 되며, 수급자에게 직접 서비스 제공과 신입 요양보호사나 실습생에게 요양보호 기술 지도, 급여제공기록지 확인 점검, 종사자 간 갈등을 중재하는 일을 하게 된다. 공단은 승급제 도입을 위해 선임 자격을 부여하는 승급교육을 2024년 5월부터 실시하여 839개 기관에 2,127명을 양성하였으며, 2023년에는 시범사업을 통해 92명의 선임 요양보호사를 양성하며 본 사업을 위한 준비를 해왔다. 또한, 더 많은 요양보호사가 승급제 적용을 받을 수 있도록 2024년에 주야간보호기관(28～34인, 77인 규모)을 대상으로 시범사업을 실시 중에 있으며, 2025년에는 대상을 확대하여 입소자 50인 미만 노인요양시설과 35～76인 규모 주야간보호기관에 대해 시범사업을 실시할 계획이다.

요양보호사 승급교육제도 개요

1. 법적근거

「장기요양급여 제공기준 및 급여비용 산정방법 등에 관한 고시」 제11조의6(선임 요양보호사), 제7조(선임 요양보호사 수당 산정방법)

2. 운영체계

- 국민건강보험공단: 교육대상자 관리 및 교육과정 구성 등
- 한국보건복지인재원: 승급교육 실시(교육비 수납, 수료증 발급 등)

3. 교육대상 및 신청

- 대상: 입소자 50인 이상인 노인요양시설에 소속된 요양보호사로서, 시설급여기관에서 근무한 기간이 60개월(월 120시간 이상) 이상
- 신청: 자격 요건이 충족되는 요양보호사 중에서 장기요양기관장이 대상자를 지정(선임 요양보호사 배치 기준 이내에서 지정)하여 기관업무포털을 통해 신청

4. 승급교육

- 교육기간: 2024. 5.～9.
- 이수인원: 839개소의 2,127명
- 교육시간: 총 40시간(집합교육 16시간, 이러닝교육 24시간)
- 교육과목: 총 5개(요양보호 기술지도, 의사소통과 리더십 등)
- 비용: 100,000원(교육생 자부담)

※ 출처: 국민건강보험공단 보도자료

04 **위 자료의 내용과 일치하지 않는 것은?**

① 요양보호사 승급제의 목적은 요양보호사의 장기근속, 처우개선을 통해 장기요양 서비스 질을 개선하는 것이다.

② 2024년 현재 입소자 50인 미만 노인시설에 소속된 요양보호사의 경우 선임 요양보호사가 될 수 없다.

③ 선임 요양보호사는 신입 요양보호사에 대한 기술 지도, 급여제공기록지 확인 점검 등의 업무를 맡으며, 수급자에게 직접 서비스를 제공하지는 않는다.

④ 선임 요양보호사 양성을 위한 승급교육은 2024년 5월부터 실시되었으며, 이를 통해 2,000명 이상의 선임 요양보호사를 양성하였다.

05 **위 자료에 제시된 요양보호사 승급교육에 대한 이해가 바른 것을 〈보기〉에서 모두 고르면?**

보기

㉠ 요양보호사가 기관업무포털에 직접 신청하는 것이 원칙이다.
㉡ 입소자 50인 이상인 노인요양시설에 소속된 요양보호사이며 근무기간이 3년인 사람은 교육 대상이다.
㉢ 교육을 실시하는 곳은 한국보건복지인재원으로, 교육 완료 후 수료증도 이 기관에서 발급한다.
㉣ 교육비는 교육생이 부담하며, 교육시간은 온라인교육을 포함해 총 40시간이다.

① ㉡, ㉢
② ㉢, ㉣
③ ㉠, ㉡, ㉢
④ ㉡, ㉢, ㉣

[06~07] 다음 보도자료를 보고 이어지는 물음에 답하시오.

국민건강보험공단 건강보험연구원은 폐암 유전위험점수가 동일 수준이더라도 '30년 이상, 20갑년 이상' 흡연자인 경우 비흡연자에 비해 소세포폐암 발생위험이 54.49배 높고, 소세포폐암 발생에 흡연이 기여하는 정도가 98.2% 수준인 것으로 밝혀냈다. 이번 연구는 건강보험연구원과 연세대 보건대학원(지선하 교수 연구팀)이 공동으로 수행하였으며, 2004~2013년 전국 18개 민간검진센터 수검자 136,965명을 대상으로 건강검진 및 유전위험점수(PRS) 자료, 중앙암등록자료, 건강보험 자격자료를 연계, 2020년까지 추적관찰하여 분석하였다[분석대상 암종: 폐암(전체, 소세포폐암, 편평세포폐암, 폐선암), 후두암(전체, 편평세포후두암)]. 특히 폐암 및 후두암 발생 원인 분석에서 국내 최초로 유전정보를 활용해 유전요인의 영향이 없거나 극히 미미함을 밝혀내, 흡연의 유해성을 재입증했다는 점에서 연구의 의의를 가진다.
폐암, 후두암 발생위험 분석에서는 소송대상 암종인 소세포폐암, 편평세포폐암, 편평세포후두암의 발생위험이 여타 암종에 비해 높고, 이는 과거흡연자에 비해 현재흡연자에서, 그리고 흡연력이 높을수록 발생위험이 커지는 경향성을 보였다. 연구대상자의 일반적 특성을 비롯해 폐암 및 후두암의 유전위험점수가 동일 수준이더라도 '30년 이상, 20갑년 이상' 흡연자인 경우 비흡연자에 비해 소세포폐암은 54.49배, 편평세포폐암은 21.37배, 편평세포후두암은 8.30배 발생위험이 유의미하게 높았다. 반면 연구대상자의 일반적 특성(성, 연령, 의료보장 유형, 소득수준, 음주 여부), 흡연력이 동일하다는 조건하에 유전위험점수가 낮은 것에 비해 높은 경우(점수가 상위 20%에 해당하는 경우) 전체 폐암과 편평세포폐암에 한해서 각각 1.20~1.26배, 1.53~1.83배 유의하게 암 발생위험이 높아지는 것에 그쳤다.
폐암, 후두암 발생 기여위험도 분석에서는 '30년 이상, 20갑년 이상' 흡연자인 경우 소세포폐암 발생에 흡연이 기여하는 정도가 98.2%로 대부분을 차지하며, 유전요인의 영향은 유의미하지 않았다. 그 외 편평세포후두암은 88.0%, 편평세포폐암은 86.2%가 흡연이 암 발생에 기여하는 것으로 나타났다. 유전요인은 전체 폐암 및 편평세포폐암에 한해 암 발생에 유의미한 영향을 미치는 것으로 나타났으나, 그 정도는 각각 0.7%, 0.4% 수준에 불과하였다.
이번 연구결과와 관련하여 삼성서울병원 호흡기내과 엄상원 교수는 "폐암은 선천적 요인보다는 흡연 등과 같은 후천적 요인에 의한 체세포 돌연변이가 주요 발병 원인임이 알려져 왔다. 이번 연구는 국내 최초로 선천적 유전요인이 폐암 발생에 미치는 영향이 매우 미미함을 과학적으로 규명하였으며, '30년 이상, 20갑년 이상' 흡연이 소세포폐암 및 편평세포폐암 발병에 기여하는 정도가 각각 98.2%, 86.2% 임을 입증한 것에 큰 의미가 있다"라고 밝혔다.
건강보험연구원 이선미 건강보험정책연구실장은 "이번 연구는 흡연과 폐암 및 후두암 발생 간의 인과성 분석에서 국내 최초로 유전요인의 영향을 통제한 것은 물론, 나아가 유전요인이 폐암 및 후두암 발생에 기여하는 정도까지를 규명한 연구이다. 연구결과, 유전요인은 폐암 및 후두암 발생과 개연성이 없거나 극히 낮은 반면, 흡연은 암 발생의 강력한 위험요인임을 재확인하였다" 아울러, "법원은 지난 1심 판결에서 흡연과 폐암, 후두암 발생 간의 인과관계를 인정하지 않아 공단이 담배소송에서 패소한 바 있다. 공단은 건강보험 빅데이터 기반의 다양한 실증분석을 통해 흡연의 유해성 및 인과성을 재입증하고, 담배소송에 필요한 결정적 증거들을 지속적으로 연구할 예정이다"라고 강조하였다.

※ 출처: 국민건강보험공단 보도자료

06 위 자료의 내용과 일치하지 않는 것을 〈보기〉에서 모두 고르면?

보기

㉠ 소세포폐암, 편평세포후두암에서 암 발생에 흡연이 기여하는 정도는 90% 이상을 차지했다.
㉡ 이번 연구는 민간검진센터 수검자 13만여 명을 대상으로 건강검진 및 유전위험점수 자료, 중앙암등록자료, 건강보험 자격자료를 연계, 추적관찰한 결과이다.
㉢ 폐암과 후두암은 모두 현재흡연자에 비해 과거흡연자가, 흡연력이 높을수록 발생위험이 커지는 것으로 나타났다.
㉣ 선천적 유전요인이 폐암 발생에 미치는 영향이 매우 미미함을 과학적으로 규명한 것은 이번 연구가 세계 최초이다.

① ㉠, ㉢, ㉣　　② ㉡, ㉢, ㉣
③ ㉠, ㉡　　④ ㉡, ㉣

07 **위 자료를 보고 보일 수 있는 반응으로 적절하지 않은 것은?**

① 폐암 유전위험점수가 상위 20% 이내에 해당하는 경우, 유전위험점수가 이보다 낮은 사람에 비해 폐암 발생위험이 1.3배 이상 높지는 않구나.

② 이번 연구의 결과로 폐암과 후두암뿐만 아니라 흡연이 다른 암의 발생위험에도 큰 영향을 끼친다는 점을 알 수 있네.

③ '30년 이상, 20갑년 이상' 흡연자가 '10년, 20갑년' 흡연자보다 폐암과 후두암 발생위험이 높겠구나.

④ 이 연구는 흡연과 암 발생의 상관관계를 입증해 국민건강보험공단이 담배소송에서 승소하는 데 영향을 줄 수 있겠어.

[08~10] 다음 보도자료를 보고 이어지는 물음에 답하시오.

보건복지부는 우울·불안 등 정서적 어려움이 있는 국민에게 전문적인 심리상담 서비스를 제공하여 국민의 마음건강을 돌보고, 만성 정신질환으로 악화되는 것을 예방하며, 자살·자해 시도 등을 예방하고자, 2024년 7월 1일부터 2024년 '전 국민 마음투자 지원사업'을 실시한다고 밝혔다. 2022년 5월부터 청년층(19~34세)을 대상으로 한 '청년 마음건강 지원사업'이 시행되고 있으나, 우울·불안 등 정신건강 문제가 심각한 상황을 고려하여, 전 국민이 전문 심리상담 서비스를 받을 수 있도록 전 국민 마음투자 지원사업을 새롭게 시행하게 된 것이다. 2024년 하반기에 8만 명으로 시작하여, 2027년에는 전 국민의 1%인 50만 명까지 단계적으로 확대하는 것을 목표로 추진된다.
보건복지부는 「전 국민 마음투자 지원사업 등록기준 고시」를 제정·발령하고, 서비스 제공기관을 모집하는 등 체계적으로 사업 준비를 해왔다. 서비스 제공기관은 2024년 6월 28일 기준 443개소가 등록되었으며, 시·군·구(보건소)에서 계속 제공기관 등록·신청을 받고 있다. 전국 서비스 제공기관 명단은 사회서비스 전자바우처 포털에서 찾아볼 수 있다.
지원대상은 정신건강복지센터, 대학교상담센터, 청소년상담복지센터, Wee센터/Wee클래스 등에서 심리상담이 필요하다고 의뢰서를 발급받은 자, 정신의료기관 등에서 심리상담이 필요하다고 진단서 또는 소견서를 발급받은 자, 국가 건강검진에서 중간 정도 이상의 우울[우울증 선별검사(PHQ-9)에서 10점 이상]이 확인된 자, 자립준비청년 및 보호연장아동, 동네의원 마음건강돌봄 연계 시범사업을 통해 의뢰된 자이다.
지원대상에게는 심리상담 서비스가 제공되는데, 서비스는 제공인력의 전문성과 역량에 따라 1급과 2급 유형으로 구분된다. 서비스 가격은 1회 기준 1급 유형은 8만 원, 2급 유형은 7만 원이며, 본인부담금은 소득수준에 따라 차등 부과(0~30%)된다. 다만 자립준비청년 및 보호연장아동은 본인부담금이 면제된다.
심리상담 서비스를 신청하고자 하는 경우, 정신건강복지센터·대학교상담센터·청소년상담복지센터·Wee센터/Wee클래스·정신의료기관 등에서 발급한 의뢰서, 국가 일반건강검진 결과통보서 등 대상자별 구비서류를 갖추어 읍·면·동 행정복지센터를 방문하여 서비스 유형(1급 또는 2급 유형)을 선택하고 신청서를 제출하면 된다. 온라인(복지로) 신청은 2024년 10월부터 제공될 계획으로, 추후 별도 안내할 예정이다.
시·군·구(보건소)에서 지원 대상자로 결정·통지되면, 1 : 1 대면으로 전문 심리상담 서비스 총 8회(1회당 최소 50분 이상)를 제공받을 수 있는 바우처가 신청 10일 이내에 발급된다. 지원 대상자는 거주지와 상관없이 이용이 편리한 서비스 제공기관을 선택하여 심리상담 서비스를 신청하면 되고, 본인부담금 납부 및 심리상담을 받은 후 바우처 결제를 하면 된다. 서비스 지원기간은 바우처 발급일로부터 120일 이내이다. 보다 자세한 사항은 보건복지부 누리집(www.mohw.go.kr)에 게시된 사업 지침을 통해 확인할 수 있다.

※ 출처: 보건복지부 보도자료

08 위 자료의 '전 국민 마음투자 지원사업'에 대한 설명으로 옳은 것을 〈보기〉에서 모두 고르면?

보기

㉠ 청년층을 대상으로 한 마음건강 지원사업의 지원대상을 전 국민으로 확대하여 2024년부터 새롭게 시행한 사업이다.
㉡ 서비스 제공기관은 2024년 6월 28일 기준 400개 이상 등록되어 있으며, 그 명단은 사회서비스 전자바우처 포털에서 볼 수 있다.
㉢ 심리상담 서비스 신청은 2024년까지는 온라인에서는 불가능하다.
㉣ 심리상담 서비스의 가격은 2급 유형이 1급 유형보다 높으며, 본인부담금은 소득수준에 따라 최대 30%까지 부과된다.
㉤ 보건복지부는 「전 국민 마음투자 지원사업 등록기준 고시」를 제정·발령한 상태이다.

① ㉠, ㉢, ㉣
② ㉠, ㉡, ㉤
③ ㉡, ㉢, ㉣
④ ㉢, ㉣, ㉤

09 **위 자료에서 제시한 심리상담 서비스 지원대상이 아닌 경우는?**

① 국가 건강검진 우울증 선별검사(PHQ-9)에서 10점 이상인 자
② 자립준비청년
③ 보건소의 우울증 선별검사에서 중간 정도의 우울이 확인된 자
④ 대학교상담센터에서 심리상담이 필요하다는 의뢰서를 발급받은 자

10 **위 자료에서 제시한 전문 심리상담 서비스에 대한 설명으로 옳지 않은 것은?**

① 1 : 1 대면으로 이루어짐
② 1회 50분 이상 총 8회 제공되는 바우처 지원
③ 대상자가 서비스 제공기관을 선택하여 신청
④ 심리상담을 받기 전 바우처 결제

[11~13] 다음 보도자료를 보고 이어지는 물음에 답하시오.

거동이 불편하신 어르신이 병원에 가지 않고도 집 안에서 필요한 의료서비스와 지역사회 돌봄서비스 연계까지 모두 이용할 수 있는 '장기요양 재택의료센터'가 현(現) 135개소에서 195개소로 늘어난다. 보건복지부는 '장기요양 재택의료센터 시범사업' 참여기관공모('25.5.20.~6.13.)를 통해 총 60개 의료기관을 장기요양 재택의료센터로 추가 지정했다고 밝혔다.

장기요양 재택의료센터 제공 서비스 내용

- **방문의료**: 의사 월 1회 및 간호사 월 2회 이상 방문, 환자의 건강상태・주거환경・치료욕구 등을 종합적으로 고려한 치료 계획 수립
- **서비스 연계**: 주거・영양・돌봄 등 기타 지역사회 자원 및 장기요양 서비스 연계
- **교육・상담**: 와상상태, 만성질환 등 문제 이해 및 질병관리・건강관리 능력 향상을 위해 환자(보호자)에게 정기적 교육 상담 제공

2022년 12월, 28개소로 시작한 장기요양 재택의료센터는 2년 반 만에 195개소까지 증가하였으며, 장기요양 재택의료센터가 있는 지방자치단체도 총 113개 시・군・구로 확대*되었다.

* 장기요양 재택의료센터: ('23) 28개 시・군・구, 28개소 → ('24) 71개 시・군・구, 93개소→ ('25.7.) 113개 시・군・구, 195개소

특히, 그간 장기요양 재택의료센터가 없었던 4개 지역(대구 서구, 강원 강릉시・영월군, 충남 서산시)에서 지방의료원 4개소가 이번 공모를 통해 신규 지정되었다. 이로써 장기요양 재택의료센터로 지정된 지방의료원은 총 17개소*로 늘어났다. 지방의료원 참여가 늘어남에 따라 의원급에서 다루기 어려운 중증환자에게 더 적합한 재택의료서비스를 지역 내에서 제공하고, 원내 전문 의료인력을 활용하여 환자의 다양한 요구를 충족시킬 수 있을 것으로 기대된다.

2025년 장기요양 재택의료센터 시범사업 개요

1. 추진 배경

거동이 불편한 재가 노인이 살던 곳*에서 계속 살 수 있도록 의료욕구 해소를 위한 의료・요양의 연계 체계 마련 필요

* 재가급여 이용자의 53.5%가 건강 악화 시에도 재가생활 희망(2022 장기요양실태조사)

2. 사업 개요

1차('22.12.~'23.12.) / 2차('24.1.~12.) / 3차('25.1.~)

(1) **수행기관**: 의사(한의사)・간호사・사회복지사 등 3인 이상으로 담당팀을 구성한 의원급 의료기관
  * 단, 공공의료 역할 수행을 주목적으로 설립・운영 중인 지방의료원, 보건소, 보건의료원, 보건지소도 참여 가능

(2) **대상자**: 장기요양 재가급여 대상자 중 거동이 불편하고 재택의료가 필요한 사람(1~2등급 우선)으로 의사가 판단한 경우
  * 요양시설 등에 입소하여 시설급여 이용 중인 노인 제외

(3) **서비스 내용**: 다학제 팀이 수급자 가정을 방문하여 방문진료, 간호, 지역사회 자원연계 등 의료-요양 통합서비스 제공
  * 의사 월 1회, 간호사 월 2회 이상 방문, 사회복지사 지역사회 자원 연계

(4) 급여비용: 건강보험 수가에, 장기요양보험 수가를 더하여 지급

구분	급여비용
건강보험	방문진료료: 일차의료 방문진료 수가 시범사업 요건 충족 시 지급 의사 1회 방문 시 129,650원(의원급), 137,920원(지방의료원), 106,290원(한의원), 본인부담 30% (장기요양 1·2등급 와상환자 및 산소치료, 인공호흡기 사용 중증환자 본인부담 15%)
장기요양 보험	• 재택의료기본료: 의사 1회, 간호사 2회 방문 충족 시 환자당 월 14만 원, 본인부담 無 • 추가간호료: 월 2회 초과하는 간호는 지역 내 방문간호기관 연계 원칙, 환자 상태 등에 따라 직접 수행 시 회당 52,310원 지급(월 3회까지 청구), 본인부담 15% • 지속관리료: 6개월 이상 지속 관리 시 환자당 6개월 단위로 6만 원 지급, 본인부담 無

※ 출처: 보건복지부 보도자료

11 위 보도자료의 내용과 일치하지 않는 것은?

① 재택의료센터로 지정된 지방의료원은 2025년 7월 기준 17개소이며, 여기에 2026년에는 20개소 이상 늘어날 전망이다.
② 장기요양 재택의료센터는 2022년 12월 처음 시작할 때와 비교하여, 2025년 7월에 100개소 이상 늘어났다.
③ 장기요양 재택의료센터 제공 서비스에는 지역사회 자원 및 장기요양 서비스 연계도 포함된다.
④ 2025년 5월 이전에는 대구, 강릉, 서산 등에는 재택의료센터 참여 지방의료원이 없었다.

12 2025년 장기요양 재택의료센터 시범사업에 대한 설명으로 잘못된 것은?

① 의사는 월 1회, 간호사는 월 2회 방문하여 서비스를 제공하며, 환자 및 보호자에게 질병관리 및 건강관리를 위한 정기적인 교육 상담을 제공한다.
② 거동이 불편한 노인이 계속 거주지에서 살면서 의료지원을 받을 수 있는 것이 사업의 핵심이다.
③ 요양시설에 입소하여 시설급여를 이용 중인 노인은 시범사업 대상에 포함되지 않는다.
④ 장기요양 재가급여 대상자 중 1~2등급에 한해 의사가 판단하여 시범사업 대상자를 선정한다.

13 다음 중 2025년 기준 장기요양 재택의료센터 급여비용에 대한 설명으로 옳지 않은 것은?

① 건강보험 수가 중 방문진료료로는 방문 의사가 지방의료원인 경우 가장 비싼데, 한의원인 경우와 약 3만 원 차이가 난다.
② 건강보험 수가 중 방문진료료의 본인부담은 30%이며, 단 인공호흡기를 사용하는 중증환자의 경우에는 15%만 부담한다.
③ 의원급 의사 월 1회, 간호사 월 2회 방문 시, 월 급여비용은 건강보험과 장기요양보험 수가를 합해 269,650원이다.
④ 지방의료원 의사 월 1회, 간호사 월 3회 방문 시, 월 급여비용은 건강보험과 장기요양보험 수가를 합해 310,720원이다.

[14～15] 다음 보도자료를 보고 이어지는 물음에 답하시오.

국민건강보험공단 건강보험연구원은 2024년 11월 8일 '2024년 한국보건교육건강증진학회 추계학술대회'에서 세계보건기구 서태평양지역의 기준을 따르고 있는 우리나라 비만 기준인 체질량지수(BMI) 25 이상을 국내 상황에 맞게 최소 체질량지수(BMI) 27 이상으로 상향 조정해야 한다는 연구결과를 발표하였다. 이번 연구는 2002~2003년 일반 건강검진을 받은 성인 최대 847만 명을 21년간 추적 관찰하여 체질량지수(BMI) 수준별로 사망과 심뇌혈관질환 발생 위험정도를 분석한 결과로, 빅데이터를 활용하여 우리나라 국민에 적합한 기준을 제시한 것에 의의가 있다.

체질량지수(BMI)와 총 사망(all-cause mortality) 간의 연관성 분석결과에서는 관찰 기간 내 사망자 제외 기준(1년, 3년, 5년)과 무관하게 공통적으로 현재의 비만 기준인 체질량지수(BMI) 25 구간에서 사망위험이 가장 낮은 U자 형태를 나타냈다. 관찰 시작시점 이후 5년 내 사망자를 제외한 분석결과, 체질량지수(BMI) 25 구간에서 사망위험이 가장 낮고, 체질량지수(BMI) 18.5 미만과 체질량지수(BMI) 35 이상에서 사망위험이 가장 높았다(체질량지수(BMI) 25 구간 대비 각각 1.72배, 1.64배). 특히 체질량지수(BMI) 25 이상에서 사망위험 증가폭을 살펴보면, 체질량지수(BMI) 29 구간에서 이전 구간 대비 사망위험 증가폭이 2배 커짐을 확인하였다.

체질량지수(BMI)와 심뇌혈관질환(고혈압, 당뇨병, 이상지질혈증, 심혈관질환, 뇌혈관질환) 발생 간의 연관성 분석결과에서는 체질량지수(BMI)가 높아질수록 질병발생위험이 전반적으로 증가하여 체질량지수(BMI) 25 구간을 비만 기준으로 특정할 근거가 명확하지 않은 것으로 나타났다. 심뇌혈관질환 발생위험은 체질량지수(BMI) 18.5 미만에서 가장 낮고, 이후 전반적으로 증가하여 고혈압, 당뇨병은 체질량지수(BMI) 34 구간(각각 2.06배, 2.88배), 이상지질혈증은 체질량지수(BMI) 33 구간(1.24배), 심혈관 및 뇌혈관질환은 체질량지수(BMI) 34 구간(각각 1.47배, 1.06배)에서 각 질병의 발생위험이 가장 높았다. 체질량지수(BMI) 25 이상에서 질병발생위험 증가폭을 살펴보면, 고혈압, 당뇨병, 이상지질혈증은 체질량지수(BMI) 27 구간, 심혈관질환은 체질량지수(BMI) 29 구간, 뇌혈관질환은 체질량지수(BMI) 31 구간에서 이전 구간 대비 질병발생위험 증가폭이 커짐을 확인하였다.

이번 연구결과와 관련하여 동국대일산병원 오상우 교수는 "20년 전 분석에서는 체질량지수(BMI) 23에서 가장 낮은 사망위험을 보였다. 그간 우리의 체형과 생활습관, 그리고 질병 양상이 서구와 닮아가는 변화를 보였기 때문에 이제는 체질량지수(BMI) 25에서 가장 낮은 사망위험을 보이는 결과가 나왔고, 비만과 질병의 연관성은 과거와 비슷한 양상을 보이고 있다. 비만 진단기준은 질병과의 연관성을 우선시하고, 사망 자료를 보조적으로 고려해 설정해야 한다. 이번 연구결과를 종합해 볼 때 지금의 체질량지수(BMI) 진단기준을 27로 상향 조정하는 것이 한국인의 적절한 진단기준이라고 판단된다."라고 밝혔다.

건강보험연구원 이선미 건강관리연구센터장은 "이번 연구는 비만 기준과 관련한 건강보험 빅데이터 기반의 최대 규모 추적관찰 연구로, 우리나라 성인의 심뇌혈관질환 발생 및 사망 위험을 동시에 고려할 때 현행 비만 기준을 최소 체질량지수(BMI) 27 이상으로 상향 조정할 필요가 있으며, 중국은 이미 체질량지수(BMI) 28 이상을 비만 기준으로 적용하고 있다."라고 설명하며, "공단은 만성질환 발생 및 사망 위험성이 높은 비만 인구를 중심으로 보다 적극적으로 건강관리사업을 추진할 예정이다."라고 강조하였다.

※ 출처: 국민건강보험공단 보도자료

14 위 자료의 내용과 일치하는 것은?

① 제시된 연구는 일반건강검진을 받은 전 국민을 20년 이상 추적 관찰한 것이다.
② 연구결과에 따르면, 체질량지수가 높아질수록 사망위험이 높아진다.
③ 연구결과에서 고혈압과 당뇨병은 체질량지수 34 구간에서 각 질병의 발생위험이 가장 높은 것으로 나타났다.
④ 국민건강보험공단은 2024년 11월 8일부터 우리나라 비만 기준을 체질량지수 27 이상으로 상향 조정하기로 하였다.

15 **위 자료에서는 한국인 비만 기준을 체질량지수(BMI) 27 이상으로 조정해야 한다고 제시하고 있다. 이에 대한 가장 직접적인 근거로 적절한 것은?**

① 우리 국민의 체형과 생활습관, 질병 양상이 서구와 닮아가는 변화를 보이고 있다.
② 우리나라 성인의 사망위험이 체질량지수 25에서 가장 낮다는 연구결과를 보이고 있다.
③ 중국의 비만 기준은 체질량지수(BMI) 28 이상이다.
④ 비만과 질병의 연관성은 20년 전 분석과 비슷한 양상을 보이고 있다.

[16~18] 다음은 국민건강보험공단에서 제공한 과민성 대장 증후군에 관한 자료이다. 이를 보고 이어지는 물음에 답하시오.

최근 현대인을 괴롭히는 대표적인 장질환이 과민성 대장 증후군(irritable bowel syndrome)이다. 과민성 대장 증후군은 선천적으로 장 건강이 안 좋은 사람들에게 나타날 수 있으며, 대부분 불규칙한 생활습관(식습관) 및 스트레스나 우울증 등과 같은 심리적인 요인으로 신경이 예민해지면서 장에 기능적인 이상이 생기는 위장 장애 질환이다. 전 세계적으로 흔하게 발생하는 소화기 질환인 이 병은 실제 기질적 원인이 없는 기능적 장애로 생명을 위협하는 증상은 없으며, 주요 증세는 불규칙한 배변과 복통, 변비와 설사 및 복부 팽만감 등이다.
과민성 대장 증후군은 진단에 이용할 수 있는 생물학적, 생리학적 특징이 없으므로 아래의 유사한 증상들로 기질적 질환은 배제하고 진단하게 된다.
1) 복부 팽만감이 있는 경우
2) 음식물 섭취 후 복부의 통증이 심해지는 경우
3) 복통이 있으며 평소보다 대변을 자주 보거나 형태가 변한 경우(물러지거나 단단해짐)
4) 대변을 보고 난 후에 덜 본 듯한 느낌이 드는 경우
5) 대변을 보고 나면 증상이 완화되는 경우
6) 증상이 스트레스를 받은 시기인 경우
단, 위의 증상들과 비슷하다 해도 다른 기타 질병이 증상의 원인일 수 있으므로 병원을 찾아 진단하는 것이 좋다.
과민성 대장 증후군은 아직까지 정확한 원인이 밝혀진 것은 없으나 장관(대장과 소장)의 연동운동이 원활하지 않거나 심한 스트레스로 인한 자율신경 기능이 약해지면서 일어나는 증상으로 추정된다. 실제로 장은 스트레스에 매우 취약한 장기이다.
스트레스가 자율신경계와 장신경계에 영향을 미친다는 사실이 밝혀지면서 과민성 대장 증후군 치료제로 항우울제나 스트레스 완화를 위한 ㉠ <u>이완요법</u> 등이 활용되고 있다. 특히 스트레스로 장-뇌 축(gut-brain axis)이 자극을 받으면 소화기의 면역력과 소화 운동, 통증 과민 등을 조절하여 과민성 대장 증후군이나 염증성장질환 등에 큰 영향을 미친다. 장-뇌 축이란 스트레스가 자율신경계에 영향을 미치고, 여기에 속한 교감신경과 부교감신경이 장신경계와 자극을 주고받는 것을 말한다.
또한 행복호르몬인 ㉡ <u>세로토닌</u>이 얼마나 잘 만들어지는지도 장 건강과 연관된다. 세로토닌 생성을 위해서는 음식물 속 트립토판이라는 원료가 필요한데, 장 건강이 좋지 않으면 이 원료가 모자라면서 세로토닌이 부족해진다. 장 건강이 좋으면 세로토닌도 원활히 분비되지만, 반대 상황이 되면 세로토닌이 부족해지고 이는 우울, 불면증, 스트레스로 이어지면서 과민성 대장 증후군 등 장 질환을 자극하는 악순환이 될 수도 있다.
특히 세로토닌과 같은 뇌 호르몬 생성에 장내세균이 관여한다고 알려지면서 장내세균이 균형을 이루고 있는 장은 제2의 뇌라고도 불리고 있다. 장 건강 중에서도 장내세균 즉 ㉢ <u>유익균</u>과 유해균이 85:15로 균형을 이루는 것이 중요하다. 유익균은 장 운동을 촉진하고, 유해독소나 유해가스를 만드는 유해균의 과잉 증식과 발암물질 생성을 억제한다. 따라서 유익균과 유해균의 균형이 깨지면 다양한 장 트러블 증상이 나타날 수 있다. 최근에는 건강한 장내 미생물을 가진 사람의 대변을 그렇지 못한 사람에게 이식하는 대변 이식도 시도되고 있다. 장 건강을 위한 장내 유익균과 관련하여, 불규칙한 식습관은 장내 부패물질을 양산하여 유익균의 감소를 가져올 수 있으므로 규칙적인 식습관이 무엇보다 중요하다. 또한 장내에 음식물이 너무 오래 머무르지 않고 빨리 배설되도록 도울 뿐만 아니라 유산균의 좋은 먹이가 되는 ㉣ <u>식이섬유</u>를 섭취하는 것도 장 건강에 도움이 된다.
과민성 대장 증후군은 발생 원인이 불분명하기에 원인적인 치료는 불가하므로 개개인의 증상에 따라 치료해야 한다. 따라서 의사와 증상에 대해 충분히 상담한 후, 적절한 약물치료 또는 한방치료를 하는 것이 좋다. 약물치료의 경우 증상 완화에 도움은 되지만 지속해서 스트레스를 받았을 경우 증상이 재발할 수 있다. 현재로서는 뚜렷한 치료방법이 없지만 증상의 발현이 심리적 원인과도 관련이 있으므로 스스로 자신의 건강 상태를 관리하는 것이 가장 좋은 예방 및 치료법이다. 자신만의 적절한 스트레스 해소법을 만들고, 생활습관(식사습관)을 조정하고, 규칙적인 운동을 통해 심신의 안정을 취하는 것이 제일 중요하다.

16 **위 자료를 통해 추론할 수 있는 내용으로 적절하지 않은 것은?**

① 과민성 대장 증후군은 원인적인 치료는 불가능하지만, 의사와 상담 후 증상에 따라 치료할 수 있다.
② 과민성 대장 증후군은 현재 뚜렷한 원인이 밝혀지지 않았다.
③ 약물치료를 한 후 증상이 완화되더라도 지속적으로 스트레스를 받으면 증상이 재발할 수 있다.
④ 과민성 대장 증후군은 신체적인 기관의 이상에 의하여 생긴 병이다.

17 **위 자료를 읽고 과민성 대장 증후군에 대해 올바르게 파악한 사람은?**

① 갑: 요즘 스트레스가 과해서 그런지 배가 자주 아프더라고. 난 과민성 대장 증후군인 것이 확실해.
② 을: 전 세계적으로 흔한 증상이니까 약물치료를 하면 완치되겠군.
③ 병: 증상이 지속되면 생명에 위협이 될 수도 있겠군.
④ 정: 선천적인 이유도 있지만, 무엇보다도 스트레스를 덜 받고 올바른 식습관을 가지는 게 중요하군.

18 **위 자료의 ㉠~㉣ 중 장 건강을 위해 필요하다고 할 수 있는 것을 모두 고르면?**

① ㉠, ㉣
② ㉠, ㉡, ㉢
③ ㉡, ㉢, ㉣
④ ㉠, ㉡, ㉢, ㉣

[19 ~ 20] 다음 보도자료를 보고 이어지는 물음에 답하시오.

국민건강보험공단은 건강보험 진료데이터를 활용하여 2023년 입원환자의 일반혈액검사 현황에 대해 분석한 결과를 발표하였다. 2023년 30건 이상의 입원이 발생한 병원급 이상 의료기관(상급종합병원, 종합병원, 병원) 1,719개소를 대상으로 의료기관별 입원 30일당 일반혈액검사 횟수를 산출하여 비교하였다. 분석결과, 2023년 병원급 이상 의료기관에서 입원환자에게 평균을 초과하여 시행한 일반혈액검사 횟수는 총 211만 회로 최소 6,334L의 혈액이 낭비되고 있는 것으로 나타났다.(일반혈액검사 1회당 최소 채혈량인 3ml 채혈을 가정하여 산출)
일반혈액검사 횟수는 상급종합병원일수록 많아지나 같은 종별 내 의료기관 간의 편차는 작아지는 경향을 보였으며, 종별이 병원인 경우에는 일반혈액검사 횟수가 병원 평균보다 많은 일부 의료기관이 존재하였다. 보정을 통해 의료기관마다 입원 30일당 일반혈액검사 횟수가 평균을 초과한 빈도를 산출한 결과, 일반혈액검사 횟수가 평균 대비 1.5배 이상 높은 요양기관은 120개 소(6.0%), 2배 높은 요양기관은 17개 소(1.0%)로 나타났다. 상급종합병원의 경우, 평균 대비 1.5배 이상 일반혈액검사를 시행하는 기관은 1개 소(2.2%)이며, 종합병원은 8개 소(2.4%)였다. 의료기관 종별이 병원인 경우, 111개소(8.3%)가 1.5배 이상 시행하고 있었으며, 2배 이상 시행 기관은 17개소(1.3%)로 확인되었다. 한편, 보험자 의료기관인 국민건강보험공단 일산병원은 2023년 기준 입원 30일당 8.7회의 일반혈액검사를 시행하였으며, 유사한 특성을 가진 의료기관의 평균보다 낮은 수준(평균 대비 0.76배)으로 일반혈액검사를 수행하였다.
2023년 평균 대비 2배 이상 일반혈액검사를 많이 시행하는 의료기관 종별은 모두 병원이었으며, 입원 시 일반혈액검사 횟수가 가장 많은 것으로 나타난 A병원은 병원급 의료기관의 평균 대비 1.50배(보정 전) 많으나, 유사한 진료형태의 의료기관과 비교하여 11.66배(보정 후) 높은 것으로 평가되었다.
국민건강보험공단 관계자는 "입원환자의 일반혈액검사(CBC) 현황 분석을 통해 일부 의료기관에서 과도한 검사를 시행하는 사례를 확인하였다."며, "특히, 병원급 의료기관은 입원 시 일반혈액검사를 많이 시행하는 기관과 적게 시행하는 기관의 격차가 크고, 평균 대비 2배 이상 시행하는 의료기관도 있어 시급한 관리가 필요하다."고 밝혔다. 또한, "앞으로 과다의료이용의 문제들을 개선하기 위해 분석대상과 항목을 지속적으로 발굴하고, 다양한 진료행태에 대한 모니터링 강화를 통해 과다한 의료행위로 인한 국민 불편 해소와 의료비 절감 및 의료서비스의 신뢰도를 높이는 데 기여할 것이다."고 덧붙였다.

※ 출처: 국민건강보험공단 보도자료

19 위 자료의 주제로 가장 적절한 것은?

① 의료기관 종별 일반혈액검사 시행 횟수가 다른 이유
② 연간 6,334L의 혈액이 낭비되는 현실
③ 병원급 의료기관에서의 과다의료이용 문제
④ 일반혈액검사 시행에 대한 공단의 관리 필요성

20 위 자료의 내용으로 알 수 있는 사항이 아닌 것은?

① 상급종합병원들 간 일반혈액검사 횟수 차이는 병원들 간 일반혈액검사 횟수 차이에 비해 크지 않다.
② 국민건강보험공단 일산병원과 유사한 특성을 가진 의료기관에서 입원 30일당 시행하는 일반혈액검사 횟수는 10회 이상이다.
③ 병원보다는 종합병원에서, 종합병원보다는 상급종합병원에서 일반혈액검사 횟수가 많은 경향이 나타난다.
④ 종별 평균 대비 1.5배 이상 일반혈액검사를 시행하는 기관 비율은 종합병원이 상급종합병원의 2배 이상으로 나타났다.

[21～22] 다음은 2017년과 2022년 갑～무 국의 '3대 사망원인별 연령표준화사망률'에 관한 자료이다. 이를 보고 이어지는 물음에 답하시오.

2017년과 2022년 갑～무 국의 3대 사망원인별 연령표준화사망률

(단위 : 명/10만 명)

국가	사망원인 \ 연도, 성별	2017년 남자	2017년 여자	2022년 남자	2022년 여자
갑	암	233.9	151.9	223.5	145.5
	순환기계	219.3	165.1	185.4	136.1
	호흡기계	73.0	48.8	66.3	47.3
을	암	278.5	201.8	255.6	186.0
	순환기계	233.9	153.7	217.0	140.0
	호흡기계	102.7	75.9	113.3	83.2
병	암	265.8	125.9	254.7	125.3
	순환기계	220.7	155.6	214.5	150.0
	호흡기계	102.9	46.1	107.8	52.3
정	암	279.1	133.9	278.5	133.5
	순환기계	272.5	194.8	254.3	178.0
	호흡기계	121.2	63.5	118.5	62.1
무	암	272.3	113.9	229.0	100.9
	순환기계	187.1	133.5	148.6	105.5
	호흡기계	113.7	48.4	125.3	54.3

21 위 자료에 대한 설명으로 옳은 것은? (단, 갑～무 국의 인구는 모두 같으며, 계산 시 소수점 둘째 자리에서 반올림한다.)

① 갑국에서 2022년 사망원인이 암인 남자의 수는 을국에서 2017년 사망원인이 호흡기계인 여자의 수의 2.5배 이상이다.

② 무국에서 2022년 사망원인이 순환기계인 여자의 수는 2017년 대비 25% 이상 감소하였다.

③ 2017년과 비교해 2022년 암으로 사망하는 남자의 수는 갑～무 국 모두 증가하였다.

④ 2022년 병국에서 호흡기계로 인해 사망한 사람 수는 2017년 갑국에서 순환기계로 인해 사망한 여자의 수보다 많다.

22 2022년 정국의 사망원인별 남자의 수는 전년 대비 암은 20%, 순환기계는 15%, 호흡기계는 5% 감소했다. 이때 2021년 정국의 인구 10만 명당 사망원인별 남자의 수로 옳은 것은? (단, 사망한 남자의 수는 소수점 둘째 자리에서 반올림하여 계산한다.)

	암	순환기계	호흡기계
①	348.1명	299.2명	124.7명
②	348.1명	299.2명	134.7명
③	342.9명	285.3명	134.7명
④	342.9명	285.3명	124.7명

[23 ~ 24] 다음은 2022년 OECD 주요 국가의 인구 천 명당 의사 수와 한국의 인구 천 명당 의료인 수를 나타낸 자료이다. 이를 보고 이어지는 물음에 답하시오.

2022년 OECD 주요 국가의 인구 천 명당 의사 수

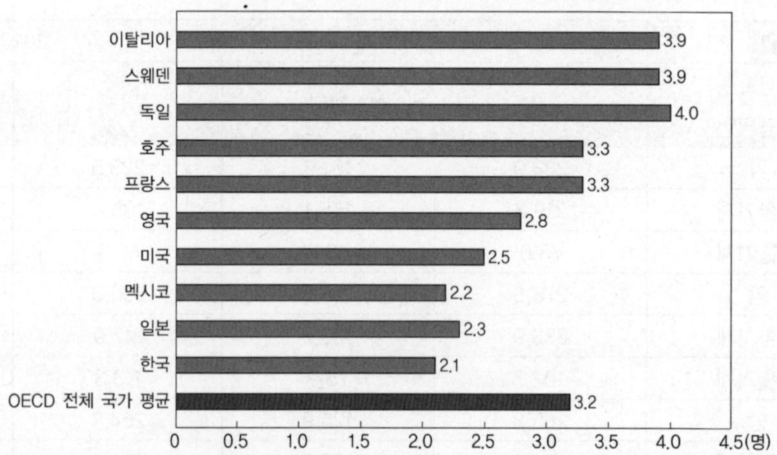

한국의 인구 천 명당 의료인 수

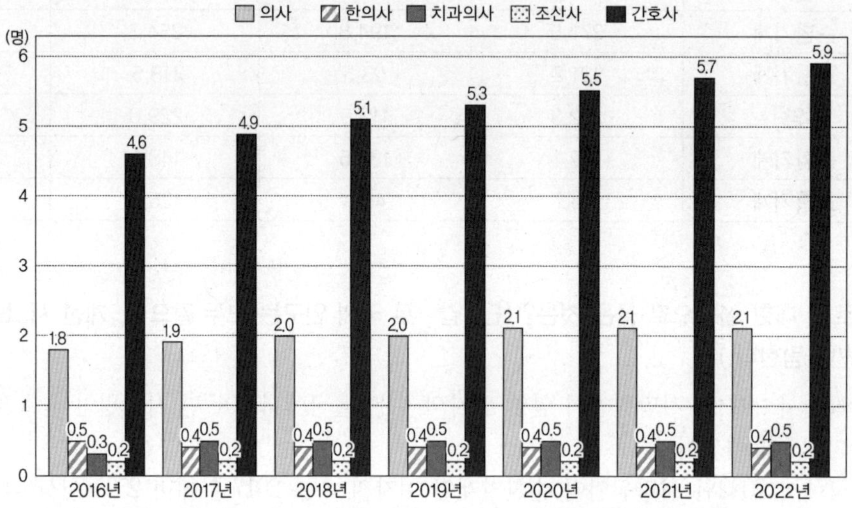

23 2023년 한국의 전체 인구수가 2022년보다 400만 명 더 많아지고, 의사 수는 13,900명 더 많아졌을 때, 2023년 인구 천 명당 한국의 의사 수는 몇 명인가? (단, 2022년 한국의 전체 인구수는 5,100만 명이다.)

① 2.0명
② 2.1명
③ 2.2명
④ 2.3명

24 **위 자료에 대한 설명으로 옳지 않은 것은?**

① 2020~2022년에 한국의 간호사를 제외한 의료인의 인구 천 명당 인원수에는 변화가 없다.
② 2022년 OECD 주요 국가의 인구 천 명당 의사 수의 평균은 OECD 전체 국가의 인구 천 명당 의사 수의 평균보다 많다.
③ 2022년 OECD 주요 국가 중 인구 천 명당 의사 수가 가장 많은 국가와 가장 적은 국가의 인구 천 명당 의사 수의 차이는 1.9명이다.
④ 2016~2022년 사이에 한국의 인구 천 명당 간호사 수는 계속 증가하였다.

[25～26] 다음은 T국의 2022년 1～6월 마스크 생산량 및 가격에 관한 자료이다. 이를 보고 이어지는 물음에 답하시오.

마스크 생산량

(단위: 만 개)

월＼품목	보건용	비말차단용	수술용
1	10,653	1,369	351
2	9,369	8,181	519
3	15,169	10,229	1,970
4	19,490	5,274	1,590
5	13,279	3,079	1,023
6	10,566	2,530	950

※ T국의 마스크 품목은 보건용, 비말차단용, 수술용으로만 구분됨

마스크 가격

(단위: 원/개)

월＼구분	보건용		비말차단용	
	오프라인	온라인	오프라인	온라인
1	1,685	2,170	1,085	1,037
2	1,758	1,540	725	856
3	1,645	1,306	712	675
4	1,561	1,027	714	608
5	1,476	871	696	572
6	1,454	798	686	546

25 위 자료에 대한 설명으로 옳은 것을 〈보기〉에서 모두 고르면? (단, 소수점 둘째 자리에서 반올림하여 계산한다.)

보기

㉠ 보건용 마스크와 비말차단용 마스크는 오프라인과 온라인 모두 매월 가격이 감소하고 있다.
㉡ 1월 대비 3월의 보건용 마스크의 오프라인 가격과 온라인 가격의 감소율 차이는 37.4%p이다.
㉢ 4월 대비 6월의 비말차단용 마스크의 생산량 감소율은 수술용 마스크의 감소율보다 10%p 이상 높다.
㉣ 5월 대비 6월에 마스크 생산량의 감소율이 가장 큰 품목은 보건용 마스크이다.

① ㉠, ㉡, ㉢
② ㉠, ㉡, ㉣
③ ㉠, ㉢, ㉣
④ ㉡, ㉢, ㉣

26 1월부터 6월의 모든 마스크 품목 생산량 합이 세 번째로 큰 달과, 같은 기간 보건용 마스크와 비말차단용 마스크의 오프라인 가격 차이가 가장 적은 달을 순서대로 바르게 나열한 것은?

① 5월, 5월
② 5월, 4월
③ 2월, 1월
④ 2월, 4월

27 다음은 A지역 결핵환자 150명을 대상으로 아래 〈조건〉에 따라 설문조사를 실시한 뒤 제출된 설문지의 문항별 응답 결과를 정리한 것이다. 이에 대한 〈보기〉의 설명 중 옳은 것을 모두 고르면?

설문지 문항별 응답 결과

(단위: 명)

문항	응답 결과		문항	응답 결과	
	응답속성	응답수		응답속성	응답수
성	남자	63	신고기관	종합병원	71
	여자	63		병원	3
연령	29세 이하	13		의원	41
	30 ~ 39세	54	의료보장	의료보험	4
	40 ~ 49세	43		지역 건강보험	28
	50세 이상	15		직장 건강보험	44
병변위치	림프절	6	과거 치료력	신환자	34
	폐결핵	100		재발자	28
	흉막	18		실패 후 재치료자	27
항결핵약제 내성	광범위약제내성결핵	19		중단 후 재치료자	14
	광범위약제내성 전 단계 결핵	24		이전 치료결과 불명확	8
	다제내성결핵	21		과거 치료여부 불명확	5
	리팜핀단독내성결핵	23		기타	8

조건

- 설문조사는 동일 시점에 조사 대상자별로 독립적으로 이루어졌다.
- 설문조사 대상자 1인당 1부의 동일한 설문지를 배포하였다.
- 설문조사 문항별로 응답 거부는 허용된 반면 복수 응답은 허용되지 않았다.
- 배포된 150부의 설문지 중 제출된 130부로 문항별 응답 결과를 정리하였다.

보기

㉠ 배포된 설문지 중 제출된 설문지 비율은 85% 이상이다.
㉡ 전체 설문조사 대상자의 연령 분포에서 '29세 이하'의 비율이 가장 낮다.
㉢ 제출된 설문지의 문항별 응답률은 '과거 치료력'이 '신고기관'보다 높다.
㉣ '의료보장' 문항 응답자 중 '지역 건강보험'이라고 응답한 비율은 '항결핵약제 내성' 문항 응답자 중 '다제내성결핵'이라고 응답한 비율보다 높다.

① ㉠, ㉢ ② ㉡, ㉣
③ ㉠, ㉢, ㉣ ④ ㉡, ㉢, ㉣

[28～29] 다음은 2022～2024년 의료기기 10대 수출품목의 수출액에 관한 자료이다. 이를 보고 이어지는 물음에 답하시오.

의료기기 10대 수출품목의 수출액 비중과 품목별 세계수출시장 점유율(금액 기준)

(단위: %)

구분 / 품목 \ 연도	전체 수출액에서 차지하는 비중			품목별 세계수출시장에서의 점유율		
	2022	2023	2024	2022	2023	2024
주사기 및 주사침류	13.0	12.0	11.0	2.0	2.5	3.0
임상화학 검사기기	14.0	14.0	13.0	10.0	20.0	25.0
치과처치용 재료	10.0	10.0	15.0	30.0	33.0	34.0
면역 검사기기	16.0	15.0	13.0	17.0	16.0	13.0
시력보정용 렌즈	8.0	7.0	8.0	2.0	2.0	2.3
생체현상 측정기기	6.0	6.0	5.0	0.8	0.7	0.8
체내삽입용 의료용품	3.0	4.0	6.0	5.0	6.0	7.0
체외용 의료용품	5.0	4.0	3.0	1.0	1.0	1.0
의료처치용 기계기구	1.0	2.0	3.0	0.1	0.1	0.1
인체조직 또는 기능 대치품	7.0	8.0	9.0	2.0	1.8	1.7
계	83.0	82.0	86.0	—	—	—

※ 2022~2024년 전체 의료기기 수출액은 매년 변동 없음

주사기 및 주사침류의 세부 품목별 수출액 비중

(단위: %)

세부 품목 \ 연도	2022	2023	2024
주사침/천자침	13.0	10.0	8.0
주사기	18.0	18.0	18.0
의료용 취관/체액 유도관	17.0	12.0	11.0
채혈/수혈/생체검사용기구	22.0	26.0	28.0
의약품 주입기	23.0	25.0	26.0
침/구용기구	7.0	9.0	9.0
계	100.0	100.0	100.0

28

위 자료에 대한 설명으로 옳은 것을 〈보기〉에서 모두 고르면?

보기

㉠ 2022년과 2024년 체외용 의료용품의 세계수출시장 규모는 동일하다.
㉡ 2023년과 2024년 전체 수출액에서 주사기가 차지하는 비중은 전년 대비 모두 감소했다.
㉢ 2023년과 2024년 10대 수출품목 모두 품목별 세계수출시장에서의 점유율은 전년 대비 매년 증가했다.
㉣ 2024년 의료처치용 기계기구 세계수출시장 규모는 전체 수출액의 15배 이상이다.

① ㉠, ㉡ ② ㉠, ㉢
③ ㉡, ㉢ ④ ㉡, ㉣

29 **전체 의료기기 수출액이 35억 달러라고 할 경우 2023년 주사기 수출액과 2024년 의약품 주입기 수출액의 합으로 옳은 것은?**

① 1억 6,940만 달러
② 1억 7,570만 달러
③ 1억 8,210만 달러
④ 1억 8,520만 달러

[30～31] 다음은 5개 국가(도시)의 건설시장에 관한 자료이다. 이를 보고 이어지는 물음에 답하시오.

2018～2022년 건설시장 주택부문에서 16층 이상 시장규모 비율

(단위: %)

연도 \ 국가	미국	두바이	일본	싱가포르	중국
2018	20	20	8	15	37
2019	27	22	10	23	35
2020	33	27	11	33	32
2021	37	28	10	45	31
2022	45	25	9	51	30

2022년 건설시장 규모

(단위: 조 원)

국가	미국	두바이	일본	싱가포르	중국
시장 규모	50	150	100	200	250

2022년 건설시장 부문별 시장규모 비율

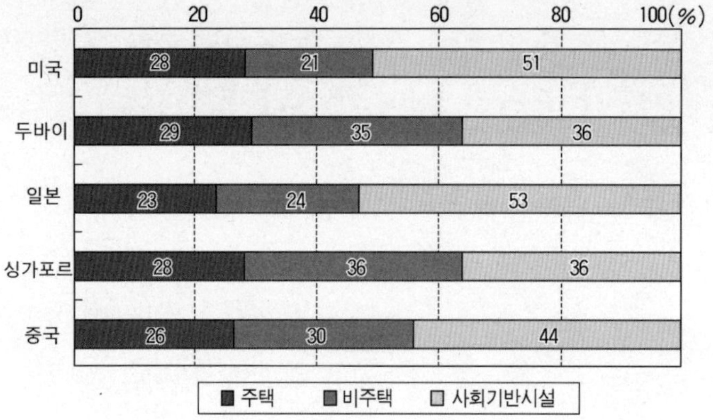

2022년 건설시장 주택부문에서 층수별 시장규모 비율

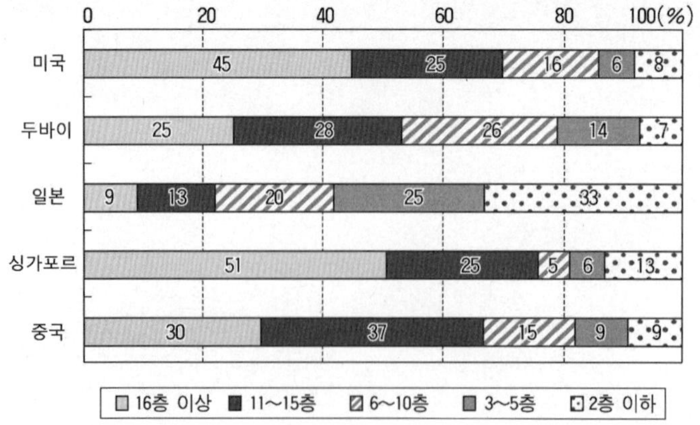

30 **2022년 건설시장 규모가 가장 큰 국가와 2022년 건설시장 주택부문에서 16층 이상 시장규모가 두 번째로 작은 국가를 순서대로 바르게 나열한 것은?**

① 중국, 미국
② 중국, 일본
③ 싱가포르, 미국
④ 싱가포르, 일본

31 **위 자료에 대한 설명 중 옳지 않은 것은?**

① 2022년 5개 국가 건설시장에서는 주택부문 시장규모 비율이 비주택, 사회기반시설과 비교해 가장 낮다.
② 2018~2022년 동안 건설시장 주택부문에서 16층 이상 시장규모 비율이 매년 증가한 국가 수는 2개이다.
③ 2022년 5개 국가 건설시장 주택부문에서 6~10층 시장규모를 순서대로 나열할 때 시장규모가 가장 큰 국가는 두바이다.
④ 2018~2022년 동안 건설시장 주택부문에서 16층 이상 시장규모 비율이 매년 감소한 국가 수는 1개이다.

[32～33] 다음은 주거취약계층을 대상으로 한 생계지원에 대한 자료이다. 이를 보고 이어지는 물음에 답하시오.

2017～2022년 생계지원 대상별 세대수 현황

(단위: 세대)

구분		2017년	2018년	2019년	2020년	2021년	2022년
생계지원 대상	농어촌	1,842,000	1,824,655	1,802,769	1,768,450	1,788,459	1,705,848
	55세 이상 여자 단독	235,210	224,539	224,340	210,712	210,118	208,709
	65세 이상 노인	341,900	332,958	329,819	318,555	325,133	327,003
	장애인	453,813	413,611	402,887	386,953	392,566	405,277
	만성질환	1,005,428	1,025,380	1,145,780	1,078,359	1,056,183	1,153,247
	소계	3,878,351	3,821,143	3,905,595	3,763,029	3,772,459	3,800,084

생계지원금 현황

(단위: 천 원)

구분		2017년	2018년	2019년	2020년	2021년	2022년
생계지원 대상	농어촌	288,560,805	290,586,000	284,530,578	285,920,124	279,553,650	291,071,200
	55세 이상 여자 단독	80,523,982	81,224,350	80,117,000	79,850,223	78,034,580	82,006,280
	65세 이상 노인	156,780,924	150,224,887	148,520,850	152,668,755	150,289,000	151,118,670
	장애인	170,824,616	175,859,897	182,380,224	185,008,230	186,504,212	187,904,829
	만성질환	180,712,893	183,573,227	185,669,121	188,523,701	186,544,427	189,280,563
	소계	877,403,220	881,468,361	881,217,773	891,971,033	880,925,869	901,381,542

32 **위 자료에 대한 설명으로 옳지 않은 것은?**

① 2018년과 비교해서 2021년의 생계지원금은 감소했다.
② 조사기간 동안 생계지원 대상 중 세대수와 생계지원금 비중이 가장 높은 세대는 모두 농어촌이다.
③ 조사기간 동안 만성질환 세대에 대한 생계지원금과 지원을 받는 세대수의 증감 추이는 동일하다.
④ 2022년 세대당 평균 생계지원금은 장애인이 농어촌의 2배 이상이다.

33 **위 자료를 바탕으로 만든 그래프로 옳지 않은 것은?**

① 2017～2019년 일부 생계지원 대상의 생계지원금 현황

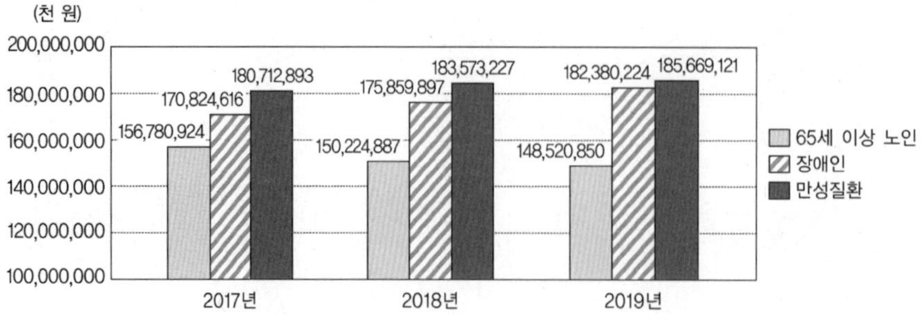

② 2019~2022년 농어촌 생계지원 세대수 현황

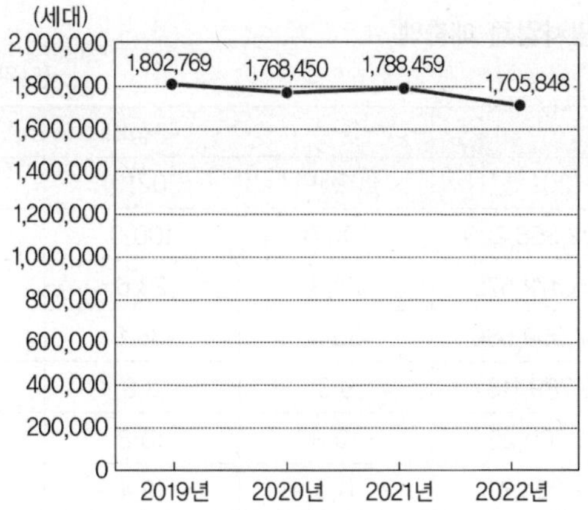

③ 2017~2019년 일부 생계지원 대상의 생계지원 세대수 현황

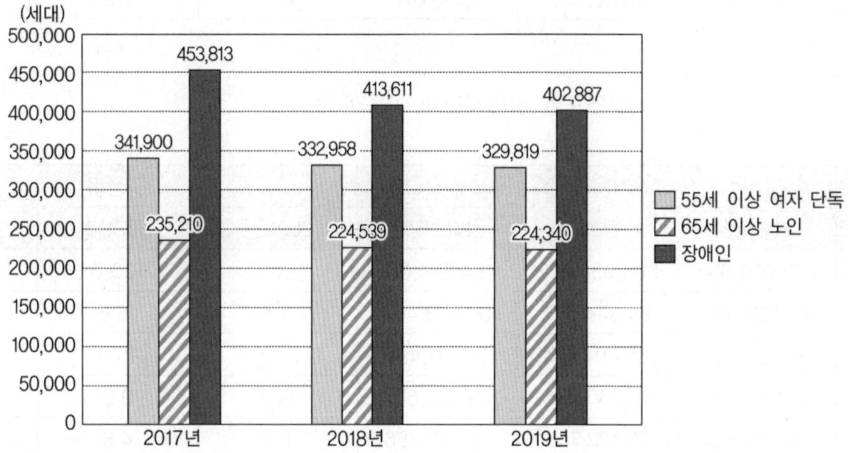

④ 2022년 생계지원 대상별 생계지원금 현황

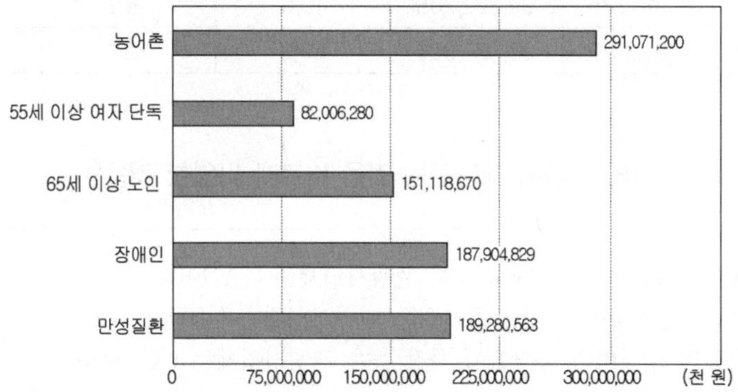

[34~35] 다음은 연도별 관광사업체 현황을 나타내는 자료이다. 이를 보고 이어지는 물음에 답하시오.

연도별 관광사업체 매출액

(단위: 백만 원, %)

구분	총매출액			구성비		
	2020년	2021년	2022년	2020년	2021년	2022년
전체	23,289,037	22,567,247	22,358,220	100.0	100.0	100.0
여행업	5,798,802	5,321,988	6,472,575	24.9	23.6	28.9
관광숙박업	7,085,528	7,930,628	7,859,586	30.4	35.1	35.2
관광객 이용시설업	2,166,797	814,120	789,116	9.3	3.6	3.5
국제회의업	2,408,318	2,442,369	1,760,254	10.3	10.8	7.9
카지노업	2,631,044	2,799,211	2,804,413	11.3	12.4	12.5
유원시설업	1,324,103	1,498,173	1,538,658	5.7	6.6	6.9
관광 편의시설	1,874,445	1,760,749	1,133,617	8.0	7.8	5.1

연도별 관광사업체 이용객 수

(단위: 명, %)

구분	총이용객 수			구성비		
	2020년	2021년	2022년	2020년	2021년	2022년
전체	479,209,996	568,934,952	454,304,667	100.0	100.0	100.0
여행업	45,538,560	94,344,877	96,078,467	9.5	16.6	21.1
관광숙박업	99,725,429	85,401,877	91,441,457	20.8	15.0	20.1
관광객 이용시설업	69,564,948	54,280,056	49,923,632	14.5	9.5	11.0
국제회의업	24,609,507	26,123,745	19,463,756	5.1	4.6	4.3
카지노업	5,727,542	5,968,733	5,746,741	1.2	1.0	1.3
유원시설업	90,833,549	102,914,375	99,327,305	19.0	18.1	21.9
관광 편의시설	143,210,460	199,911,290	92,323,309	29.9	35.1	20.3

34 위 자료를 근거로 〈보기〉의 (A), (B), (C)에 해당하는 것을 바르게 나열한 것은?

보기
- 2021년 대비 2022년 총매출액이 가장 크게 감소한 관광사업체는 (A)이다.
- 2020년에서 2022년 사이에 총매출액이 매년 증가하는 관광사업체는 (B)개이다.
- 2021년 대비 2022년 이용객 구성비의 증가율이 가장 높은 관광사업체는 (C)이다.

	(A)	(B)	(C)
①	관광숙박업	3	관광객 이용시설업
②	관광객 이용시설업	3	유원시설업
③	국제회의업	2	관광숙박업
④	관광 편의시설	2	여행업

35 위 자료를 바탕으로 만든 그래프로 옳지 않은 것은?

① 2022년 관광사업체 매출액의 업종별 구성비

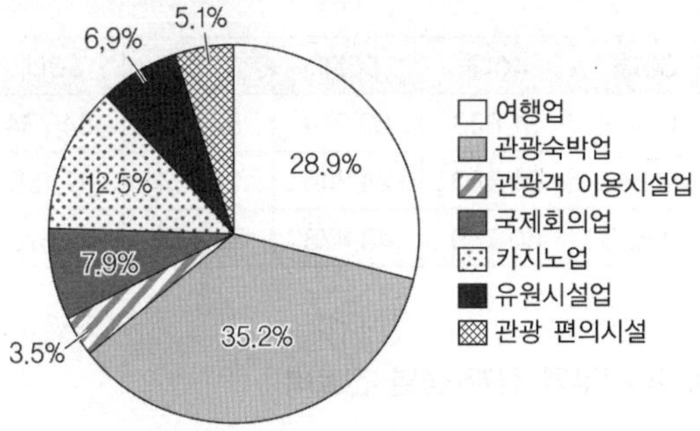

② 2021년 관광사업체 일부 업종 이용객 수

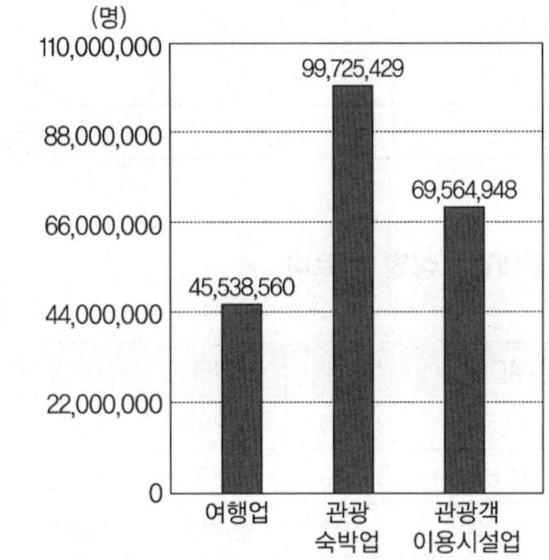

③ 2020년 관광사업체 일부 업종 매출액

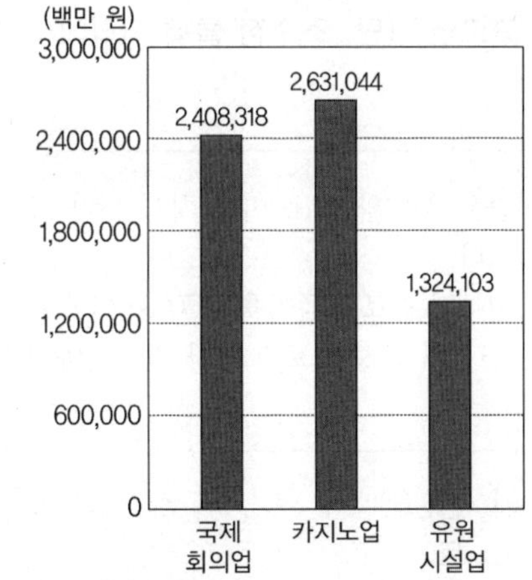

④ 2022년 관광사업체 이용객 수 업종별 구성비

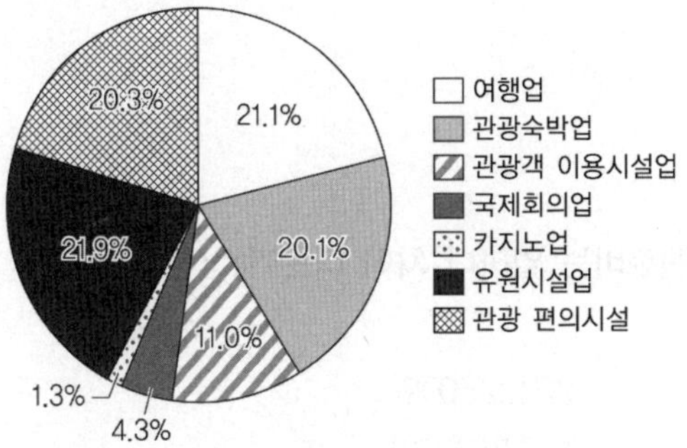

[36~38] 다음은 아토피 피부염 환자 진료인원과 진료비에 대한 자료이다. 이를 보고 이어지는 물음에 답하시오.

2022년 아토피 피부염 환자 연령대별 · 성별 진료인원

(단위: 명)

구분	전체	9세 이하	10대	20대	30대	40대	50대	60대	70대	80세 이상
계	971,116	271,613	150,837	161,711	114,474	91,829	68,219	57,779	34,734	19,920
남성	440,738	142,357	76,351	72,493	42,848	31,080	24,746	24,714	17,158	8,991
여성	530,378	129,256	74,486	89,218	71,626	60,749	43,473	33,065	17,576	10,929

2018년~2022년 아토피 피부염 환자 성별 진료비

(단위: 백만 원)

구분	2018년	2019년	2020년	2021년	2022년
계	82,329	87,505	96,087	145,592	176,520
남성	44,300	47,054	51,872	85,937	108,226
여성	38,029	40,451	44,215	59,656	68,293

2022년 아토피 피부염 환자 연령대별 · 성별 진료비

(단위: 백만 원)

구분	전체	9세 이하	10대	20대	30대	40대	50대	60대	70대	80세 이상
계	176,520	19,613	20,645	60,166	33,327	20,836	9,686	6,299	3,815	2,132
남성	108,226	10,673	12,872	40,312	20,462	11,687	5,099	3,587	2,363	1,170
여성	68,293	8,940	7,773	19,854	12,865	9,149	4,587	2,713	1,452	961

36 위 자료에 대한 설명으로 옳은 것을 〈보기〉에서 모두 고르면? (단, 소수점 둘째 자리에서 반올림하여 계산한다.)

보기

㉠ 2022년 아토피 피부염 여성 환자 중 9세 이하의 비중은 20대와 7%p 이상 차이 난다.
㉡ 2022년 남성 아토피 환자의 절반 이상이 10대 이하이다.
㉢ 남성 환자와 여성 환자의 2020년 대비 2022년 아토피 피부염 진료비 증가율은 50%p 이상 차이가 난다.
㉣ 2022년 20~30대 여성 아토피 환자의 진료비는 같은 연령대 남성 아토피 환자 진료비의 60%에 미치지 못한다.

① ㉠, ㉡, ㉢ ② ㉠, ㉢, ㉣
③ ㉠, ㉢ ④ ㉡, ㉣

37 2022년 남성과 여성 아토피 환자의 1인당 진료비는 얼마나 차이 나는가? (단, 계산 시 10원 미만은 절사한다.)

① 140,512원 ② 132,500원
③ 121,380원 ④ 116,790원

38 〈보기〉는 위 자료를 바탕으로 아토피 피부염 환자의 진료비를 분석한 내용이다. 이때, (A), (B)에 들어갈 수치는 각각 얼마인가? (단, 소수점 둘째 자리에서 반올림하여 계산한다.)

보기

2022년 아토피 피부염 환자의 진료비는 2018년 대비 (A)% 증가하였고, 연평균 증가율은 21.0%로 나타났다. 2022년 기준 성별 아토피 피부염 환자의 진료비 구성비를 연령대별로 살펴보면, 20대가 (B)%로 가장 많았다. 남성과 여성 모두 20대가 각각 약 403억 원, 약 199억 원으로 가장 많았다.

	(A)	(B)
①	114.2	33.8
②	114.4	34.1
③	114.8	34.6
④	115.1	35.0

[39~40] 다음은 2022년 평균 사망연령이 높은 상위 10개 국가의 남녀 평균 사망연령과 한국인의 평균 사망연령을 나타낸 자료이다. 이를 보고 이어지는 물음에 답하시오.

2022년 국가별 여성 평균 사망연령

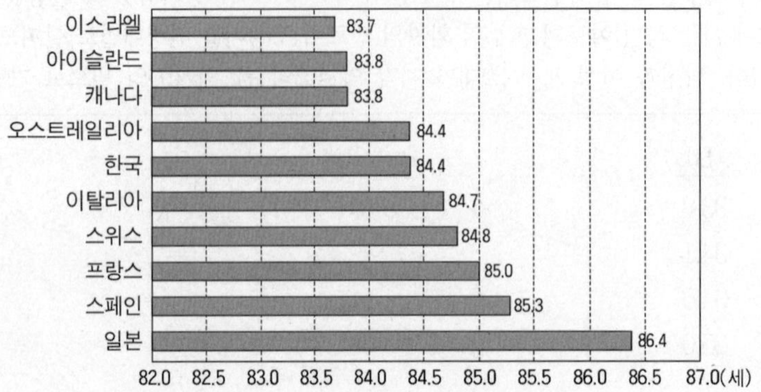

2022년 국가별 남성 평균 사망연령

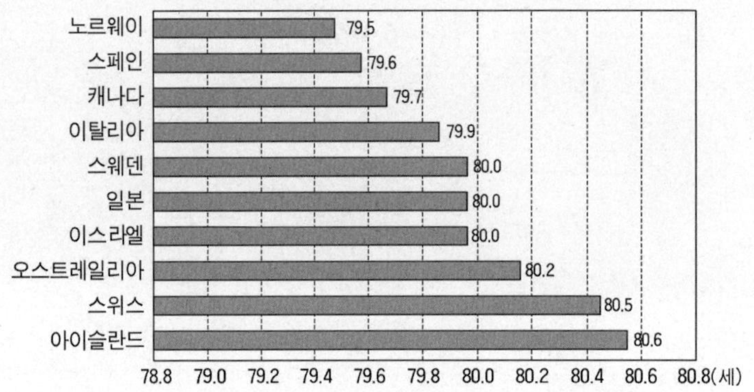

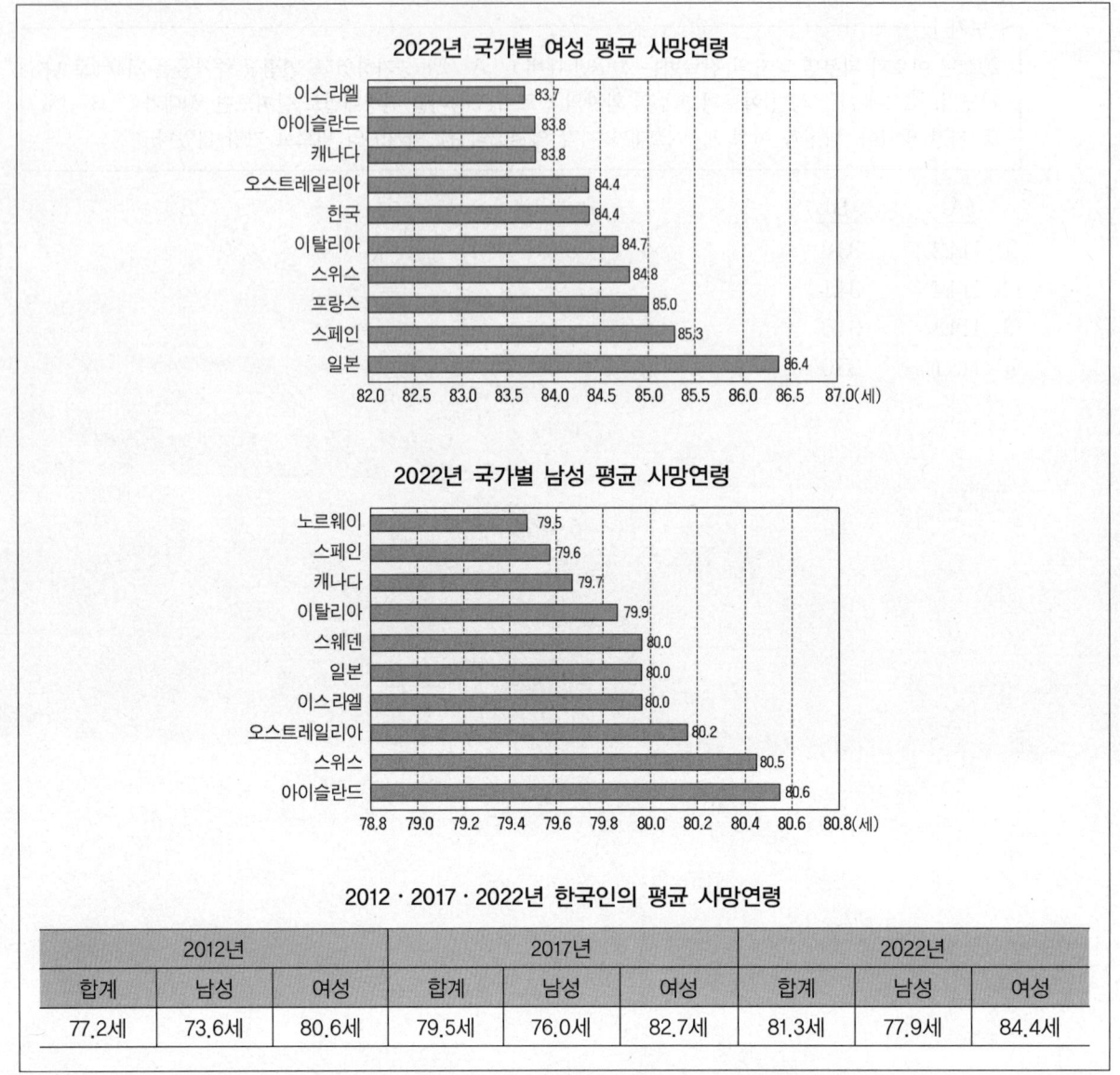

2012 · 2017 · 2022년 한국인의 평균 사망연령

2012년			2017년			2022년		
합계	남성	여성	합계	남성	여성	합계	남성	여성
77.2세	73.6세	80.6세	79.5세	76.0세	82.7세	81.3세	77.9세	84.4세

39

위 자료에 대한 설명으로 옳지 않은 것은?

① 2017년 대비 2022년 한국인 평균 사망연령은 한국 여성의 평균 사망연령보다 많이 증가하였다.
② 2022년 한국 여성의 평균 사망연령은 10년 전보다 5% 이상 증가하였다.
③ 2022년 평균 사망연령이 높은 10개 국가의 사망연령 평균은 여성이 남성보다 4세 이상 높다.
④ 2022년 남녀 평균 사망연령의 합은 이탈리아와 오스트레일리아가 같다.

40

다음 국가 중 남녀 평균 사망연령이 두 번째로 높은 국가는 어디인가? (단, 모든 국가의 남녀 비율은 1 : 1이라고 가정한다.)

① 스페인 ② 이스라엘
③ 캐나다 ④ 아이슬란드

[41~42] 다음은 J시의 노인요양기관 종합평가 기준 및 평가 결과이다. 이를 보고 이어지는 물음에 답하시오.

2025년 J시에서는 현재 시의 재정지원을 받고 있는 노인요양기관 A, B, C, D, E를 대상으로 네가지 항목(기관운영, 환경·안전, 수급자권리, 급여제공 과정·결과)에 대한 종합적인 평가를 진행하기로 했다. 평가점수의 총점은 각 평가항목에 대해 해당 기관이 받은 점수와 해당 평가항목별 가중치를 곱한 것을 합산하여 구하고, 총점 90점 이상은 1등급, 80점 이상 90점 미만은 2등급, 70점 이상 80점 미만은 3등급, 70점 미만은 4등급으로 한다. 평가 결과, 1등급인 기관에는 특별한 조치를 취하지 않으며, 2등급 기관은 관리 정원의 5%를, 3등급 이하 기관은 관리 정원의 10%를 감축해야 하고, 4등급을 받으면 관리 정원의 20%를 감축하고 시의 재정지원도 20% 감축한다.

평가 결과

구분 / 평가항목(가중치)	A기관	B기관	C기관	D기관	E기관
기관운영(0.2)	82	90	80	84	72
환경·안전(0.3)	85	78	85	86	82
수급자권리(0.2)	85	80	65	78	68
급여제공 과정·결과(0.3)	90	72	74	82	75

41 **평가 결과 2등급을 받는 기관은 어디인가?**

① A, B, D
② A, B
③ A. D
④ B, D

42 **J시에서는 위 기관 중 A, B 기관의 급여제공 과정·결과 점수가 잘못 매겨진 것을 발견하였다. 이들 기관의 점수를 시정하면서 평가항목별 가중치 및 평가결과에 따른 조치도 〈보기〉와 같이 변경하였다. 이때, 재정지원이 감축되는 기관은 어디인가?**

보기

- A기관의 급여제공 과정·결과 점수는 82점으로, B기관의 점수는 84점으로 시정한다.
- 평가항목 중 ‘기관운영’ 항목을 제외한다. ‘환경·안전’, ‘수급자권리’, ‘급여제공 과정·결과’의 가중치를 각각 0.3, 0.3, 0.4로 두고 평가 점수를 계산한다.
- 평가 점수가 가장 낮은 기관의 재정지원을 10% 감축한다.

① B
② C
③ D
④ E

[43~44] 다음은 장기요양가족휴가제 관련 자료이다. 이를 보고 이어지는 물음에 답하시오.

1. 장기요양가족휴가제란?
가정에서 중증수급자 또는 치매가 있는 수급자를 돌보는 가족이 여행 등으로 일시적 휴식이 필요한 경우, 재가급여 월 한도액과 관계없이 단기보호 또는 종일방문요양을 이용할 수 있는 제도이다.

2. 대상자
• 모든 1~2등급 수급자
• 치매가 있는 3~5등급 수급자
• 인지지원등급 수급자

3. 이용일수
2024년 단기보호 10일 또는 종일방문요양 20회에서, 2025년에는 단기보호 11일 또는 종일방문요양 22회로 이용일이 확대되었음

4. 제공 서비스
(1) 단기보호 서비스
• 일정 기간 장기요양기관에 수급자를 맡기고, 전문가의 돌봄 서비스를 받는 방식
• 1일 급여비용

분류	'25년 급여비용	본인부담금(15%)
장기요양 1등급	71,970원	10,790원
장기요양 2등급	66,640원	9,990원
장기요양 3등급	61,560원	9,230원
장기요양 4등급	59,940원	8,990원
장기요양 5등급	58,300원	8,740원

(2) 종일방문요양 서비스
• 요양보호사가 직접 가정을 방문하여 수급자를 돌보는 서비스
• 1회 12시간이 필수이며, 12시간 이상도 가능함(단, 12시간을 분할하여 사용할 수 없음)
• 2회 이상을 붙여서 사용하는 것이 가능함. 2회 이용한 경우 1일로 산정함
• 1회당 급여비용

'25년 급여비용		
(1회당) 172,470원		본인부담금
기본	95,960원	14,390원
자산	76,510원	–

※ 22시 이후 06시 이전, 일요일, 공휴일에 이용 시 추가 가산이 적용됨

5. 기타 사항
• 단기보호 서비스와 종일방문요양 서비스를 한도 내에서 섞어서 사용하는 방법도 가능
• 서비스 제공기관
  – 단기보호기관(주야간보호 내 단기보호 시범사업기관 포함)
  – 방문요양+방문간호, 방문요양+주야간보호, 방문요양+단기보호를 포함한 복합 방문요양기관
• 급여제공 가능 기관 찾기: 노인장기요양보험 홈페이지 → 민원상담실 → 검색서비스 → 장기요양기관 찾기

43 **다음은 국민건강보험공단 직원인 L과장이 장기요양가족휴가제와 관련해 이용자들의 이해를 돕기 위해 작성한 Q&A 내용이다. 이때, 위 자료의 내용과 어긋나는 것은?**

① Q: 장기요양가족휴가제로 어떤 서비스를 이용할 수 있는 건가요?
A: 모든 1, 2등급 수급자와 치매가 있는 3~5등급, 인지등급 수급자가 단기보호 연간 11일과 종일 방문요양 연간 22회를 사용할 수 있는 서비스입니다.

② Q: 단기보호와 종일방문요양의 차이점이 뭔가요?
A: 단기보호는 단기보호기관 등에서 이용할 수 있으며, 종일방문요양은 요양보호사가 수급자의 가정을 찾아 돌봄 서비스를 제공합니다. 단기보호는 11일 이용할 수 있고, 종일방문요양은 1회 12시간 이상 1년에 22회까지 이용할 수 있습니다.

③ Q: 장기요양가족휴가제 급여제공 장기요양기관은 어디서 찾을 수 있나요?
A: 기관 조회는 노인장기요양보험 홈페이지에서 할 수 있습니다. 노인장기요양보험 홈페이지 → 민원상담실 → 검색서비스 → 장기요양기관 찾기로 들어가시면 급여제공 가능 기관을 찾으실 수 있습니다.

④ Q: 주말이나 밤 시간에도 종일방문요양 서비스를 이용할 수 있나요?
A: 네, 가능합니다. 다만, 오후 10시 이후 오전 6시 이전 또는 일요일이나 공휴일에 이용하실 경우에는 부담금에 더해 추가 가산이 적용됩니다.

44 **위 자료를 바탕으로 할 때, 장기요양가족휴가제의 사례 중 옳지 않은 것은?**

① 장기요양 1등급 이용자인 갑과, 장기요양 5등급 이용자인 을이 단기보호만 최대 횟수를 채워 사용했을 때, 두 이용자의 본인부담금 차이는 2만 원을 넘지 않는다.
② 단기보호 10일을 사용했을 경우 종일방문요양은 2회를 더 사용할 수 있다.
③ 종일방문요양 10회, 단기보호 4일을 사용한 병의 경우, 추가로 종일방문요양 4회를 사용하는 것이 가능하다.
④ 종일방문요양만 최대로 사용한 장기요양 1등급 이용자인 정의 본인부담금은 316,580원 이상이다.

[45~46] 다음은 지역아동센터 대상 지원금에 대한 자료이다. 이를 보고 이어지는 물음에 답하시오.

1. 의료, 식대 지원
의료비 총액의 40%, 식대 총액의 50%를 각 상한으로 함

구분	센터부담액
기본금	센터 비용총액의 25%(진료 및 입원비 10%, 기타비용 15%) + 기본식대 8%
장애아동	기본식대 20% + 진료 및 입원비 15%
6세 미만 아동, 부모를 알 수 없는 아동	기본식대의 30% (단, 부모를 알 수 없는 아동은 2024. 1. 1. 이전에 등록된 경우 25%까지 상한)

2. 학습비용 지원
• 탈북 아동, 다문화가정 아동, 차상위계층 아동, 도서지역 소재 아동에게 지원
• 학습의 종류에 따른 학습비용 지원
• 방과 후 학습 분야: 학습능력 향상, 한국문화 적응, 취미배양

아동의 지위	학습의 종류	센터부담액
탈북 아동	기본 학습	학습금액총액 + (아동복지지원금총액 − 학습금액총액) $\times \frac{40}{100}$
	방과 후 학습	학습금액총액 + (아동복지지원금총액 − 학습금액총액 − 방과 후 학습금액 − 식대) $\times \frac{20}{100}$
다문화가정 아동	기본 학습	학습금액총액 $\times \frac{20}{100}$
	방과 후 학습	(학습금액총액 − 방과 후 학습금액) $\times \frac{40}{100}$ + 식대
차상위계층 아동	기본 학습	학습금액총액 + (아동복지지원금총액 − 학습금액총액) $\times \frac{40}{100}$
	방과 후 학습	학습금액총액 $\times \frac{45}{100}$
도서지역 소재 아동	기본 학습	학습금액총액 + (아동복지지원금총액 − 학습금액총액 − 식대) $\times \frac{30}{100}$
	방과 후 학습	학습금액총액 + (아동복지지원금총액 − 학습금액총액 − 식대) $\times \frac{30}{100}$ + 식대

3. 미등록센터의 경우 인가 후 3개월 이내 신청 시 신청 해당월은 일할 계산하여 지원금을 지급받을 수 있음

45

지역아동센터 대상 지원금 관련 문의사항에 대한 담당자의 답변으로 적절하지 않은 것은?

① 문의: 미등록센터이며 현재 인가신청을 하였으나 인가가 나지는 않았습니다. 아동복지센터 대상 지원금 지급신청 시 언제부터 지원금을 받을 수 있나요?
답변: 인가 후 3개월 이내 신청하면 신청 다음월부터 지원금을 받을 수 있습니다.

② 문의: 차상위계층의 아동이 학습능력을 향상하고자 학습을 신청하였는데, 그 경우 보조금 지원 외 개인적으로 부담해야 하는 금액은 얼마인가요?
답변: 방과 후 학습으로 분류되어 학습금액총액의 55%를 부담하게 됩니다.

③ 문의: 2024년 5월 6일 우리 센터에 부모를 알 수 없는 아동으로 신고되어 등록된 아동의 경우 센터가 부담하는 의료 및 식대 지원은 얼마인가요?
답변: 2024년 1월 1일 이후 신고된 아동의 경우 기본식대의 30%를 지원받을 수 있습니다.

④ 문의: 다문화가정 아동이 방과 후 학습을 신청하였고 학습금액총액은 50만 원, 방과 후 학습금액은 30만 원입니다. 식대가 10만 원일 경우, 얼마를 지원받게 되나요?
답변: 총 18만 원을 지원받게 됩니다.

46 **아동 갑~정이 기본 학습을 받을 때, 가장 많은 지원금을 받게 되는 경우는?**

① 갑: 탈북 아동이며, 학습금액총액은 5만 원, 아동복지지원금총액은 20만 원이다.
② 을: 다문화가정 아동이며, 학습금액총액은 20만 원이다.
③ 병: 차상위계층 아동이며, 학습금액총액은 10만 원, 아동복지지원금총액은 25만 원이다.
④ 정: 도서지역 소재 아동이며, 학습금액총액은 8만 원, 식대는 2만 원, 아동복지지원금총액은 20만 원이다.

[47～48] 투자사인 갑 회사는 내년에 제작할 한국영화에 투자하려고 한다. 투자 가능성이 있는 작품과 그에 대한 투자사 평가 자료가 다음과 같을 때, 이어지는 물음에 답하시오.

◎ 갑 회사가 투자할 작품을 결정하기 위해 후보 작품에 대한 정보를 정리한 자료가 아래와 같다.

작품정보 작품	장르	제작비용	스태프 인원	제작기간	감독 최근 작품 관객수	기타사항
A	액션	160억 원	78	1년 2개월	320만 명	스타급 배우 출연 (1명)
B	액션	110억 원	62	7개월	120만 명	
C	멜로	80억 원	41	1년	70만 명	스타급 배우 출연 (1명)
D	추리	60억 원	52	7개월	−	
E	멜로	45억 원	56	8개월	450만 명	
F	공포	70억 원	48	5개월	−	

※ 스타급 배우란 투자사가 선호하는 남배우 10명, 여배우 5명을 의미함

※ D와 F작품 감독은 신인감독임

◎ 위 영화들에 대해 아래 평가항목의 합으로 평가점수(100점 만점)를 계산한다.

평가항목		배점
장르	액션	20
	멜로, 드라마	17
	기타 장르	15
스태프 인원	50명 미만	10
	50명 이상	8
스타급 배우 출연 여부	2명 이상 출연	20
	1명 출연	18
	출연하지 않음	12
제작기간	6개월 미만	20
	6개월 이상	17
감독 최근 작품 관객수	250만 명 이상	30
	100만 명 이상 250만 명 미만	26
	100만 명 미만 및 신인감독인 경우	20

47 갑 회사가 영화 A~F 작품 중 평가점수가 가장 높은 2개 작품에 투자한다고 할 때, 갑 회사가 투자할 작품은?

① A, B
② A, E
③ B, C
④ D, E

48 **갑 회사는 제작비용 100억 원 이상인 작품과, 제작비용 100억 원 미만인 작품에 대한 평가기준을 다르게 적용하기로 하고, 평가점수 기준을 〈보기〉와 같이 수정하였다. 이때, 갑 회사의 영화 투자비용은 총 얼마가 되는가?**

보기

- 제작비용 100억 원 이상인 작품의 경우 위에 제시된 기준에서 '장르', '스태프 인원' 항목 점수를 배제하고 가장 높은 평가점수를 얻은 한 개 작품에 투자한다. 이때, 전체 제작비용의 15%를 투자한다.
- 제작비용 100억 원 미만인 작품의 경우 위에 제시된 기준에서 '스타급 배우 출연 여부' 항목 점수를 배제하고 65점 이상의 평가점수를 얻은 작품에 투자한다. 이때, 전체 제작비용의 20%를 투자한다.

① 47억 원
② 52.5억 원
③ 58억 원
④ 66.5억 원

49 ○○공단은 채용형 인턴사원을 각 부서에 배치하기 위해 핵심역량가치 평가를 도입하였다. 부서별 중요도에 따라 배치한다고 할 때, 인턴사원 A와 C의 부서 배치로 가장 적절한 것은?

핵심역량가치 중요도

부서	창의성	친화력	책임감	혁신성	윤리도
인사팀	–	중	상	하	상
영업팀	상	상	중	–	–
재무팀	–	중	하	상	상

※ 상 · 중 · 하 순으로 부서별 중요도를 나타내며, '–'는 중요도가 상관없음을 나타낸다.

핵심역량가치 평가표

사원명	창의성	친화력	책임감	혁신성	윤리도
A	하	상	상	중	상
B	중	하	중	중	하
C	상	상	중	하	하
D	중	상	상	상	상
E	하	상	중	상	하
F	중	하	하	상	하

	A	C
①	인사팀	영업팀
②	인사팀	재무팀
③	영업팀	재무팀
④	영업팀	인사팀

[50 ~ 51] 다음은 □□공사의 2025년도 중소기업 인건비 지원사업과 관련한 자료이다. 이를 보고 이어지는 물음에 답하시오.

◎ □□공사에서는 2025년도 중소기업 인건비 지원사업 예산 70억 원을 기업에 지원하려 한다. 지원대상 선정 및 지원금 산정 방법은 다음과 같다.

- 연구비는 억 단위로 지원한다.
- 2024년도 총매출이 300억 원 미만인 기업에만 연구비를 지원하며, 우선 지원대상 사업분야는 인공지능, 반도체이다.
- 우선 지원대상 사업분야가 아닌 기업 중에서는 2024년 총매출 대비 연구비 비율이 낮은 기업부터 먼저 선정한다.
- 기업별 지원금은 10억 원이나, 해당 기업의 2024년도 총매출이 150억 원 이하인 경우 20억 원을 지원한다. 단, 지원금은 2024년 연구비의 2분의 1을 초과할 수 없다.
- 위의 지원금 산정 방법에 따라 예산 범위 내에서 지급 가능한 최대 금액을 예산이 소진될 때까지 지원대상 기업에 순차적으로 배정한다.

◎ 지원사업 대상인 기업 A~G의 2024년도 총매출액 및 연구비는 아래와 같다.

기업	사업분야	2024년도 총매출액(억 원)	2024년 연구비(억 원)
A	인공지능	170	53
B	첨단바이오	180	27
C	반도체	340	85
D	사이버보안	150	29
E	차세대통신	200	36
F	사이버보안	120	36
G	인공지능	280	25.2

50 위 자료로 보아 〈보기〉의 설명 중 옳은 것을 모두 고르면?

보기

㉠ 동일한 지원금을 받는 기업은 4개이다.
㉡ 인공지능 분야의 기업은 총 20억 원의 지원금을 받게 된다.
㉢ 가장 많은 지원금을 받는 기업의 2024년 총매출 대비 연구비는 30% 이상이다.
㉣ D는 F보다 많은 지원금을 받는다.

① ㉠, ㉡
② ㉠, ㉣
③ ㉡, ㉢
④ ㉠, ㉡, ㉢

51 위 지원 조건에서 우선 지원대상 사업분야를 적용하지 않는다고 할 때, 가장 많은 지원금을 받는 기업과, 두 번째로 많은 지원금을 받는 기업의 지원금 합계를 구하면?

① 32억 원
② 31억 원
③ 30억 원
④ 29억 원

[52~53] 프랜차이즈 ○○버거 본사는 가맹점 유형에 따라 사회보험 부담비율과 기타 사항을 차등 적용하고 있다. 그 기준 및 가맹점 '가'~'마'의 출자액이 다음과 같을 때, 이어지는 물음에 답하시오.

1. 가맹점 유형 분류

가맹점 유형은 A, B, C, D 타입으로 구분하며 그 구분의 기준은 본사와 가맹점주의 출자액 비율에 따름 (출자는 본사와 가맹점주만이 할 수 있음)

- A타입: 본사의 출자액 비율이 80% 이상 (단, 가맹점주의 출자액이 8천만 원 이상일 경우 B타입)
- B타입: 본사의 출자액 비율이 60% 이상 80% 미만 (단, 가맹점주의 출자액이 5천만 원 이상일 경우 C타입)
- C타입: 본사의 출자액 비율이 30% 이상 60% 미만 (단, 가맹점주의 출자액이 2천만 원 이상일 경우 D타입)
- D타입: 본사의 출자액 비율이 30% 미만

2. 사회보험료 산정기준

사회보험료 = 보수 월액 × 사회보험료 부담비율

※ 보수 월액은 당해연도 보수 총액을 당해연도 근무월수로 나눈 값 (단, 근무 월수는 해당 월에 단 1일만 근무하였어도 포함함. 예를 들어 2025. 3. 1. ~ 2025. 5. 1.까지 근무하였다면 근무 월수는 3개월임)

※ 사회보장금 수급자는 사회보험료를 면제함

3. 사회보험료 부담비율

(단위: %)

구분	본사 부담	가맹점주 부담	근로자 부담
A타입	4.00	3.00	3.00
B타입	3.50	3.50	3.00
C타입	3.30	4.00	2.70
D타입	3.00	5.00	2.00

4. 사회보험료 증액 및 경감 기준 및 증감률

- 만 65세 이상: 50% 감액
- 군인: 30% 감액 (단, 의무복무에 따른 군인이 아닌 직업군인만 해당함)
- 보수 총액 1억 원 이상: 20% 증액

가맹점 출자액

(단위: 만 원)

가맹점명	본사 출자액	가맹점주 출자액
가	4,000	2,000
나	7,000	1,500
다	12,000	5,000
라	1,000	3,000
마	10,000	5,500

52 **만 64세인 정 씨는 정년퇴직 후 '다' 가맹점을 운영하고 있는 가맹점주이다. 2024년 2월 20일부터 근무하기 시작하여 오늘 날짜인 2024년 9월 1일까지 근무 중일 때 보수 총액이 2,000만 원이라고 한다. 오늘 기준으로 정 씨가 납부하여야 하는 사회보험료는 얼마인가?**

① 7만 5천 원
② 8만 7천 5백 원
③ 10만 원
④ 12만 5천 원

53 **다음 중 가장 많은 사회보험료를 납부하여야 하는 사람을 고르면? (단, 사회보험료 납부 기준인 올해는 2024년이고 사람들의 대화 시점은 동일하다.)**

① '가' 가맹점을 운영하고 있는 가맹점주인 김 씨는 2024년 1월 19일부터 운영하기 시작하여 2024년 9월 1일까지 근무 중이다. 김 씨의 보수 총액은 14,000만 원이다.
② '나' 가맹점에서 근무하는 근로자 최 씨는 2024년 5월 4일부터 근무하기 시작해서 2024년 7월 3일까지 근무하였고 총 6,600만 원을 받았다.
③ '라' 가맹점에서 근무하는 근로자 강 씨는 올해 4월 5일부터 일을 시작했고 의무복무를 위해 군입대 전인 같은 해 6월 20일까지 일을 하고 그만두었다. 강 씨의 보수 총액은 2,000만 원이었다.
④ '마' 가맹점에서 근무하는 근로자 문 씨는 올해 1월 1일부터 일을 시작했고 2024년 8월 2일에 일을 그만두었다. 지난달에 보수를 받지 못하여서 보수 총액은 6,000만 원이었다.

[54~56] 사내 공모전에 참가한 직원 갑, 을, 병, 정, 무에 대해 5명의 심사위원이 1차 평가에서 다음과 같이 점수를 부여하였다. 아래의 점수 집계 방식을 보고 이어지는 물음에 답하시오.

심사위원별 점수

구분	심사위원 1	심사위원 2	심사위원 3	심사위원 4	심사위원 5
갑	9	7	7	8	6
을	4	8	9	7	10
병	8	8	7	4	8
정	9	4	6	5	9
무	7	9	7	7	8

점수 집계 방식

A방식	전체 점수의 평균
B방식	심사위원 1, 2, 3, 4, 5 순서대로 10%, 30%, 25%, 15%, 20%의 배점 비율 적용 후 합산 – 예를 들어 심사위원 1이 8점을 주었다면 8×0.1=0.8점이 된다.
C방식	최고점과 최저점을 제외한 점수의 합 – 최고점 또는 최저점이 중복되는 경우 중복되는 수와 관계없이 최고점, 최저점을 각각 하나씩 제외
D방식	각 심사위원별 순위점수의 합 – 각 심사위원별로 참가자에게 부여한 점수 중 가장 높은 점수를 받은 순서대로 5, 4, 3, 2, 1점을 각각 부여한다. 동점인 지원자가 복수인 경우 그 순위에 해당하는 점수를 부여하고, 그 다음 순위는 복수 동점자의 수만큼 다음 순위로 밀린다. (예를 들어 심사위원 1이 지원자 A에게 가장 높은 점수를 주고, 지원자 B에게 가장 낮은 점수를 부여하였다면, 지원자 A가 심사위원 1로부터 받은 점수는 5점이고, 지원자 B가 심사위원 1로부터 받은 점수는 1점이다. 심사위원 1이 지원자 A, B, C에게 동점을 부여하였고, 해당 점수가 심사위원 1이 부여한 점수 중 두 번째로 높은 점수라면, A, B, C 모두에게 4점을 부여하고, 그 다음으로 점수가 높은 지원자 D에게 1점을 부여한다.)

54 동점자 없이 순위를 판가름하기 위해서는 A, B, C, D 점수 집계 방식 중 어떠한 방식으로 점수를 집계해야 하는가?

① A방식　② B방식
③ C방식　④ D방식

55 사내 공모전 담당자의 실수로 '갑'과 '정'이 심사위원 1~5로부터 받은 점수가 서로 바뀌었다는 것을 알게 되었다. 또한 점수 집계 방식 중 B방식에서 가중치가 15%, 25%, 10%, 20%, 30%로 변경되었다고 할 때, 가중치가 변경된 B방식에서 1위를 하는 직원은 누구인가?

① 갑　② 을
③ 병　④ 정

56 위 55번 문제에서 발생한 사내 공모전 담당자의 실수를 정정한 후 '갑~무'가 사내 공모전 2차 평가에서 받은 점수는 다음과 같다. 점수 집계 방식은 1차 평가에서 D방식, 2차 평가에서 C방식을 적용하고, 1차 평가와 2차 평가 점수의 합을 최종점수로 산정한다고 할 때, 최종순위 1위를 하는 직원은 누구인가?

2차 평가 심사위원별 점수

구분	심사위원 6	심사위원 7	심사위원 8	심사위원 9	심사위원 10
갑	6	8	7	7	6
을	8	10	6	4	7
병	7	9	9	5	6
정	9	6	4	9	9
무	4	6	6	10	9

① 을　　② 병
③ 정　　④ 무

[57~58] 다음은 지방공무원의 가족수당에 관한 규정이다. 이를 보고 이어지는 물음에 답하시오.

제10조(가족수당) ① 공무원으로서 부양가족이 있는 사람에 대해서는 예산의 범위에서 다음 각 호의 구분에 따른 금액을 가족수당으로 지급하되, 부양가족의 수는 4명 이내로 한다. 다만, 자녀의 경우에는 부양가족의 수가 4명을 초과하더라도 가족수당을 지급한다.

1. 배우자: 월 4만 원
2. 자녀
   가. 첫째 자녀: 월 2만 원
   나. 둘째 자녀: 월 6만 원
   다. 셋째 이후 자녀: 1명당 월 10만 원
3. 배우자와 자녀를 제외한 부양가족: 1명당 월 2만 원

② 제1항에서 "부양가족"이란 부양의무를 가진 공무원과 주민등록표상 세대를 같이하는 사람으로서 해당 공무원의 주소 또는 거소에서 현실적으로 생계를 같이하는 다음 각 호의 어느 하나에 해당하는 사람을 말한다. 다만, 취학·요양 또는 주거의 형편이나 공무원의 근무형편으로 해당 공무원과 별거하고 있는 가족(제1호에 해당하는 사람, 제2호에 해당하는 사람 중 공무원의 배우자와 세대를 같이하는 사람, 제3호에 해당하는 사람 중 공무원 본인 및 배우자의 자녀로 한정한다)은 부양가족에 포함한다.

1. 배우자
2. 본인 및 배우자의 60세(여자인 경우에는 55세) 이상의 직계존속(계부 및 계모를 포함한다. 이하 이 호에서 같다) 및 60세 미만의 직계존속 중 장애의 정도가 심한 자
3. 본인 및 배우자의 19세 미만의 직계비속 및 19세 이상의 직계비속 중 장애가 있는 사람
4. 본인 및 배우자의 형제자매 중 장애가 있는 사람과 본인 및 배우자의 부모가 사망하거나 장애가 있는 사람인 경우 본인 및 배우자의 19세 미만의 형제자매

57 **위 규정을 바탕으로 했을 때 다음 설명 중 옳은 것은?**

① 공무원인 K씨는 배우자 A와 자녀 B, C, D, E를 부양하고 있으므로 총 32만 원의 가족수당을 지급받는다.
② 공무원의 경우 자녀가 4명을 초과하면 가족수당을 지급받을 수 없다.
③ 부양의무를 가진 공무원과 주민등록표상 세대를 같이하고 있지 않으면 부양가족에 포함하지 않는다.
④ 본인 및 배우자의 19세 미만 형제자매 중 장애가 있는 사람은 주민등록표상 세대를 같이하고 있지 않아도 부양가족에 포함된다.

58 **위 규정을 바탕으로 A, B, C 가족이 받을 가족수당을 계산하려고 할 때, 수당이 맞게 짝지어진 것은?**

A가족	배우자, 자녀 5명
B가족	어머니(70세), 배우자, 자녀 2명
C가족	아버지(59세), 어머니(56세), 배우자, 자녀 1명

	A가족	B가족	C가족
①	22만 원	14만 원	10만 원
②	42만 원	12만 원	10만 원
③	42만 원	14만 원	8만 원
④	22만 원	12만 원	8만 원

[59～60] △△회사 인사팀에서는 인턴사원으로 입사한 갑, 을, 병, 정, 무 5명의 업무역량을 다음 기준에 따라 평가하여 정직원 전환 채용과정에 반영하려고 한다. 이때, 이어지는 물음에 답하시오.

○ 인턴사원의 업무역량은 성실성, 의사소통능력, 창의성, 추진능력의 4가지 부문으로 나누어 평가한다.

○ 부문별 점수는 다음과 같이 계산한다.
부문별 점수=(팀장 평가점수×0.7)+(인사팀 평가점수×0.3)
※ 팀장 점수는 인턴사원이 배치되어 근무했던 팀의 팀장이 팀원들의 의견을 수렴하여 부여한 점수를 의미한다.
※ 인사팀 팀장 점수는 인턴사원의 채용 시 평가점수 및 팀장의 업무실적 평가 등의 요소를 고려하여 부여한 점수를 의미한다.

○ 인턴사원의 업무역량 점수는 다음과 같이 계산한다.
업무역량 점수=(성실성 점수×0.3)+(의사소통능력 점수×0.4)+(창의성 점수×0.2)+(추진능력 점수×0.1)

○ 인턴사원 갑～무의 팀장 평가점수(a)와 인사팀 평가점수(b)는 다음과 같다.

	성실성		의사소통능력		창의성		추진능력	
	a	b	a	b	a	b	a	b
갑	70	70	80	85	90	85	70	75
을	95	90	65	80	75	75	85	80
병	75	80	90	80	95	90	80	75
정	85	85	80	85	90	85	80	90
무	70	80	90	85	80	70	95	95

59 위 기준에 따라 업무역량 점수가 가장 높은 2명을 정직원으로 채용하려 할 때, 정직원으로 채용되는 사람으로 바르게 묶인 것은?

① 갑, 병　　② 갑, 정
③ 을, 무　　④ 병, 정

60 인턴사원의 업무역량 점수를 창의성 부문을 제외한 나머지 3개 부문별 점수 합으로 구하기로 방침을 바꾸었다. 업무역량 점수가 가장 높은 2명을 정직원으로 채용하려고 할 때, 정직원으로 채용되는 사람은? (단, 역량점수를 구할 때 부문별 점수 가중치는 적용하지 않는다.)

① 갑, 정　　② 을, 병
③ 정, 무　　④ 을, 무

직무시험(법률) | 61 ~ 80번

※ 직무시험은 자신이 선택한 직렬이 행정직 · 건강직 · 기술직이면 국민건강보험법을, 요양직이면 노인장기요양보험법을 풀기 바랍니다.

국민건강보험법

61 2025 기출

건강보험증에 대한 설명으로 옳지 않은 것은?

① 가입자나 피부양자는 건강보험증을 다른 사람에게 양도하여 보험급여를 받게 해서는 안 된다.
② 국민건강보험공단은 가입자가 아닌 피부양자가 신청하는 경우에도 건강보험증을 발급하여야 한다.
③ 건강보험증의 신청 절차와 방법, 서식과 그 교부 및 사용 등에 필요한 사항은 보건복지부령으로 정한다.
④ 가입자나 피부양자가 요양급여를 받을 때 건강보험증을 제출하는 대신 주민등록증 등의 신분증명서를 제출해 요양기관이 그 자격을 확인하게 할 수 없다.

62

국민건강보험의 가입자 및 피부양자에 대한 설명이 잘못된 것은?

① 직장가입자인 갑의 어머니 을은 갑의 건강보험 피부양자가 될 수 있다.
② 건강보험을 적용받고 있던 병은 국가유공자로 인정돼 의료보호대상자가 되어 자동으로 건강보험 가입자에서 제외되었다.
③ 「의료급여법」에 따라 의료급여를 받는 수급권자인 정은 건강보험의 가입자에서 제외된다.
④ 직장가입자인 무의 며느리는 무의 건강보험 피부양자가 될 수 있다.

63 2025 기출

실업자에 대한 특례 관련 설명으로 옳지 않은 것은?

① 임의계속가입자의 보수월액은 보수월액보험료가 산정된 최근 12개월간의 보수월액을 평균한 금액이다.
② 12개월간의 사용관계가 끝난 직장가입자가 지역가입자 보험료를 고지받은 날부터 그 납부기한에서 2개월이 지나기 이전까지 직장가입자로서의 자격을 유지할 것을 공단에 신청하는 것이 가능하다.
③ 임의계속가입자의 보험료는 보건복지부장관이 정하여 고시하는 바에 따라 그 일부를 경감한다.
④ 임의계속가입자의 신청 방법 · 절차 등에 필요한 사항은 보건복지부령으로 정한다.

64 2025 기출

보험 가입자의 신고 및 소득 축소·탈루 자료 송부에 관한 설명으로 옳지 않은 것은?

① 공단은 사용자, 직장가입자 및 세대주에게 가입자의 보수·소득 관계 서류를 제출하게 할 수 있다.
② 공단은 사용자가 제출한 보수·소득 관계 서류에 대하여 사실 여부를 확인할 필요가 있을 경우 소속 직원이 이에 관해 조사하게 할 수 있다.
③ 공단은 사용자가 신고한 보수 또는 소득 등에 축소가 있다고 인정하는 경우에 이에 관한 문서를 보건복지부장관을 거쳐 국세청장에게 송부할 수 있다.
④ 공단이 송부한 가입자의 소득 축소 또는 탈루에 관한 문서를 받은 국세청장은, 이 사항에 대한 관련 법률에 따른 세무조사 결과 전체를 공단에 송부해야 한다.

65 2025 기출

다음 중 건강보험료를 경감 또는 감액할 수 있는 경우를 모두 고르면?

> ㉠ 지난달 60세 생일을 맞은 갑
> ㉡ 1달 전 해고를 당해 실직한 을
> ㉢ 대통령령으로 정하는 벽지인 남해의 섬에 거주하고 있는 병
> ㉣ 건강보험료를 신용카드 자동이체로 납부하는 정
> ㉤ 「장애인복지법」에 따라 등록한 장애인인 무

① ㉠, ㉢, ㉣, ㉤
② ㉠, ㉡, ㉣, ㉤
③ ㉡, ㉢, ㉤
④ ㉢, ㉣, ㉤

66

건강보험분쟁조정위원회에 대한 설명으로 틀린 것은?

① 분쟁조정위원회 위원은 60명을 넘을 수 없다.
② 분쟁조정위원회 위원 중 공무원인 위원이 전체의 절반을 넘지 않도록 해야 한다.
③ 분쟁조정위원회의 사무국은 분쟁조정위원회를 실무적으로 지원하는 역할을 한다.
④ 분쟁조정위원회 회의는 총 9명이 출석하고, 5명 이상이 찬성해야 의결할 수 있다.

67 **공단의 체납 또는 결손처분 자료의 제공에 대한 설명으로 옳지 않은 것은?**

① 보험료 징수나 공익목적을 위해 필요한 경우에 자료를 제공할 수 있다.
② 체납된 보험료나 징수금과 관련해 행정소송이 계류 중인 경우에는 자료를 제공할 수 없다.
③ 납부기한의 다음 날부터 1년이 지난 보험료 및 연체금과 체납처분비 총액이 300만 원 이상인 경우 자료를 제공할 수 있다.
④ 체납등의 자료를 제공받은 자는 이를 업무 외의 목적으로 이용해서는 안 된다.

68 **서울에 있는 회사에 다니는 갑의 연봉은 5,400만 원이고, 이자소득이 연 1,600만 원이다. 갑의 월 건강보험료를 바르게 계산한 것은? (단, 2025년도 직장가입자의 건강보험료율 7.09%로 계산하며, 원 단위 미만은 절사한다.)**

① 319,050원　　② 254,058원
③ 180,405원　　④ 159,525원

69 **다음 중 건강보험심사평가원이 관장하는 업무에 해당하는 것을 모두 고르면?**

㉠ 보험급여 적정성 평가의 기준 · 절차 · 방법 등에 필요한 사항의 고시 ㉡ 요양급여비용의 심사 ㉢ 요양급여의 적정성 평가 ㉣ 건강보험과 관련하여 보건복지부장관이 필요하다고 인정한 업무 ㉤ 심사기준 및 평가기준의 개발

① ㉠, ㉡, ㉢　　② ㉡, ㉣, ㉤
③ ㉠, ㉡, ㉢, ㉤　　④ ㉡, ㉢, ㉣, ㉤

70 **다음 중 요양기관에 대한 설명으로 옳은 것은?**

① 보건복지부장관은 공익이나 국가정책에 비추어 요양기관으로 적합하지 아니한 보건복지부령으로 정하는 의료기관 등은 요양기관에서 제외할 수 있다.
② 보건복지부장관이 요양기관을 전문요양기관으로 인정할 경우 해당 기관에 인정서를 발급할 수 있다.
③ 전문요양기관은 시설, 장비, 인력 및 진료과목 등 보건복지부령으로 정하는 기준에 부합하여야 한다.
④ 전문요양기관이 인정기준에 미달하게 되어 발급받은 인정서를 반납하는 경우에만 보건복지부장관은 그 인정을 취소한다.

71 **다음은 건강보험 자격의 변동에 관련된 설명이다. 이 중 옳은 것은 모두 몇 개인가?**

㉠ 지역가입자가 근로자로 사용되어 직장가입자로 그 자격이 변동되었다면, 직장가입자의 사용자는 자격이 변동된 날부터 14일 이내에 보험자에게 신고해야 한다.
㉡ 지역가입자가 다른 세대로 전입하게 되어 자격이 변동된다면 지역가입자의 세대원은 자격이 변동될 날부터 14일 이내에 보험자에게 신고하여야 한다.
㉢ 지역가입자였다가 2025년 2월 1일 공무원으로 사용되었다면, 사용된 바로 그날 그 자격이 변동된다.
㉣ 지역가입자가 2025년 5월 31일에 다른 세대로 전입을 한다면, 2025년 6월 1일에 그 자격이 변동된다.
㉤ 2025년 9월 10일 자로 다니던 직장에서 퇴직 처리가 된 직장가입자는 2025년 9월 11일에 그 자격이 변동된다.

① 1개 ② 2개
③ 3개 ④ 4개

72 **요양급여 관련 서류의 보존기간과 관련된 설명으로 옳은 것은?**

① 요양기관이 요양급여비용 청구에 관련된 서류를 보존해야 하는 기간은 요양급여가 끝난 날부터 3년이다.
② 준요양기관은 요양비를 지급받은 날부터 3년간 요양비 청구 관련 서류를 보존해야 한다.
③ 약국은 처방전을 요양급여비용 청구기간으로부터 5년간 보존해야 한다.
④ 보조기기에 대한 보험급여를 청구한 사람은 보험급여를 청구한 날부터 3년간 보험급여 청구 관련 서류를 보존해야 한다.

73 **보험료 부담에 관한 설명 중 틀린 것은 모두 몇 개인가?**

> ㉠ 근로자인 직장가입자의 보수월액보험료액은 직장가입자가 100분의 50, 사업주가 100분의 50을 각각 부담한다.
> ㉡ 사립학교 교원인 직장가입자의 보수월액보험료액은 직장가입자가 100분의 50, 사용자가 100분의 40, 국가가 100분의 10을 각각 부담한다.
> ㉢ 교직원인 직장가입자의 보험료 중 사용자 부담액을 사용자가 전부 부담할 수 없는 경우 그 부족액은 학교에 속하는 회계에서 부담하게 할 수 있다.
> ㉣ 직장가입자의 보수 외 소득월액보험료는 직장가입자와 사용자가 함께 부담한다.
> ㉤ 지역가입자의 보험료는 가입자가 속한 세대의 지역가입자 전원이 함께 부담한다.

① 1개 ② 2개
③ 3개 ④ 4개

74 2025 기출 **선별급여에 대한 설명으로 옳은 것을 모두 고르면?**

> ㉠ 대통령령으로 정하는 경우에 지정하여 실시하는 예비적인 요양급여를 말한다.
> ㉡ 가입자와 피부양자의 건강회복에 잠재적 이득이 있는 경우에는 경제성이 낮아도 선별급여로 지정할 수 있다.
> ㉢ 선별급여에 대하여는 보건복지부령으로 정하는 절차와 방법에 따라 주기적으로 요양급여의 적합성을 평가해 요양급여 여부를 다시 결정한다.
> ㉣ 선별급여에 대한 평가는 보건복지부장관이 한다.

① ㉠, ㉡, ㉢ ② ㉠, ㉡, ㉣
③ ㉠, ㉢ ④ ㉡, ㉣

75 **국민건강보험공단의 보험료등의 독촉 및 체납처분에 대한 설명으로 옳지 않은 것을 모두 고르면?**

> ㉠ 공단이 보험료를 독촉하는 경우 독촉장은 15일 이상의 납부기한을 정하여 발부해야 한다.
> ㉡ 공단의 보험료 독촉을 받은 가입자가 그 납부기한까지 보험료를 내지 않은 경우 국세 체납처분의 예에 따라 보험료를 징수할 수 있다.
> ㉢ 공단은 독촉을 받은 후에도 보험료를 납부하지 않은 가입자에 대해 체납처분을 할 수 있으며, 체납처분을 하기 전에 체납 내역 등을 포함한 통보서를 발송해야 한다.
> ㉣ 공단이 국세 체납처분의 예에 따라 압류한 재산을 공매하는 경우, 직접 공매하지 않고 한국자산관리공사에 공매를 대행하게 해야 한다.

① ㉠, ㉡, ㉢ ② ㉡, ㉢, ㉣
③ ㉠, ㉣ ④ ㉡, ㉣

76 **현역병인 갑이 요양기관에서 치료를 받을 경우 요양급여비용을 A로부터 예탁 받아 지급할 수 있다. 이 때, A에 해당하지 않는 사람은?**

① 법무부장관
② 보건복지부장관
③ 경찰청장
④ 소방청장

77 **다음 ㉠, ㉡, ㉢에 들어갈 내용이 적절하게 짝지어진 것은?**

> • 자동차 접촉사고로 경미한 부상을 입은 갑은 진단서를 조작해 전치 8주 이상의 중상을 입은 것처럼 꾸며 보험급여를 받은 것이 적발되었는데, 이 경우 갑은 (㉠) 이하의 징역 또는 2천 만 원 이하의 벌금에 처한다.
> • 전 직장동료인 을에게 을 여자친구의 병원 입원이력을 알려준 건강보험심사평가원 직원 병의 경우 5년 이하의 징역 또는 (㉡) 이하의 벌금에 처한다.
> • 국민건강보험공단 직원 정은 공단의 전산정보자료를 병원관계자에게 제공한 것이 적발되었는데, 이 경우 3년 이하의 징역 또는 (㉢) 이하의 벌금에 처한다.

	㉠	㉡	㉢
①	1년	3천만 원	1천만 원
②	2년	5천만 원	1천만 원
③	1년	3천만 원	3천만 원
④	2년	5천만 원	3천만 원

78 **요양기관에 대한 과징금과 관련한 설명 중 옳은 것은 모두 몇 개인가?**

> ㉠ 요양기관이 업무정지 처분을 받아야 하는 경우, 보건복지부 장관은 이 처분이 해당 요양기관 이용자들에게 심한 불편을 줄 경우에는 이를 갈음하여 과징금을 부과·징수할 수 있다.
> ㉡ 보건복지부장관은 요양기관에 대한 과징금을 부과할 때 12개월 범위에서 분할납부를 하게 할 수 있다.
> ㉢ 요양기관이 과징금 납부기한까지 이를 내지 않는 경우, 업무정지 처분을 받거나 국세 체납처분의 예에 따라 이를 징수할 수 있다.
> ㉣ 요양기관에게 부과한 과징금 금액 및 납부에 필요한 사항은 대통령령으로 정한다.

① 1개
② 2개
③ 3개
④ 4개

79 **다음 중 3년 동안 행사하지 않으면 소멸시효가 완성되는 권리를 모두 고르면?**

㉠ 보험급여를 받을 권리
㉡ 보험급여 비용을 받을 권리
㉢ 보험료, 연체금 및 가산금으로 과오납부한 금액을 환급받을 권리
㉣ 보험료, 연체금 및 가산금을 징수할 권리
㉤ 휴직자등의 보수월액보험료를 징수할 권리

① ㉠, ㉡, ㉢, ㉣, ㉤
② ㉠, ㉡, ㉢, ㉣
③ ㉡, ㉢, ㉣
④ ㉠, ㉣, ㉤

80 **국민건강보험공단의 회계 관련 내용 중 옳지 않은 것을 모두 고르면?**

㉠ 공단이 편성한 예산안은 이사회의 의결을 거친 후 보건복지부장관의 승인을 받아야 한다.
㉡ 공단이 지출할 현금이 부족하여 1년 이상 장기로 차입하는 경우 보건복지부장관의 승인을 받아야 한다.
㉢ 공단은 당해 회계연도가 지나기 전까지 결산보고서와 사업보고서를 보건복지부장관에게 보고해야 한다.
㉣ 공단이 적립하는 준비금은 지출할 현금이 부족할 때 사용할 수 있고, 이 경우 해당 회계연도의 다음해 1월 말일까지 이를 보전해야 한다.

① ㉠, ㉢
② ㉡, ㉢
③ ㉠, ㉣
④ ㉢, ㉣

노인장기요양보험법

61 다음 빈칸 ㉠, ㉡, ㉢에 들어갈 숫자의 합을 구하면?

2025 기출

> 장기요양위원회는 위원장 1인, 부위원장 (㉠)인을 포함해 (㉡)인 이하의 위원으로 구성된다. 위원회 위원의 임기는 (㉢)년이며, 다만 공무원인 위원의 임기는 재임기간이다.

① 24　② 25
③ 26　④ 27

62 다음 중 장기요양기관으로 지정받을 수 없는 사람을 모두 고르면?

2025 기출

> ㉠ 파산선고를 받고 복권되지 않은 사람
> ㉡ 한정후견인
> ㉢ 미성년자
> ㉣ 3년의 실형을 선고받고 그 집행이 종료된 지 1년이 된 사람
> ㉤ 정신질환을 갖고 있으나 전문의가 장기요양기관 설립·운영 업무에 종사하는 것이 적합하다고 인정한 사람
> ㉥ 「마약류 관리에 관한 법률」 제2조 제1호의 마약류에 중독된 사람

① ㉠, ㉢, ㉣, ㉥　② ㉠, ㉡, ㉣, ㉥
③ ㉠, ㉢, ㉣　④ ㉢, ㉣, ㉥

63 장기요양급여 관련 보고 및 검사에 대한 설명으로 옳은 것을 모두 고르면?

> ㉠ 광역시장은 의료급여수급권자에게 보수·소득 관련 자료의 제출을 명할 수 있다.
> ㉡ 특별자치시장은 장기요양보험가입자에게 소속 공무원으로 하여금 보건복지부령으로 정하는 사항에 대한 관계 서류를 검사하게 할 수 있다.
> ㉢ 공단은 장기요양기관에 대해 장기요양급여의 제공 명세 관련 자료의 제출을 명하거나 관련 서류를 소속 직원으로 하여금 검사하게 할 수 있다.
> ㉣ 시장·군수·구청장은 장기요양보험가입자에 대한 자료제출 명령 시 필요한 경우에 공단에 행정응원을 요청할 수 있으며, 공단은 특별한 사유가 없으면 이에 따라야 한다.
> ㉤ 시장·군수·구청장이 소속 공무원으로 하여금 장기요양급여 관련 서류를 검사하게 할 때, 이 검사의 절차나 방법 등에 대해서는 대통령령에서 정하는 바에 따른다.

① ㉠, ㉡, ㉣　② ㉠, ㉢, ㉤
③ ㉡, ㉢, ㉣　④ ㉡, ㉣, ㉤

64 **다음 빈칸에 들어갈 숫자의 합을 구하면?**

> • 장기요양기관이 거짓으로 재가 및 시설 급여비용을 청구한 경우에는 ( )개월의 범위에서 업무정지 처분을 받을 수 있다.
> • 보건복지부장관은 장기요양사업의 실태를 파악하기 위해 ( )년마다 장기요양인정에 관한 사항, 장기요양급여 수준 및 만족도에 관한 사항, 장기요양기관에 관한 사항 등의 조사를 실시하고 그 결과를 공표해야 한다.
> • 제62조를 위반하여 업무수행 중 알게 된 비밀을 누설한 자는 최대 ( )년의 징역에 처할 수 있다.

① 12　② 11
③ 10　④ 9

65 **장기요양기관의 운영자가 폐쇄회로 텔레비전을 설치 · 관리할 때 준수해야 할 사항으로 틀린 것은?**

① 수급자와 종사자의 사생활 침해를 최소화하는 방향으로 영상정보를 처리한다.
② 기관의 보안을 위하여 최소한의 영상정보만을 적법하게 수집하고, 목적 외의 용도로 활용하지 않도록 한다.
③ 폐쇄회로 텔레비전에 기록된 영상정보를 30일 이상 보관해야 한다.
④ 보건복지부령에 따라 폐쇄회로 텔레비전을 설치 · 관리한다.

66 **다음 중 장기요양급여가 제한되는 경우에 대한 설명으로 옳은 것은 모두 몇 개인가?**

> ㉠ 공단은 장기요양급여를 받고 있는 갑이 장기요양기관이 서류를 조작해 장기요양급여비용을 받는 데에 가담한 사실을 적발했다. 공단은 갑에 대해 2년간 장기요양급여의 횟수를 제한하였다.
> ㉡ 장기요양급여 수급자인 을이 고의로 사고를 내 장기요양인정을 받았다는 제보를 받은 공단에서 을의 장기요양등급 판정에 대한 조사에 나섰으나 을은 자신의 결백을 주장하며 이를 거절하였다. 이에 공단은 보건복지부령에 따라 을에 대한 장기요양급여 제한을 결정하였다.
> ㉢ 장기요양기관인 병 기관은 장기요양급여 제공 내용을 확인할 목적으로 공단이 자료 제출을 요구하자 이를 거절하였다. 이로 인해 병 기관은 공단으로부터 장기요양급여의 일부를 받지 못하게 됐다.
> ㉣ 장기요양급여 수급자인 정은 거짓으로 서류를 꾸며 장기요양인정을 받았다는 의심을 받아 공단으로부터 조사 요구를 받았으나 이를 계속 회피해 왔다. 이에 공단은 장기요양급여를 1년간 제공하지 않기로 했다.

① 1개　② 2개
③ 3개　④ 4개

67 **다음은 장기요양인정서에 대한 설명이다. 이 중 옳은 것은 모두 몇 개인가?**

> ㉠ 장기요양인정서에는 장기요양등급과 장기요양급여의 종류 및 내용, 그 밖에 장기요양급여에 관한 사항으로서 보건복지부령으로 정하는 사항이 포함된다.
> ㉡ 공단은 장기요양인정 및 등급판정의 심의를 완료하면 장기요양인정서를 작성하여 지체 없이 수급자에게 송부해야 한다.
> ㉢ 공단은 등급판정위원회가 장기요양인정 및 등급판정의 심의를 완료한 경우 수급자로 판정받지 못한 신청인에게 그 내용을 통보해야 하며, 사유는 요청이 있을 경우 별도로 통보한다.
> ㉣ 공단은 장기요양인정서와 함께 개인별장기요양이용계획서를 송부할 수 있다.
> ㉤ 장기요양인정서 및 개인별장기요양이용계획서의 작성방법에 관하여 필요한 사항은 등급판정위원회에서 정한다.

① 1개 ② 2개
③ 3개 ④ 4개

68 **장기요양기본계획에 대한 설명으로 옳은 것을 모두 고르면?**

> ㉠ 보건복지부장관은 노인등에 대한 장기요양급여를 원활하게 제공하기 위하여 3년 단위로 장기요양기본계획을 수립·시행하여야 한다.
> ㉡ 국민건강보험공단은 장기요양기본계획에 따라 세부시행계획을 수립·시행하여야 한다.
> ㉢ 장기요양기본계획에는 연도별 장기요양급여 대상인원 및 재원조달 계획이 포함된다.
> ㉣ 장기요양기본계획에는 장기요양요원의 처우에 관한 사항이 포함된다.
> ㉤ 장기요양기본계획에는 연도별 장기요양기관 및 장기요양전문인력 관리 방안이 포함된다.

① ㉠, ㉡, ㉢ ② ㉡, ㉢, ㉣
③ ㉢, ㉣, ㉤ ④ ㉠, ㉢, ㉤

69 **다음은 장기요양 등급판정위원회의 장기요양 수급자 판정 과정을 순서대로 나열한 것이다. 이 중 과정에 대한 설명이 잘못된 것은 모두 몇 개인가?**

> ㉠ 공단은 조사결과서, 신청서 등 심의에 필요한 자료를 등급판정위원회에 제출해야 한다.
> ㉡ 등급판정위원회는 신청인이 3개월 이상 동안 혼자서 일상생활을 수행하기 어렵다고 인정하는 경우, 대통령령으로 정하는 등급판정기준에 따라 수급자로 판정한다.
> ㉢ 등급판정위원회는 심의와 판정 시 신청인과 그 가족, 소견서를 발급한 의사 등 관계인의 의견을 들을 수 있다.
> ㉣ 공단은 거짓으로 장기요양인정을 받거나, 위법행위에 기인해 장기요양인정을 받으려고 의심되는 경우에는 이를 조사하여 등급판정위원회에 제출한다.
> ㉤ 등급판정위원회는 ㉣의 조사 결과를 토대로 수급자 여부를 판정한다.

① 없음 ② 1개
③ 2개 ④ 3개

70 **장기요양인정의 유효기간 및 갱신에 대한 설명으로 옳은 것을 모두 고르면?**

> ㉠ 2025년 1월 31일에 장기요양인정의 유효기간이 만료되는 수급자 갑이 장기요양급여를 계속하여 받고자 하는 경우에는 늦어도 2025년 1월 1일까지 공단에 장기요양인정의 갱신을 신청하여야 한다.
> ㉡ 2024년 11월 20일 을이 장기요양인정을 받았다면, 2025년 11월 19일 현재 그 장기요양인정은 유효하다.
> ㉢ 장기요양급여를 받고 있는 병이 유효기간 만료 이후에도 급여를 계속 받기 위해서는 공단에 갱신 신청을 해야 한다.
> ㉣ 장기요양인정의 유효기간 산정방법은 대통령령으로 정한다.

① ㉠, ㉡, ㉢　　② ㉡, ㉢, ㉣
③ ㉡, ㉣　　④ ㉢, ㉣

71 **장기요양인정 신청의 조사에 대한 설명으로 옳지 않은 것은?**

2025 기출

① 공단은 장기요양인정 신청서를 접수하면 보건복지부령으로 정하는 바에 따라 외부 직원이 조사하도록 하여야 한다.
② 공단의 장기요양인정 신청의 조사 내용에는 신청인의 심신상태, 신청인에게 필요한 장기요양급여의 종류 및 내용 등이 포함된다.
③ 공단이 장기요양인정 신청 조사를 해당 시에 의뢰한 경우, 해당 시는 조사를 마치고 공단에 조사결과서를 송부해야 한다.
④ 장기요양인정 신청인을 조사하는 자는 조사 담당자의 인적사항을 신청인에게 미리 통보하여야 한다.

72 **다음 중 장기요양기관과 관련하여 공단이 운영하는 인터넷 홈페이지에 게시되어야 하는 내용이 아닌 것은?**

① 장기요양기관별 시설 현황
② 장기요양기관별 인력 현황
③ 장기요양기관별 수급자 만족도
④ 장기요양기관별 급여 내용

73 **장기요양보험료에 대한 국가 부담에 관한 설명으로 옳은 것을 모두 고르면?**

> ㉠ 국가는 매년 예산의 범위 안에서 해당 연도 장기요양보험료 예상수입액의 100분의 50에 상당하는 금액을 공단에 지원한다.
> ㉡ 국가와 지방자치단체는 대통령령으로 정하는 바에 따라 의료급여수급권자의 장기요양급여비용, 의사소견서 발급비용, 방문간호지시서 발급비용 중 공단이 부담하여야 할 비용 및 관리운영비의 일부를 부담한다.
> ㉢ 지방자치단체가 부담하는 금액은 보건복지부령으로 정하는 바에 따라 특별시·광역시·특별자치시·도·특별자치도와 시·군·구가 분담한다.
> ㉣ 지방자치단체의 부담액 부과, 징수 및 재원관리, 그 밖에 필요한 사항은 대통령령으로 정한다.

① ㉠, ㉢　　② ㉢, ㉣
③ ㉠, ㉢, ㉣　　④ ㉡, ㉢, ㉣

74 **다음 중 장기요양기관에 대한 행정제재처분의 효과가 승계되지 않는 경우는?**

① 장기요양기관을 양도한 경우 양수인
② 행정제재처분을 받은 자 중 장기요양기관 폐업 후 다른 장소에서 장기요양기관을 운영하는 자
③ 법인이 합병된 경우 합병으로 신설된 법인
④ 장기요양기관 폐업 후 같은 장소에서 장기요양기관을 운영하는 자 중 종전에 행정제재처분을 받은 자의 배우자

75 **다음은 장기요양기관 지정에 관한 설명이다. 이 중 옳지 않은 것은?**

① 장기요양기관을 운영하려는 자는 소재지를 관할 구역으로 하는 특별자치시장·특별자치도지사·시장·군수·구청장으로부터 지정을 받아야 한다.
② 장기요양기관을 지정 시 해당 지역의 시장은 공단에 관련 자료의 제출을 요청하거나 그 의견을 들을 수 있다.
③ 특별자치시장·특별자치도지사·시장·군수·구청장은 장기요양기관을 지정한 때 지체 없이 지정 명세를 공단에 통보하여야 한다.
④ 재가급여를 제공하는 장기요양기관 중 의료기관이 아닌 자가 설치·운영하는 장기요양기관은 방문간호를 제공하는 것이 불가하다.

76 **재가 및 시설 급여비용의 청구 및 지급 등에 관한 설명으로 옳은 것을 모두 고르면?**

㉠ 공단은 장기요양급여비용을 심사하고 이 결과를 장기요양기관에 통보해야 하며, 장기요양에 사용된 비용 중 공단부담금을 해당 장기요양기관에 지급해야 한다.
㉡ 장기요양기관은 지급받은 장기요양급여비용 중 보건복지부장관이 정하여 고시하는 비율에 따라 그 일부를 장기요양요원에 대한 인건비로 지출할 수 있다.
㉢ 공단은 장기요양급여비용 심사 결과 수급자가 이미 낸 본인부담금이 장기요양기관에 통보한 본인부담금보다 더 많으면 두 금액 간의 차액을 장기요양기관에 지급할 금액에서 공제하여 수급자에게 지급하여야 한다.
㉣ 공단은 수급자에게 지급하여야 하는 금액을 그 수급자가 납부하여야 하는 장기요양보험료등과 상계할 수 있다.
㉤ 공단은 장기요양기관이 정당한 사유 없이 질문 또는 검사를 거부·방해 또는 기피하는 경우 해당 장기요양기관에 지급하여야 할 장기요양급여비용의 지급을 취소할 수 있다.

① ㉠, ㉢, ㉣
② ㉠, ㉡, ㉤
③ ㉡, ㉣, ㉤
④ ㉡, ㉢, ㉣

77 **본인부담금에 대한 설명으로 옳은 것을 모두 고르면?**

㉠ 제28조에 따른 장기요양급여의 월 한도액을 초과하는 장기요양급여는 수급자 본인이 전부 부담한다.
㉡ 법의 규정에 따른 급여의 범위 및 대상에 포함되지 아니하는 장기요양급여는 수급자 본인이 전부 부담한다.
㉢ 「의료급여법」 제3조 제1항 제2호부터 제9호까지의 규정에 따른 수급권자의 경우 본인부담금의 100분의 50의 범위에서 보건복지부장관이 정하는 바에 따라 차등하여 감경할 수 있다.
㉣ 본인부담금의 산정방법, 감경절차 및 감경방법 등에 관하여 필요한 사항은 보건복지부령으로 정한다.

① ㉠, ㉡, ㉣
② ㉠, ㉢, ㉣
③ ㉠, ㉡
④ ㉡, ㉣

78 다음은 「노인장기요양보험법」상 벌칙에 해당하는 경우이다. 이 중 설명이 옳은 것은 모두 몇 개인가?

> ㉠ 지정받지 않고 장기요양기관을 1년간 운영해 온 갑은 3천만 원의 벌금형을 받을 수 있다.
> ㉡ 장기요양급여 관련 자료를 거짓으로 제출한 장기요양기관은 1천만 원의 벌금형을 받을 수 있다.
> ㉢ 부정한 방법으로 장기요양급여비용을 청구한 을은 3천만 원의 벌금형을 받을 수 있다.
> ㉣ 장기요양기관 종사자 병은 폐쇄회로 텔레비전을 환자를 관찰하기 위한 단순한 개인적 목적으로 조작하여 사용하다 발각되었다. 이로 인해 병은 5년의 징역형을 받을 수 있다.

① 1개
② 2개
③ 3개
④ 4개

79 장기요양기관 지정의 취소 등에 대한 설명이 잘못된 것은?

① 장기요양기관 지정이 취소된 경우 특별자치시장・특별자치도지사・시장・군수・구청장은 이를 우편 또는 정보통신망 이용 등의 방법으로 수급자 또는 그 보호자에게 통보해야 한다.
② 장기요양기관 지정이 취소된 경우 특별자치시장・특별자치도지사・시장・군수・구청장은 해당 장기요양기관을 이용하는 수급자가 다른 장기요양기관을 이용할 수 있도록 조치해야 한다.
③ 장기요양기관 지정취소를 받은 후 3년이 지나지 않은 경우 장기요양기관으로 지정받을 수 없다.
④ 특별자치시장・특별자치도지사・시장・군수・구청장은 장기요양기관 지정을 취소한 경우 그 내용을 공단과 보건복지부장관에게 지체 없이 바로 통보해야 한다.

80 재심사청구에 대한 설명으로 옳은 것을 모두 고르면?

> ㉠ 장기요양보험료에 관한 공단의 처분에 이의가 있어 공단에 심사청구를 했으나 결정에 불복하는 경우, 결정통지를 받은 날부터 90일 이내에 장기요양재심사위원회에 재심사를 청구하는 것이 가능하다.
> ㉡ 재심사위원회의 위원은 위원장을 포함해도 20인을 넘을 수 없다.
> ㉢ 재심사위원회의 구성・운영 등은 대통령령으로 정한다.
> ㉣ 재심사위원회의 위원 중에는 공무원인 위원이 전체 위원의 과반수가 되도록 하여야 한다.

① ㉠, ㉡, ㉢
② ㉡, ㉢, ㉣
③ ㉠, ㉢, ㉣
④ ㉠, ㉡, ㉢, ㉣

국민건강보험공단

NCS + 법률

박문각

국민건강보험공단

NCS + 법률
봉투모의고사
/
3회

박문각

제3회 모의고사

NCS 직업기초능력 60문항/60분	의사소통 · 수리 · 문제해결 각 20문항	80문항/80분
직무시험(법률) 20문항/20분	국민건강보험법(행정직 · 건강직 · 기술직)	
	노인장기요양보험법(요양직)	

NCS 직업기초능력 | 01 ~ 60번

01 다음 보도자료의 내용과 일치하는 것은?

국민건강보험공단은 디지털 전환 정부 정책 및 대국민 편의성 제고를 위해, 인터넷전문은행인 토스뱅크와 협력하여 2025년 6월 17일부터 '4대 사회보험료 간편납부 서비스'를 본격 확대한다고 밝혔다. 이번 서비스는 건강보험료는 물론 연금보험, 고용보험, 산재보험 등 4대 사회보험료를 스마트폰 하나로 쉽고 간편하게 납부할 수 있도록 설계되었다. 이용자는 토스 앱에서 '세금 · 공과금 내기' 메뉴 선택 후 전자납부번호만 입력하면 실시간 납부가 가능하며, 2025년 하반기에는 큐알(QR) 인식 기능도 추가되어 보다 간단하고 빠르게 보험료를 납부할 수 있을 것으로 예상된다.
또한, 국민의 이용편의 증진을 위한 서비스도 확대된다. 기존에는 가상계좌를 통한 납부가 오전 7시 30분부터 가능했으나, 2025년 6월 18일부터는 서비스 시작 시간이 오전 4시 30분으로 3시간 앞당겨져, 이른 시간대에도 보험료 납부가 가능해진다. 아울러, 6월 25일부터는 모바일 전자고지(카카오 알림톡)에서 '한 번만 클릭하면 카카오페이 납부화면으로 바로 연결'되는 기능도 도입하여 납부절차가 한층 간소화된다. 2025년 하반기에는 급성장하는 디지털 금융서비스에 발맞춰 슈퍼앱(네이버, 금융기관 통합앱 등)을 활용한 보험료 납부채널을 확대하여 서비스 접근성을 더욱 향상시킬 계획이다.
국민건강보험공단은 이번 모바일 간편 납부 서비스 도입이 납부 과정의 편의성과 안전성을 높이고, 미납 방지 및 징수율 향상에 기여할 것으로 기대하고 있다. 국민건강보험공단 원인명 징수상임이사는 "이번 4대 사회보험료 간편 납부서비스 도입은 디지털플랫폼 정부 정책에 부합하는 공공 · 민간 협력 모델"이라며, "앞으로도 다양한 민간 채널과 연계하여 국민 누구나 쉽고 간편하게 보험료를 납부할 수 있는 환경을 만들어 가겠다"고 밝혔다.

※ 출처 : 국민건강보험공단 보도자료

① 2025년 6월 17일부터 실시하는 '4대 사회보험료 간편납부 서비스'는 토스 앱에서 사용 가능하다.
② 가상계좌를 통한 납부가 2025년 6월 18일부터 24시간 가능해져, 이용자의 편의가 높아졌다.
③ 카카오톡 알림톡에서 한 번 클릭으로 카카오페이 납부화면으로 바로 연결되는 기능은 2025년 6월 18일 도입되었다.
④ 공단은 모바일 간편 납부 서비스 도입이 납부 과정의 편의성을 높이고, 미납율 향상에 기여할 것으로 기대하고 있다.

[02～03] 다음 보도자료를 보고 이어지는 물음에 답하시오.

국민건강보험공단(이하 '공단')과 질병관리청(이하 '질병청')은 2025년 4월 21일 공단 본부에서 건강정보 빅데이터의 효과적인 연계와 활용 방안에 대해 논의한다. 양 기관은 지난 2021년 4월 업무협약(MOU)을 체결한 이후, '코로나19 빅데이터(K-COV-N)*'를 공동으로 구축 · 개방하여 현재까지 총 36건의 연구성과**를 창출하는 등 국민 건강을 지키기 위한 긴밀한 협력을 지속해왔다.

* 질병청의 코로나19 확진자 및 예방접종 정보와 공단의 건강보험 자료를 결합
** 코로나19 예방접종 실시 기준 및 '25년 상반기 추가 접종 시행 근거 활용 등

아울러, 2022년부터 협력해 온 결핵 빅데이터(K-TB-N)도 2025년 9월 개방을 앞두고 있어, 결핵 퇴치 가속화를 위한 역학연구 활성화에 기여할 것으로 기대된다. 이번 협의에서는 건강정보 데이터 결합으로, 감염병 외에도 만성질환까지 협력 분야를 확대하여 기존의 치료 중심 정책에서 예방 중심 정책으로 방향을 전환하기 위한 주요 과제를 논의한다.

1. 국가 인플루엔자 정기보고서 공동발간 추진
매년 많은 환자가 발생하는 인플루엔자 유행에 체계적으로 대응하기 위해, 양 기관은 감염병 감시부터 백신 효과 평가, 의료이용 현황, 질병 부담까지 폭넓은 내용을 담은 정기보고서를 함께 발간할 예정이다. 이 보고서는 예방접종 정책과 건강보험 제도 개선에 중요한 근거 자료로 활용될 수 있다.

2. 의료방사선 적정 이용 관리체계 마련
X선 촬영, CT 등 건강검진이나 각종 검사에 사용되는 의료방사선의 노출량을 건강보험 청구자료를 바탕으로 평가하고, 이를 바탕으로 국민들에게 보다 안전한 검사 환경을 만들기 위한 정책 수립에 활용할 계획이다.

3. 국가건강검진 제도 개선을 위한 빅데이터 분석
국가건강검진의 실효성을 높이기 위해, 건강검진 결과와 진료 데이터를 연계해 분석한다. 이를 통해 각 검진 항목이 실제로 질병의 예방과 조기발견에 얼마나 도움이 되는지를 확인하고, 의과학적 근거를 바탕으로 검진제도 개선 방향을 마련할 수 있을 것으로 기대된다.

4. 만성질환 데이터 통합 분석
대표적인 만성질환 중 하나인 만성폐쇄성폐질환* 환자 정보(KOCOSS)와 한국인유전체역학조사사업(KoGES) 데이터를 건강보험 빅데이터와 연계해, 유전정보, 생활습관, 환경 요인 등을 종합적으로 분석한다. 이 과정을 통해 질병의 조기진단이나 개인 맞춤형 진료 지침 수립에 필요한 근거를 마련할 수 있다.

* 만성폐쇄성폐질환(COPD)이란 흡연이나 대기 중 오염물질 등에 의해 염증반응이 일어나 기도가 좁아지는 질환으로 10대 사망 원인에 꾸준히 포함(2024 만성질환 현황과 이슈 발췌)

공단 정기석 이사장은 "기존 코로나19 중심 데이터 분석에서 협력범위가 확대된 만큼 보건의료 빅데이터 활용 기반이 질적으로 강화될 것"이라며 "국민의 건강증진과 질병예방, 적정진료 유도, 의료의 질 향상 등 근거 중심의 정책 개선에 많은 성과를 기대한다. 공단은 질병청과 데이터 공유 및 분석 역량을 결집하여 질병 예방과 대응을 위한 과학적 근거 마련을 위해서도 적극 협력할 것"이라고 밝혔다. 지영미 질병관리청장은 "국내 건강정보를 가장 폭넓게 보유한 두 기관이 협력함으로써 감염병과 만성질환 등에 데이터 기반 정책이 한층 강화될 것"이라며, "이를 통해 향후 팬데믹과 같은 위기 상황에서도 더 빠르고 과학적인 대응이 가능해질 것으로 기대된다"고 밝혔다.

※ 출처: 국민건강보험공단 보도자료

02 **위 자료의 내용과 일치하지 않는 것은?**

① 국민건강보험공단과 질병관리청은 건강정보 빅데이터 협력으로 기존 치료 중심 정책에서 예방 중심 정책으로의 정책 전환을 꾀하고 있다.
② '코로나19 빅데이터'에는 코로나19 확진자 및 예방접종 정보 등이 담겨 있고, 이를 바탕으로 코로나19 예방접종 실시 기준을 정하였다.
③ 빅데이터 연계를 통해 국가건강검진 제도의 실효성을 높일 수 있으리라 기대하고 있다.
④ 빅데이터 연계를 통해 만성질환 데이터를 통합 분석함으로써, 만성폐쇄성폐질환의 조기진단 및 진료 지침을 수립하는 성과를 거뒀다.

03 **다음은 국민건강보험공단과 질병관리청의 건강정보 빅데이터 연계 관련 주요 과제이다. 주요 과제와 이를 통해 기대되는 효과가 잘못 연결된 것은?**

① 국가 인플루엔자 정기보고서 공동발간 추진 – 인플루엔자 유행에 대비하기 위한 기관 수립의 근거 마련
② 의료방사선 적정 이용 관리체계 마련 – 의료방사선 노출량을 평가해 안전한 검사 환경 조성
③ 국가건강검진 제도 개선을 위한 빅데이터 분석 – 검진제도 개선 방향 마련
④ 만성질환 데이터 통합 분석 – 질병 조기진단 및 개인 맞춤형 진료 지침 수립의 근거 마련

[04～05] 다음 보도자료를 보고 이어지는 물음에 답하시오.

국민건강보험공단 빅데이터연구개발실은 보건의료 빅데이터 활용 성과공유 심포지엄을 통해 '빅데이터 기반 병원획득 폐렴 분석 사례'를 발표하였다. 이는 국민건강보험공단의 진료비청구자료를 활용하여 2023년 병원획득 폐렴 발생 현황을 분석한 결과로, 2023년 발생한 12,656,490건의 입원 중 4일 이상 입원 5,489,733건(전체 입원의 43.4%)을 대상으로 병원획득 폐렴을 평가하였다. 빅데이터를 활용하여 국가 수준의 병원획득 폐렴 규모를 추정한 세계 최초의 연구이다.

병원획득 폐렴 분석대상 선정 기준 및 방법

- 분석자료: '23년 건강보험 및 의료급여 진료비청구자료
- 분석대상: '23년(요양개시일 기준) 발생한 4일 이상 입원 건
- 분석방법: 입원명세서의 분리청구 건을 활용한 병원획득 폐렴 발생률 추정
  - 분리청구: 입원기간 동안 월을 달리하는 연속된 입원, 진료과 변경 등의 사유로 분리청구명세서 발생
  - 병원획득 폐렴: 최초 입원 명세서에 폐렴 진단명이나 항생제 처방이 없었으나, 후속 청구된 입원 명세서에서 폐렴 진단명(J12－J18, J85)과 항생제 처방이 모두 존재하는 경우를 병원획득 폐렴으로 정의

분석 결과, 2023년 병원획득 폐렴 발생률은 1.13%로 추정되었으며, 2021～2022년에 일시적으로 증가한 후, 2023년에는 다소 감소하였다. 2023년 병원획득 폐렴 발생률은 요양기관종별에 따라 차이를 보였으며, 요양병원(5.04%), 병원(0.80%), 상급종합병원(0.57%), 종합병원(0.45%), 의원(0.18%), 한방병원(0.05%) 순으로, 요양병원이 가장 높은 발생률을 보였다. 요양병원은 감염병이 빠르게 확산될 수 있는 환경의 집단시설이며 입원 환자의 대부분이 감염에 취약한 노인이기 때문에 병원획득 폐렴 발생 위험이 높은 것으로 추정된다. 2023년 성별 병원획득 폐렴 발생률은 남성 1.23%, 여성 1.04%로 남성의 발생률이 높고, 연령이 증가할수록 병원획득 폐렴 발생률도 증가하는 추이를 보였다. 80세 이상에서 추정된 병원획득 폐렴 발생률은 3.10%로 고령일수록 발생률이 높아지는 추이를 보인다. 입원기간이 길수록 병원획득 폐렴 발생률도 증가하는 추이를 보였으며, 300일 이상 입원의 병원획득 폐렴 발생률은 7.17%로 가장 높았다. 입원기간이 길어질수록 환자가 병원획득 폐렴에 노출될 위험성을 높여 환자의 건강상태에 부정적인 영향을 미치는 것으로 추정된다.

※ 출처: 국민건강보험공단 보도자료

04 위 자료를 통해 추론한 내용으로 적절하지 않은 것은?

① 입원기간이 길수록, 연령이 높을수록, 여성보다는 남성의 입원으로 인한 폐렴 발생률이 높다.
② 병원획득 폐렴을 예방하기 위해서는 가급적 장기입원을 피해야 한다.
③ 의원과 한방병원의 병원획득 폐렴 발생률이 낮은 것은 노인 환자가 적기 때문이다.
④ 병원 내 감염에 취약한 노인환자는 입원으로 인해 건강상태가 더욱 악화될 우려가 있다.

05 위 자료의 바로 다음에 제시될 내용으로 가장 적절한 것은?

① 병원획득 폐렴 발생률이 2024년에 낮아진 것은 고위험군에 대한 적절한 예방책을 시행했기 때문이다.
② 장기입원자 및 노인일수록 병원획득 폐렴 위험이 높아지므로 불필요한 입원은 피해야 한다.
③ 병원획득 폐렴 예방을 위해서는 요양병원에 대한 모니터링과 예방활동이 가장 중요하다.
④ 병원획득 폐렴에 노출되었을 경우, 국민건강보험공단을 통해 진료비 지원을 받을 수 있다.

[06~07] 다음 보도자료를 보고 이어지는 물음에 답하시오.

국민건강보험공단은 2024년 3월부터 장기요양 통합재가서비스를 62개 시·군·구, 102개 기관으로 확대하여 운영한다고 밝혔다. 통합재가서비스는 장기요양 수급자가 원하는 다양한 서비스(방문요양·목욕·간호, 주야간보호, 단기보호)를 하나의 장기요양기관에서 편리하게 이용할 수 있는 서비스로, 2021년 10월부터 본사업 도입의 전단계로서 예비사업을 실시하고 있고, 2024년 1월에는 「노인장기요양보험법」 개정을 통해 제도적 근거를 마련하였다. 장기요양 수급자가 최대한 잔존 능력을 유지하며 재가 생활을 지속하기 위해서는 주·야간보호, 방문요양, 방문간호, 단기보호 등 다양한 서비스를 복합적으로 이용할 필요가 있으나, 재가급여기관 대부분이 1~2종의 급여만을 제공하고, 재가수급자의 78%가 1종의 급여만 이용하고 있는 것으로 나타났다.[2023년 12월 기준 방문급여(요양, 목욕, 간호) 기관(17,696개) 중 3종 모두 제공하는 기관은 545개(3.0%)에 불과한 것으로 조사됐다.]
건강보험공단은 이러한 단일급여 이용 행태를 해소하여 재가지원을 강화하고 복합적 급여 이용 여건을 마련하기 위하여, 사업설명회 및 참여 공모를 통해 통합재가서비스 제공기관을 지속적으로 확충해 왔다. 이에 참여 기관 수는 11개('21. 10월)→ 31개('22. 9월)→ 50개('23. 4월)→ 75개('23. 9월)→ 102개('24. 3월)로 지속적으로 늘어나고 있다. 앞으로도 보다 많은 수급자가 장기요양 시설이나 요양병원이 아닌, 살던 집에서 장기요양 서비스를 편리하게 이용할 수 있도록, 현행 주·야간보호 기관을 기반으로 하는 서비스를 방문간호 기관 기반의 가정 방문형 서비스(방문간호, 요양, 목욕)로 확대할 계획이다. 통합재가서비스 제공기관은 노인장기요양보험 누리집(www.longtermcare.or.kr)에서 확인 가능하며, 사업 참여를 희망하는 기관은 장기요양정보시스템에서 온라인으로 신청하면 된다.

※ 출처: 국민건강보험공단 보도자료

06 위 자료의 내용과 일치하는 것을 〈보기〉에서 모두 고르면?

보기
㉠ 장기요양 수급자는 다양한 급여 서비스를 이용해야 최대한 잔존 능력을 유지하며 재가 생활을 지속할 수 있다.
㉡ 2024년 3월 이전에는 장기요양 통합재가서비스가 운영되는 기관이 102개 미만이었다.
㉢ 국민건강보험공단은 장기요양 수급자들이 복합적인 급여를 이용하고 가정 방문형 서비스를 보다 쉽게 이용할 수 있도록 하기 위해 노력하고 있다.
㉣ 2023년 12월 기준 요양, 목욕, 간호 서비스를 모두 제공하는 기관은 전체 방문급여 기관의 3%이다.
㉤ 통합재가서비스 제공기관은 2021년 10월과 비교해 2024년 3월에는 100개 기관 이상 늘어났다.

① ㉠, ㉡, ㉢, ㉣
② ㉡, ㉢, ㉣, ㉤
③ ㉠, ㉡, ㉣
④ ㉢, ㉣, ㉤

07 위 자료를 보고 보일 수 있는 반응으로 적절하지 않은 것은?

① 많은 수의 재가수급자들이 다양한 서비스가 아닌 1종의 재가급여만 이용하는 것은, 서비스를 모두 제공하는 재가급여기관이 거의 없기 때문이구나.
② 2024년 1월에 개정된 「노인장기요양보험법」이 통합재가서비스의 제도적 근거가 되는구나.
③ 시설이나 요양병원보다는 살던 집에서 장기요양서비스를 받는 것이 장기적으로 수급자들에게 도움이 되겠다는 것이 공단의 판단이네.
④ 통합재가서비스를 제공받으려면 먼저 장기요양정보시스템을 통해 서비스 제공기관을 확인해야 해.

[08～09] 다음 보도자료를 보고 이어지는 물음에 답하시오.

국민건강보험공단은 2024년에 이어 2025년에도 학생과 학부모가 원하는 검진기관에 방문하여 학생건강검진을 받을 수 있는 '학생건강검진 제도개선 시범사업(이하 시범사업)'을 실시한다. 현행 학생건강검진은 학교의 장이 지정하는 검진기관에서 이루어지는데 일부 학교는 검진기관 선정에 어려움을 겪고 있고, 학생·학부모는 학교에서 선정한 검진기관을 이용해야 하므로 원거리 이동 등 제도개선의 필요성이 꾸준히 제기되어 왔다. 또한, 일반검진과 영유아검진 등 타 국가건강검진 결과는 국민건강보험공단(이하 공단)의 건강관리 정보시스템을 통해 관리되고 있으나, 학생건강검진 결과는 학교의 장이 출력물로 관리하고 있어 생애주기별 검진정보의 연계·활용에 한계가 있다는 지적도 있었다.
이러한 문제점을 해소하고자, 교육부와 복지부는 학생건강검진을 공단에 위탁하여 학생·학부모가 원하는 검진기관에서 학생검진을 받고, 검진결과 기록을 공단의 건강관리 정보시스템에 통합 관리하는 시범사업을 2024년 7월부터 12월까지 세종 및 강원도 원주 지역 학교를 대상으로 일차적으로 추진한 바 있다.

* 시범사업 대상 지역 학생 중 약 93.8%(총 32,574명 중 30,550명) 검진 완료

2025년 4월부터 12월까지 진행될 2차 시범사업은 2024년 시범사업과 운영절차와 방식은 동일하지만, 시범사업에서 파악된 일부 문제점을 보완하고 향후 전국 확대 적용 계획 등을 고려하여, 세종 및 강원 원주지역 외에 검진기관 접근성이 낮은 강원 횡성군을 추가(전체 231개교, 초중고 학생 6.8만 명)하여 확대 운영한다. 검진기관에서는 검진결과를 학생·학부모에게 우편 등의 방법으로 제공하며 공단 누리집*과 모바일 앱(The건강보험)을 통해 검진결과를 확인할 수 있다. 또한 추가 검사나 사후관리가 필요한 학생 정보는 교육부 교육행정정보시스템(NEIS)과 연계하여 학교에서 사후관리에 활용할 수 있다.

* 경로: 공단 누리집(www.nhis.or.kr) > 건강모아 > 나의건강관리/가족건강관리

2025년 학생건강검진 시범사업 추진계획 주요 내용

(1) 사업기간: 2025. 4 ~ 12월(9개월간) … 2025. 4. 7.(월)부터 시행 예정
(2) 시범지역: 세종특별자치시, 강원특별자치도 원주시·횡성군 2025년 추가
(3) 검진대상: 시범지역 관내 초·중·고 학생 약 6.8만 명(231개 학교)
  – 건강검진(초 1·4, 중 1, 고 1학년) 및 구강검진(초등 전 학년, 중 1, 고 1학년)
(4) 검진기관: 시범지역 내 일반 및 구강검진기관(300개소)
  – 별도의 신청·승인 절차 없음. 다만, 혈액 및 결핵검사가 불가한 검진기관은 시범사업에서 제외
  * 검진기관 조회: 공단 누리집(www.nhis.or.kr) > 건강모아 > 검진기관/병원찾기 > 검진기관 찾기 > 지역(시군구)과 ☑ 학생 선택 후 검색
(5) 검진항목: 근·골격 및 척추, 눈, 귀, 콧병, 목병, 피부병, 구강 및 병리검사(소변, 혈액, 결핵, 혈압), 교육·상담(2024년부터 신설)
  * 학령기 특성을 고려하여 검진의사에 의한 음주·흡연·비만예방 등 교육·상담 실시
(6) 검진방법: 학생이 원하는 검진기관에 자유롭게 내원하여 검진 실시
  – 단, 검진기관 이용이 어려운 학교는 검진기관과 계약(협약)을 통한 출장검진이 가능하나, 검진비용은 반드시 공단을 통해 청구·지급
(7) 검진비용: 1인당 최소 28,580원~최대 59,860원(본인 부담 없음)
  – 검진방식 변경(특정기간 단체 검진 → 연중 자율 검진)으로, 검진인력에 대한 추가 행정비용 발생에 따라 1인당 9,900원 검진비용 인상
(8) 검진비용 지급: 공단에서 해당 검진기관으로 지급(국가건강검진과 동일)
(9) 정보연계: '행정정보공동이용전산망'을 통해 공단(건강관리통합정보시스템)과 교육부(교육행정정보시스템) 간 검진대상자 전송 및 검진결과 회신

※ 출처: 국민건강보험공단 보도자료

08 **위 자료의 내용과 일치하지 않는 것은?**

① 학생건강검진 제도개선 시범사업은 2024년에 시행된 바 있으며, 2025년 시범사업은 2025년 4월 7일부터 9개월간 시행된다.

② 2025년 시범사업에서는 강원도 횡성군을 시범지역에 추가하여, 적용대상에 초중고 학생 약 7만 명이 추가된다.

③ 2025년 시범사업은 2024년 시범사업에서 운영절차 및 방식을 보완해 최대한 학부모와 학생의 편의 위주로 검진제도를 개편하였다.

④ 2025년 시범사업에서 검진결과는 우편을 통해 제공하며, 공단 누리집과 모바일 앱을 통해서도 결과를 확인할 수 있다.

09 **위 자료에 제시된 2025년 학생건강검진 시범사업에 대한 정보가 잘못된 것은?**

① 검진항목 – 음주, 흡연, 비만예방 등에 대한 검진의사의 교육·상담이 신설됨

② 검진기관 – 공단 누리집을 통해 기관 조회가 가능하며, 시범지역 내 일반 및 구강검진기관 300개소에서 가능

③ 검진방법 – 학생이 원하는 검진기관에 내원하여 검진할 수 있으며, 학교와 검진기관 간 계약을 통한 출장검진도 가능

④ 검진비용 – 1인당 최대 59,860원으로 본인 부담은 없으며, 공단에서 검진기관으로 지급

[10～11] 다음은 국민건강보험공단에서 실시하고 있는 취약 청년 체납 건강보험료 지원 사업에 관련된 자료이다. 이를 보고, 이어지는 물음에 답하시오.

국민건강보험공단과 신용회복위원회는 취약 청년 체납 건강보험료 지원 사업(신용회복위원회에 채무조정 중인 만 39세 이하 청년을 대상으로 체납 건강보험료를 지원하여 의료이용의 제약과 신용위기의 이중고를 겪는 청년을 돕는 사업)에 대해, 2025년 6월부터 개선된 지원 기준을 적용·확대 시행한다고 밝혔다. 이 사업은 2023년도에 시범사업으로 도입해 356명 청년에게 8천만 원의 체납보험료를 지원하였으며, 2024년도에는 630명에게 2억 원을 지원하며 사업을 본격화하였다.

2025년 사업 예산은 전년 대비 3배 이상 규모로 확대한 6억 5천만 원으로 더 많은 청년들이 경제위기를 벗어날 수 있도록 지원할 예정이며, 1인당 지원액을 최대 49만 원에서 50만 원으로 상향하여, 체납된 건강보험료가 50만 원 이하인 경우 전액을 지원하며 50만 원 초과 200만 원 이하인 경우 최대 50만 원까지 지원한다. 2024년까지는 체납보험료 40만 원 이하에 한해 전액 지원하고, 40만 원 초과 200만 원 이하인 경우 체납액의 50%(1인 최대 49만 원 한도) 지원에 머물렀던 것과 비교해 실질적인 개선이 이뤄졌다.

특히 고용불안 등 사회 구조적으로 청년층이 처한 어려움을 고려하고, '현실적인 지원이 절실하다'는 현장의 목소리를 반영하여 개인별 지원 효과를 높이고자 세부기준을 개선하는 데 양 기관이 협의한 결과이며, 사업의 재원은 신용카드사회공헌재단, 장기소액연체자지원재단, KB증권 등의 기부로 조성된 기금을 활용할 예정이며, 공공과 민간이 함께 협력하여 청년 자립 기반 마련에 노력할 예정이다.

취약 청년 체납 건강보험료 지원 사업 개요

◎ 목적

경제적으로 어려움을 겪는 미취업 청년의 체납 건강보험료 지원으로 장기 체납화 사전 차단 및 신용회복의 기반 마련

◎ 지원방향

1. 시행시기: 2025. 6월부터, 재원 소진 시까지
2. 지원대상: 신용회복위원회 채무조정 중인 만 39세 이하 청년
   - 체납 건강보험료 200만 원 이하 & 3개월 이상인 지역가입자
3. 지원내용: 체납 건강보험료 전액 또는 최대 50만 원 지원
   - 체납보험료 50만 원 이하: 전액 지원
   - 체납보험료 50만 원 초과 200만 원 이하: 50만 원 지원(분할납부 신청 필수)

   ※ 지원기준 개선 사항

구분	2024년	2025년
전액지원 기준 상향	40만 원 이하	50만 원 이하
일부지원 기준 개선	체납액의 50% 지원	50만 원
최대 지원액(상한선)	49만 원	50만 원

4. 세부 업무처리 절차

접수	➡	대상점검	➡	보험료송금	➡	납부반영	➡	지원안내
지원 신청 접수 및 통보		신청자 적격확인, 가상계좌 생성		가상계좌로 지원액 송금		체납보험료 납부반영 및 통보		지원결과 개별 안내
신용회복위원회		공단		신용회복위원회		공단		신용회복위원회

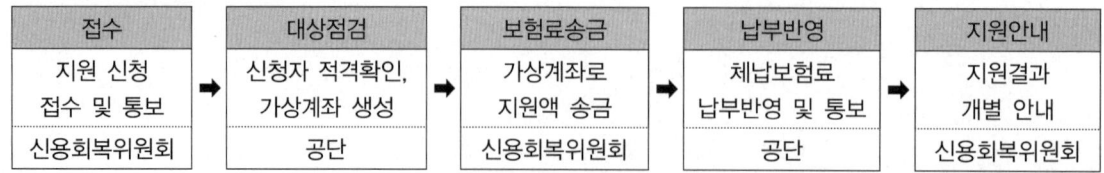

※ 출처: 국민건강보험공단 보도자료

10 **위 자료의 취약 청년 체납 건강보험료 지원 사업과 관련된 설명으로 옳은 것은?**

① 2025년부터는 체납보험료가 200만 원이 넘는 만 39세 이하 지역가입자도 지원대상이 된다.
② 체납보험료가 45만 원인 경우, 2025년에는 45만 원 전액이 지원된다.
③ 사업 재원은 국민건강보험공단과 신용회복위원회가 50%씩 부담한다.
④ 2023년 시범사업으로 처음 시작하였으며, 이때 600명 이상의 청년에게 체납보험료를 지원했다.

11 **위 자료의 취약 청년 체납 건강보험료 지원 사업에 대해 잘못 이해한 경우를 〈보기〉에서 모두 고르면?**

보기

㉠ 체납 건강보험료를 지원받고자 하는 청년은 국민건강보험공단에 접수를 하고, 지원대상이 되면 결과는 신용회복위원회에서 개별 안내를 받으면 되는구나.
㉡ 신용회복위원회 채무조정이 끝난 만 32세 청년은 지원사업의 대상이 될 수 없어.
㉢ 2025년 기준 체납 건강보험료가 100만 원이고 2개월째 체납 중이라면 체납 건강보험료 지원사업 대상자가 될 수 없다.
㉣ 2025년 6월부터 다음 해 5월까지 1년간 사업을 시행하네.

① ㉠, ㉡ ② ㉠, ㉣
③ ㉡, ㉣ ④ ㉢, ㉣

[12～13] 다음 글을 읽고 이어지는 물음에 답하시오.

AI 반도체는 시스템 구현, 서비스 플랫폼, 기술 구현 및 내부설계 구조에 따라 그 종류를 구분할 수 있다. 우선, 시스템 구현 목적에 따라 학습용(Training)과 추론용(Inference)으로 구분된다. 학습용 AI 반도체는 방대한 데이터 학습 시 활용되는데, 이는 대량의 데이터를 처리할 수 있는 고성능 연산능력에 특화돼 있어 연산처리 속도와 소비 전력이 주요 성능 사양 지표로 꼽힌다. 반면 추론용 AI 반도체는 이미 학습된 데이터를 기반으로 새로운 데이터에 대한 추론을 수행하므로, 정확도와 연산 반응속도가 핵심 지표로 꼽힌다. 최근 들어 반도체 시장은 학습용에서 추론용으로 중요도가 변하는 추세인데, 실제 AI 서비스 대중화로 전력소모나 비용을 줄인 추론용의 수요가 높아지고 있다. 학습용 AI에서 가장 선두에 있는 기업은 현재 AI 반도체 시장을 장악하고 있는 엔비디아이다. 엔비디아에 따르면, 2024년 공개한 블랙웰(Blackwell)을 기반으로 AI를 구동할 경우 기존 H100(서버용 AI 반도체) 모델 대비 추론 성능을 최대 30배 향상시킬 수 있다.

두 번째로 서비스 플랫폼에 따라서는 '데이터센터 서버용'과 '온디바이스용(엣지디바이스용)'으로 나눌 수 있다. 데이터센터란 컴퓨터 시스템과 통신장비, 저장장치인 스토리지 등이 설치된 시설로 빅데이터를 저장하고 유통시키는 핵심 인프라를 가리킨다. 온디바이스는 외부 서버나 클라우드에 연결돼 데이터와 연산을 지원받았던 기존의 클라우드 기반 AI에서 벗어나, 기기 자체에 탑재돼 직접 AI 서비스를 제공하는 기술을 말한다. 데이터센터용은 데이터센터의 병렬연산 처리 수요에 대응하면서도 전력효율이 높아야 하며, 온디바이스용은 스마트폰・자동차・드론 등 개별 AI 서비스에 특화돼 있으면서도 전력 소모・무게・제조원가를 낮춰야 한다. 현재 데이터센터용은 GPU를 기반으로 해 엔비디아가 주도하고 있으며, 온디바이스용은 스마트폰・자동차 등의 개별 수요처별로 구글과 퀄컴・테슬라 등이 상위를 형성하고 있다.

기술 구현 방식을 기준으로 하면 기존 반도체인 CPU(Central Processing Unit)・GPU(Graphic Processing Unit)를 비롯해 FPGA(Field Programmable Gate Array)・ASIC(Application Specific Integrated Circuit)・뉴로모픽(Neuromorphic) 반도체 등을 포함시킬 수 있다. AI 연구 초기에는 CPU가 사용됐으나 딥러닝(Deep Learning) 등장 이후 데이터의 양과 매개변수의 수가 급격히 증가하면서 현재는 GPU가 많이 사용된다. GPU는 데이터를 한 번에 대량으로 처리하는 병렬 처리 방식의 반도체로, 당초 게임・영상편집 등 멀티미디어 작업에서 CPU를 보조하기 위해 사용되다가 최근 AI의 핵심 부품으로 부상하면서 각광받고 있다. GPU가 주목을 받고 있는 것은 계산 정확도가 CPU만큼 높지 않지만 속도가 매우 빠르기 때문이다. CPU의 경우 직렬 처리 방식에 최적화된 1～8개의 코어를 가지고 있으며 명령어가 입력된 순서대로 데이터를 처리하기 때문에 많은 정보가 갑자기 들어올 경우 병목현상이 발생한다. (가) GPU는 수백～수천 개의 코어로 구성되어 있어 방대한 분량의 정보를 한 번에 처리할 수 있다. 다만 GPU는 본래 그래픽 처리를 위해 만들어진 반도체이므로 AI 연산에는 불필요한 기능이 탑재돼 전력을 낭비한다는 단점이 있다.

이로 인해 GPU의 병렬 처리 특성은 유지하면서 AI만을 위한 전용 반도체가 등장하게 됐는데, FPGA・ASIC가 여기에 해당한다. FPGA는 회로 변경이 불가능한 일반 반도체와 달리 용도에 맞게 내부 회로를 바꿀 수 있는 반맞춤형 반도체로, AI 알고리즘이 확정되지 않은 상황에서 적합하다. (나) ASIC는 사물인터넷・자율주행 등 특정 용도를 위해 제작되는 주문형반도체로, 속도가 빠르고 소비 전력이 작다는 장점을 갖추고 있다. 대표적으로 NPU(Neural Processing Unit, 신경망처리장치)가 이에 속하는데, NPU는 GPU보다 AI 추론 수행 성능을 극대화해 저전력 구동이 가능한 ASIC를 말한다. 마지막으로 뉴로모픽 반도체는 전통적인 반도체 구조를 벗어나 인간의 뇌(뉴런－시냅스 구조)를 모방한 차세대 AI 반도체로, 연산・데이터 저장・통신 기능 등을 융합한 가장 진화된 반도체 기술이다. (다) 범용성이 낮고 아직 개발 단계에 있어 상용화 시점이 관건으로 꼽힌다.

12 윗글의 내용과 일치하지 않는 것은?

① 엔비디아는 GPU를 기반으로 하는 AI 반도체에서 전 세계적으로 우위를 점하고 있다.
② 온디바이스용 AI 반도체는 클라우드에 기반해 직접 AI 서비스를 제공한다.
③ FPGA와 ASIC는 GPU와 같이 병렬 처리 방식의 AI 반도체이다.
④ GPU는 CPU보다 데이터 처리 속도가 빨라 AI 핵심 부품으로 많이 사용되고 있다.

13 윗글의 빈칸 (가), (나), (다)에 들어갈 접속어로 가장 알맞은 것을 고르면?

	(가)	(나)	(다)
①	반면	그리고	하지만
②	그리고	따라서	하지만
③	반면	그리고	따라서
④	그리고	반면	따라서

[14～15] 다음 보도자료를 보고 이어지는 물음에 답하시오.

법무부-보건복지부, 요양보호 분야 전문 외국인근로자 활용 확대

법무부와 보건복지부는 2024년 6월 28일 제0차 장기요양위원회를 통해 국내 대학 졸업 외국인 유학생의 요양보호 분야 취업을 허용하고, 국내 체류 동포의 요양보호 분야 취업을 장려하는 계획을 발표하였다. 2025년 초고령사회 진입을 앞두고 요양 서비스 수요가 급증하고 있으나, 국내 요양보호사의 고령화 등으로 인해 돌봄인력 공급이 부족하여 요양보호사 자격을 취득한 젊고 전문적인 외국인 근로자 활용을 확대할 필요성이 제기되어 왔다.(요양보호사 평균연령 2023년 12월 기준 61.7세, 2027년 부족인원 약 7.9만 명 예상)

이에 따라, 국내 대학 졸업 외국인 유학생을 대상으로 요양보호 분야 취업을 허용하는 특정활동(E-7)* '요양보호사' 직종을 신설하고, 연 400명의 범위 내에서 2년간 특정활동(E-7) 자격 취득을 허용하는 시범운영 계획을 수립하였다. 2024년 1월 보건복지부의 「요양보호사 양성지침」 개정으로 국내 대학을 졸업한 외국인 유학생도 요양보호사 자격을 취득할 수 있게 되었으며, 2024년 7월부터는 재학 중인 외국인 유학생도 자격을 취득할 수 있도록 허용될 예정이다. 또한 법무부는 국내 대학 졸업 외국인 유학생이 요양보호사 자격을 취득하고 요양시설에 취업할 경우 특정활동(E-7) 자격 취득을 허용하기로 하였다. 또한, 법무부는 방문취업(H-2) 동포가 요양보호사 자격을 취득할 경우 체류기간 계속 연장이 가능한 재외동포(F-4)로 자격변경을 허용할 예정이다. 이번 조치를 통해 요양보호사로 활동 중인 방문취업(H-2) 동포의 장기근속이 가능해지며, 신규 진입 또한 증가할 것으로 기대된다.

한편, 보건복지부는 외국인력 활용과 함께 요양보호사 장기근속장려금 개선, 요양보호사 승급제** 확대, 노인요양시설 요양보호사 배치기준 개선***을 통한 업무 부담 완화 등 내국인 처우 개선도 적극 추진하기로 하였다.

* 법무부 장관이 특별히 지정한 88개 직종에 한하여 취업을 허용하는 비자

** 승급제: 노인요양시설 근무 요양보호사 대상 승급교육 후 선임 요양보호사로 배치, 수당 월 15만 원 지급, 사업대상 확대: 노인요양시설 + 주야간 보호시설('24. 시범사업 중)

*** 수급자당 요양보호사 배치기준: (현행) 2.3 : 1 → ('25년~) 2.1 : 1

※ 출처: 보건복지부 보도자료

14 위 자료의 내용으로 보아, 2024년 6월 28일 현재 적용되고 있는 내용은?

① 요양보호 분야 취업을 허용하는 특정활동(E-7)비자에서 '요양보호사' 직종 신설
② 연 400명의 범위 내에서 2년간 특정활동(E-7) 자격 취득을 허용
③ 국내 대학을 졸업한 외국인 유학생이 요양보호사 자격을 취득하는 것이 가능해짐
④ 국내 대학을 졸업한 외국인 유학생이 요양보호사 자격을 취득하고 요양시설에 취업할 경우 특정활동(E-7) 자격 취득을 허용

15 위 자료의 내용과 일치하지 않는 것은?

① 국내 요양보호사의 고령화가 심화되고 요양 서비스 수요는 늘고 있어, 2027년에는 요양보호사가 약 8만 명 부족할 것으로 예상된다.
② 법무부 지침에 따르면, 방문취업 자격의 동포가 요양보호사 자격을 취득하면 자동으로 재외동포 자격을 얻게 돼 체류기간 연장이 가능해진다.
③ 현행 수급자 2.3명당 요양보호사 1명이 배치되어 있는데, 보건복지부는 2025년 이후에는 이를 2.1명당 1명으로 개선한다는 계획이다.
④ 보건복지부는 외국인력 활용 및 내국인 처우 개선으로 요양 서비스 수요를 확충할 계획이다.

[16~17] 다음은 국민건강보험공단에서 제공한 독감 관련 자료이다. 이를 보고 이어지는 물음에 답하시오.

독감은 겨울철 유행하는 감염병 중에서도 가장 흔한 질환 중 하나로 대표적인 호흡기바이러스 질환이다. 흔히 고열, 오한, 두통, 근육통 등 전신증상과 함께 기침, 인후통과 같은 호흡기증상을 동반하는 경우가 많다. 인플루엔자 바이러스가 원인 병원체로 핵산 구성에 따라 크게 A, B, C 등으로 나뉘며, 사람에게는 주로 A와 B가 유행을 일으키게 된다. 호흡기 바이러스로 비말을 통해 주로 전파된다.
독감은 인플루엔자 유행주의보가 내려진 이후 전형적인 인플루엔자-유사 질환 증상을 호소하는 경우 임상적으로 의심해볼 수 있다. 실험실적으로는 비인두 및 객담 등에서 검체를 채취하여 유전자증폭검사 및 배양검사 등을 시행하여 확진할 수 있다. 해당 검사들은 검사 결과를 확인하는 데 시간이 소요되는 편으로 진료 현장에서는 신속항원검사를 인후 도말 검체에 사용하여 빠르게 진단한다. 신속항원검사의 예민도는 60~80% 정도로 검사에서 음성이라도 독감 감염을 완전히 배제할 수는 없음에 유의해야 한다.
독감의 치료는 대증 요법을 기본으로 항바이러스제 투약을 고려해 볼 수 있다. 항바이러스제는 주로 뉴라미니다제 억제제(Neuraminidase inhibitor)로 알려진 ① 오셀타미비르(Oseltamivir), ② 페라미비르(Peramivir), ③ 자나미비르(Zanamivir) 등이 사용된다. 특히 노인 및 영유아, 만성 질환자 등의 고위험군에게서 조기에 항바이러스제를 투약할 경우 합병증의 발생, 입원 및 사망의 위험을 낮출 수 있다고 알려져 있다. ① 오셀타미비르는 경구 복용약물로 성인 기준으로 1회 75mg, 1일 2회, 5일간 경구 투여한다. ② 페라미비르는 정맥주사제로 1회 투여하며, ③ 자나미비르는 경구 흡입기구를 이용하여 1회 10mg, 1일 2회, 5일간 흡입투약할 수 있다. 증상 시작 48시간 이내에 투약하면 증상 지속기간을 단축할 수 있다.
이러한 약물을 사용하는 경우 오심, 구토와 같은 소화기 증세, 두통이나 수면장애 등의 부작용이 나타날 수 있다. 인과관계는 불명확하지만 특히 청소년에서 이상행동과 같은 신경정신 이상반응이 보고되고 있어 주의 깊게 살펴야 하겠다. 또한 고위험군의 경우 독감에 걸린 후에 이차적인 세균성 폐렴 등의 합병증으로 이어질 수도 있어 증상이 지속될 경우 주의가 필요하다.
하지만 무엇보다 중요한 것은 예방이며, 독감 예방에 있어 가장 중요한 것은 예방접종이다. 세계보건기구에서 매년 유행할 것으로 예측되는 독감 바이러스 종류를 A형 2가지, B형 2가지 백신주로 예측하여 백신이 생산된다. 보통은 유행 2주 전에 백신을 접종해야 하며, 고위험군에 대한 예방접종은 10월에서 11월에 시행되는 것이 좋다. 다만 시기를 놓쳤을 경우 이후라도 예방접종을 하는 것이 좋겠다. 독감 예방접종은 독감의 발병을 완전히 예방할 수는 없으나 임상 증상과 경과의 완화, 입원율 및 사망률 감소 등의 효과가 잘 알려져 있다. 이외에도 손씻기, 기침 에티켓 등 개인 위생수칙을 잘 준수하는 것이 예방에 도움이 되겠다.

16 **다음 중 '독감'에 대한 설명으로 옳지 않은 것은?**

① 독감은 유전자증폭검사 및 배양검사로 확진할 수 있으나, 보통 병원에서는 시간 소요 등의 이유로 신속항원검사로 진단한다.
② 고열, 오한, 두통, 기침, 인후통 등이 흔한 증상이다.
③ 고위험군에 대한 독감 예방접종은 10월~11월에 시행되는 것이 좋으며, 이 시기를 놓쳤을 경우라도 접종을 하는 것이 바람직하다.
④ 독감 예방접종과 개인 위생수칙 준수로 독감 발병을 거의 완벽히 예방할 수 있다.

17 **위 자료의 독감 치료 약물과 관련된 설명을 요약한 것으로 옳은 것을 〈보기〉에서 모두 고르면?**

보기

㉠ 오셀타미비르 – 경구 복용약물로 성인기준 5일간 총 10회 투여
㉡ 페라미비르 – 피하주사제로 1회 투여 가능
㉢ 자나미비르 – 흡입기구를 이용하여 하루에 10mg 투약 가능
㉣ 사용 후 부작용 – 오심, 구토, 두통, 수면장애 등(청소년에게는 신경정신 이상반응 발생 가능성 있음)

① ㉠, ㉡　　② ㉡, ㉢
③ ㉠, ㉣　　④ ㉡, ㉣

[18~20] 다음은 노인장기요양보험제도에 관한 글이다. 이를 보고 이어지는 물음에 답하시오.

대한민국의 인구 고령화는 서구의 선진국들과 비교했을 때 그 어느 나라보다 빠르게 진행되고 있다. 이는 급속한 경제 성장을 바탕으로 생활환경 및 삶의 질이 크게 향상되었고 건강에 대한 관심이 높아진 데 따른 것이라 할 수 있다. 또한 저출산이 시대적 흐름이 되었고 이와 맞물려 젊은층의 인구수는 빠르게 감소하는 한편 노년층의 인구는 급격히 증가하여 2017년 8월 기준 노인 인구가 전체 인구의 14%를 넘어 고령사회로 이미 진입하였다. 이런 추세라면 2026년에는 노인 인구가 20%를 넘는 초고령사회가 될 것으로 전망된다.
그러나 이러한 생명 연장의 축복 이면에는 노인문제가 새로운 사회문제로 제기되고 있다. 누구나 인간은 존엄하며 행복한 삶을 영위할 권리가 있음이 헌법에도 명시되어 있으나 현실은 그리 장밋빛이 아니다. 이유는 급속한 고령화 시대에 대한 대비가 많이 부족하기 때문이다.
우리의 부모세대는 산업역군으로 열심히 살아왔다. 그러나 먹고 살기에도 급급했던 많은 이들은 정작 자신의 노후를 위한 준비에 미흡하였다. 일부는 노년 빈곤층으로 전락하기도 하고, 수명연장과 함께 노인성 질환 등으로 돌봄이 필요한 사람들이 늘어나면서 부양 문제로 가족 간 갈등을 야기하기도 한다. 핵가족화된 현대사회에서 부모의 병을 수발해야 하는 상황은 경제적·정신적으로 남은 가족에게 많은 고통을 안겨주기 때문이다.
이렇게 누군가의 도움이 필요한 노인의 수발 문제를 국가가 책임지는 사회복지제도가 바로 노인장기요양보험제도이다. 이 제도는 혼자서 일상생활이 불편한 어르신을 대상으로 국가가 돌봄 서비스를 제공하는 것으로, 2008년부터 시행되었다. 노인장기요양보험제도의 대상자는 일상생활이 어려운 65세 이상의 노인과 치매, 뇌혈관성질환 등 노인성 질병이 있는 65세 미만의 사람 중 등급판정 결과 수급 대상 판정을 받은 자이다. 등급에 따라 장기요양기관으로부터 신체활동 또는 가사활동, 인지활동 지원 등의 장기요양급여를 받을 수 있다.
장기요양급여의 종류에는 방문요양, 방문목욕, 방문간호, 주야간보호 등의 서비스를 제공하는 재가급여와 노인요양시설 등에 입소하여 급여를 받는 시설급여가 있다. 그리고 장기요양기관이 현저히 부족한 도서·벽지 거주자, 천재지변, 신체·정신 또는 그 밖의 사유로 장기요양기관이 제공하는 요양급여를 이용하기 어렵다고 인정되는 자의 가족 등이 방문요양에 해당하는 정도의 돌봄 서비스를 제공하는 경우 지급하는 특별현금급여(가족요양비)가 있다.
노인장기요양보험제도는 종사자 및 관계자의 노력의 결과로 빠르게 정착되고 있다. 현재 전체 노인 인구의 7.7%인 약 55만 명이 장기요양 급여를 받을 수 있는 등급판정을 받았고 그중 약 49만 명이 장기요양급여 혜택을 받고 있다. 앞으로 선진국 수준의 수급자 확대를 위해서 단계적으로 그 폭을 넓혀나갈 계획이다.
각 관할 구청에서는 노인장기요양보험제도 이용자의 편익을 위해 신규수급자의 보호자를 대상으로 서비스 이용 설명회를 개최하고 있다. 또한 수급자가 건강상태에 맞는 급여이용을 할 수 있도록 상담을 통해서 관리해주고 있으며, 수급자가 양질의 서비스를 받을 수 있도록 장기요양기관 평가와 서비스 모니터링을 주기적으로 실시하고 있다.

18 윗글에 대한 설명으로 옳지 않은 것은?

① 재가급여는 방문요양, 방문간호, 주야간보호 등의 서비스를 제공한다.
② 관할 구청에서 노인장기요양보험제도 신규수급자의 보호자를 대상으로 서비스 이용 설명회를 개최하고 있다.
③ 노인장기요양보험제도의 대상자는 65세 이상으로 제한되어 있다.
④ 고령사회로 접어들면서 부양 문제로 인한 가족 간 갈등이 생기고 있다.

19 윗글의 내용으로 미루어 유추한 것으로 적절하지 않은 것은?

① 노인장기요양보험제도는 그 수급자가 빠르게 증가하고 있으므로 수급대상자 요건을 강화할 예정이다.
② 노인장기요양보험제도는 수급자와 보호자 모두에게 혜택이 주어진다고 볼 수 있다.
③ 가까운 미래에 초고령사회에 진입할 것으로 예측되는 대한민국의 사회문제를 해소하기 위한 대비책으로 노인장기요양보험제도가 더욱 확대될 예정이다.
④ 수급 대상 판정을 받은 노인만 장기요양급여를 받을 수 있다.

20 **윗글의 내용을 요약한 것으로 가장 적절한 것은?**

① 노인장기요양보험제도는 도서·벽지 거주자 등에게는 현실적으로 무용지물이다.
② 선진국에 비해 빠르게 진행되는 초고령사회에 대한 대비책으로 노인장기요양보험제도가 있다.
③ 서구의 선진국에 비해 빠르게 진행되는 인구 고령화는 대한민국의 가장 큰 사회문제이다.
④ 고령사회의 대비책인 노인장기요양보험제도의 수급자 확대를 위해 장기요양기관 평가와 서비스 모니터링이 필요하다.

[21 ~ 23] 다음은 R시의 인구 동향에 대한 자료이다. 이를 보고 이어지는 물음에 답하시오.

R시의 인구 동향

구분	전년 대비 인구증가율(%)	세대당 인구(명)	65세 이상 고령자(명)	인구밀도(명/km^2)	
					면적(km^2)
2018년	3.48	2.56	10,352	950	95
2019년	2.53	2.54	10,971	(C)	95
2020년	2.77	2.53	11,605	1,001	95
2021년	(A)	2.46	12,441	1,006	95
2022년	0.40	2.39	13,025	1,010	95

R시의 출생 · 사망 인구 동향

(단위: 명)

구분	출생자 수			사망자 수		
	계	남	여	계	남	여
2018년	947	481	466	565	330	(B)
2019년	881	429	452	576	304	272
2020년	871	438	433	623	364	259
2021년	990	499	491	581	331	250
2022년	946	489	457	618	362	256

※ 모든 자료는 해당 연도 말 기준임

※ 인구 변동은 출생 · 사망 · 전입 · 전출로 이루어짐

21

위 자료에 대한 설명으로 옳지 않은 것을 〈보기〉에서 모두 고르면?

보기

㉠ 2019년의 R시 전체 사망자 수 대비 여성 사망자 수 비율은 전년 대비 증가하였다.

㉡ 2022년의 세대 수는 2020년에 비해 3,000세대 이상 증가하였다.

㉢ 2022년 R시의 전체 인구 대비 65세 이상 고령자 인구 비율은 2018년 대비 5%p 이상 증가하였다.

㉣ 2021년 R시의 인구는 전년 대비 475명 증가하였다.

① ㉠, ㉢ ② ㉡, ㉢

③ ㉠, ㉢, ㉣ ④ ㉠, ㉡, ㉢

22

위 자료를 참고하여 2017년 R시의 전체 인구를 구하면? (단, 소수점 아래 숫자는 버린다.)

① 81,775명 ② 83,478명

③ 85,627명 ④ 87,214명

23

위 표의 빈칸 (A), (B), (C)에 해당하는 값을 차례대로 나열한 것을 고르면? [단, (A)의 경우는 소수점 셋째 자리에서 반올림하고, (C)의 경우는 소수점 아래 숫자는 버린다.]

	(A)	(B)	(C)
①	0.49	245	975
②	0.50	235	974
③	0.49	235	974
④	0.50	245	975

[24～25] 다음은 어깨병변 환자의 진료인원과 관련된 자료이다. 이를 보고 이어지는 물음에 답하시오.

최근 5년간 어깨병변 환자 성별 인구 10만 명당 진료인원

(단위 : 명)

구분	2018년	2019년	2020년	2021년	2022년
계	4,437	4,581	4,576	4,845	4,719
남성	3,887	4,035	4,065	4,292	4,210
여성	4,991	5,132	5,090	5,399	5,228

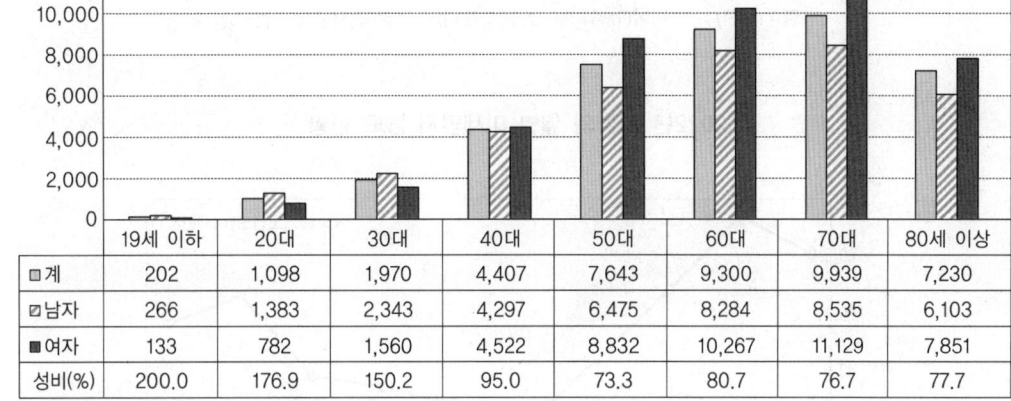

2022년 성별 · 연령대별 인구 10만 명당 진료인원

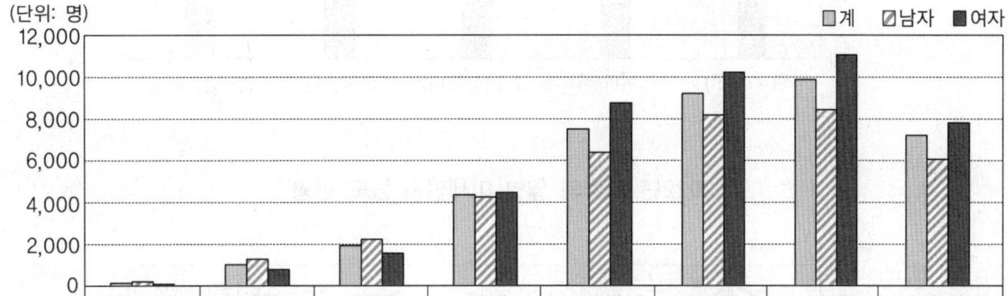

	19세 이하	20대	30대	40대	50대	60대	70대	80세 이상
□계	202	1,098	1,970	4,407	7,643	9,300	9,939	7,230
▨남자	266	1,383	2,343	4,297	6,475	8,284	8,535	6,103
■여자	133	782	1,560	4,522	8,832	10,267	11,129	7,851
성비(%)	200.0	176.9	150.2	95.0	73.3	80.7	76.7	77.7

24

위 자료에 대한 설명으로 옳은 것은?

① 2022년 인구 10만 명당 어깨병변 환자의 진료인원은 2018년 대비 약 6.4%, 2019년 대비 약 3.0% 증가하였다.
② 조사기간 어깨병변 환자 수는 여성이 남성보다 항상 많다.
③ 인구 10만 명당 어깨병변 환자의 연령대별 진료인원은 60대가 9,939명으로 가장 많다.
④ 2022년 인구 10만 명당 어깨병변 환자의 진료인원은 2018년과 비교했을 때, 남성 환자는 8% 이상, 여성 환자는 5% 이상 늘어났다.

25

위 자료를 보고, 〈보기〉의 빈칸 (A), (B)에 들어갈 수치의 합을 구하면?

보기

인구 10만 명당 어깨병변 환자의 진료인원이 가장 많은 연령대와 두 번째로 많은 연령대의 차이는 (　A　)명이다. 여성의 인구 10만 명당 진료인원이 가장 많은 연령대와 세 번째로 많은 연령대의 차이는 (　B　)명이다.

① 1,501
② 2,414
③ 2,936
④ 3,010

[26~27] 다음 자료는 연평균 세계 주요 도시의 미세먼지 농도와 서울의 월별 미세먼지 농도 현황을 나타낸 것이다. 이를 보고 이어지는 물음에 답하시오.

2022년 세계 주요 도시 연평균 미세먼지 농도

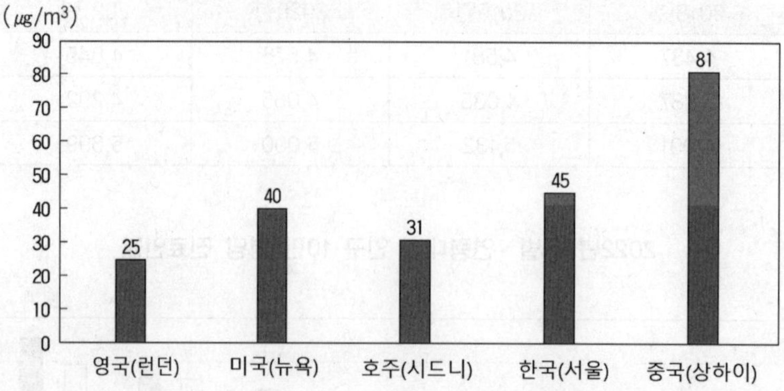

2022년 서울의 월별 미세먼지 농도 현황

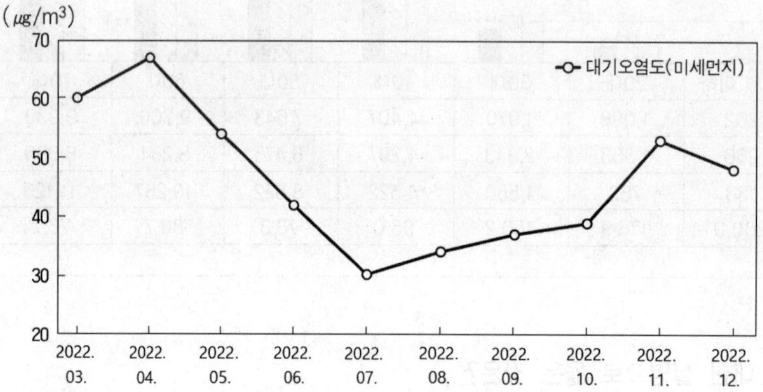

26 위 자료에 대한 설명으로 옳지 않은 것은?

① 1년 중 서울의 미세먼지 농도가 가장 높은 계절은 봄이다.
② 2022년 4월 서울의 미세먼지 농도가 상하이의 2022년 연평균 미세먼지 농도보다 높다.
③ 런던의 2022년 평균 미세먼지 농도는 같은 해 서울의 미세먼지 농도가 가장 낮을 때의 농도보다 낮다.
④ 1년 중 서울의 미세먼지 농도가 가장 낮은 계절은 여름이다.

27 2022년 미세먼지 농도를 기준으로 했을 때, 다음 조건에 부합하는 나라(도시)는 어디인가?

- 7월 한국(서울)의 미세먼지 농도보다 연평균 미세먼지 농도가 높다.
- 한국(서울)의 연평균 미세먼지 농도보다 연평균 미세먼지 농도가 낮다.
- 연평균 미세먼지 농도가 한국(서울)의 가을 미세먼지 농도와 비슷하다.

① 영국(런던)
② 미국(뉴욕)
③ 호주(시드니)
④ 중국(상하이)

[28~29] 다음은 65세 이상 노인의 건강보험 의료비와 노인 가구 추이에 대한 자료이다. 이를 보고 이어지는 물음에 답하시오.

65세 이상 노인의 건강보험 의료비

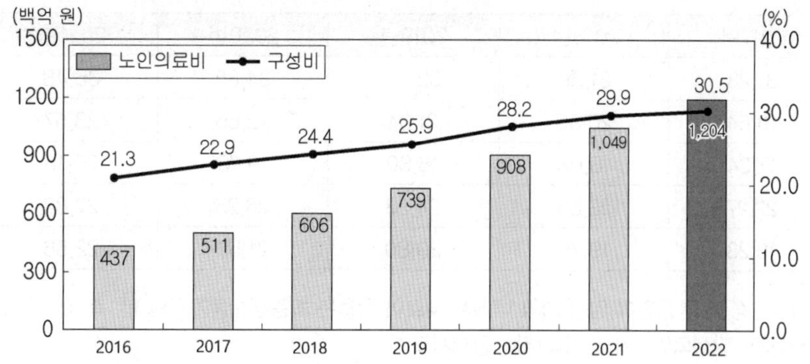

65세 이상 노인 가구 추이

(단위: 가구)

구분	총 가구	노인 가구	독거노인 가구
2016년	14,507,010	1,733,525	543,522
2019년	17,152,277	2,982,240	1,021,008
2022년	19,871,144	4,231,578	1,512,082

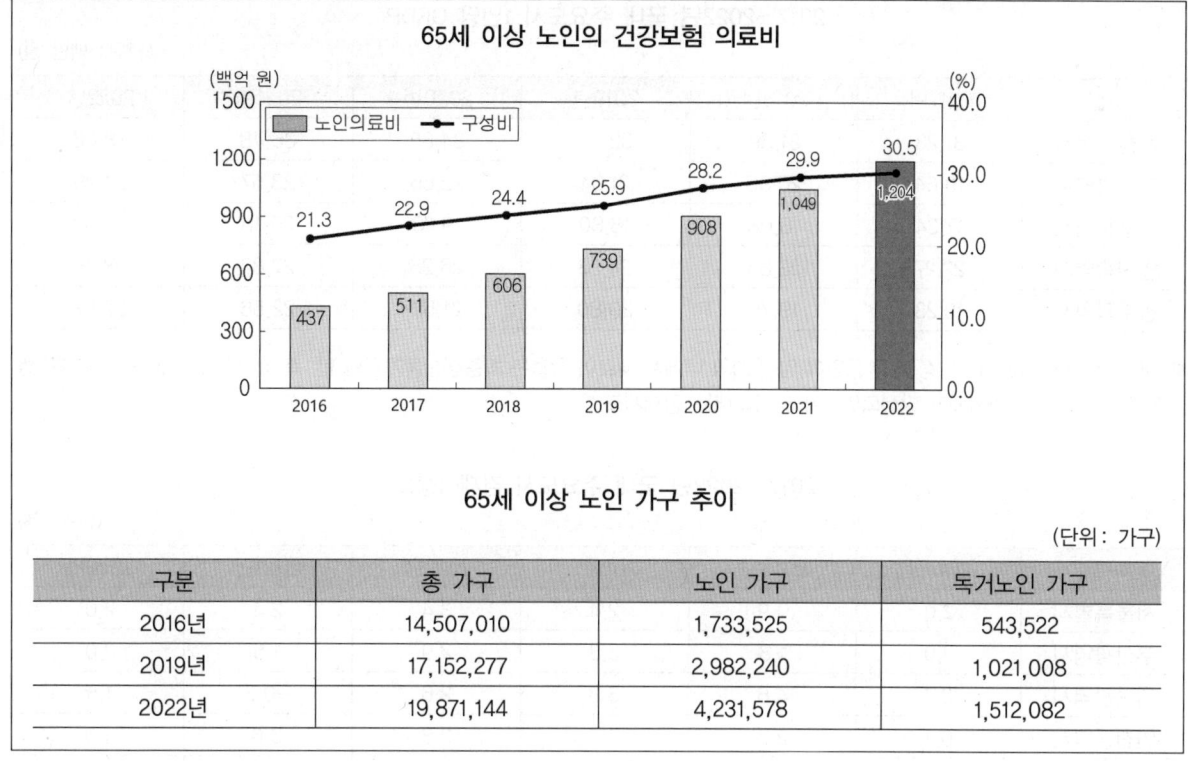

28 위 자료에 대한 설명으로 옳지 않은 것은?

① 2022년 독거노인 가구 수는 2016년의 약 2.8배이다.
② 2019년 전체 대비 65세 이상 노인 건강보험 의료비의 구성비는 같은 해 총 가구에 대한 노인 가구의 구성비보다 작다.
③ 전체 노인 가구 중 독거노인 가구의 비율은 2016년보다 2022년에 3%p 이상 높다
④ 65세 이상 노인 건강보험 의료비가 전체에서 차지하는 구성비는 2016년부터 2022년까지 매년 증가했다.

29 2018년부터 2021년 사이 65세 이상 노인 건강보험 의료비의 전년 대비 증가액이 가장 컸던 해는 언제인가?

① 2018년 ② 2019년
③ 2020년 ④ 2021년

[30～31] 다음은 국내 주요도시의 1인당 GRDP와 경제성장률을 나타낸 자료이다. 이를 보고 이어지는 물음에 답하시오.

2017～2022년 국내 주요도시 1인당 GRDP

(단위 : 백만 원)

구분	2017년	2018년	2019년	2020년	2021년	2022년
서울특별시	31.23	31.89	32.95	34.65	36.48	38.06
부산광역시	19.64	20.35	21.34	22.66	23.57	24.29
대구광역시	17.34	18.08	18.80	19.79	20.18	20.60
인천광역시	22.27	22.85	24.28	26.25	27.82	28.76
광주광역시	19.23	19.79	20.80	21.59	22.56	23.57

※ 지역내총생산(GRDP) : 일정 기간 동안에 일정 지역 내에서 새로이 창출된 최종생산물가치의 합, 즉 각 시·도 내에서 경제활동별로 얼마만큼의 부가가치가 발생되었는가를 나타내는 경제지표

2017～2022년 국내 주요도시 경제성장률

(단위 : %)

구분	2017년	2018년	2019년	2020년	2021년	2022년
서울특별시	2.0	0.9	2.4	3.4	2.4	2.0
부산광역시	3.0	1.8	3.3	2.9	1.5	2.0
대구광역시	2.7	4.6	3.3	2.6	-0.3	1.5
인천광역시	0.7	2.3	3.6	2.8	3.6	4.0
광주광역시	1.0	3.7	3.2	1.7	0.8	1.6

30 위 자료에 대한 설명으로 옳은 것은?

① 2020～2022년 부산광역시와 대구광역시의 1인당 GRDP의 합은 같은 해 인천광역시와 광주광역시의 1인당 GRDP를 합한 것보다 높다.
② 2017～2019년 서울특별시 경제성장률은 부산광역시의 경제성장률보다 항상 낮다.
③ 국내 주요 도시의 1인당 GRDP는 모두 매년 증가하는 추세이나, 대구광역시는 증감을 반복하고 있다.
④ 2017～2022년 경제성장률의 증감폭이 가장 큰 도시는 1인당 GRDP가 매년 가장 높다.

31 위 자료를 바탕으로 만든 그래프로 옳지 않은 것은?

① 인천광역시의 연도별 1인당 GRDP

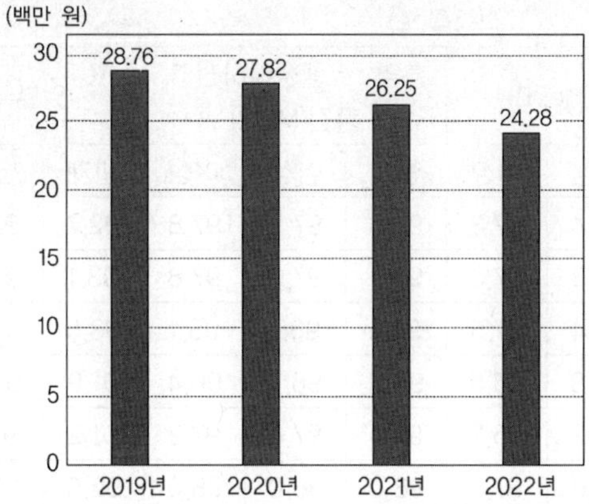

② 대구광역시의 연도별 경제성장률

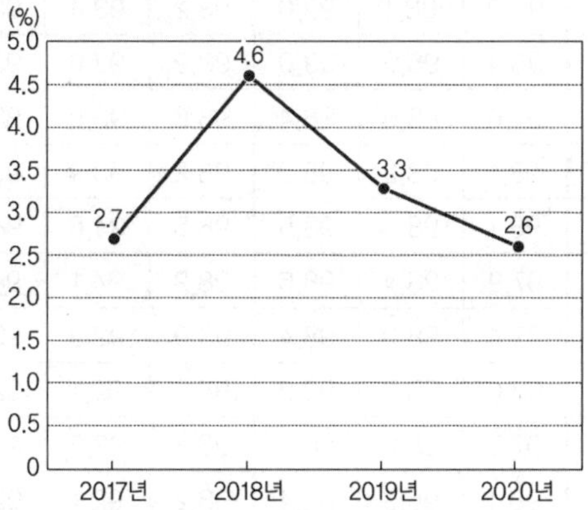

③ 2021년 주요도시의 1인당 GRDP

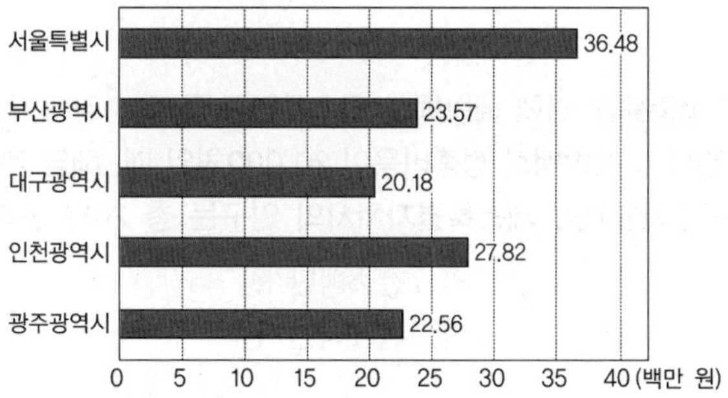

④ 2018년 주요도시의 경제성장률

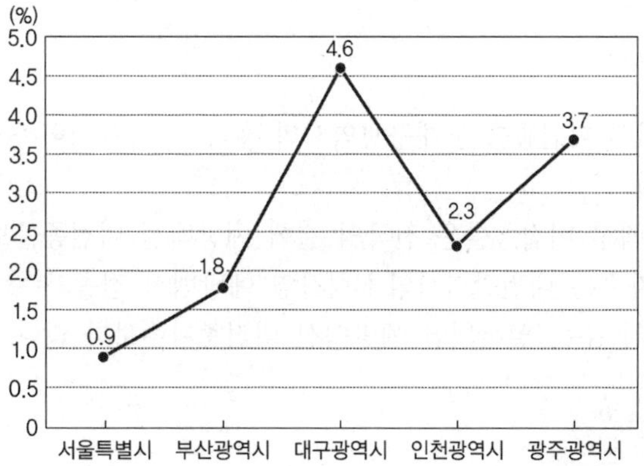

[32～34] 다음은 2021년 우리나라 행정구역별 예방백신 접종률과 관련된 자료이다. 이를 보고 이어지는 물음에 답하시오.

행정구역별	접종률(%)											
	결핵(BCG)			B형간염(HepB)			홍역, 유행성이하선염, 풍진(MMR)			일본뇌염(JE)		
	합계	남성	여성	합계	남성	여성	합계	남성	여성	합계	남성	여성
전국	97.8	97.9	97.7	97.3	97.4	97.3	97.8	97.9	97.8	92.7	92.7	92.6
경기도	97.6	97.7	97.5	97.3	97.3	97.3	97.9	97.9	97.8	93.1	93.2	93.1
인천광역시	97.9	98.0	97.8	97.5	97.4	97.5	98.1	98.1	98.1	93.5	93.5	93.5
서울특별시	96.3	96.5	96.2	95.7	95.8	95.5	96.5	96.7	96.4	91.9	92.0	91.8
부산광역시	97.7	97.8	97.6	97.1	97.2	96.9	97.3	97.4	97.2	91.2	91.2	91.1
대구광역시	97.7	97.8	97.6	97.6	97.6	97.5	98.0	98.0	98.0	92.0	92.1	91.9
광주광역시	99.0	99.0	98.9	98.2	98.3	98.1	98.5	98.6	98.4	91.2	91.2	91.1
대전광역시	98.4	98.4	98.5	97.8	97.7	98.0	98.1	98.0	98.2	93.4	93.3	93.5
울산광역시	98.7	98.8	98.6	98.5	98.6	98.4	98.9	99.0	98.9	93.6	93.8	93.5
세종특별자치시	98.2	98.3	98.2	97.7	97.9	97.6	98.5	98.4	98.6	93.6	93.8	93.4
강원도	98.6	98.5	98.7	98.0	97.9	98.1	98.2	98.2	98.2	93.9	93.9	93.9
충청북도	98.6	98.7	98.5	98.2	98.3	98.1	98.5	98.5	98.5	94.0	94.0	94.0
충청남도	98.6	98.7	98.5	98.0	98.1	97.9	98.4	98.5	98.2	94.1	94.3	94.0
전라북도	98.3	98.6	98.0	97.6	97.8	97.4	98.2	98.4	98.0	92.9	92.9	92.9
전라남도	98.8	98.9	98.7	98.1	98.2	98.0	98.2	98.2	98.2	92.1	92.2	91.9
경상북도	98.3	98.5	98.2	98.0	98.0	97.9	98.3	98.4	98.2	92.5	92.3	92.7
경상남도	98.5	98.5	98.5	98.2	98.3	98.1	98.3	98.4	98.2	92.1	92.0	92.2
제주특별자치도	98.0	98.1	98.0	97.6	97.7	97.6	97.5	97.7	97.3	91.4	91.0	91.8

32 **세종특별자치시는 일본뇌염 예방백신 접종률을 결핵 예방백신 접종률만큼 올리기 위해 무료 예방백신 접종 계획을 세우려고 한다. 1인당 일본뇌염 예방백신 접종비용이 20,000원일 때, 해당 계획을 실행하기 위해 필요한 최소한의 비용은 얼마인가? (단, 세종특별자치시의 인구는 총 20만 명이다.)**

① 1억 6천 5백만 원
② 1억 7천 8백만 원
③ 1억 8천 4백만 원
④ 1억 9천 1백만 원

33 **위 자료에 대한 설명으로 옳은 것은?**

① 제주특별자치도의 일본뇌염 예방백신 미접종률은 대구광역시의 홍역 및 유행성이하선염, 풍진의 예방백신 미접종률의 3배를 넘는다.
② 세종특별자치시 여성의 결핵 예방백신 미접종률은 전국의 결핵 예방백신 미접종률보다 높다.
③ 강원도의 B형간염 예방백신 접종자수는 대전광역시의 B형간염 예방백신 접종자수보다 적다.
④ 전라북도의 결핵 예방백신 미접종자 수는 일본뇌염 예방백신 미접종자수보다 많다.

34 **위 자료를 바탕으로 만든 그래프로 옳지 않은 것은?**

① 인천광역시의 백신별 접종률

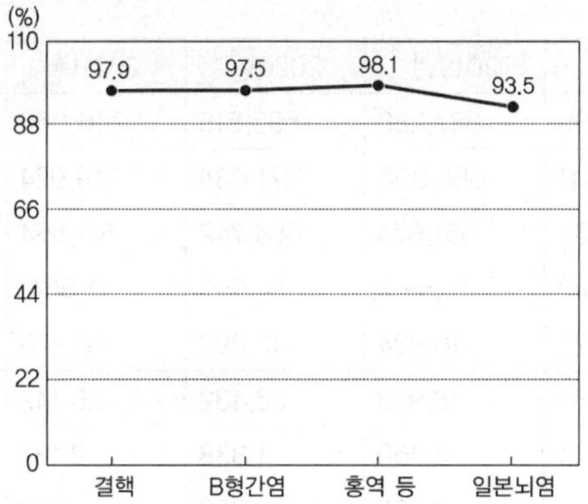

② 세종특별자치시의 백신별 접종률

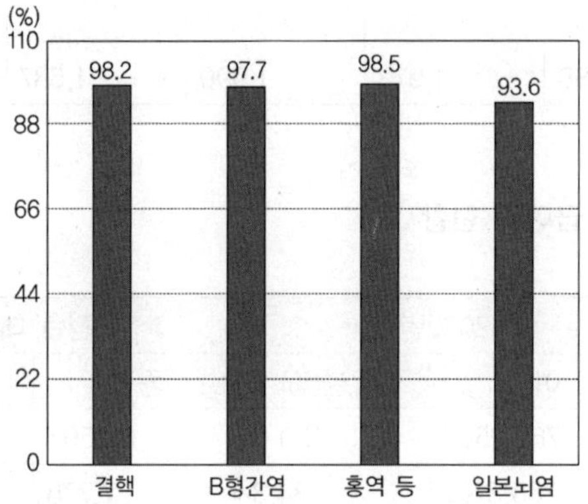

③ 경상남도 남성의 백신별 접종률

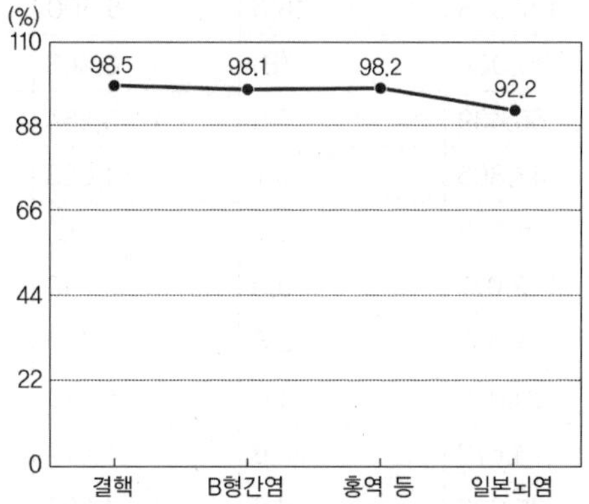

④ 부산광역시 여성의 백신별 접종률

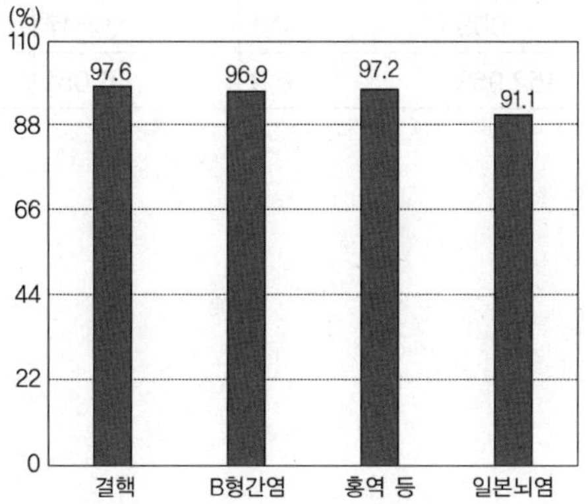

[35～36] 다음은 보험급여비 관련 자료이다. 이를 보고 이어지는 물음에 답하시오.

연도별 현물 및 현급급여 현황

(단위: 억 원, %)

구분	2017년	2018년	2019년	2020년	2021년	2022년
보험급여비(현물⊕현금)	546,249	616,696	687,286	693,515	746,066	815,260
현물급여비	533,217	601,411	668,308	671,034	719,924	787,094
- 요양급여비	518,225	585,836	651,674	654,742	701,654	767,250
(본인부담상한액 초과 사전급여)	(2,540)	(2,834)	(2,596)	(1,728)	(1,564)	(1,691)
- 건강검진비	14,992	15,575	16,634	16,292	18,270	19,844
현금급여비	13,032	15,285	18,978	22,482	26,142	28,166
- 요양비	768	1,004	1,459	1,838	2,137	2,546
- 장애인 보조기기	1,065	1,192	1,105	852	886	919
- 본인부담상한액 초과 사후환급금 (본인부담액 보상금 포함)	9,331	11,201	14,440	17,801	21,583	21,352
- 임신·출산 진료비	1,868	1,888	1,973	1,990	1,537	3,349

요양기관 종별 급여비 현황

(단위: 억 원, %)

구분	2021년		2022년		전년 대비	
	급여비	점유율(%)	급여비	점유율(%)	증감	증감률(%)
계(c=a+b+c+d+e)	701,654	100.0	767,250	100.0	65,596	(A)
종합병원급(a)	255,532	36.4	263,310	34.3	7,778	3.0
상급종합	134,284	19.1	136,262	17.8	1,978	1.5
종합병원	121,248	17.3	127,048	16.6	5,800	4.8
병원급(b)	113,645	16.2	120,008	(B)	6,363	5.6
병원	60,175	8.6	65,439	8.5	5,264	8.7
요양병원	44,388	6.3	43,365	5.7	−1,023	−2.3
정신병원	3,319	0.5	5,095	0.7	(C)	53.5
치과병원	2,061	0.3	2,077	0.3	16	0.8
한방병원	3,702	0.5	4,032	0.5	330	8.9
의원급(c)	194,650	27.7	230,070	30.0	35,420	18.2
의원	140,801	20.1	174,678	22.8	33,877	24.1
치과의원	34,644	4.9	35,936	4.7	1,292	3.7
한의원	19,205	2.7	19,457	2.5	252	1.3
보건기관 등(d)	925	0.1	908	0.1	−17	−1.8
약국(e)	136,902	19.5	152,953	19.9	16,051	11.7

※ 지급기준, 반올림 계산하여 실제 값과 차이가 있을 수 있음

35 위 자료에 대한 설명으로 옳은 것을 〈보기〉에서 모두 고르면? (단, 소수점 둘째 자리에서 반올림하여 계산한다.)

보기

㉠ 2022년 보험급여비는 전년 대비 약 9.3% 증가하였는데, 이 중 현금급여비는 전년 대비 약 7.7% 증가하였다.
㉡ 2022년 요양급여비는 3년 전과 비교해 약 15.7% 증가하였다.
㉢ 2022년 현물급여비 중 건강검진비가 차지하는 비중은 2018년 대비 1%p 이상 증가하였다.
㉣ 임신・출산 진료비는 2021년 줄어든 것을 제외하면 계속 증가하는 추세이며, 2022년에는 5년 전 대비 70% 이상 증가하였다.

① ㉠, ㉢
② ㉠, ㉣
③ ㉢, ㉣
④ ㉠, ㉢, ㉣

36 위 자료 두 번째 표의 빈칸 (A), (B), (C)에 들어갈 수치로 알맞은 것은? (단, 소수점 둘째 자리에서 반올림하여 계산한다.)

	(A)	(B)	(C)
①	8.3	15.6	1,586
②	9.3	13.6	1,776
③	9.3	15.6	1,776
④	8.3	13.6	1,586

[37 ~ 38] 다음은 2024년 경기도 10개 시의 학대행위자별 아동학대 발생건수 현황에 대한 자료이다. 이를 보고 이어지는 물음에 답하시오.

경기도 10개 시의 학대행위자별 아동학대 발생건수 현황

(단위: 건)

학대행위자 / 시	대리양육자	부모	친인척	타인
고양시	160	350	110	70
용인시	640	360	160	40
파주시	140	280	90	120
수원시	140	240	80	20
안성시	130	420	130	0
양주시	110	190	90	0
성남시	360	170	30	30
여주시	240	320	110	30
화성시	140	260	90	0
남양주시	180	340	110	40
합계	2,240	2,930	1,000	350

※ 학대행위자는 대리양육자, 부모, 친인척, 타인으로만 구성됨

37

위 자료에 대한 설명으로 옳은 것은?

① '타인'에 의해 아동학대가 발생한 시는 6개이다.
② '부모'에 의한 아동학대 발생건수가 300건 이상인 시에서는 '친인척'에 의한 아동학대 발생건수가 모두 150건 이상 발생했다.
③ 파주시 아동학대 발생건수 합은 전체 아동학대 발생건수의 10% 이하이다.
④ '대리양육자'에 의한 아동학대 발생건수의 도시 순위는 '친인척'과 동일하다.

38

경기도 10개 시 중 경기도 전체 아동학대 발생건수에서 두 번째로 높은 비중을 차지하는 시와 세 번째로 낮은 비중을 차지하는 시의 비중은 몇 %p 차이 나는가? (단, 소수점 둘째 자리에서 반올림한다.)

① 2.9%p
② 3.0%p
③ 3.1%p
④ 3.2%p

[39～40] 다음은 2022년 3월 우리나라 건강보험의 월보험료 부담 대비 급여비 현황을 나타낸 자료이다. 이를 보고 이어지는 물음에 답하시오.

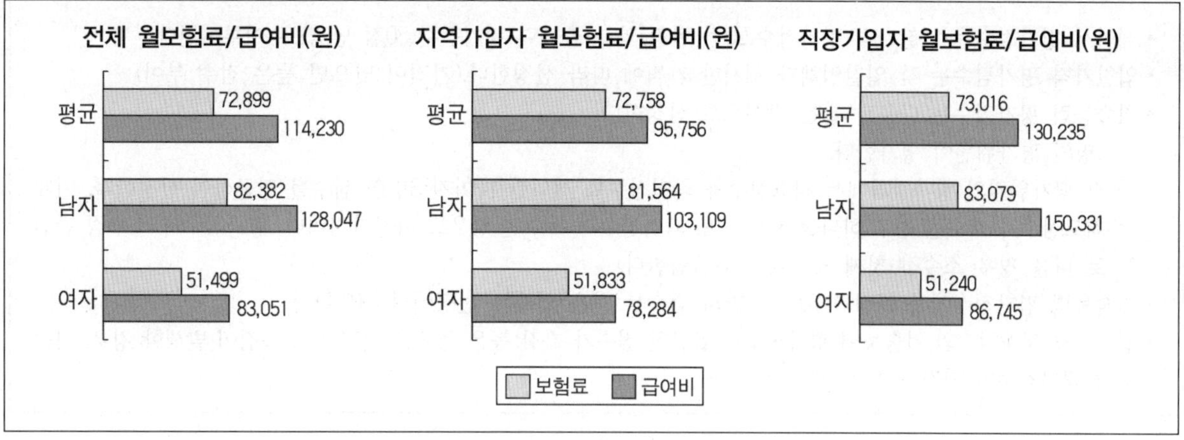

39 전체 평균 월보험료 대비 급여비가 다음 달에도 같은 수준으로 유지될 때, 전체 평균 월보험료가 8,000원 증가한다면 급여비 증가분은 얼마인가? (단, 원 단위 미만은 버림하여 계산한다.)

① 12,535원　② 12,784원
③ 12,819원　④ 12,905원

40 위 자료에 대한 설명으로 옳지 않은 것은?

① 남자 직장가입자의 급여비는 월보험료의 약 1.8배이다.
② 여자의 월평균 보험료는 51,499원이고 월평균 급여비는 83,051원이다.
③ 여자 직장가입자의 월보험료는 남자 직장가입자 월보험료의 약 73%이다.
④ 지역, 직장가입자의 월보험료와 급여비 모두 남자가 여자보다 높다.

[41～42] △△공단에서는 ○○사업에 대하여 용역 입찰공고를 하고, 각 입찰업체의 제안서를 평가하여 사업자를 선정하려 한다. 제시된 자료 및 〈평가결과〉를 보고, 이어지는 물음에 답하시오.

- 제안서 평가점수는 입찰가격 평가점수(20점 만점)와 기술능력 평가점수(80점 만점)로 이루어진다.
- 입찰가격 평가점수는 각 입찰업체가 제시한 가격에 따라 산정한다.(가격이 낮으면 높은 점수 부여)
- 기술능력 평가점수는 다음과 같은 방식으로 산정한다.
  - 5명의 평가위원이 평가한다.
  - 각 평가위원의 평가결과에서 최고점수와 최저점수를 제외한 나머지 3명의 점수를 평균하여 산정한다. 이때 최고점수가 복수인 경우 하나를 제외하며, 최저점수가 복수인 경우도 마찬가지이다. 평균점수가 소수점 단위로 나올 경우 소수점 첫째 자리에서 반올림한다.
- 기술능력 평가점수에서 만점의 80% 미만의 점수를 받은 업체는 선정에서 제외한다.
- 입찰가격 평가점수와 기술능력 평가점수를 합산한 점수가 가장 높은 업체를 선정한다. 동점이 발생할 경우, 기술능력 평가점수가 가장 높은 업체를 선정한다.

평가결과

- 입찰에 참여한 업체는 A, B, C, D, E 업체이다.
- 각 업체의 입찰가격 평가점수는 다음과 같다.

(단위: 점)

구분	A	B	C	D	E
평가점수	18	19	16	15	20

- 각 업체의 기술능력에 대한 평가위원 5명의 평가점수는 다음과 같다.

(단위: 점)

구분	A	B	C	D	E
갑 위원	74	64	70	74	62
을 위원	67	70	62	62	63
병 위원	67	62	68	66	68
정 위원	65	65	62	75	72
무 위원	72	69	64	62	78

41 A~E 중 사업자로 선정되는 업체는?

① A　　② B
③ D　　④ E

42 △△공단은 사업자 선정 방법과 선정 업체 수를 〈보기〉와 같이 바꾸었다. 이때, 사업자로 선정되는 업체는?

보기

- 제안서 평가점수는 입찰가격 평가점수(20점 만점)와 기술능력 평가점수(80점 만점)로 이루어진다.
- 입찰가격 평가점수는 각 입찰업체가 제시한 가격이 낮은 2개 업체에는 만점을, 나머지 업체에는 모두 16점을 부여한다.
- 기술능력 평가점수 산정방법은 바꾸지 않는다. 다만, 기술능력 평가점수에서 66점 미만의 점수를 받은 업체는 선정에서 제외한다.
- 입찰가격 평가점수와 기술능력 평가점수를 합산한 점수가 높은 2개 업체를 최종 사업자로 선정한다.

① A, E　　② B, E
③ A, B　　④ C, D

[43~45] 다음은 2024년 2분기 ○○시 경력단절 여성 재취업지원 프로그램 안내문이다. 이를 보고 이어지는 물음에 답하시오.

2024년 2분기 ○○시 경력단절 여성 재취업지원 프로그램

1. 프로그램 진행기간: 2024. 4. 5.(금)~6. 28.(금)
2. 접수기간: 2024. 3. 7.(목)~3. 29.(금)
3. 접수방법
   - 온라인 접수: http://www.hello_○○.go.kr
   - 현장접수: ○○시청 청사 3층 취업지원센터 (☎ 1234-5678)
4. 수강료: [별지]의 제1항~제3항 중 한 개 이상 충족 시 무료
5. 프로그램 시간표

프로그램명	요일	수업시간	정원(명)	대상	강의실	기타
면접 1 : 1 코칭A	월 · 수	13:00~13:50	10	면접일정 증빙서류 제출자에 한해 추가신청 가능	402호	• A, B반 중복수강 불가 • 복장: 정장
면접 1 : 1 코칭B	화 · 목	㉠	10		404호	
영어면접A	월 · 수	17:00~17:50	18		404호	
영어면접B	화 · 목	17:00~17:50	18		404호	
지역산업현장 방문	토	10:00~17:00	5	3인 미달 시 폐강	지역산업현장 (추후공지)	
이력서 작성	월 · 수 · 금	10:00~12:00	20	제한 없음	401호	
자기소개서 작성요령	화 · 목	13:00~15:50	20	이력서 작성 수강생	403호	자기소개서 작성 샘플 구비 요망
□□전자 채용담당자 설명회	2024. 5. 31. 금(예정)	18:00~18:50	40	사전신청서 작성 요망	4층 아트홀	19:00~20:00 저녁 만찬에 참가신청 시 별도참가비 20,000원
○○시 시립 보육원 계약직 채용설명회	2024. 6. 27. 목(예정)	10:00~12:00	40	사전신청서 작성 요망	4층 아트홀	

※ 면접일정 증빙서류: 면접 안내 e-mail, 문자 등 증빙서류 사본 제출 시 상시 추가신청 가능(단, 정원 내에 한함)
※ 사전신청서: 접수기간 내에 작성 요망

[별지]

① 경력단절기간 3년 이내이면서 6개월 이상 구직 중인 자에게 우선순위 부여
② 다문화 가구, 소득 1분위 가구 또는 장애등급 3등급 이상 피부양자 보유 가구에 우선순위 부여
③ ○○시 거주기간 5년 이상 시 우선순위 부여(단, 해외발령 사유로 해외거주 시 예외로 실거주기간 인정)
※ 제1항, 제2항, 제3항 순서대로 수강 우선순위 부여
※ 제2항 내에서는 소득 1분위, 장애등급 3등급 이상 피부양자 보유, 다문화 가구 순으로 우선순위 부여
※ ○○시 거주기간은 주민등록 기준 실거주기간만을 의미

43 '자기소개서 작성요령' 수강생이 '면접 1 : 1 코칭B'를 동시에 수강할 수 있을 때, '프로그램 시간표'의 ㉠에 들어가기에 알맞은 시간대를 고르면?

① 13:00 ~ 13:50　　② 14:00 ~ 14:50
③ 16:00 ~ 16:50　　④ 17:00 ~ 17:50

44 **다음 A~D 중 ○○시 경력단절 여성 재취업지원 프로그램을 무료로 수강할 수 있는 사람은 누구인가?**

사람	신청강좌	특이사항
A	이력서 작성	경력단절기간 1년, 구직기간 4개월
B	자기소개서 작성요령, 면접 1 : 1 코칭A	경력단절기간 3년, 구직기간 2개월
C	영어면접B, 지역산업현장 방문	○○시 거주기간 5년, 다문화 가구, 소득 1분위 가구
D	지역산업현장 방문, □□전자 채용담당자 설명회-저녁만찬 참가 신청, ○○시 시립 보육원 계약직 채용설명회	경력단절기간 2년, 구직기간 12개월, 다문화 가구

① A
② B
③ C
④ D

45 **○○시 경력단절 여성 재취업지원 프로그램 담당자인 최 주임은 홈페이지에 등록된 프로그램 관련 질문에 대해 답변하고 있다. 위 안내문의 내용을 참고하여 질문에 대해 답변한 내용으로 적절하지 않은 것은?**

① Q : '면접 1 : 1 코칭A'를 수강하고자 합니다. 현재 10명이 수강 중이라는데, 저도 수강할 수 있나요?
A : 면접 안내 e-mail, 문자 등 면접일정 증빙서류 제출 시 수강 가능합니다.

② Q : 저는 경력단절기간이 2년이고, 구직 중인지는 4개월 되었습니다. 다문화 가구 출신인 김 씨, 장애등급 2등급을 받은 박 씨와 저 중 수강 우선순위가 가장 높은 사람은 누구인지요?
A : 박 씨에게 최우선순위가 부여되고, 김 씨가 그다음입니다. 문의하신 분은 우선순위가 부여되지 않습니다.

③ Q : 프로그램 중에 오전에 시작되는 것들은 어떤 것이 있나요?
A : '이력서 작성, 지역산업현장 방문, ○○시 시립 보육원 계약직 채용설명회'입니다. '지역산업현장 방문'은 오후까지 진행됩니다.

④ Q : ○○시 시립 보육원 계약직 채용설명회에 관심이 있습니다. 사전신청서 제출기한이 있나요?
A : 3월 29일까지 작성하면 됩니다.

[46~47] 다음은 2025년 기준 한부모가족 자녀양육 지원 안내문의 일부 내용이다. 이를 보고 이어지는 물음에 답하시오.

◎ **지원대상**

사별, 이혼 등에 의한 한부모가족으로 다음 조건을 모두 충족하는 자

1. 한부모가족증명서 발급대상
- 세대주인 모 또는 부가 18세 미만(취학 시 22세 미만)의 자녀를 양육하는 경우
  * 부모로부터 부양을 받지 못하는 18세 미만(취학 시 22세 미만) 손자녀를 (외)조부 또는 (외)조모가 양육하는 조손가족 포함
- 가구 소득인정액 기준 중위소득 63% 이하인 경우

2. 한부모가족 복지급여 지급대상
- 세대주인 모 또는 부가 18세 미만의 자녀를 양육하는 경우
  * 단, 고등학교 재학(고3 12월까지) 중인 경우 22세 미만 자녀까지 지원
  ** 부모로부터 부양을 받지 못하는 18세 미만 손자녀를 (외)조부 또는 (외)조모가 양육하는 조손가족 포함
- 가구 소득인정액 기준 중위소득 63% 이하인 경우

한부모가족 지원 지급기준

가구규모	2025년 중위소득	아동양육비 등 복지급여 지원, 한부모가족증명서 발급(기준중위소득 63%)
2인 가구	3,932,658원	2,477,575원
3인 가구	5,025,353원	3,165,972원
4인 가구	6,097,773원	3,841,597원
5인 가구	7,108,192원	4,478,161원
6인 가구	8,064,805원	5,080,827원

◎ **지원내용**

한부모가족증명서 발급 및 복지급여 지급(기준 중위소득 63% 이하)

복지급여 지급기준 ('25.1월~)

지원종류	지원대상	지원금액
아동양육비	• 소득인정액이 기준 중위소득 63% 이하인 가족의 18세 미만 자녀 * 단, 고등학교 재학(고3 12월까지) 중인 경우 22세 미만 자녀	월 23만 원
추가 아동양육비	• 소득인정액이 기준 중위소득 63% 이하인 조손 및 35세 이상 미혼 한부모가족의 5세 이하 아동	자녀 1인당 월 5만 원
	• 소득인정액이 기준 중위소득 63% 이하인 25세 이상 34세 이하 청년 한부모가족의 5세 이하 아동	자녀 1인당 월 10만 원
	• 소득인정액이 기준 중위소득 63% 이하인 25세 이상 34세 이하 청년 한부모가족의 6세 이상 18세 미만 아동 * 단, 고등학교 재학(고3 12월까지) 중인 경우 22세 미만 자녀	자녀 1인당 월 5만 원
아동교육지원비 (학용품비)	• 소득인정액이 기준 중위소득 63% 이하인 가족의 초등학생·중학생·고등학생 자녀	자녀 1인당 연 9.3만 원
생계비 (생활보조금)	• 한부모가족복지시설에 입소한 가족 중 소득인정액이 기준 중위소득 63% 이하인 가족	가구당 월 5만 원

46 **다음과 같은 조건의 A, B, C씨가 한부모가족 자녀양육 지원을 받을 때, 이에 대한 설명으로 옳지 않은 것은?**

- A씨는 이혼 후 중학교와 초등학교에 다니고 있는 만 13세와 11세인 두 딸을 키우고 있는 만 41세의 아빠이다. A씨의 가족은 A씨와 딸 두 명이고 A씨는 한 달에 약 2,700,000원의 수입이 있다.
- B씨는 만 1세의 딸을 키우고 있는 만 18세의 엄마이다. B씨는 아이를 낳기 위해 고등학교를 중퇴하여 고등학교 졸업장이 없다. 현재 B씨는 한부모가족복지시설에서 딸과 둘이 거주하고 있으며, 한 달 소득은 아르바이트로 버는 약 100만 원이다. B씨는 대학 진학을 위해 검정고시를 준비 중이다.
- C씨는 만 17세의 손녀를 키우는 만 61세의 할머니이다. C씨는 한 달에 800,000원을 벌고 있고 C씨의 손녀는 아르바이트로 한 달에 1,100,000원을 벌고 있다. C씨의 가족은 C씨와 손녀 둘뿐이고, C씨의 손녀는 현재 고등학교를 자퇴한 상태이다.

① A, B, C씨는 모두 1년에 250만 원 이상의 금액을 지원받는다.
② 1년간 지원받는 금액은 A씨가 가장 많다.
③ C씨는 아동교육지원비를 받지 못한다.
④ A씨와 C씨가 1년간 지원받을 수 있는 금액 차이는 20만 원 미만이다.

47 **다음 갑, 을, 병, 정은 한부모가족 자녀양육 지원을 받고자 한다. 이들이 한 달에 받을 수 있는 지원금액이 많은 순서대로 바르게 나열한 것은? (단, 연간 지급받는 지원급액은 12로 나누어 반영한다.)**

2인 가구로 월 소득이 220만 원이며, 만 2세 딸을 홀로 키우는 만 35세 미혼모 갑
3인 가구로 월 소득이 310만 원이며, 사별 후 만 3세 쌍둥이를 혼자 키우는 만 28세의 을
4인 가구로 월 소득이 250만 원이며, 이혼 후 초등학생 자녀 세 명을 혼자 키우는 만 45세의 병
2인 가구로 월 소득이 250만 원이며, 만 5세인 손녀를 홀로 키우는 만 62세인 정

① 갑 > 을 > 병 > 정
② 갑 > 병 > 을 > 정
③ 을 > 갑 > 병 > 정
④ 을 > 병 > 갑 > 정

[48～49] 다음은 지방자치단체의 공공미술관 설립과 관련된 자료이다. 이를 보고 이어지는 물음에 답하시오.

지방자치단체에서 공공미술관을 설립하려는 경우 □□부로부터 설립타당성에 관한 사전평가를 받아야 한다.

1. 사전평가는 연 2회(상반기, 하반기) 진행한다.
- 신청기한: 1월 31일(상반기), 7월 31일(하반기)
- 평가기간: 3월 1일~4월 30일(상반기)
  9월 1일~10월 31일(하반기)

2. 사전평가 결과는 '적정' 또는 '부적정'으로 판정한다. 미술관 설립에 대해 3회 연속으로 사전평가를 신청하여 모두 '부적정'으로 판정받았다면, 그 미술관 설립에 대해서는 마지막 신청의 평가기간 이후 1년간 사전평가 신청이 불가능하다. 사전평가 결과 '적정'으로 판정되는 경우, 지방자치단체는 부지매입비를 제외한 건립비의 최대 50%를 국비로 지원받을 수 있다.

3. 공공미술관에 대한 설립타당성 사전평가 기준은 아래와 같다.
평가항목별 점수 합으로 계산하여, 80점 이상은 '적정', 80점 미만은 '부적정'으로 판정한다.

평가항목	지역대표성	공익성	운영방향성	건립비용	주민호응도
배점(점)	25	20	20	15	20

- 지역대표성, 공익성, 운영방향성, 주민호응도는 5인 이상으로 이루어진 평가위원들이 평가한다.
- 건립비용 항목은 건립비가 70억 원 미만인 경우 15점, 70억 원 이상 100억 원 미만인 경우 14점, 100억 원 이상인 경우 12점을 부여한다.
- 지방자치단체 인구 수가 50만 명 이상인 경우 2점의 가점을 부여한다.

지방자치단체 A, B, C시의 공립미술관 설립 관련 정보

구분	건립비		인구 수
	부지매입비	건물건축비	
A시 미술관	30억 원	75억 원	43만 명
B시 미술관	42억 원	45억 원	76.5만 명
C시 미술관	14억 원	53억 원	49만 명

A, B, C시 미술관에 대한 설립타당성 사전평가표

항목별 점수 / 미술관	지역대표성					공익성					운영방향성					주민호응도				
	갑	을	병	정	무	갑	을	병	정	무	갑	을	병	정	무	갑	을	병	정	무
A시 미술관	23	22	21	23	22	17	17	18	16	17	17	18	17	18	16	14	14	14	16	15
B시 미술관	18	19	20	16	19	14	13	15	13	15	19	20	18	18	19	13	13	16	14	14
C시 미술관	15	18	14	16	15	18	18	19	20	20	16	16	15	14	15	11	13	13	14	12

※ 심사위원 갑~무의 평가점수를 나타내며, 항목별로 최저점을 제외한 심사위원 평균 점수가 해당 항목의 점수가 된다.

48 위 자료로 보아 A시, B시, C시 중 미술관 설립이 가능한 지방자치단체는?

① A시, B시　② A시, C시
③ B시, C시　④ 없음

49 위 자료로 보아 〈보기〉의 설명 중 옳은 것을 모두 고르면?

보기

㉠ 위 문항의 A, B, C시 미술관 중 '적정' 판정을 받은 지방자치단체가 미술관을 건립한다고 할 때, 지원받을 수 있는 국비의 합은 최대 60억 원이다.
㉡ 2024년 상반기 사전평가부터 3회 연속 '부적정' 판정을 받은 경우, 2026년 하반기가 되어야 다시 사전평가 신청을 할 수 있다.
㉢ 인구가 55만 명인 D시에서 미술관 설립 사전평가를 신청하였고, 이때 평가항목별 점수 합이 위 문항의 A시 미술관이 받은 점수보다 5점 낮은 경우에는 공공미술관 설립이 가능하다.

① ㉠　② ㉡, ㉢
③ ㉠, ㉡　④ ㉠, ㉢

[50～51] ○○공사의 지사 발령에 따른 이전비 지급 및 지사 발령 직원이 다음과 같을 때, 이어지는 물음에 답하시오.

1. 발령지에 따라 거주지를 이전하는 직원에게는 다음 요건이 모두 부합하는 경우 이전비를 지급한다.
- 발령으로 인한 거주지 이전 시 이전비를 지급한다.
- 동일한 시・군 및 섬(제주도 제외) 안에서 거주지를 이전하는 경우에는 이전비를 지급하지 않는다.
- 이전비 지급 신청은 발령일 일주일 전까지 인사팀에 신청하여야 하며, 이전비는 발령일 기준 15일 이내에 지급된다.

2. 이전비 지급 기준은 다음과 같다.

지급 기준		이전비
직급별 이전비	사원 및 주임	100만 원
	과장급 이상	150만 원
	임원급	200만 원
동반가족 이전비	0명 (동반가족 없음)	–
	1~2명	50만 원
	3~5명	100만 원
	6명 이상	150만 원

※ 단, 동반가족에 초등학생 이하 자녀가 포함되는 경우 인당 100만 원을 추가지급함

2025년 상반기 ○○공사의 타 지사 발령 직원

직원	직급	전임지	신임지	발령 일자	거주지 이전 여부	거주지 이전 시 동반가족 수
A	과장	서울 본사	대전 북지사	'25. 3. 10.	○	2
B	주임	수원 지사	서울 본사	'25. 3. 10.	×	–
C	과장	광주 지사	대구 지사	'25. 3. 24.	○	3
D	주임	제주 북지사	제주 남지사	'25. 4. 7.	○	2
E	과장	서울 본사	청주 지사	'25. 4. 14.	○	0
F	부장	부산 남지사	부산 북지사	'25. 4. 14.	×	–
G	과장	세종 지사	대전 남지사	'25. 4. 14.	○	4

50 위 자료에 근거할 때, 이전비 관련 설명으로 옳은 것을 〈보기〉에서 모두 고르면?

보기
㉠ A과장이 지급받게 되는 이전비는 200만 원 이상이다.
㉡ D주임은 제주도 내의 타 지사로 발령이 났으므로 이전비를 지급받지 못한다.
㉢ C과장의 동반가족이 아내, 중학생 아들과 초등학생 딸일 때, C과장이 받는 이전비는 450만 원이다.
㉣ E과장은 2025년 4월 7일까지는 이전비 지급을 신청해야 하며, 지급받게 되는 이전비는 150만 원이다.

① ㉠, ㉢
② ㉠, ㉣
③ ㉡, ㉢
④ ㉢, ㉣

51 **이전비 지급 기준을 〈보기〉와 같이 일부 변경한다고 할 때, 이전비를 받게 되는 A~G 직원이 받게 되는 이전비의 총합은 얼마인가?**

보기
- 동반가족 중 초등학생 이하 자녀에게 지급하던 추가 이전비를 적용하지 않는다.
- 서울 본사에서 타 지사로 발령받을 경우 20만 원의 이전비를 추가 지급한다.

① 960만 원 ② 1,000만 원
③ 1,040만 원 ④ 1,140만 원

[52～53] 다음은 영유아보육법 시행규칙에 따른 어린이집 보육교직원 배치기준을 나타낸 자료이다. 이를 보고 이어지는 물음에 답하시오.

1. 어린이집에 두어야 하는 보육교직원과 그 수

가. 원장: 1명. 다만, 영유아 20명 이하를 보육하는 어린이집은 어린이집의 원장이 보육교사를 겸임할 수 있다.

나. 보육교사: 보육교사는 다음의 구분에 따라 배치되어야 하고, 보육교사의 업무 부담을 경감할 수 있도록 보조교사 등을 둔다.

1) 만 1세 미만의 영유아 3명당 1명을 원칙으로 한다.
2) 만 1세 이상 만 2세 미만의 영유아 5명당 1명을 원칙으로 한다.
3) 만 2세 이상 만 3세 미만의 영유아 7명당 1명을 원칙으로 한다.
4) 만 3세 이상 만 4세 미만의 영유아 15명당 1명을 원칙으로 한다.
5) 만 4세 이상 미취학 영유아 20명당 1명을 원칙으로 하며, 영유아 40명당 1명은 보육교사 1급 자격을 가진 사람이어야 한다.
6) 취학아동 20명당 1명을 원칙으로 한다.
7) 장애아 보육은 장애아 3명당 1명을 원칙으로 하되, 장애아 9명당 1명은 특수교사 자격소지자로 한다.
8) 법 제24조의2 제1항에 따라 보육시간을 구분하여 운영하는 경우 기본보육의 보육교사는 1)부터 7)까지의 규정에 따라 배치되어야 하고, 연장보육의 보육교사는 다음의 구분에 따라 배치되어야 한다.
   - 만 3세 미만의 영유아 5명당 1명을 원칙으로 한다. 다만, 만 1세 미만의 영유아만을 대상으로 하는 경우에는 영유아 3명당 1명을 원칙으로 한다.
   - 만 3세 이상 미취학 영유아 15명당 1명을 원칙으로 한다.
   - 장애아 보육은 장애아 3명당 1명을 원칙으로 한다.

다. 간호사: 영유아 100명 이상을 보육하는 어린이집의 경우 간호사(간호조무사를 포함한다. 이하 같다) 1명을 두어야 한다.

라. 영양사: 영유아 100명 이상을 보육하는 어린이집의 경우에 영양사 1명을 두는 것을 원칙으로 하며, 영유아 100명 이상 200명 미만을 보육하는 어린이집이 단독으로 영양사를 두는 것이 곤란한 경우에는 같거나 인접한 시·군·구의 2개 이내 어린이집이 공동으로 영양사를 둘 수 있다.

마. 조리원: 영유아 40명 이상 80명 이하를 보육하는 어린이집의 경우 조리원 1명을 두며, 영유아가 80명을 초과할 때마다 1명씩 증원한다.

바. 그 밖의 보육교직원: 어린이집의 규모와 특성에 따라 의사(또는 촉탁의사), 사회복지사, 사무원, 관리인, 위생원, 운전기사, 치료사 등의 보육교직원을 둘 수 있다.

사. 어린이집의 원장이 간호사 또는 영양사 자격이 있는 경우에는 간호사 또는 영양사를 겸직하게 할 수 있다.

2. 보육교직원의 복무

가. 어린이집의 원장은 전임이어야 하며, 다른 어린이집, 사회복지시설, 유치원 및 종교시설 등의 업무를 겸임할 수 없다.

나. 반을 담당하는 보육교사의 근무시간은 평일 8시간(연장보육을 담당하는 보육교사의 경우에는 평일 4시간)을 원칙으로 하고, 그 밖에 전후로 연장되는 시간은 어린이집의 원장과 보육교사가 교대 근무하며, 초과근무수당을 지급하여야 한다.

다. 보육교직원의 휴가: 보육교직원의 휴가는 보육 공백을 최소화할 수 있도록 순번제로 실시하고, 보수교육, 출산휴가 등으로 어린이집의 원장, 보육교사 또는 그 밖의 보육교직원의 공백이 생기는 경우에는 이를 대체할 수 있는 대체원장, 대체교사 또는 그 밖의 인력을 각각 배치하여야 한다.

52 **위 자료를 바탕으로 했을 때, 다음 설명 중 옳지 않은 것은?**

① 영유아 30명을 보육하는 어린이집 원장 갑은 보육교사를 겸임하는 것이 가능하다.
② 만 2세 이상 만 3세 미만의 영유아 10명과, 만 1세 미만 영유아 5명을 연장보육할 경우, 보육교사는 3명을 배치하면 된다.
③ 어린이집 원장은 유치원 원장과 겸임할 수 없다.
④ 영유아 120명인 을 어린이집과, 180명인 병 어린이집이 같은 구에 위치해 있을 때, 공동으로 한 명의 영양사를 둘 수 있다.

53 **위 자료를 바탕으로 했을 때, 어린이집의 보육교사의 배치가 잘못된 경우를 〈보기〉에서 모두 고르면?**

보기

㉠ 장애아 11명을 보육하는 어린이집은 보육교사 4명을 배치해야 하며, 이 중 2명은 특수교사 자격을 소지한 사람이어야 한다.
㉡ 만 4세 이상 미취학 영유아 16명과, 만 3세 이상 만 4세 미만 영유아 10명을 보육하는 어린이집은 보육교사를 최소 3명 배치해야 한다.
㉢ 만 1세 미만 영유아 8명, 만 1세 이상 만 2세 미만 영유아 12명을 보육하는 어린이집은 보육교사를 최소 5명 배치해야 한다.

① ㉠
② ㉡
③ ㉠, ㉢
④ ㉡, ㉢

[54~55] 다음은 M통신사의 멤버십 등급 및 할인제도 안내문이다. 이를 보고 이어지는 물음에 답하시오.

M통신사 멤버십 등급 안내

M통신사에서는 서비스를 이용해 주시는 고객님들을 위해 멤버십 제도를 시행하고 있습니다. 연간 이용 요금에 따라 아래와 같이 등급을 나누어 혜택을 제공하고 있으니 참고 부탁드립니다.

◎ 멤버십 등급 기준

등급	VVIP	VIP	RED	BLUE	WHITE
연 사용금액	100만 원 이상	70만 원 이상 100만 원 미만	50만 원 이상 70만 원 미만	30만 원 이상 50만 원 미만	30만 원 미만

※ 연 사용금액은 전전년도 12월~전년도 11월까지의 총 납부금액을 통해 산정됩니다.
※ 단, 기기할부금은 제외되며, 2회선 이상인 경우 각 회선의 사용금액을 합산해 등급이 부과됩니다.

◎ 포인트 지급률

1. 월 사용금액별 포인트

사용금액	포인트	
	월 기본제공	월 추가제공(VIP등급 이상)
10만 원 이상	5,000	1,000
7만 원 이상 10만 원 미만	1,000	500
4만 원 이상 7만 원 미만	500	100
4만 원 미만	100	10

※ 요금제 가입/변경 시 포인트 등급이 변경될 수 있으며, 변경 다음 날부터 적용됩니다.
※ 요금제를 낮출 경우 포인트 제공량이 낮아지며, 차액 발생 시 자동 차감될 수 있습니다.

2. 가입기간, 가입회선별 포인트

가입기간	포인트(매월 지급)
3년 미만	10
3년 이상 5년 미만	20
5년 이상 8년 미만	50
8년 이상	100

가입회선	포인트(매월 지급)
2회선	10
3회선	20
4회선	30
5회선 이상	50

※ 가입기간은 최초가입일 이후로 계속 누적되며, 가입회선의 경우 가족 간 결합이 가능합니다.

M통신사 할인제도 안내

- 기기할부금은 할인 대상에서 제외됩니다.
- 연 사용금액(결합상품 포함)은 할인 적용 후 실사용금액에 따라 산정됩니다.
- 각 할인제도는 중복 적용이 가능합니다.

1. 가족 결합 할인제도(휴대전화)

가입회선	할인율
2회선	3%
3회선	5%
4회선 이상	10%

※ 휴대전화 사용 금액 할인 기준임

2. 인터넷 + 전화 결합 할인제도

결합상품	할인율
휴대전화 + 집전화 + IPTV + 인터넷	집전화 무료
휴대전화 + IPTV or 인터넷	1%
휴대전화 + 집전화 + IPTV or 인터넷	1.5%

54 갑은 2023년 2월 M통신사에 신규가입한 고객이다. 다음 가입조건을 계속 유지한다고 가정할 때, 위 내용을 참고하여 2024년 갑의 월 납부금액과 매월 받게 되는 포인트를 순서대로 나열한 것은? (단, 결합되어 있는 회선 모두 같은 날 신규가입을 하였고, 갑의 2024년 멤버십 등급은 VIP이다.)

갑의 가입조건

- 휴대전화 월 사용 금액: 84,000원(기기할부금 25,000원 포함)
- 추가 가입상품
  - IPTV: 월 19,000원
  - 집전화: 월 5,000원
  - 인터넷: 월 8,000원
- 가족 결합 현황: 본인 포함 5회선 이용 중
  - 2회선: 월 32,600원
  - 3회선: 월 25,600원
  - 4회선: 월 13,100원
  - 5회선: 월 34,100원

  ※ 2~5회선은 기기할부금 없음

	월 납부금액	포인트
①	199,960원	6,060
②	199,960원	5,060
③	174,960원	6,060
④	174,960원	5,060

55 M통신사 고객인 을의 2024년 3월 현재 가입조건이 다음과 같을 때, 현재 을의 멤버십 등급은? (단, 가입한 달부터 요금을 납부한다.)

> • 1회선
> - 가입일: 2022년 3월 8일
> - 기기 할부금: 월 20,026원
> - 요금제 변경일: 2023년 8월 31일
> - 요금제 변경 전 월 납부금액: 102,326원(기기할부금 포함)
> - 요금제 변경 후 월 납부금액: 74,286원(기기할부금 포함)
>
> ※ 요금제 변경 시 요금제 인하에 따른 기기할부금 상승이 발생해 기존 기기 할부금에서 월 12,354원의 추가 할부금이 부과됩니다.
>
> • 2회선
> - 가입일: 2023년 11월 5일
> - 기기 할부금: 월 36,823원
> - 월 납부금액: 68,382원(기기할부금 포함)

① VVIP ② VIP

③ RED ④ BLUE

56 **다음 주어진 상황과 기준을 근거로 판단할 때, 甲기관이 원천징수 후 A에게 지급하는 금액은?**

甲기관은 A를 '노인요양시설 관리 교육'의 외부강사로 위촉하였다. A는 2025년 3월 7일 오후 1시부터 4시까지 강의에 참석해서 지역 환경과 관련한 내용을 슬라이드 30면으로 발표하였다. 甲기관은 아래 기준에 따라 A에게 해당 강의 참석수당과 원고료를 지급하였다.

• 참석수당 지급기준액

구분	단가
참석수당	• 기본료(2시간) : 200,000원 • 2시간 초과 후 1시간당 45,000원

• 원고료 지급기준액

구분	단가
원고료	28,000원 / A4 1면

※ 슬라이드 2면을 A4 1면으로 한다.

• 강의 참석수당 및 원고료는 기타소득이다.
• 강의 참석수당 및 원고료는 지급기준액에서 다음과 같은 기타소득세와 주민세를 원천징수하고 지급한다.
  – 기타소득세 : (지급기준액 – 필요경비) × 소득세율(20 %)
  – 주민세 : 기타소득세 × 주민세율(10 %)
  ※ 필요경비는 지급기준액의 60%로 한다.

① 547,240원 ② 562,620원
③ 580,800원 ④ 606,480원

[57～58] 다음은 ○○회사의 성과급·성과휴가 제도에 관한 자료이다. 이를 보고 이어지는 물음에 답하시오.

◎ 성과급 및 성과휴가 기준

구분	성과내용	성과급	성과휴가
영업성과	영업성과 20% 상승	급여의 40%	3일
	영업성과 40% 상승	급여의 100%	5일
근속	3년 근속	급여의 20%	5일
	5년 근속	급여의 50%	10일
연수 이수	120시간 이상 이수	급여의 100%	10일
	60～119시간 이수	급여의 30%	5일
자기계발	공모전 입상	급여의 10%	2일
	사내 경연대회 입상	급여의 10%	2일

※ 성과급 지급과 성과휴가 부여가 함께 이루어진다.

◎ 성과급 및 성과휴가 지급 안내

성과급 지급	해당 월 급여와 동시에 지급한다.
성과휴가 사용	한 번에 최대 3일 연속 사용할 수 있으며, 주말, 공휴일과 이어서 사용할 수 있다.
성과급 지급 기준	해당 월 급여를 기준으로 한다.

※ 급여는 다음 월 16일에 지급한다.

57 위 자료에 대한 설명으로 옳지 않은 것은?

① 영업성과 20% 상승에 대한 성과급과 성과휴가를 받은 사원 갑이 5월 13일 금요일부터 성과휴가를 사용한다면 5월 18일 수요일에 출근해야 한다.

② 8월에 100시간 연수 이수를 한 사원 을은 8월 16일에 급여의 30%에 해당하는 성과급을 받게 된다.

③ 월급여 2,000,000원을 받는 사원 병이 5년 근속으로 인해 성과급을 받는다면 성과급으로 1,000,000원을 받을 것이다.

④ 월급여 2,500,000원을 받는 사원 정이 5월에 공모전 입상으로 성과급을 받게 됐다면, 6월 16일에 총 2,750,000원을 받게 된다.

58 박 차장은 2024년에 영업성과 40% 상승과 80시간 연수 이수를 달성해 성과급과 성과휴가를 받았다고 한다. 이때 박 차장이 2024년 받게 되는 성과급과 성과휴가를 바르게 짝지어진 것은? (단, 박 차장의 월급여는 3,500,000원이다.)

① 4,550,000원, 10일
② 4,550,000원, 15일
③ 4,900,000원, 10일
④ 4,900,000원, 15일

[59～60] 다음은 ○○공단의 출장여비 지급과 관련된 내부규칙 중 일부를 발췌한 것이다. 이를 보고 이어지는 물음에 답하시오.

제13조(지급기준) ① 임・직원이 공무로 국내를 여행할 때에는 '별표 1'에 따라 출장여비를 지급한다. 다만, 공단 소유의 교통수단을 이용하는 경우에는 교통수단 이용일의 출장여비 중 운임 전부(편도 배차는 2분의 1)와 일비의 2분의 1을 지급하지 아니한다.

② 숙박비는 여행일수가 2일 이상인 경우로서 당일 복귀가 어려운 경우에 지급하며, 일비와 식비는 여행일수에 따라 지급한다. 다만, 육로 왕복 120km, 수로 왕복 60km 미만의 여행에는 식비의 3분의 1을 지급하되 이 경우 동일 여행이 육로와 수로에 걸치는 경우에는 수로 1km를 육로 2km로 계산한다.

③ 공단 이외의 자가 출장여비를 부담하는 때에는 제1항 및 제2항의 여비를 지급하지 아니한다. 다만, 그 부담액이 이 규칙에서 정하는 금액 이하일 경우에는 그 차액을 지급할 수 있다.

④ 교육출장 및 기타 소집출장 시 대중교통을 이용하여 출장 당일 교육(소집)시간까지 도달이 불가능한 경우 또는 퇴소 후 당일 귀가가 불가능한 경우에는 숙박료 및 식비 등을 추가 지급할 수 있다.

⑤ 섬(제주도 및 울릉도 제외) 지역으로 출장 시 차량 도선이 필요한 경우에는 차량 도선비를 실비로 지급한다.

59

○○공단 소속 김 대리는 지난달에 2박 3일간 제주도로 교육출장을 다녀왔다. 위 내규를 확인한 김 대리의 반응으로 적절하지 않은 것은?

① 교육 퇴소 날 항공편이 기상으로 인해 통제됐었던 것과 관련해 추가적으로 지원받을 수 있는 금액이 있겠군.

② 지출하였던 차량 도선비의 영수증을 제출하면 관련 비용을 환급받을 수 있겠군.

③ 교육 당시 제주도 내 소집 시간이 오전 7시 정각이었기 때문에 하루 전에 도착해서 숙박했던 비용은 추가로 지원받을 수 있겠군.

④ 공단 소유의 교통수단을 이용한 적은 없으니 운임은 정상적으로 지급받을 수 있겠군.

60

다음은 제13조 제1항 '별표 1'의 일부 내용을 발췌한 것이다. ○○공단 근무 12년 차인 윤 과장은 육로로 왕복 80km인 지역으로 당일 출장이 예정되어 있다. 공단 소유의 교통수단을 지원받을 예정이며 이는 왕복에 모두 이용할 예정이다. 출장 여비는 전액 공단 측에서 부담하며 교육출장 혹은 기타 소집출장에 해당하는 출장은 아니다. 이때, 윤 과장이 지급받을 것으로 예상되는 여비의 총액은?

(단위 : 원)

구분 직급	운임				일비	숙박비 (1박당)	식비 (1일당)
	항공 운임	철도 운임	선박 운임	자동차 운임			
임원	실비	1등급	1등정액	정액	20,000	실비	40,000
직원(근무연수 10년 이상)	실비	1등급	2등정액	정액	20,000	80,000	30,000
직원(근무연수 10년 미만)	실비	2등급	2등정액	정액	20,000	60,000	20,000

① 20,000원　　② 35,000원

③ 40,000원　　④ 50,000원

직무시험(법률) | 61 ~ 80번

※ 직무시험은 자신이 선택한 직렬이 행정직 · 건강직 · 기술직이면 국민건강보험법을, 요양직이면 노인장기요양보험법을 풀기 바랍니다.

국민건강보험법

61 2025 기출

다음 중 국민건강보험공단의 정관과 설립등기에 포함되는 사항끼리 바르게 짝지어진 것을 고르면?

> ㉠ 사무소의 소재지
> ㉡ 분사무소의 소재지
> ㉢ 이사장의 성명 및 주민등록번호
> ㉣ 보험료 및 보험급여에 관한 사항
> ㉤ 자산 및 회계에 관한 사항

	정관	설립등기
①	㉠, ㉣	㉡, ㉢, ㉤
②	㉠, ㉤	㉡, ㉢, ㉣
③	㉠, ㉡, ㉤	㉣, ㉢
④	㉠, ㉣, ㉤	㉡, ㉢

62 **다음 중 건강보험공단이 관장하는 업무를 모두 고르면?**

> ㉠ 징수금의 부과 · 징수
> ㉡ 보험급여 비용 지급
> ㉢ 자산의 관리 · 운영 및 증식사업
> ㉣ 국민건강보험종합계획 수립
> ㉤ 의료시설 운영

① ㉠, ㉡, ㉢, ㉤
② ㉠, ㉡, ㉣, ㉤
③ ㉡, ㉢, ㉤
④ ㉡, ㉢, ㉣

63 **다음 중 국민건강보험의 피부양자에 해당하지 않는 사람은?**

① 직장가입자인 A의 만 1세 손녀
② 직장가입자인 B의 만 20세 처제
③ 직장가입자인 C의 만 82세 외할아버지
④ 직장가입자인 D의 만 17세 남동생

64 **다음은 국민건강보험공단 임원에 대한 설명이다. 이 중 옳은 것을 모두 고르면?**

㉠ 감사는 임원추천위원회가 복수로 추천한 사람 중에서 기획재정부장관의 제청으로 대통령이 임명한다. ㉡ 이사장은 임원추천위원회가 복수로 추천한 사람 중에서 보건복지부장관의 제청으로 대통령이 임명한다. ㉢ 비상임이사는 10명 이상이 된다. ㉣ 노동조합과 소비자단체에서 추천하는 사람 각 1명이 비상임이사가 되는 것이 가능하다.

① ㉠, ㉢
② ㉡, ㉢
③ ㉠, ㉡, ㉣
④ ㉡, ㉢, ㉣

65 **보험급여의 제한에 대한 설명으로 옳지 않은 것은?**

2025 기출

① 업무 또는 공무로 생긴 질병·부상·재해로 다른 법령에 따른 보험급여를 받는 경우에 공단은 보험급여를 하지 않는다.
② 공단은 가입자의 월별 보험료 총체납횟수가 대통령령으로 정한 기간 이상일 때 보험급여를 하지 않을 수 있으며, 이때 이미 납부된 체납보험료도 총체납횟수에 포함된다.
③ 공단은 보험급여를 받을 수 있는 사람이 보험급여에 상당하는 비용을 지급받은 경우에는 그 한도에서 보험급여를 하지 않는다.
④ 고의로 요양기관의 요양에 관한 지시에 따르지 않는 경우에 공단은 보험급여를 하지 않는다.

66 **다음 중 과태료가 최대 100만 원이 부과되는 경우는?**

① 건강보험 가입자 A는 소득을 거짓으로 신고하였다.
② 공단으로부터 보험급여를 받은 B는 해당 보험급여의 내용에 관한 공무원의 질문에 대해 거짓으로 답변하고 위조된 서류를 제출하였다.
③ 건강보험 직장가입자인 C는 보건복지부장관으로부터 보수와 소득 관련 사항에 대한 서류를 제출하라는 요구를 받았으나 이를 무시하고 제출하지 않았다.
④ 요양기관의 사용자인 D는 요양급여비용 청구 관련 서류를 2년간 보관한 뒤 폐기처분하였다.

67 2025 기출

약제에 대한 요양급여비용 상한금액의 감액과 관련된 내용으로 옳지 않은 것은?

① 약제에 대한 요양급여비용 상한금액의 감액 범위는 100분의 20 이내이다.
② 상한금액이 감액된 약제가 5년 내에 대통령령으로 정하는 기간 내에 다시 감액 대상이 된 경우에 요양급여비용 상한금액의 감액범위는 100분의 20 이내이다.
③ 보건복지장관은 약제에 대한 요양급여비용 상한금액을 일부 감액하거나, 1년의 범위에서 기간을 정하여 요양급여의 적용을 정지할 수 있다.
④ 요양급여비용 상한금액의 감액과 관련된 사항은 대통령령으로 정한다.

68

다음 중 건강보험 가입자의 자격 상실 시기가 잘못된 경우는?

① 2025년 1월 31일 수급권자가 된 갑은 같은 해 2월 1일 가입자 자격을 잃는다.
② 2025년 3월 2일 직장가입자인 딸의 피부양자가 된 을은 바로 그 날 가입자 자격을 잃는다.
③ 2025년 12월 31일 대한민국 국적을 잃은 병은 2026년 1월 1일 가입자 자격을 잃는다.
④ 2025년 12월 31일 사망한 정은 2026년 1월 1일에 가입자 자격을 잃는다.

69

다음 중 건강검진에 대한 설명으로 옳은 것은 모두 몇 개인가?

㉠ 세대주인 지역자입자와 직장가입자가 받는 건강검진은 일반건강검진에 해당한다. ㉡ 건강보험 피부양자인 5세 A가 받는 건강검진은 영유아건강검진에 해당한다. ㉢ 건강검진의 검진항목은 성별, 연령 등의 특성 및 생애 주기에 맞게 설계되어야 한다. ㉣ 건강검진은 공단이 실시하며, 건강검진의 횟수·절차 및 그밖에 필요한 사항도 공단이 정한다.

① 1개　　② 2개
③ 3개　　④ 4개

70 **다음은 국민건강보험공단의 업무 위탁에 관한 설명이다. 이 중 옳은 것을 모두 고르면?**

> ㉠ 공단은 보험료의 수납 또는 보험료납부의 확인에 관한 업무를 체신관서에 위탁할 수 있다.
> ㉡ 공단은 대통령령으로 정하는 바에 따라 보험급여비용의 지급에 관한 업무를 금융기관에 위탁할 수 있다.
> ㉢ 공단은 보험료와 징수위탁보험료 등의 징수 업무를 포함해 업무의 일부를 국가기관, 지방단체 등에 위탁할 수 있다.
> ㉣ 징수위탁근거법의 위탁에 따라 징수하는 연금보험료, 고용보험료, 산업재해보상보험료, 부담금 및 분담금 등의 수납 또는 납부 확인에 관한 업무는 공단이 타 기관에 위탁할 수 없다.

① ㉠, ㉡
② ㉡, ㉣
③ ㉠, ㉡, ㉢
④ ㉡, ㉢, ㉣

71 **다음은 건강보험공표심의위원회에 대한 설명이다. 이 중 옳은 것을 모두 고르면?**

2025 기출

> ㉠ 관련 서류를 위조·변조해 실제 3,000만 원인 요양급여비용을 3,500만 원으로 부풀려 청구하여 행정처분을 받은 요양기관에 대해서 건강보험공표심의위원회의 심의를 거쳐 그 위반 행위 및 처분 내용 등을 공표할 수 있다.
> ㉡ 관련 서류를 위조·변조해 1,500만 원의 요양급여비용을 거짓으로 청구하여 행정처분을 받은 요양기관에 대해서는 건강보험공표심의위원회의 심의를 거쳐 그 위반 행위 및 처분 내용 등을 공표할 수 있다.
> ㉢ 건강보험공표심의위원회의 구성, 운영 등에 필요한 사항은 대통령령으로 정한다.
> ㉣ 건강보험공표심의위원회는 공표대상자를 재심의한 후 공표대상자를 선정한다.

① ㉠, ㉡, ㉣
② ㉠, ㉢, ㉣
③ ㉠, ㉢
④ ㉡, ㉢

72 **체납보험료의 분할납부에 관한 설명으로 옳지 않은 것을 모두 고르면?**

㉠ 국민건강보험공단은 보건복지부령에 따라 보험료를 2회 이상 체납한 자가 신청하는 경우 분할납부를 승인해야 한다.
㉡ 공단은 보험료 체납자에게 분할납부를 신청할 수 있음을 알릴 때, 분할납부 신청 절차·방법 등에 대해서도 안내하여야 한다.
㉢ 보험료의 분할납부 승인을 받은 자가 그 승인된 보험료를 납부하지 않은 횟수가 5회 미만인 경우에는 그 분할납부의 승인은 취소되지 않는다.
㉣ 보험료의 분할납부 승인과 취소에 관한 절차·방법·기준 등에 필요한 사항은 보건복지부령으로 정한다.

① ㉠, ㉡, ㉢　　② ㉠, ㉢
③ ㉡, ㉣　　④ ㉢, ㉣

73 **다음은 장애인 보조기기에 지급하는 보험급여에 관한 설명이다. 이 중 옳지 않은 것은 모두 몇 개인가?**

㉠ 「장애인·노인 등을 위한 보조기기 지원 및 활용촉진에 관한 법률」 제3조 제2호에 따른 보조기기에 한해 보험급여를 할 수 있다.
㉡ 보조기기 판매업자인 갑이 장애인인 가입자에게 보조기기를 판매한 경우, 공단에 보험급여를 직접 청구해야 한다.
㉢ 보조기기에 대한 보험급여의 범위와 그 방법 및 절차에 관한 사항은 보건복지부령으로 정한다.
㉣ 장애인인 가입자뿐 아니라 피부양자에 대하여도 보조기기에 대한 보험급여를 할 수 있다.

① 1개　　② 2개
③ 3개　　④ 4개

74 **보건복지부장관이 「국민건강보험법」상 보고와 검사를 할 수 있는 내용으로 적절한 것을 모두 고르면?**

㉠ 요양기관에 대하여 요양·약제의 지급 등 보험급여에 관한 보고 또는 서류 제출을 명할 수 있다.
㉡ 보험급여를 받은 자에게 해당 보험급여의 내용에 관하여 서류 제출을 명하거나 소속 공무원이 질문하게 할 수 있다.
㉢ 요양급여비용의 심사청구를 대행하는 단체에 대해 소속 공무원이 대행청구에 관한 자료 등을 조사·확인하게 할 수 있으며, 이때 소속 공무원은 그 권한을 표시하는 증표를 지니고 관계인에게 보여주어야 한다.
㉣ 사용자에게 가입자의 이동·보수·소득이나 그 밖에 필요한 사항에 관한 보고 또는 서류 제출을 명할 수 있다.

① ㉠, ㉡, ㉢, ㉣　　② ㉡, ㉢, ㉣
③ ㉠, ㉢, ㉣　　④ ㉡, ㉢

75 **국민건강보험공단의 회계 관련 사항에 대한 설명으로 옳은 것을 모두 고르면?**

> ㉠ 공단은 직장가입자와 지역가입자의 재정을 통합해 운영한다.
> ㉡ 공단은 건강보험사업 및 징수위탁근거법의 위탁에 따른 국민연금사업·고용보험사업·산업재해보상보험사업·임금채권보장사업에 관한 회계를 공단의 다른 회계와 구분하여 각각 회계처리하여야 한다.
> ㉢ 공단은 회계연도마다 예산안을 편성하여 이사회의 의결을 거친 후, 이사장의 승인을 받은 다음 보건복지부장관의 승인을 받아야 한다.
> ㉣ 공단은 지출할 현금이 부족한 경우에 보건복지부장관의 승인을 받은 후 차입할 수 있다.

① ㉠, ㉡　② ㉡, ㉢
③ ㉠ ㉡, ㉣　④ ㉡, ㉢, ㉣

76 **요양급여비용 산정에 관한 설명 중 옳지 않은 것을 모두 고르면?**

> ㉠ 요양급여비용의 계약은 공단 이사장 및 의약계를 대표하는 사람들과 각 요양기관 사이에 체결된 것으로 간주한다.
> ㉡ 요양급여비용의 계약이 직전 계약기간 만료일이 속하는 해의 5월 말일까지 체결되지 않은 경우, 보건복지부장관이 요양급여비용을 임의로 정한다.
> ㉢ 요양급여비용이 정해지면 보건복지부장관은 공단에 이를 통보하고, 공단은 요양급여비용의 명세를 지체 없이 고시하여야 한다.
> ㉣ 공단 이사장이 요양급여비용 계약을 체결하면서 건강보험심사평가원에 계약 체결에 필요한 자료를 요청한 경우, 심사평가원은 요청에 성실히 따라야 한다.

① ㉠, ㉣　② ㉡, ㉣
③ ㉡, ㉢　④ ㉠, ㉡, ㉢

77 **다음 중 공단 임원의 퇴임사유에 해당하지 않는 것은?**

① 직무 여부와 관계는 없으나 품위를 손상하는 행위를 한 경우
② 중대한 과실로 공단에 손실을 입힌 경우
③ 신체장애로 직무에 어려움을 겪는 경우
④ 대한민국 국민이 아닌 경우

78 **보험료의 납부에 대한 설명으로 옳은 것은 모두 몇 개인가?**

㉠ 보험료의 해당 월 보험료 납부일은 그 다음 달 15일까지이나, 직장가입자의 보수 외 소득월액보험료 및 지역가입자의 보험료는 보건복지부령으로 정하는 바에 따라 분기별로 납부가 가능하다.
㉡ 보험료 납입 고지의 송달 지연 등 보건복지부령으로 정하는 사유가 있는 경우 납부의무자의 신청에 따라 1개월의 범위에서 보험료 납부기한을 연장할 수 있다.
㉢ 보험료 납부기한 연장을 신청하는 방법, 절차 등에 필요한 사항은 보건복지부령으로 정한다.
㉣ 사업장의 사용자가 대통령령으로 정하는 사유에 해당되어 직장가입자가 될 수 없는 자를 거짓으로 보험자에게 직장가입자로 신고한 경우, 공단은 사용자에게 가산금을 부과하여 징수한다.

① 1개 ② 2개
③ 3개 ④ 4개

79 **건강보험심사평가원의 진료심사평가위원회에 대한 설명으로 옳은 것을 모두 고르면?**

㉠ 건강보험심사평가원 원장은 진료심사평가위원회의 심사위원을 임명·위촉하고 해임·해촉할 수 있다.
㉡ 심사평가원 원장은 A를 진료심사평가위원회 상근 심사위원으로 임명하려 했으나, A가 보건복지부령에서 정하는 자격에 맞지 않아 비상근 심사위원으로 임명하였다.
㉢ 진료심사평가위원회의 심사위원 수는 상근과 비상근을 합해 천 명을 넘을 수 있다.
㉣ 진료심사평가위원회의 심사위원 B가 사적인 술자리에서 소란을 피워 사회적 물의를 빚은 경우 해임이 가능하다.

① ㉠, ㉡, ㉢, ㉣ ② ㉠, ㉡, ㉢
③ ㉡, ㉢, ㉣ ④ ㉠, ㉢, ㉣

80 **자료의 제공에 대한 설명으로 옳지 않은 것은?**

① 국민건강보험공단은 요양기관을 대상으로 건강보험사업의 수행을 위해 자료를 제공할 것을 요청할 수 있다.

② 건강보험심사평가원은 요양급여의 적정성 평가를 위해 공공기관에 대해 출입국관리와 주민등록 등의 자료를 제공할 것을 요청할 수 있다.

③ 건강보험심사평가원은 관계 행정기관의 장에게 요양급여의 적용 정지를 위하여 필요한 자료를 제공할 것을 요청할 수 있다.

④ 건강보험심사평가원은 보험회사 및 보험료율 산출 기관에 보험료의 부과·징수에 대한 자료 제공을 요청하는 경우 자료 제공 요청 근거 등이 기재된 자료제공요청서를 발송하여야 한다.

노인장기요양보험법

61 장기요양보험에 대한 설명으로 옳지 않은 것은?

2025 기출

① 장기요양보험사업은 보건복지부장관이 관장한다.
② 장기요양보험사업의 보험자는 국민건강보험공단이다.
③ 공단은 외국인근로자 등 대통령령으로 정하는 외국인이 신청하는 경우 장기요양보험가입자에서 제외할 수 없다.
④ 장기요양보험 가입자는 「국민건강보험법」 제5조 및 제109조에 따른 가입자이다.

62 다음 장기요양인정 신청에 관한 설명 중 옳지 않은 것은?

① 대통령령으로 정하는 노인성 질병을 가진 65세 미만의 장기요양보험가입자는 장기요양인정을 신청할 수 있다.
② 장기요양인정을 신청하는 자는 장기요양인정신청서에 의사나 한의사가 발급하는 소견서를 첨부하여 함께 제출해야 한다.
③ 장기요양인정신청서에 첨부해야 하는 의사소견서는 신청서 제출 시 함께 제출해야 한다.
④ 장기요양인정 신청 시 첨부해야 하는 의사소견서의 발급비용 · 비용부담방법 · 발급자의 범위, 그 밖에 필요한 사항은 보건복지부령으로 정한다.

63 장기요양사업에 대한 국가 및 지방자치단체의 책무 등에 대한 설명으로 옳은 것을 모두 고르면?

㉠ 국가 및 지방자치단체는 노인인구 및 지역특성 등을 고려하여 장기요양급여가 원활하게 제공될 수 있도록 적정한 수의 장기요양기관을 확충하고 장기요양기관의 설립을 지원하여야 한다.
㉡ 국가는 노인성질환예방사업을 수행하는 지방자치단체 또는 「국민건강보험법」에 따른 국민건강보험공단에 대하여 이에 소요되는 비용을 지원해야 한다.
㉢ 국가 및 지방자치단체는 장기요양요원의 처우를 개선하고 복지를 증진하며 지위를 향상시키기 위하여 적극적으로 노력하여야 한다.
㉣ 국가 및 지방자치단체는 장기요양급여가 원활히 제공될 수 있도록 공단에 필요한 행정적 또는 재정적 지원을 할 수 있다.
㉤ 국가 및 지방자치단체는 지역의 특성에 맞는 장기요양사업의 표준을 개발 · 보급할 수 있다.

① ㉠, ㉡, ㉢
② ㉠, ㉢, ㉣
③ ㉠, ㉢, ㉣, ㉤
④ ㉡, ㉢, ㉣, ㉤

64 **보건복지부장관이 해야 하는 장기요양사업 관련 내용에 해당하는 것을 모두 고르면?**

㉠ 노인등에 대한 장기요양급여를 원활하게 제공하기 위하여 장기요양기본계획을 수립·시행한다. ㉡ 장기요양사업의 실태를 파악하기 위하여 3년마다 장기요양인정에 관한 사항, 장기요양기관에 관한 사항 등에 대한 조사를 실시한다. ㉢ 장기요양사업의 실태를 조사하고, 이에 대한 결과를 공표한다. ㉣ 장기요양기본계획에 따라 세부시행계획을 수립·시행한다.

① ㉠, ㉡, ㉢　② ㉡, ㉢, ㉣
③ ㉠, ㉢　④ ㉢, ㉣

65 **다음 중 장기요양요원지원센터의 업무에 해당하지 않는 것은?**

① 장기요양요원의 역량강화를 위한 교육지원
② 장기요양요원에 대한 건강검진 등 건강관리를 위한 사업
③ 장기요양요원의 권리 침해에 관한 상담 및 지원
④ 장기요양요원의 근로조건, 처우 개선 사업

66 **다음은 「노인장기요양보험법」상 벌금을 낼 수 있는 사람이다. 이 중 벌금 2천만 원에 처해질 수 있는 경우는?**

㉠ 부정한 방법으로 장기요양급여비용을 청구한 자 ㉡ 수급자를 소개, 알선 또는 유인하는 행위를 한 자 ㉢ 부정한 방법으로 다른 사람으로 하여금 장기요양급여를 받게 한 자 ㉣ 정당한 사유 없이 장기요양급여의 제공을 거부한 자

① ㉠, ㉡　② ㉠, ㉣
③ ㉡, ㉢　④ ㉡, ㉣

67 2025 기출

다음 중 가족요양비에 대한 설명으로 틀린 것은 모두 몇 개인가?

> ㉠ 장기요양급여 중 특별현금급여에 해당된다.
> ㉡ 천재지변으로 인해 장기요양기관이 제공하는 장기요양급여를 이용하기가 어렵다고 대통령령으로 인정하는 자는 가족요양비 지급의 대상이 될 수 있다.
> ㉢ 수급자가 가족으로부터 방문요양에 상당하는 장기요양급여를 받은 경우에 지급할 수 있으며, 그 기준은 대통령령으로 정한다.
> ㉣ 지급절차는 대통령령으로 정한다.

① 1개
② 2개
③ 3개
④ 4개

68

장기요양급여의 제공에 대한 설명으로 옳지 않은 것은 모두 몇 개인가?

> ㉠ 장기요양급여 수급자인 A씨의 장기요양인정서와 개인별장기요양이용계획서가 2025년 1월 21일에 도달하였다면, A씨는 2025년 1월 22일부터 장기요양급여를 받을 수 있다.
> ㉡ 수급자가 장기요양인정서 및 개인별장기요양이용계획서를 제시하지 못하는 경우 장기요양급여를 받을 수 없다.
> ㉢ 장기요양기관은 장기요양급여 제공 계획서를 작성하고 수급자의 동의를 받아 이를 공단에 통보해야 한다.
> ㉣ 장기요양급여 인정 범위와 절차, 장기요양급여 제공 계획서 작성 절차에 관한 구체적인 사항 등은 대통령령으로 정한다.

① 1개
② 2개
③ 3개
④ 4개

69

다음 중 장기요양기관의 폐쇄회로 텔레비전 설치·관리하는 자가 텔레비전에 기록된 영상정보 열람을 하게 할 수 있는 경우가 아닌 것은?

① 수급자가 자신의 재산상 이익을 위해 자신과 관련된 사항을 확인하기 위해 보건복지부령에 따라 열람을 요청하는 경우
② 수급자의 보호자가 수급자의 안전을 확인하기 위해 보건복지부령에 따라 열람을 요청하는 경우
③ 범죄 수사를 위해 열람이 필요한 경우
④ 노인 관련 안전업무를 수행하는 기관으로서 「노인복지법」으로 정하는 자가 업무 수행을 위해 보건복지부령에 따라 열람을 요청하는 경우

70 **다음 중 공단이 장기요양인정서를 작성할 경우 장기요양급여의 종류 및 내용을 정할 때 고려해야 할 사항이 아닌 것은?**

① 수급자의 생활환경
② 수급자와 그 가족의 욕구 및 선택
③ 수급자의 건강보험 납부내역
④ 시설급여를 제공하는 경우 장기요양기관이 운영하는 시설 현황

71 **특례요양비 및 요양병원간병비에 대한 설명으로 옳은 것을 모두 고르면?**

㉠ 국민건강보험공단은 장기요양급여 수급자가 장기요양기관이 아닌 노인요양시설에서 재가급여에 상당한 장기요양급여를 받은 경우 해당 급여비용의 일부를 수급자에게 특례요양비로 지급해야 한다.
㉡ 특례요양비의 지급절차, 특례요양비를 지급할 수 있는 장기요양급여가 인정되는 기관이나 시설의 범위 등은 보건복지부령으로 정한다.
㉢ 장기요양급여 수급자가 요양병원에 입원한 경우, 공단은 대통령령으로 정하는 기준에 따라 장기요양에 사용되는 비용 일부를 요양병원간병비로 받을 수 있다.
㉣ 공단이 장기요양급여 수급자에게 지급하는 요양병원간병비의 지급절차 등은 보건복지부령으로 정한다.

① ㉡, ㉢, ㉣
② ㉡, ㉢
③ ㉠, ㉡, ㉣
④ ㉠, ㉣

72 **다음은 장기요양사업의 관리운영기관으로서 공단이 하는 업무를 나열한 것이다. 이 중 틀린 것은 모두 몇 개인가?**

2025 기출

㉠ 장기요양보험료의 부과·징수
㉡ 장기요양보험가입자의 자격관리
㉢ 장기요양급여의 관리 및 평가
㉣ 장기요양인정서의 작성 및 개인별장기요양이용계획서의 제공
㉤ 장기요양보험료의 산정
㉥ 노인성질환예방사업
㉦ 장기요양사업에 관한 국제협력 및 홍보
㉧ 장기요양사업과 관련하여 장기요양위원회가 위탁한 업무

① 없음
② 1개
③ 2개
④ 3개

73 **장기요양급여심사위원회에 대한 설명으로 옳은 것은 모두 몇 개인가?**

> ㉠ 위원장 1명을 포함해 10명 이하의 위원으로 구성한다.
> ㉡ 위원회의 구성, 운영 등의 사항은 보건복지부령으로 정한다.
> ㉢ 장기요양급여비용 심사기준을 개발하고 심사조정에 관한 사항을 심의한다.
> ㉣ 장기요양급여비용 및 산정방법의 세부사항 설정 및 보완에 관한 사항을 심의한다.

① 없음 ② 1개
③ 2개 ④ 3개

74 **장기요양기관 지정 취소 및 과징금 부과 등의 처분에 관한 설명이 잘못된 것을 모두 고르면?**

> ㉠ 장기요양기관의 장이 서류를 조작해 3천만 원의 재가·시설 급여비용을 거짓으로 청구한 사실이 발각돼 업무정지명령을 받았으나, 업무정지로 인한 수급자의 불편이 크다는 우려가 인정되어 업무정지명령을 갈음해 과징금 5천만 원이 부과되었다.
> ㉡ 장기요양기관 종사자와 그 장이 기관의 수급자의 질병을 알면서도 치료를 제대로 하지 않고 방치한 행위가 적발되어 장기요양기관 지정이 취소되었다.
> ㉢ 장기요양기관이 폐업 또는 휴업 신고를 하지 않고 2년 동안 장기요양급여를 제공하지 않은 것이 적발되어 장기요양기관 지정이 취소되었다.
> ㉣ 장기요양기관이 지정을 받을 때 서류를 조작해 제출한 사실이 발각되어 6개월의 업무정지 처분을 받았다.

① ㉠, ㉢, ㉣ ② ㉡, ㉢
③ ㉠, ㉣ ④ ㉡, ㉣

75 **심사청구에 대한 설명으로 옳은 것을 모두 고르면?**

> ㉠ 장기요양인정에 관한 공단의 처분에 이의가 있는 자는 공단에 심사청구를 할 수 있다.
> ㉡ 장기요양등급에 대한 공단 처분에 이의를 갖고 공단에 심사청구를 진행할 때, 그 처분이 있음을 안 지 60일이 지난 뒤라면 심사청구를 진행할 수 없다.
> ㉢ 장기요양인정에 대해 공단으로부터 처분이 있은 날부터 160일이 경과하면 심사청구를 제기하지 못한다.
> ㉣ 심사청구 사항을 심사하기 위한 장기요양심사위원회를 공단에 두며, 심사위원회는 50명 이내의 위원으로 구성된다.

① ㉠, ㉡, ㉢ ② ㉠, ㉢, ㉣
③ ㉠, ㉣ ④ ㉡, ㉢

76 **전자문서 사용과 자료 제출에 대한 설명으로 옳은 것을 모두 고르면?**

㉠ 공단 및 장기요양기관이 장기요양기관의 지정신청, 재가·시설 급여비용의 청구 및 지급 등의 업무를 처리할 때는 전산매체 또는 전자문서교환방식을 이용해야 한다.
㉡ 장기요양사업에 관련된 각종 서류의 기록, 관리 및 보관은 전자문서로 해야 하며, 이는 보건복지부령으로 정하는 바에 따른다.
㉢ 대통령령으로 정하는 정보통신서비스 시설이 열악한 지역에서는 전자문서·전산매체 또는 전자문서교환방식을 이용하지 않을 수 있다.
㉣ 공단은 장기요양급여 제공내용 확인 등 보건복지부령에서 장기요양사업 수행에 필요하다고 인정하는 사항에 대해 장기요양보험가입자에게 자료의 제출을 요구할 수 있다.
㉤ 공단은 장기요양사업 수행에 필요하다고 인정할 때 의료기관에 자료 제출을 요구할 수 있으며, 의료기관은 이에 성실히 응해야 한다.

① ㉠, ㉡, ㉢, ㉣
② ㉡, ㉢, ㉣, ㉤
③ ㉠, ㉡, ㉤
④ ㉡, ㉢, ㉣

77 **부당이득의 징수에 대한 설명으로 옳은 것을 모두 고르면?**

㉠ 공단은 부정한 방법으로 장기요양급여가 제공되었을 때, 장기요양급여를 받은 자를 부양하는 자에 대하여 장기요양급여를 받은 자와 연대해 징수금을 납부하게 할 수 있다.
㉡ 수급자가 월 한도액 범위를 초과하여 장기요양급여를 받은 경우 공단은 장기요양급여 또는 장기요양급여비용에 상당하는 금액을 징수한다.
㉢ 공단은 장기요양기관이 수급자로부터 부정한 방법을 사용해 장기요양급여비용을 받은 때 해당 장기요양기관이 지체 없이 이를 수급자에게 지급하도록 해야 한다.
㉣ 공단은 거짓 진단에 따라 장기요양급여가 제공되었을 때, 거짓의 행위에 관여한 자에 대하여 장기요양급여를 받은 자와 연대하여 징수금을 납부하게 할 수 있다.

① ㉠, ㉡, ㉣
② ㉡, ㉢, ㉣
③ ㉠, ㉡
④ ㉢, ㉣

78 **위반사실 등의 공표와 관련된 설명으로 옳은 것은?**

① 공표심의위원회의 구성·운영 등에 필요한 사항은 보건복지부령으로 정한다.
② 장기요양기관이 거짓으로 1천만 원 이상의 재가 급여비용을 청구한 경우, 보건복지부장관은 위반사실, 처분내용 등을 공표해야 한다.
③ 장기요양기관이 거짓으로 청구한 금액이 장기요양급여비용 총액의 100분의 20인 경우, 장기요양기관이 폐업했더라도 그 위반사실을 공표해야 한다.
④ 공표심의위원회는 장기요양기관의 위반사실 공표 여부를 심의하기 위한 것으로, 보건복지부장관 및 공단이 설치·운영할 수 있다.

79 **장기요양기관의 인권교육에 대한 설명으로 옳은 것은 모두 몇 개인가?**

> ㉠ 장기요양기관의 종사자가 인권교육기관으로부터 인권교육을 받을 때 그 비용은 모두 보건복지부장관이 예산으로 지원한다.
> ㉡ 장기요양기관 중 대통령령으로 정하는 기관을 운영하는 자는 해당 기관의 장기요양급여 수급자에게 인권교육을 실시해야 한다.
> ㉢ 장기요양기관 중 대통령령으로 정하는 기관의 종사자는 인권교육을 받아야 한다.
> ㉣ 보건복지부장관은 인권교육기관이 부정한 방법으로 지정을 받은 경우, 그 지정을 취소해야 한다.

① 1개 ② 2개
③ 3개 ④ 4개

80 **장기요양등급판정위원회에 대한 설명으로 옳은 것을 모두 고르면?**

> ㉠ 위원장은 위원 중에서 위촉된다.
> ㉡ 위원회의 구성·운영, 그 밖에 필요한 사항은 대통령령으로 정한다.
> ㉢ 위원회 회의는 구성원 과반수의 출석으로 개의하고 출석위원 과반수의 찬성으로 의결한다.
> ㉣ 장기요양기관이 장기요양급여의 제공 기준·절차·방법 등에 따라 적정하게 장기요양급여를 제공하였는지를 평가하는 기능을 수행한다.

① ㉠, ㉡, ㉢ ② ㉡, ㉢, ㉣
③ ㉠, ㉡ ④ ㉡, ㉢

국민건강보험공단

NCS + 법률

박문각

국민건강보험공단

NCS + 법률
봉투모의고사
/
정답 및 해설

박문각

제1회 모의고사

NCS 직업기초능력

01. ④	02. ①	03. ①	04. ③	05. ③
06. ④	07. ②	08. ②	09. ④	10. ②
11. ①	12. ③	13. ②	14. ④	15. ②
16. ②	17. ④	18. ②	19. ③	20. ④
21. ④	22. ③	23. ④	24. ②	25. ②
26. ①	27. ②	28. ③	29. ①	30. ②
31. ①	32. ④	33. ②	34. ①	35. ③
36. ②	37. ③	38. ④	39. ②	40. ①
41. ④	42. ②	43. ④	44. ④	45. ①
46. ①	47. ②	48. ④	49. ④	50. ②
51. ②	52. ②	53. ②	54. ③	55. ③
56. ①	57. ③	58. ①	59. ③	60. ①

직무시험(국민건강보험법)

61. ①	62. ②	63. ①	64. ②	65. ①
66. ②	67. ③	68. ④	69. ①	70. ②
71. ③	72. ②	73. ②	74. ③	75. ①
76. ②	77. ④	78. ③	79. ②	80. ③

직무시험(노인장기요양보험법)

61. ④	62. ③	63. ③	64. ③	65. ②
66. ①	67. ③	68. ②	69. ④	70. ①
71. ①	72. ②	73. ②	74. ②	75. ③
76. ②	77. ③	78. ③	79. ④	80. ②

NCS 직업기초능력

01 ▸ ④

④ 공단·심평원·한국보건의료연구원·질병관리청 등 여러 기관에 산재한 비급여 정보를 '비급여 정보 포털'에 공개하는 것은 맞으나, 이를 실시간으로 공개한다는 언급은 없다.

02 ▸ ①

제시된 ㉠~㉣의 정보 모두 비급여 정보 포털에서 찾아볼 수 있다.

03 ▸ ①

㉠ 검진기관 평가는 2012년부터 3년 주기로 실시하고 있다.
㉡ 2024년 검진기관 평가는 13,203개소 기관에 대해 평가를 진행했으며, 일부 방문조사가 5% 내외이므로 90% 이상이 서면조사로 이루어졌음을 알 수 있다.
㉢ 검진유형을 구성하는 평가분야 수가 많을수록 평균점수가 낮다고 하였다.
㉣ 평가 결과를 홈페이지와 앱을 통해 공개하는 것은 맞으며, 검진기관에도 통보한다고 하였다.

04 ▸ ③

③ '미흡' 등급을 2회 연속으로 받은 경우 업무정지 3개월, 3회 연속으로 받은 경우 검진기관 지정취소의 행정처분을 받게 된다.

05 ▸ ③

③ 환자 본인부담률이 20%이며, 중증치매는 10%이다.

06 ▸ ④

④ 환자 포괄평가에 따른 맞춤형 치료·관리 계획 수립은 연 1회이다.

07 ▸ ②

㉠ 환자가 치매전문관리, 통합관리 중 선택할 수 있다.
㉣ 통합관리는 체계적 만성질환관리가 가능하도록 일차의료 만성질환관리 사업 참여 의원에서만 실시한다.

08 ▸ ②

② 공모에 지원한 71개 기관 중 서면 및 구두평가 절차를 통해 선정된 총 10개소를 신규 지역심뇌혈관질환센터로 지정하였다고 했으므로, 일치하는 내용이다.
① 신규 지역심뇌혈관질환센터로 선정된 병원 중 수도권에 위치한 병원은 서울, 경기, 인천에 있는 4곳이다. 절반 이상이 아니다.
③ 심뇌혈관질환 정책개발 및 기술지원 기능을 수행하는 곳은 중앙심뇌혈관질환센터이다.
④ 중앙–권역–지역 심뇌혈관질환 대응체계는 2025년 제1차 심뇌혈관질환관리위원회에서 완성됐다고 볼 수 있다.

09 ▸ ④

(가)~(라) 사이의 문단 내용은 중앙(서울대병원)과 권역, 지역 심뇌혈관질환센터의 역할에 대해 이야기하고 있다. 〈보기〉는 보건복지부의 역할에 대해 중앙과 권역센터가 지역센터에 협력하도록 할 것이라는 내용을 담고 있으므로, 중앙, 권역, 지역의 역할을 설명한 뒤 마지막 부분인 (라)에 들어가는 것이 가장 적절하다.

10 ▸ ②

② 국내 담뱃갑 건강경고는 국민건강증진법에 따라 2년에 한 번 경고그림 및 문구를 변경하는 것이 맞다. 하지만 2년의 주기가 다른 국가에 비해 긴 편이라는 내용은 자료에 제시되어 있지 않다.

11 ▸ ①

㉠ 2024년 12월 23일부터 2026년 12월 22일까지 적용된다.
㉡ 담뱃갑 경고문구는 궐련의 경우 단어형 표현에서 문장형 표기로 변경되고, 전자담배의 경우 현행 문구를 유지한다.
㉣ 간접흡연, 성기능장애 관련 그림은 유지된다.
㉤ 담뱃갑 건강경고 도입 이후 병변 : 비병변 비중은 5 : 5를 유지하다가 5기에서 병변 비중을 확대해 7 : 3이 된다.
㉢ 4기에 사용되었던 임산부흡연 그림은 삭제되고, 간접흡연 관련 그림은 유지되므로, 틀린 설명이다.

12 ▸ ③

㉡ 킴리아주는 2022년, 에브리스디는 2023년에 약제 급여가 적용되었다.
㉣ 필수의약품에 대해 사회적·임상적 요구, 비용효과성, 국민수용도, 재정여건 등을 종합적으로 고려하여 약제 급여를 추진하고 있다. 비용효과성이 가장 우선적으로 고려되는 것은 아니다.
㉠ 진료비 중 약품비의 비중은 2022년 22.8%, 2023년 23.6%이다.
㉢ 2023년 암, 희귀난치질환 치료에 사용한 급여 약품비는 각각 3조 8,402억 원, 2조 5,492억 원으로 6조 원이 넘는다. 2023년 전체 약품비 26조 1,966억 원의 20% 이상이다.

13 ▸ ②

② 콜린 알포세레이트는 뇌기능 개선제로, 심평원은 2022년부터 선별집중심사 대상 항목으로 치매 외 질환에는 처방 자제를 권고하고 있다고 하였다.

14 ▸ ④

④ 12~25세 남녀의 85%에서 여드름이 관찰된다고 하였다.
① 2022년 인구 10만 명당 여드름 환자가 4년 전인 2018년에 비해 28.8%로 30% 가까이 증가한 것은 맞으나, 남성 환자와 여성 환자의 증가율은 알 수 없다.
② 성인 여드름 환자가 증가하는 배경은, 20대가 되면서 사회적 활동이 증가하며 여드름 치료에 관심을 가지기 때문이라고 언급되어 있다. 20대 이후에 여드름이 발생하는 경우가 늘어났다는 언급은 없다.
③ 면포가 생기는 경우 진단에 중요하다고 하였다. 다만, 혈액검사는 고안드로겐혈증이 의심되는 경우에 한다고 하였으므로, 등이나 가슴 부위에 면포 형태로 생기는 여드름의 경우 반드시 혈액검사를 해보아야 한다고 할 수는 없다.

15 ▸ ②

② 여드름의 다양한 요인들 중 대표적인 요인들로 안드로겐 호르몬에 의한 피지생산의 증가, 모낭 상피의 비정상적인 각질화로 인한 모낭의 막힘, 모낭에 상주하는 세균인 큐티박테리움 아크네스(Cutibacterium acnes)에 의한 염증반응이 제시되어 있다.
① 2022년 인구 10만 명당 20대 여드름 환자 진료인원만 제시돼 있다.
③ 레티노이드와 이소트레티오인이 각각 여드름 치료를 위한 국소요법과 전신치료에 사용된다고만 언급되어 있을 뿐, 더 이상의 자세한 정보는 제시되어 있지 않다.
④ 마지막 문단에 여드름을 예방하기 위한 방법이 제시되어 있으나, 어느 것이 최선인지에 대해서는 언급하고 있지 않다.

16 ▸ ②

② 장기요양시설에서 선정한 대상자에게 서비스가 제공되며, 이때 약사가 시설을 방문하여 점검한다.
① 2025년 하반기부터는 기존 22개 시설에 참여시설을 추가 모집하여, 사업 참여 시설이 늘어날 것이라고 하였다.
③ 장기요양시설 수급자의 처방 의약품 수는 11.47개, 재가수급자의 처방 의약품 수는 7.93개로, 1일 평균 3.54개 많다.
④ 시설 수급자의 76.7%가 연간 28일 이상 중추신경계용 약물을 복용한다.

17 ▸ ④

④ 점검 이후 시설의 계약의사가 약물 제거, 변경 수행

18 ▸ ②

② 우리나라에는 상병제도가 실질적으로 도입되지는 않았으나 유급병가 형태로 사업장마다 제한적으로 운영되고 있다고 하였다. 따라서, 유급병가는 상병제도의 한 형태로 볼 수 있다.
① 국내 상병수당제도는 관련 법률에 제정되어 있으나, 실질적으로 시행되고 있지는 않다고 하였다. 하지만 관련 법률이 2020년에 제정되었다는 언급은 없고 다만 2020년에 노-사-정 사회적 협약으로 인해 상병수당에 대한 사회적 논의가 시작되었다는 언급만 있다.

③ 제시된 상병수당 2단계 시범사업에서 지원대상은 소득 하위 50% 취업자이다. 하지만, 상병수당제도의 대상자가 시범사업의 지원대상자와 같은지는 알 수 없다.
④ 상병수당 2단계 시범사업의 취업자격에 해당하더라도, 재산이 7억 원이 넘는 가구에 속한다면 지원대상에서 빠진다.

19 ▸ ③

갑~정 중에서 상병수당을 받을 수 있는 경우는 '을'의 사례뿐이다.
갑 : 경기 안양은 근로활동불가모형이 적용되는 지역으로, 대기기간이 7일이다. 급여지급기간은 근로활동이 어려운 기간(4일)에서 대기기간(7일)을 제외한 기간이므로, 갑은 상병수당을 받을 수 없다.
을 : 전북 익산은 의료이용일수모형이 적용되는 지역으로, 입원치료를 받은 을은 상병수당을 받을 수 있다. 의료이용일수(7일)에서 대기기간(3일)을 제외한 급여지급기간은 4일이고, 지급받는 상병수당은 46,180원×4=184,720원이다.
병 : 대구 달서는 근로활동불가모형이 적용되는 지역으로, 대기기간이 7일이다. 급여지급기간은 근로활동이 어려운 기간(7일)에서 대기기간(7일)을 제외한 기간이므로, 병은 상병수당을 받을 수 없다.
정 : 경기 용인은 의료이용일수모형이 적용되는 지역으로, 입원이 발생한 경우에만 요건이 인정된다. 정은 입원 치료가 아닌 외래 진료만 받았으므로 상병수당을 받을 수 없다.

20 ▸ ④

B : 시범사업 지원대상은 시범사업 지역 근로자뿐 아니라 거주하는 근로자도 포함하므로, B는 제시된 내용을 잘못 이해하였다.
D : 용인의 경우 의료이용일수모형이 적용되며, 이 모형의 경우 입원이 발생한 경우만 인정된다. 또한 근로활동불가기간은 근로활동불가모형에 적용되는 것이므로 내용을 잘못 이해하였다.

21 ▸ ④

㉡ 하루 두 번 이상 양치질하는 학생의 비율은 93.34%이고, 손 씻기를 실천하지 않는 학생의 비율은 100 − 90.73 = 9.27(%)이다. 따라서 하루 두 번 이상 양치질을 하는 학생의 비율은 손 씻기를 실천하지 않는 학생의 비율의 $\frac{93.34}{9.27} \fallingdotseq$ 10(배)이다.
㉢ 여학생 수가 130만 명일 경우 남학생 수는 266 − 130 = 136(만 명)이고, 과일을 매일 섭취하는 남학생 수는 136 × 0.354 ≒ 48(만 명)이다.
㉣ '과잉행동 장애'를 보이는 학생의 수는 43 × 0.0743 ≒ 3(만 명), '주의력 부족 및 산만'한 행동을 보이는 학생의 수는 43 × 0.0739 ≒ 3(만 명)으로 합은 약 6(만 명)이다.
㉠ 주1회 이상 음료수를 섭취하는 학생 수는 266 × 0.7861 ≒ 209(만 명), 주1회 이상 패스트푸드를 섭취하는 학생은 266 × 0.68 ≒ 181(만 명)이다. 따라서 주1회 이상 음료수를 섭취하는 학생은 주1회 이상 패스트푸드를 섭취하는 학생보다 209 − 181 = 28(만 명) 더 많으므로 옳지 않은 설명이다.

22 ▸ ③

③ 아침식사를 하지 않는 초등학생은 266 × 0.0465 ≒ 12.4(만 명), 중학생은 135 × 0.1349 ≒ 18.2(만 명)이다. 따라서 아침식사를 하지 않는 중학생이 초등학생보다 18.2 − 12.4 = 5.8(만 명) 더 많다.
① '하루 2시간 이상 인터넷이나 게임'을 하는 학생은 초등학생이 22.34%, 중학생이 39.41%이다. 따라서 중학생이 초등학생보다 39.41 − 22.34 = 17.07(%p) 더 높다.
② '헬멧과 보호장구 이용율'의 중학생과 초등학생의 차이는 남자가 55.36 − 30.95 = 24.41(%p), 여자가 61.63 − 36.67 = 24.96(%p)로 남자보다 여자가 더 크다.
④ 남자 중학생의 표본조사결과 중 다섯 번째로 높은 비율을 가진 지표는 78.65%인 '손 씻기 실천율'이고, 여자 초등학생의 표본조사결과 중 세 번째로 낮은 비율을 가진 지표는 2.17%인 '육류 먹지 않는 비율'이다. 따라서 두 비율의 차이는 78.65 − 2.17 ≒ 76.48(%p)이다.

23 ▸ ④

채소를 매일 섭취하는 초등학생 수를 계산하면,
남자 136 × 0.2949≒40.1(만 명),
여자 130 × 0.3316 ≒ 43.1(만 명)이다.
43.1 − 40.1 = 3(만 명) 차이가 나므로, A = 3이다.
주1회 이상 패스트푸드를 섭취하는 초등학생 수를 계산하면,
남자 136 × 0.7019 ≒ 95.5(만 명),
여자 130 × 0.6567 ≒85.4(만 명)이다.
95.5 − 85.4 = 10.1(만 명) 차이가 나므로, B = 10.1이다.
따라서, A + B의 값은 3 + 10.1 = 13.1이다.

24 ▸ ②

㉢ 2019년 입원과 외래의 수급권자 1인당 내원일수의 합은 56일로 2022년 입원과 외래의 수급권자 1인당 내원일수의 합인 59일보다 적다.

25 ▸ ②

2018년 내원 1일당 진료비를 x원이라 하고 식을 세우면,

$$\frac{141,913-x}{x}\times 100=7(\%)$$

$x=132,628.97\cdots$이므로 2018년 내원 1일당 진료비의 합계는 132,628(원)이다.

26 ▸ ①

①의 그래프는 연도별 전체 내원일수에 대한 외래가 아닌 입원 비율이다.

연도별 전체 내원일수에 대한 외래 비율과 그에 따른 그래프를 바르게 나타내면 다음과 같다.

구분	2019	2020	2021	2022
계(일)	111,085,182	109,437,378	110,735,263	111,730,881
외래(일)	48,596,074	47,097,504	47,266,665	47,416,893
비율(%)	43.7	43.0	42.7	42.4

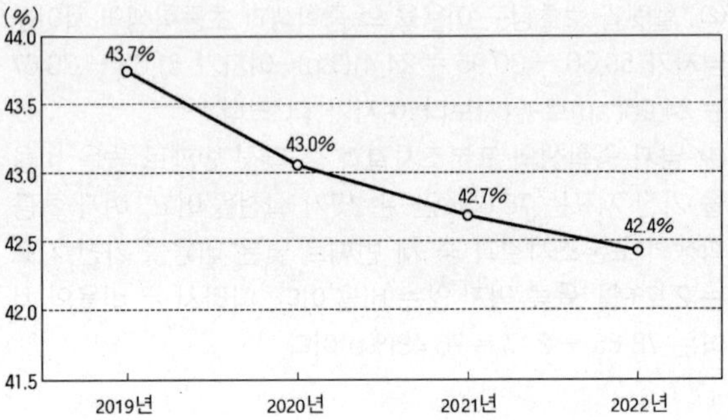

27 ▸ ②

OECD 전체 평균은 두 기간 모두 감소하고 EU−15 평균은 2020 ~ 2021년에는 증가, 2021 ~ 2022년에는 감소하고 있다. 이 두 조건을 모두 만족하는 조합은 ②이다.

28 ▸ ③

③ 취업자 수는 2022년 3,500(만 명) × 0.037 = 129.5(만 명), 2020년 3,000(만 명) × 0.036 = 108(만 명)이므로 20만 명 이상 증가했다.

① 2020년 서유럽에서 취업률이 가장 높은 스페인이 동유럽의 폴란드보다 취업률이 낮다.

② 서유럽 지역의 프랑스를 제외하고 핀란드, 폴란드, 캐나다의 2021년, 2022년 취업률은 모두 전년 대비 감소했다.

④ 취업률이 전년 대비 매년 증가한 국가는 오스트리아, 프랑스, 네덜란드, 포르투갈, 스위스이고 매년 감소한 국가는 아일랜드, 이탈리아, 스페인이므로 매년 증가한 국가가 더 많다.

29 ▸ ①

2022년 프랑스의 취업률은 9.9%, 영국의 취업률은 4.8%이므로 프랑스와 영국의 취업자 수의 차이를 구하면 5,000(만 명) × 0.099 − 4,000(만 명) × 0.048 = 303(만 명)이다.

30 ▸ ②

② 2022년 남성 뇌경색 환자 수는 300,157명으로, 4년 전인 2018년 267,735명에 비해

$\frac{300,157-267,735}{267,735}\times 100 ≒ 12.1(\%)$ 증가하였다.

① 2022년 뇌경색 환자 수는 521,011명으로, 4년 전인 2018년 484,411명에 비해

$\frac{521,011-484,411}{484,411}\times 100 ≒ 7.6(\%)$ 증가하였다.

③ 2018년과 2019년의 60대 남성 환자수의 50%를 구하면 각각 75,529×0.5=37,764.5(명), 79,426×0.5=39,713(명)이다. 2018년과 2019년 60대 여성 환자수는 각각 41,286명, 42,433명이므로, 각 연도 남성 환자수의 50% 이상임을 확인할 수 있다.

④ 2022년 전체 뇌경색 환자 중 40대 이하가 차지하는 비율은

$\frac{520+1,056+3,945+16,790}{521,011}\times 100 ≒ 4.3(\%)$이다.

31 ▸ ①

2019년 : $\frac{131,190-121,369}{121,369}\times 100 ≒ 8.09(\%)$

2020년 : $\frac{133,545-131,190}{131,190}\times 100 ≒ 1.80(\%)$

2021년 : $\frac{142,061-133,545}{133,545}\times 100 ≒ 6.38(\%)$

2022년 : $\frac{153,358-142,061}{142,061}\times 100 ≒ 7.95(\%)$

32 ▸ ④

2018년부터 2022년까지 '허리디스크' 질환 외래 진료비의 공단부담금은 매년 증가하고 있는데 ④의 그래프에서는 2021년에 감소하고 있는 것으로 잘못 표현되었다.

33 ▸ ②

② 2018~2022년 '허리디스크' 질환에 대한 건강보험 진료비 중 약국 진료비가 차지하는 비중을 구해보면 매년 25% 이상이다.

① '허리디스크' 질환으로 인한 건강보험 공단부담금 중 2019년 입원비는 전년 대비 $\frac{241-249}{249}\times 100 ≒ -3.21(\%)$, 즉 3.21% 감소하였다.

③ 2019~2022년 공단부담금의 증가율은 다음과 같다.

2019년 : $\frac{5,991-5,270}{5,270}\times 100$ ≒13.68(%)

2020년 : $\frac{7,858-5,991}{5,991}\times 100$ ≒31.16(%)

2021년 : $\frac{8,984-7,858}{7,858}\times 100$ ≒14.33(%)

2022년 : $\frac{10,954-8,984}{8,984}\times 100$ ≒21.93(%)

따라서 2019년과 2021년에는 증가율이 15%를 넘지 않는다.

④ 제시된 자료로는 알 수 없는 내용이다.

34 ▸ ①

(A) 2019~2022년의 전년 대비 증가율은 다음과 같다.

2019년 : $\frac{107,174-91,079}{91,079}\times 100$ ≒17.67(%)

2020년 : $\frac{138,733-107,174}{107,174}\times 100$ ≒29.45(%)

2021년 : $\frac{155,382-138,733}{138,733}\times 100$ ≒12.0(%)

2022년 : $\frac{178,638-155,382}{155,382}\times 100$ ≒14.97(%)

따라서 (A)에 들어갈 값은

$\frac{17.67+29.45+12.00+14.97}{4}$ ≒ 18.52(%)이다.

(B) $\frac{61,563}{45,611}$ ≒1.35

(C) 5,270−3,645−249=1,376(백만 원)

35 ▸ ③

③ 건강보험 외국인 지역가입자의 2018년 전년 대비 증가율은 $\frac{299,688-264,000}{264,000}\times$100≒13.5(%)이고, 2017년의 전년 대비 증가율은 $\frac{264,000-242,772}{242,772}\times$100≒8.7(%)이다. 따라서 2018년 증가율이 2017년 증가율보다 약 4.8%p 높다.

① 2022년 건강보험 직장가입자의 수가 제시되어 있지 않으므로, 외국인 직장가입자 비중을 알 수 없다.

② 건강보험 재외국민 가입자는 2022년 27,698명, 2021년 27,152명으로 2022년에 전년 대비 $\frac{27,698-27,152}{27,152}\times$100 ≒2.0(%) 증가하였다.

④ 2020년 대비 2022년 기준 건강보험을 적용받는 80세 이상 인구는 $\frac{2,053-1,773}{1,773}\times$100≒15.8(%) 늘어났으며, 70대 인구는 $\frac{3,609-3,445}{3,445}\times$100≒4.8(%) 늘어났다.

36 ▸ ②

2022년에 전년 대비 적용인구가 감소한 연령대는 9세 이하, 20대, 30대, 40대이고, 증가한 연령대는 10대, 50대, 60대, 70대, 80세 이상이다.

9세 이하, 20대, 30대, 40대의 전년 대비 감소율을 나타내면 아래와 같다.

9세 이하 : $\frac{3,537-3,757}{3,757}\times$100≒−5.86(%)

20대 : $\frac{6,626-6,822}{6,822}\times$100≒−2.87(%)

30대 : $\frac{6,923-7,002}{7,002}\times$100≒−1.13(%)

40대 : $\frac{8,177-8,238}{8,238}\times$100≒−0.74(%)

감소율이 가장 큰 연령대는 9세 이하이다.

10대, 50대, 60대, 70대, 80세 이상의 전년 대비 증가율을 나타내면 아래와 같다.

10대 : $\frac{4,619-4,606}{4,606}\times$100≒0.28(%)

50대 : $\frac{8,619-8,608}{8,608}\times$100≒0.13(%)

60대 : $\frac{7,247-6,984}{6,984}\times$100≒3.77(%)

70대 : $\frac{3,609-3,490}{3,490}\times$100≒3.40(%)

80대 : $\frac{2,053-1,905}{1,905}\times$100≒7.77(%)

증가율이 두 번째로 큰 연령대는 60대이다.

37 ▸ ③

(A) 2020년 전년 대비 50~60대 건강보험 적용인구 증가율은 $\frac{(8,575+6,557)-(8,590+6,137)}{8,590+6,137}\times$100≒2.8(%)

(B) 2021년 전년 대비 재외국민 및 외국인 건강보험 적용인구 증가율은 $\frac{1,264,427-1,209,409}{1,209,409}\times$100≒4.5(%)

(C) 2017년 전년 대비 재외국민 건강보험 적용인구 증가율은 $\frac{23,259-20,680}{20,680}\times$100≒12.5(%)

38 ▸ ④

④ 보험료수입은 2019년 이후 꾸준히 증가하고 있다.

② 정부지원 금액이 전년보다 1,944억 원으로 가장 적게 증가한 2019년 수가인상률이 1.64%로 가장 낮다.

③ 지출 중 관리운영비의 비율은 조사기간 중 3.0~3.4% 사이를 유지하고 있다.

39 ▸ ②

건강보험 보장률 $= \frac{\text{보험급여비}}{\text{총 진료비}} \times 100(\%)$이므로, 2021년도의 총 진료비를 x로 놓고 구하면 다음과 같다.

$$\frac{402{,}723\text{억}}{x} \times 100 = 62(\%)$$

$x = 649{,}553$(억 원)

2022년도의 보험급여비는 424,939억 원이므로 2022년의 건강보험 보장률은 $\frac{424{,}939\text{억}}{649{,}553\text{억}} \times 100 \fallingdotseq 65.42(\%)$이므로 약 65%이다.

40 ▸ ①

먼저 2022년 누적수지의 전년 대비 증가율을 구하면 $\frac{128{,}072-82{,}203}{82{,}203} \times 100 \fallingdotseq 56(\%)$이다.

따라서 2023년 누적수지는 128,072 × 1.56=199,792.32(억 원)이므로 약 199,792억 원이다.

41 ▸ ④

A가 학업지원을 받기 위해서는 기준중위소득 72% 이하여야 한다. A는 4인 가구이므로 월 평균 소득금액이 6,097,773× 0.72 ≒ 4,390,396(원) 이하여야 하는데 A는 이 기준을 초과하므로 지원이 불가하다.

B가 상담지원을 받기 위해서는 기준중위소득 72% 이하여야 한다. B는 3인 가구이므로 월 평균 소득금액이 5,025,353 × 0.72≒3,618,254(원) 이하여야 하고 해당 조건이 충족되므로, 월 상담지원비 최대 30만 원, 심리검사비 1년 1회 40만 원을 합해 최대 70만 원을 지원받을 수 있다.

C가 생활지원을 받기 위해서는 기준중위소득 65% 이하여야 한다. C는 1인 가구이므로 월 평균 소득금액이 2,392,013× 0.65≒1,554,808(원) 이하여야 하고 해당 조건이 충족되므로, 월 생활지원비 최대 65만 원을 지원받을 수 있다.

세 사람이 지원받을 수 있는 최대금액 합은 총 135만 원이다.

42 ▸ ②

② 지역건강보험 피부양자로 등록된 자가 소득활동을 하는 경우 소득증빙서류가 필요하며, 소득을 수동 입력한다.

① 2인 가구의 월 평균 소득금액이 260만 원인 경우 기준중위소득 65% 초과이므로 생활, 건강지원 대상자에 해당하지 않는다.

③ 건강보험 미가입자로서 객관적 자료가 없어 통장사본으로 소득을 확인하는 경우 최근 3개월간 금액을 평균하여 산정한다.

④ 학교에 재학 중인 경우 만 18세 초과 만 24세 이하 청소년도 지원 대상에 포함되며, 건강지원을 받기 위해서는 월 평균 소득금액이 기준중위소득 65% 이하여야 한다. 2인 가구의 경우 약 2,556,227원 이하가 된다.

43 ▸ ④

최대 지원금액이므로 월 평균 소득금액은 기준중위소득 65%로 모든 지원을 받을 수 있고, 지원되는 내용을 모두 지원받는다고 가정한다. 이때, 상담지원금액 중 심리검사비는 별도로 지원된다.

따라서 1인당 최대 지원금액은 (65 × 12) + 220 + (30 × 12) + (36 × 12) + (30 × 12) + 40 + 350 + (30 × 12) = 2,902(만 원)이다.

44 ▸ ④

A주차장: 3,000+(1,200×16)=22,200(원)이고, 저공해차량이 10% 할인되므로(또는 6시간 이상 주차 10% 할인), 22,200× 0.9=19,980(원)이다.

B주차장: 4,000+(1,000×16)=20,000(원)이다.

C주차장: 5,000+(800×18)=19,400(원)이다.

D주차장: 3,000+(1,000×18)=21,000(원)이다.(3종 저공해차량이므로, 할인이 되지 않는다.)

E주차장: 3,000+(1,100×18)=22,800(원)이다. 3종 저공해차량은 15% 할인되므로, 22,800×0.85=19,380(원)이다.

따라서, 요금이 가장 저렴한 주차장은 E주차장이다.

45 ▸ ①

우선, 경차인 황 주임 자동차의 주차장별 요금을 구해보자.

A주차장: 토요일이므로, 경차 할인은 적용되지 않고 2시간에 3,000원 기본요금만 적용되므로, 3,000×4=12,000(원)이다.(2시간 단위이므로, 기본요금×4가 된다.)

B주차장: 기본요금 3,000원, 추가요금 700원이 적용되므로 3,000+(700×10)=10,000(원)이다. 경차 10% 할인이 가능하므로, 최종 요금은 9,000원이다.

C주차장: 5,000+(800×12)=14,600(원)이다. 경차 30% 할인이 가능하므로, 최종 요금은 14,600×0.7=10,220(원)이다.

D주차장: 3,000+(1,000×12)=15,000(원)이다. 경차 30% 할인이 가능하므로, 최종 요금은 15,000×0.7=10,500(원)이다.

E주차장: 토요일 12시까지 주차가 무료이므로, 6시간 분의 주차비만 계산하면 된다. 3,000+(1,100×10)=14,000(원)이다. 경차 20% 할인이 가능하므로, 최종 요금은 14,000×0.8 =11,200(원)이다.

따라서, 요금이 가장 저렴한 주차장은 B주차장이다.

이제, 1종 저공해차량인 윤 과장 자동차의 주차장별 요금을 구해보자.

A주차장: 2시간에 3,000원 기본요금만 적용되므로, 3,000×4 =12,000(원)이다.

B주차장: 기본요금 3,000원, 추가요금 700원이 적용되므로 3,000+(700×10)=10,000(원)이다.

C주차장: 5,000+(800×12)=14,600(원)이다.

D주차장: 3,000+(1,000×12)=15,000(원)이다. 1종 저공해차량은 20% 할인이 가능하므로, 최종 요금은 15,000×0.8 =12,000원이다.

E주차장 : 토요일 12시까지 주차가 무료이므로, 6시간 분의 주차비만 계산하면 된다. 3,000+(1,100×10)=14,000(원)이다. 1종 저공해차량은 30% 할인이 가능하므로, 최종 요금은 14,000×0.7=9,800(원)이다.
따라서, 요금이 가장 저렴한 주차장은 E주차장이다.

46 ▸ ①

주차장별 요금 합계는 다음과 같다.
A주차장 : 24,000원
B주차장 : 19,000원
C주차장 : 24,820원
D주차장 : 22,500원
E주차장 : 21,000원
따라서, 요금 합계가 가장 저렴한 주차장은 B주차장이다.

47 ▸ ②

서울 : 8+10+10+6+3+(가점 2점)=39(점)
대전 : 10+10+8+8+8+(가점 3점)=47(점)
부산 : 6+8+8+10+8=40(점)
제주 : 10+8+6+8+8+(가점 3점)=43(점)
상하이 : 8+10+6+8+10+(가점 2점)−(감점 2점)=42(점)
도쿄 : 10+6+6+10+10+(가점 3점)−(감점 2점)=43(점)
평가점수가 가장 높은 세미나 개최지는 대전이고, 그 다음은 제주와 도쿄가 동점이다. 도쿄의 세미나 역량 점수가 더 높으므로, 참석할 세미나 개최지는 대전과 도쿄이다.

48 ▸ ④

첫 번째 조건에 따라, 예상 참석인원이 150명인 '도쿄'는 제외한다.
두 번째 조건에 따라, 세미나 역량과 참석자 점수 합이 9점인 '서울'은 제외한다.
세 번째 조건에 따라, 업무연관성이 C인 '부산'은 제외한다.
따라서 남은 대전, 제주, 상하이의 평가점수를 구하면 아래와 같다.
대전 : 10+10+8+8+8=44(점)
제주 : 10+8+6+8+8=40(점)
상하이 : 8+10+6+8+10−(감점 2점)=40(점)
이때 40점으로 동점인 제주와 상하이의 경우 업무연관성 점수가 더 높은 제주를 선택한다.
따라서, 대전, 제주에서 열리는 세미나에 참석하게 된다.

49 ▸ ④

④ 법인 F의 자본금액이 35억 원인 경우, 자본금액은 30억 원 초과 50억 원 이하이고 사업소 연면적은 330m^2 초과에 해당하므로 주민세는 10만 원+380(m^2)×250원=195,000원이다.
① 법인 A의 자본금액은 50억 원을 초과하고, 사업소 연면적은 330m^{2}을 초과하므로, 주민세는 20만 원+500(m^2)×250원=325,000원이다.
법인 B의 자본금액은 30억 원 이하이고, 사업소 연면적은 330m^2 이하이므로, 주민세는 5만 원이다.
② 법인 C와 D가 납부할 주민세를 구하면,
C : 10만 원+350(m^2)×250원=187,500원
D : 20만 원+300(m^2)×500원=350,000원(중과세율 적용)
C가 납부할 주민세는 D가 납부할 주민세보다 162,500원 적다.
③ E의 사업소 연면적이 200m^{2}인 경우, 자본금액은 30억 원 이하이고 사업소 연면적은 330m^2 이하에 해당하므로 주민세는 5만 원이다.

50 ▸ ②

갑 : 오염물질배출사업소이므로 중과세율이 적용된다.
5만 원+450(m^2)×500원=275,000원
을 : 주민세 산정에 반영되는 연면적이 150+570−200=520m^{2}이다.(기숙사 면적은 비과세이므로)
20만 원+520(m^2)×250=330,000원
따라서 갑과 을의 주민세 합은
275,000원+330,000원=605,000원이다.

51 ▸ ②

② 세미나 장소까지 30분이 걸리므로 진료가 12시 30분에는 끝나야 하고, 진료는 최대 20분이 걸리므로, 이를 감안하면 늦어도 12시 10분에는 진료예약을 해야 한다.
① 진료예약시간 20분 전에는 도착해야 하므로, 9시 40분까지는 도착해야 한다.
③ 세미나 장소까지 30분이 걸리므로 진료가 9시 30분에는 끝나야 하고, 이를 위해 9시 10분에는 진료예약을 해야 한다. 또한, 진료 20분 전인 8시 50분에는 병원에 도착해야 한다.
④ 진료는 오전 10시 50분에 끝나므로, 바로 이동하면 세미나 장소까지 11시 20분까지 갈 수 있다.

52 ▸ ②

입원수속을 하고자 할 때에는 1층 입원수속 창구를 이용하라고 초진절차 표에 나와 있다.

53 ▸ ②

② 재산기준과 소득기준 모두를 충족해야 의료비 지원이 가능하다.
① 한방병원 진료는 개별심사를 통해 선별 지원한다고 하였다. 입원, 외래를 모두 포함하며, 외래 진료만 선별 지원하는 것이 아니다.
③ 본인부담의료비 총액이 80만 원을 초과한 경우에 의료비를 지원한다. 50만 원인 경우 의료비를 지원하지 않는다.

④ 민간보험금 수령액 차감 후 의료비를 지원하며, 중복수급 확인 시 환수한다.

54 ▸ ③

(A) 기준중위소득 50% 이하에 속하므로, 70%를 지원받을 수 있다. 이때 민간보험금 수령액 450만 원을 제외한 1,500－450=1,050(만 원)의 70%인 735만 원을 받을 수 있다.
(B) 차상위계층은 의료비의 80%를 지원받을 수 있다. 800만 원의 80%인 640만 원을 지원받는다.

55 ▸ ③

③ 대학을 설립하기 위해서는 교사, 교지, 교원, 수익용기본재산을 확보해야 한다.

56 ▸ ①

[별표 1]에 따라 학생 1인당 교사기준면적의 합을 구하면, (400 × 12) + (300 × 17) + (150 × 20) + (180 × 19) + (100 × 20) = 18,320(m^2)이다.
학생 정원은 1,130명으로 1,000명 이상이므로 필요한 교지면적은 교사기준면적의 2배 이상인 36,640m^2 이상이다.

57 ▸ ③

대학원생과 학부생은 64명이고, W1500 × D750 실험실 책상과 등받이가 없는 패브릭 실험실 의자를 일괄구매한다.

i) Q사 : 책상 30개 이상, 의자 40개 이상 구입해 모두 할인이 적용된다.
680,000 × 64 × 0.8 + 69,000 × 64 × 0.8 = 34,816,000 + 3,532,800 = 38,348,800(원)

ii) G사 : 해당되는 할인혜택이 없다.
657,000 × 64 + 70,000 × 64 = 42,048,000 + 4,480,000 = 46,528,000(원)

iii) R사 : 패브릭 실험실 의자 20개 이상 구입해 할인이 적용된다.
664,000 × 64 + (65,000 − 10,000) × 64 = 42,496,000 + 3,520,000 = 46,016,000(원)

iv) O사 : W1500 × D750 책상 50개 이상 구입해 할인이 적용된다.
(671,000 − 20,000) × 64 + 67,000 × 64 = 41,664,000 + 4,288,000 = 45,952,000(원)

따라서 가장 저렴한 업체는 Q사이고, 이에 해당하는 비용은 38,348,800원이다.

58 ▸ ①

가장 작은 크기의 실험실 책상 W800 × D600 74개를 구입한다. 의자는 대학원생과 학부생 64명은 고압축 쿠션 B, 교수와 부교수 10명은 가죽 A를 구입한다.

i) Q사 : 책상 단일모델 30개 이상, 의자 고압축 쿠션 B 50개 이상 구입해 할인이 적용된다. 가죽 A는 할인이 적용되지 않는다.
326,000 × 74 × 0.8 + 54,000 × 64 × 0.8 + 92,000 × 10 = 19,299,200 + 2,764,800 + 920,000 = 22,984,000(원)

ii) G사 : 해당되는 할인혜택이 없다.
336,000 × 74 + 51,000 × 64 + 94,000 × 10 = 24,864,000 + 3,264,000 + 940,000 = 29,068,000(원)

iii) R사 : 고압축 쿠션 B를 20개 이상 구입해 할인이 적용된다.
318,000 × 74 + (50,000 − 10,000) × 64 + 90,000 × 10 = 23,532,000 + 2,560,000 + 900,000 = 26,992,000(원)

iv) O사 : 가죽 실험실 의자 10개가 필요한데, 5개당 1개가 무료 증정되므로 9개만 구입하면 된다.
346,000 × 74 + 52,000 × 64 + 91,000 × 9 = 25,604,000 + 3,328,000 + 819,000 = 29,751,000(원)

따라서 가장 저렴한 구입 업체는 Q사이고, 견적은 22,984,000원이다.

59 ▸ ③

③ 희귀난치성질환자는 2009년 1월 1일부터, 만성질환자는 2009년 4월 1일부터 감경이 시행된다. 따라서 만성질환자가 2009년 1월부터 본인부담금의 100분의 60을 감경받는다는 내용은 옳지 않다.

60 ▸ ①

㉠ 가입자 및 피부양자수가 3명이고, 재산과표액과 보험료 순위를 확인했을 때 A씨는 본인부담금을 100분의 60 감경하는 자이다. 따라서 방문간호지시서 발급비용이 39,440원이면 본인은 39,440 × 0.1 = 3,944(원)만 부담하면 된다.
㉡ 가입자 및 피부양자수가 2명이고, 재산과표액과 보험료 순위를 확인했을 때 R씨는 본인부담금을 100분의 40 감경하는 자이다. 따라서 의사소견서 발급비용이 28,940원이면 본인은 28,940 × 0.1 = 2,894(원)만 부담하면 된다.
㉢ 가입자 및 피부양자수가 4명이고, 재산과표액과 보험료 순위를 확인했을 때 K씨는 본인부담금을 100분의 60 감경하는 자이다. 이때 장기요양시설급여비용이 342,240원이면 본인은 342,240 × 0.08 ≒ 27,379(원)만 부담하면 된다.
㉣ 가입자 및 피부양자수가 5명이고, 재산과표액과 보험료 순위를 확인했을 때 K씨는 본인부담금을 100분의 40 감경하는 자이다. 이때 장기요양재가급여비용이 285,540원이면 본인은 285,540 × 0.09 ≒ 25,698(원)만 부담하면 된다.

직무시험(국민건강보험법)

61 ▸ ①

제6조 제2항에 따르면, 사업장의 근로자 및 사용자와 공무원, 교직원 중 직장가입자에서 제외되는 경우는 ㉠~㉣ 중 ㉠, ㉡, ㉢이다.

㉣ 고용 기간이 '1개월 미만'인 일용근로자는 직장가입자에서 제외된다.

> **제6조(가입자의 종류)** ① 가입자는 직장가입자와 지역가입자로 구분한다.
> ② 모든 사업장의 근로자 및 사용자와 공무원 및 교직원은 직장가입자가 된다. 다만, 다음 각 호의 어느 하나에 해당하는 사람은 제외한다.
> 1. 고용 기간이 1개월 미만인 일용근로자
> 2. 「병역법」에 따른 현역병(지원에 의하지 아니하고 임용된 하사를 포함한다), 전환복무된 사람 및 군간부후보생
> 3. 선거에 당선되어 취임하는 공무원으로서 매월 보수 또는 보수에 준하는 급료를 받지 아니하는 사람
> 4. 그 밖에 사업장의 특성, 고용 형태 및 사업의 종류 등을 고려하여 대통령령으로 정하는 사업장의 근로자 및 사용자와 공무원 및 교직원

62 ▸ ②

② 제9조 제1항 제1호에 따르면, 지역가입자가 적용대상사업장의 사용자로 된 날에 그 자격이 변동된다. 따라서, 9월 1일에 직장가입자 자격을 얻는다.

① 제8조 제1항 제2호에 따르면, 직장가입자의 피부양자이었던 사람은 그 자격을 잃은 날에 지역가입자 자격을 얻는다. 따라서, 9월 1일에 지역가입자 자격을 얻는다.

③ 제9조 제1항 제3호에 따르면, 직장가입자인 근로자는 그 사용관계가 끝난 날의 다음 날에 그 자격이 변동된다. 따라서, 퇴사한 9월 1일의 다음 날인 9월 2일에 지역가입자 자격을 얻는다.

④ 제8조 제1항 제4호에 따르면, 보험자에게 건강보험의 적용을 신청한 유공자 등 의료보호대상자는 그 신청한 날에 직장가입자 또는 지역가입자의 자격을 얻는다. 따라서, 건강보험 적용을 신청한 9월 1일에 지역가입자 자격을 얻는다.

> **제8조(자격의 취득 시기 등)** ① 가입자는 국내에 거주하게 된 날에 직장가입자 또는 지역가입자의 자격을 얻는다. 다만, 다음 각 호의 어느 하나에 해당하는 사람은 그 해당되는 날에 각각 자격을 얻는다.
> 1. 수급권자이었던 사람은 그 대상자에서 제외된 날
> 2. 직장가입자의 피부양자이었던 사람은 그 자격을 잃은 날
> 3. 유공자등 의료보호대상자이었던 사람은 그 대상자에서 제외된 날
> 4. 제5조 제1항 제2호 가목에 따라 보험자에게 건강보험의 적용을 신청한 유공자등 의료보호대상자는 그 신청한 날

> **제9조(자격의 변동 시기 등)** ① 가입자는 다음 각 호의 어느 하나에 해당하게 된 날에 그 자격이 변동된다.
> 1. 지역가입자가 적용대상사업장의 사용자로 되거나, 근로자·공무원 또는 교직원(이하 "근로자등"이라 한다)으로 사용된 날
> 2. 직장가입자가 다른 적용대상사업장의 사용자로 되거나 근로자등으로 사용된 날
> 3. 직장가입자인 근로자등이 그 사용관계가 끝난 날의 다음 날
> 4. 적용대상사업장에 제7조 제2호에 따른 사유가 발생한 날의 다음 날
> 5. 지역가입자가 다른 세대로 전입한 날

63 ▸ ①

㉡을 제외한 ㉠, ㉢, ㉣, ㉤은 각각 제3조의2 제2항 제3호, 제2호, 제8호, 제5호에 해당한다.

> **제3조의2(국민건강보험종합계획의 수립 등)** ② 종합계획에는 다음 각 호의 사항이 포함되어야 한다.
> 1. 건강보험정책의 기본목표 및 추진방향
> 2. 건강보험 보장성 강화의 추진계획 및 추진방법
> 3. 건강보험의 중장기 재정 전망 및 운영
> 4. 보험료 부과체계에 관한 사항
> 5. 요양급여비용에 관한 사항
> 6. 건강증진 사업에 관한 사항
> 7. 취약계층 지원에 관한 사항
> 8. 건강보험에 관한 통계 및 정보의 관리에 관한 사항
> 9. 그 밖에 건강보험의 개선을 위하여 필요한 사항으로 대통령령으로 정하는 사항

64 ▸ ②

㉠ 제65조에 따르면 상임이사는 원장이, 비상임이사는 보건복지부장관이 임명하는데, 상임이사는 4명(제1항)이고, 비상임이사는 11명(제4항)이다.

㉣ 제65조 제4항에 따르면, 비상임이사에는 각 호에 제시된 사람과 함께 '대통령령으로 정하는 바에 따라 추천한 관계 공무원 1명을 보건복지부장관이 임명한다'고 하였으므로, 공무원 1명은 반드시 포함된다.

㉤ 제65조 제1항에 따르면 이사 중 4명이 상임이며, 제4항 제2호에 따르면 비상임이사 중 의약관계단체가 추천하는 사람이 5명이다. 따라서, 의약관계단체가 추천하여 임명되는 비상임이사 수가 더 많다.

㉡ 제65조 제2항에 따르면, 원장은 임원추천위원회가 복수로 추천한 사람을 보건복지부장관이 제청하여 대통령이 임명한다.

㉢ 제65조 제7항에 따르면, 원장의 임기는 3년, 공무원인 이사를 제외한 이사의 임기는 2년으로 동일하지 않다.

제65조(임원) ① 심사평가원에 임원으로서 원장, 이사 15명 및 감사 1명을 둔다. 이 경우 원장, 이사 중 4명 및 감사는 상임으로 한다.
② 원장은 임원추천위원회가 복수로 추천한 사람 중에서 보건복지부장관의 제청으로 대통령이 임명한다.
③ 상임이사는 보건복지부령으로 정하는 추천 절차를 거쳐 원장이 임명한다.
④ 비상임이사는 다음 각 호의 사람 중에서 10명과 대통령령으로 정하는 바에 따라 추천한 관계 공무원 1명을 보건복지부장관이 임명한다.
1. 공단이 추천하는 1명
2. 의약관계단체가 추천하는 5명
3. 노동조합・사용자단체・소비자단체 및 농어업인단체가 추천하는 각 1명
⑤ 감사는 임원추천위원회가 복수로 추천한 사람 중에서 기획재정부장관의 제청으로 대통령이 임명한다.
⑥ 제4항에 따른 비상임이사는 정관으로 정하는 바에 따라 실비변상을 받을 수 있다.
⑦ 원장의 임기는 3년, 이사(공무원인 이사는 제외한다)와 감사의 임기는 각각 2년으로 한다.

65 ▸ ①

제4조 제2항 및 제4항에서 찾아볼 수 있는 내용이다. 건강보험정책심의위원회는 위원장 1명과 부위원장 1명을 포함하여 25명의 위원으로 구성한다. 위원회 위원은 근로자단체 및 사용자단체가 추천하는 사람 각 2명, 의료계를 대표하는 단체 및 약업계를 대표하는 단체가 추천하는 사람 8명 등을 보건복지부장관이 임명 또는 위촉한다.

제4조(건강보험정책심의위원회) ② 심의위원회는 위원장 1명과 부위원장 1명을 포함하여 25명의 위원으로 구성한다.
④ 심의위원회의 위원은 다음 각 호에 해당하는 사람을 보건복지부장관이 임명 또는 위촉한다.
1. 근로자단체 및 사용자단체가 추천하는 각 2명
2. 시민단체(「비영리민간단체지원법」 제2조에 따른 비영리민간단체를 말한다. 이하 같다), 소비자단체, 농어업인단체 및 자영업자단체가 추천하는 각 1명
3. 의료계를 대표하는 단체 및 약업계를 대표하는 단체가 추천하는 8명
4. 다음 각 목에 해당하는 8명
가. 대통령령으로 정하는 중앙행정기관 소속 공무원 2명
나. 국민건강보험공단의 이사장 및 건강보험심사평가원의 원장이 추천하는 각 1명
다. 건강보험에 관한 학식과 경험이 풍부한 4명

66 ▸ ②

㉠ 제56조의2 제1항에 따르면, 요양비등수급계좌로 이체할 수 없을 때에는 직접 현금으로 지급하는 등 대통령령으로 정하는 바에 따라 요양비등을 지급할 수 있다. 반드시 현금으로 지급해야 하는 것은 아니다.
㉣ 제56조의2 제3항에 따르면, 요양비등수급계좌의 신청 방법・절차와 관리에 필요한 사항은 대통령령으로 정한다.
㉡ 제56조의2 제1항, ㉢ 제56조의2 제2항에서 확인할 수 있는 내용이다.

제56조의2(요양비등수급계좌) ① 공단은 이 법에 따른 보험급여로 지급되는 현금(이하 "요양비등"이라 한다)을 받는 수급자의 신청이 있는 경우에는 요양비등을 수급자 명의의 지정된 계좌(이하 "요양비등수급계좌"라 한다)로 입금하여야 한다. 다만, 정보통신장애나 그 밖에 대통령령으로 정하는 불가피한 사유로 요양비등수급계좌로 이체할 수 없을 때에는 직접 현금으로 지급하는 등 대통령령으로 정하는 바에 따라 요양비등을 지급할 수 있다.
② 요양비등수급계좌가 개설된 금융기관은 요양비등수급계좌에 요양비등만이 입금되도록 하고, 이를 관리하여야 한다.
③ 제1항 및 제2항에 따른 요양비등수급계좌의 신청 방법・절차와 관리에 필요한 사항은 대통령령으로 정한다.

67 ▸ ③

③ 제45조 제1항에 따르면, 요양급여비용은 공단의 이사장과 '대통령령'으로 정하는 의약계를 대표하는 사람들의 계약으로 정한다.
① 제5조 제3항에 따르면, 피부양자 자격의 인정 기준, 취득・상실시기 및 그 밖에 필요한 사항은 보건복지부령으로 정한다.
② 제29조에 따르면, 공단의 조직・인사・보수 및 회계에 관한 규정은 이사회의 의결을 거쳐 보건복지부장관의 승인을 받아 정한다.
④ 제42조 제3항에 따르면, 보건복지부장관은 요양기관의 인정을 취소할 수 있다.

68 ▸ ④

제108조의2 제4항 제2호에 따르면, 공단은 국민건강증진기금에서 지원받은 자금을 가입자와 피부양자의 흡연으로 인한 질병에 대한 보험급여로 사용한다. 국고로 지원받은 금액은 제108조의2 제3항에 따라 가입자 및 피부양자에 대한 보험급여, 건강보험사업에 대한 운영비, 제75조 및 제110조 제4항에 따른 보험료 경감에 대한 지원 등에 사용한다.

제108조의2(보험재정에 대한 정부지원) ① 국가는 매년 예산의 범위에서 해당 연도 보험료 예상 수입액의 100분의 14에 상당하는 금액을 국고에서 공단에 지원한다.
② 공단은 「국민건강증진법」에서 정하는 바에 따라 같은 법에 따른 국민건강증진기금에서 자금을 지원받을 수 있다.
③ 공단은 제1항에 따라 지원된 재원을 다음 각 호의 사업에 사용한다.
1. 가입자 및 피부양자에 대한 보험급여
2. 건강보험사업에 대한 운영비
3. 제75조 및 제110조 제4항에 따른 보험료 경감에 대한 지원

④ 공단은 제2항에 따라 지원된 재원을 다음 각 호의 사업에 사용한다.
1. 건강검진 등 건강증진에 관한 사업
2. 가입자와 피부양자의 흡연으로 인한 질병에 대한 보험급여
3. 가입자와 피부양자 중 65세 이상 노인에 대한 보험급여

69 ▸ ①

① 제69조 제3항에 따르면, 보험료를 징수할 때 가입자의 자격이 변동된 경우에는 변동된 날이 속하는 달의 보험료는 변동되기 전의 자격을 기준으로 징수한다. 다만 가입자의 자격이 매월 1일에 변동된 경우에는 변동된 자격을 기준으로 징수한다. 7월 1일에 자격이 변동됐으므로, 7월 보험료는 변동된 자격인 지역가입자 기준으로 납부해야 한다.

제69조(보험료) ① 공단은 건강보험사업에 드는 비용에 충당하기 위하여 제77조에 따른 보험료의 납부의무자로부터 보험료를 징수한다.
② 제1항에 따른 보험료는 가입자의 자격을 취득한 날이 속하는 달의 다음 달부터 가입자의 자격을 잃은 날의 전날이 속하는 달까지 징수한다. 다만, 가입자의 자격을 매월 1일에 취득한 경우 또는 제5조 제1항 제2호 가목에 따른 건강보험 적용 신청으로 가입자의 자격을 취득하는 경우에는 그 달부터 징수한다.
③ 제1항 및 제2항에 따라 보험료를 징수할 때 가입자의 자격이 변동된 경우에는 변동된 날이 속하는 달의 보험료는 변동되기 전의 자격을 기준으로 징수한다. 다만, 가입자의 자격이 매월 1일에 변동된 경우에는 변동된 자격을 기준으로 징수한다.

70 ▸ ②

㉡ 제109조 제3항에 해당하여 지역가입자가 된다. 피부양자가 될 수 없다.
㉢ B씨의 언니 부부는 가게를 운영하고 있으므로 직장가입자가 아니다. 따라서, B씨는 피부양자가 될 수 없다.
㉣ 제109조 제2항 제2호에 따라 국내거소신고를 한 사람이지만, 근로자나 공무원, 교직원이라는 정보는 없다. 직장가입자일 수도 있고, 지역가입자일 수도 있으나, 피부양자에는 해당하지 않는다.
㉠ 제109조 제4항에 따르면, 직장가입자와의 관계가 제5조 제2항 각 호(직장가입자의 배우자, 직계존속, 직계존속과 그 배우자, 형제·자매)에 해당할 경우 공단에 신청하면 피부양자가 될 수 있다. N씨의 남편 P씨는 사립대학교 정교수라고 하였으므로 제109조 제2항에 따라 교직원에 해당돼 직장가입자이다. N씨는 직장가입자의 배우자이므로 피부양자가 될 수 있다.

제109조(외국인 등에 대한 특례) ② 국내에 체류하는 재외국민 또는 외국인(이하 "국내체류 외국인등"이라 한다)이 적용대상사업장의 근로자, 공무원 또는 교직원이고 제6조 제2항 각 호의 어느 하나에 해당하지 아니하면서 다음 각 호의 어느 하나에 해당하는 경우에는 제5조에도 불구하고 직장가입자가 된다.
1. 「주민등록법」 제6조 제1항 제3호에 따라 등록한 사람
2. 「재외동포의 출입국과 법적 지위에 관한 법률」 제6조에 따라 국내거소신고를 한 사람
3. 「출입국관리법」 제31조에 따라 외국인등록을 한 사람
③ 제2항에 따른 직장가입자에 해당하지 아니하는 국내체류 외국인등이 다음 각 호의 요건을 모두 갖춘 경우에는 제5조에도 불구하고 지역가입자가 된다.
1. 보건복지부령으로 정하는 기간 동안 국내에 거주하였거나 해당 기간 동안 국내에 지속적으로 거주할 것으로 예상할 수 있는 사유로서 보건복지부령으로 정하는 사유에 해당될 것
2. 다음 각 목의 어느 하나에 해당할 것
가. 제2항 제1호 또는 제2호에 해당하는 사람
나. 「출입국관리법」 제31조에 따라 외국인등록을 한 사람으로서 보건복지부령으로 정하는 체류자격이 있는 사람
④ 제2항 각 호의 어느 하나에 해당하는 국내체류 외국인등이 다음 각 호의 요건을 모두 갖춘 경우에는 제5조에도 불구하고 공단에 신청하면 피부양자가 될 수 있다.
1. 직장가입자와의 관계가 제5조 제2항 각 호의 어느 하나에 해당할 것
2. 제5조 제3항에 따른 피부양자 자격의 인정 기준에 해당할 것
3. 국내 거주기간 또는 거주사유가 제3항 제1호에 따른 기준에 해당할 것. 다만, 직장가입자의 배우자 및 19세 미만 자녀(배우자의 자녀를 포함한다)에 대해서는 그러하지 아니하다.
⑤ 제2항부터 제4항까지의 규정에도 불구하고 다음 각 호에 해당되는 경우에는 가입자 및 피부양자가 될 수 없다.
1. 국내체류가 법률에 위반되는 경우로서 대통령령으로 정하는 사유가 있는 경우
2. 국내체류 외국인등이 외국의 법령, 외국의 보험 또는 사용자와의 계약 등에 따라 제41조에 따른 요양급여에 상당하는 의료보장을 받을 수 있어 사용자 또는 가입자가 보건복지부령으로 정하는 바에 따라 가입 제외를 신청한 경우

71 ▸ ③

제87조 제3항에 따르면, 이의신청은 처분이 있음을 안 날부터 90일 이내에 하여야 하고, 처분이 있은 날부터 180일이 지나면 제기하지 못한다고 하였다. 따라서 갑은 처분이 있음을 안 날인 7월 31일부터 90일이 되는 10월 29일까지 이의신청을 해야 한다. 또한, 처분이 있은 날인 5월 31일로부터 180일이 되는 11월 27일이 지나면 이의신청을 제기하지 못한다. (날짜 계산 시 초일불산입한다고 하였으므로 기준이 되는 날짜의 다음날부터 1일로 계산한다.)

제87조(이의신청) ① 가입자 및 피부양자의 자격, 보험료등, 보험급여, 보험급여 비용에 관한 공단의 처분에 이의가 있는 자는 공단에 이의신청을 할 수 있다.
② 요양급여비용 및 요양급여의 적정성 평가 등에 관한 심사평가원의 처분에 이의가 있는 공단, 요양기관 또는 그 밖의 자는 심사평가원에 이의신청을 할 수 있다.
③ 제1항 및 제2항에 따른 이의신청(이하 "이의신청"이라 한다)은 처분이 있음을 안 날부터 90일 이내에 문서(전자문서를 포함한다)로 하여야 하며 처분이 있은 날부터 180일을 지나면 제기하지 못한다. 다만, 정당한 사유로 그 기간에 이의신청을 할 수 없었음을 소명한 경우에는 그러하지 아니하다.
④ 제3항 본문에도 불구하고 요양기관이 제48조에 따른 심사평가원의 확인에 대하여 이의신청을 하려면 같은 조 제2항에 따라 통보받은 날부터 30일 이내에 하여야 한다.
⑤ 제1항부터 제4항까지에서 규정한 사항 외에 이의신청의 방법·결정 및 그 결정의 통지 등에 필요한 사항은 대통령령으로 정한다.

72 ▸ ②

② 제79조 제1항에 따르면, 납입 고지 문서에는 징수하려는 보험료등의 종류, 납부해야 하는 금액, 납부기한 및 장소가 포함되어야 한다. 따라서, 납부 장소가 적혀 있지 않다는 설명은 잘못되었다.
① 제79조 제5항, ③ 제79조 제4항, ④ 제78조 제2항에서 확인할 수 있는 내용이다.

제78조(보험료의 납부기한) ① 제77조 제1항 및 제2항에 따라 보험료 납부의무가 있는 자는 가입자에 대한 그 달의 보험료를 그 다음 달 10일까지 납부하여야 한다. 다만, 직장가입자의 보수 외 소득월액보험료 및 지역가입자의 보험료는 보건복지부령으로 정하는 바에 따라 분기별로 납부할 수 있다.
② 공단은 제1항에도 불구하고 납입 고지의 송달 지연 등 보건복지부령으로 정하는 사유가 있는 경우 납부의무자의 신청에 따라 제1항에 따른 납부기한부터 1개월의 범위에서 납부기한을 연장할 수 있다. 이 경우 납부기한 연장을 신청하는 방법, 절차 등에 필요한 사항은 보건복지부령으로 정한다.

제79조(보험료등의 납입 고지) ① 공단은 보험료등을 징수하려면 그 금액을 결정하여 납부의무자에게 다음 각 호의 사항을 적은 문서로 납입 고지를 하여야 한다.
1. 징수하려는 보험료등의 종류
2. 납부해야 하는 금액
3. 납부기한 및 장소

④ 직장가입자의 사용자가 2명 이상인 경우 또는 지역가입자의 세대가 2명 이상으로 구성된 경우 그중 1명에게 한 고지는 해당 사업장의 다른 사용자 또는 세대 구성원인 다른 지역가입자 모두에게 효력이 있는 것으로 본다.
⑤ 휴직자등의 보험료는 휴직 등의 사유가 끝날 때까지 보건복지부령으로 정하는 바에 따라 납입 고지를 유예할 수 있다

73 ▸ ②

갑은 보수월액보험료와 보수 외 소득월액보험료를 모두 내게 된다.

i) 보수월액보험료
연봉이 5,400만 원이므로 보수월액은 5,400만 원÷12=450만 원이다. 사업자와 50%씩 나누어 보험료를 부담하게 되므로, 갑이 낼 보수월액 보험료는 450만 원×0.0709×0.5=159,525원이다.

ii) 보수 외 소득월액보험료
보수 외 소득이 연 2,600만 원이다. 제71조 제1항에 따르면, 대통령령으로 정하는 금액(연간 2,000만 원)을 초과하는 경우 보수 외 소득월액은 (연간 보수 외 소득−대통령령으로 정하는 금액)×1/12이므로, (2,600만 원−2,000만 원)×1/12=50만 원이다.
갑이 낼 보수 외 소득월액보험료는 50만 원×0.0709=35,450원이다.
따라서, 갑이 낼 월보험료는 159,525원+35,450원=194,975원이다.

제69조(보험료) ④ 직장가입자의 월별 보험료액은 다음 각 호에 따라 산정한 금액으로 한다.
1. 보수월액보험료: 제70조에 따라 산정한 보수월액에 제73조 제1항 또는 제2항에 따른 보험료율을 곱하여 얻은 금액
2. 보수 외 소득월액보험료: 제71조 제1항에 따라 산정한 보수 외 소득월액에 제73조 제1항 또는 제2항에 따른 보험료율을 곱하여 얻은 금액

제70조(보수월액) ① 제69조 제4항 제1호에 따른 직장가입자의 보수월액은 직장가입자가 지급받는 보수를 기준으로 하여 산정한다.

제71조(소득월액) ① 직장가입자의 보수 외 소득월액은 제70조에 따른 보수월액의 산정에 포함된 보수를 제외한 직장가입자의 소득(이하 "보수 외 소득"이라 한다)이 대통령령으로 정하는 금액을 초과하는 경우 다음의 계산식에 따른 값을 보건복지부령으로 정하는 바에 따라 평가하여 산정한다.

(연간 보수 외 소득−대통령령으로 정하는 금액)×1/12

※ 국민건강보험법 시행령 제41조 제4항
④ 법 제71조 제1항 계산식 외의 부분 및 같은 항의 계산식에서 "대통령령으로 정하는 금액"이란 각각 연간 2천만 원을 말한다.

74 ▸ ③

제115조 제2항 제1호에 따르면, 갑은 3년 이하의 징역 또는 3천만 원 이하의 벌금에 처하게 된다.
제115조 제1항에 따르면, 을은 제102조 제1호를 위반한 것이 되므로 5년 이하의 징역 또는 5천만 원 이하의 벌금에 처하게 된다.
따라서 갑과 을이 받을 수 있는 최대 벌금액의 합은 8천만 원이다.

제102조(정보의 유지 등) 공단, 심사평가원 및 대행청구단체에 종사하였던 사람 또는 종사하는 사람은 다음 각 호의 행위를 하여서는 아니 된다.
1. 가입자 및 피부양자의 개인정보(「개인정보 보호법」 제2조 제1호의 개인정보를 말한다. 이하 "개인정보"라 한다)를 누설하거나 직무상 목적 외의 용도로 이용 또는 정당한 사유 없이 제3자에게 제공하는 행위
2. 업무를 수행하면서 알게 된 정보(제1호의 개인정보는 제외한다)를 누설하거나 직무상 목적 외의 용도로 이용 또는 제3자에게 제공하는 행위

제115조(벌칙) ① 제102조 제1호를 위반하여 가입자 및 피부양자의 개인정보를 누설하거나 직무상 목적 외의 용도로 이용 또는 정당한 사유 없이 제3자에게 제공한 자는 5년 이하의 징역 또는 5천만 원 이하의 벌금에 처한다.
② 다음 각 호의 어느 하나에 해당하는 자는 3년 이하의 징역 또는 3천만 원 이하의 벌금에 처한다.
1. 대행청구단체의 종사자로서 거짓이나 그 밖의 부정한 방법으로 요양급여비용을 청구한 자
2. 제102조 제2호를 위반하여 업무를 수행하면서 알게 된 정보를 누설하거나 직무상 목적 외의 용도로 이용 또는 제3자에게 제공한 자

75 ▸ ①

① 제106조에 따르면, 공단은 징수하여야 할 금액이나 반환하여야 할 금액이 1건당 2천 원 미만인 경우 징수 또는 반환하지 아니한다. '징수하지 않는다'로 고쳐야 맞는 내용이 된다.
② 「국고금 관리법」 제47조
③ 제106조에 따르면, 1건당 2천 원 미만인 경우 징수 또는 반환하지 아니하나, 가입자나 피부양자에게 지급하여야 하는 금액은 제외한다고 하였다.
④ 보험료등에 관한 비용이 10원 미만일 때 계산하지 아니한다. 10원은 10원 미만이 아니므로 계산해야 한다.(「국고금 관리법」 제47조)

제106조(소액 처리) 공단은 징수하여야 할 금액이나 반환하여야 할 금액이 1건당 2천 원 미만인 경우(제47조 제5항, 제57조 제5항 후단 및 제101조 제4항 후단에 따라 각각 상계 처리할 수 있는 본인일부부담금 환급금 및 가입자나 피부양자에게 지급하여야 하는 금액은 제외한다)에는 징수 또는 반환하지 아니한다.

제107조(끝수 처리) 보험료등과 보험급여에 관한 비용을 계산할 때 「국고금관리법」 제47조에 따른 끝수는 계산하지 아니한다.

「국고금 관리법」 제47조(국고금의 끝수 계산) ① 국고금의 수입 또는 지출에서 10원 미만의 끝수가 있을 때에는 그 끝수는 계산하지 아니하고, 전액이 10원 미만일 때에도 그 전액을 계산하지 아니한다. 다만, 대통령령으로 정하는 경우에는 그러하지 아니하다.

76 ▸ ②

㉢ 제79조의2 제3항에 따라, 보험료등납부대행기관은 보험료등의 납부자로부터 보험료등의 납부를 대행하는 대가로 수수료를 받을 수 있다.
㉣ 제79조의2 제4항에 따라, 보험료등납부대행기관의 지정 및 운영, 수수료 등에 필요한 사항은 대통령령으로 정한다.
㉠, ㉡은 제79조의2 제1항, 제2항에서 찾을 수 있는 내용들이다.
따라서, 틀린 것은 ㉢, ㉣ 2개이다.

제79조의2(신용카드등으로 하는 보험료등의 납부)
① 공단이 납입 고지한 보험료등을 납부하는 자는 보험료등의 납부를 대행할 수 있도록 대통령령으로 정하는 기관 등(이하 이 조에서 "보험료등납부대행기관"이라 한다)을 통하여 신용카드, 직불카드 등(이하 이 조에서 "신용카드등"이라 한다)으로 납부할 수 있다.
② 제1항에 따라 신용카드등으로 보험료등을 납부하는 경우에는 보험료등납부대행기관의 승인일을 납부일로 본다.
③ 보험료등납부대행기관은 보험료등의 납부자로부터 보험료등의 납부를 대행하는 대가로 수수료를 받을 수 있다.
④ 보험료등납부대행기관의 지정 및 운영, 수수료 등에 필요한 사항은 대통령령으로 정한다.

77 ▸ ④

㉢ 제83조 제3항에 따르면, 공단은 인적사항 등의 공개대상자에게 이를 서면으로 통지해 소명의 기회를 부여해야 한다. 병에게는 공개대상자임이 서면으로 통지되었고, 소명의 기회도 부여되었으나 병이 이를 거절한 것이므로 병의 인적사항은 공개할 수 있다.
㉣ 제83조 제3항에 따르면, 공단은 통지일부터 6개월이 경과한 후 체납액의 납부이행 등을 감안하여 공개대상자를 선정한다고 하였다. 2024년 7월에 통지했으므로 2025년 3월 5일 기준 6개월이 경과하였고, 이후에도 보험료 납부이행을 하지 않았으므로, 정의 인적사항은 공개할 수 있다.
㉠ 제83조 제1항에 따르면, 체납자가 납부능력이 있음에도 불구하고 체납한 경우 그 인적사항 등을 공개할 수 있다고 하였다. 납부능력이 없음을 증명한다면 인적사항 등을 공개할 수 없다.
㉡ 제83조 제1항에 따르면, 체납된 보험료와 관련하여 행정소송이 계류 중인 경우에는 인적사항 등을 공개할 수 없다.

제83조(고액·상습체납자의 인적사항 공개) ① 공단은 이 법에 따른 납부기한의 다음 날부터 1년이 경과한 보험료, 연체금과 체납처분비(제84조에 따라 결손처분한 보험료, 연체금과 체납처분비로서 징수권 소멸시효가 완성되지 아니한 것을 포함한다)의 총액이 1천만 원 이상인 체납자가 납부능력이 있음에도 불구하고 체납한 경우 그 인적사항·체납액 등(이하 이 조에서 "인적사항등"이라 한다)을 공개할 수 있다. 다만, 체납된 보험료, 연체금과 체납처분비와 관련하여 제87조에 따른 이의신청, 제88조에 따른 심판청구가 제기되거나 행정소송이 계류 중인 경우 또는 그 밖에 체납된 금액의 일부 납부 등 대통령령으로 정하는 사유가 있는 경우에는 그러하지 아니하다.

③ 공단은 보험료정보공개심의위원회의 심의를 거친 인적사항등의 공개대상자에게 공개대상자임을 서면으로 통지하여 소명의 기회를 부여하여야 하며, 통지일부터 6개월이 경과한 후 체납액의 납부이행 등을 감안하여 공개대상자를 선정한다.

78 ▸ ③

③ 제34조 제4항에 따르면, 위원회 운영 등에 필요한 사항은 대통령령으로 정한다.

① 제33조 제1항, ② 제34조 제3항, ④ 제34조 제1항에서 확인할 수 있다.

제33조(재정운영위원회) ① 제45조 제1항에 따른 요양급여비용의 계약 및 제84조에 따른 결손처분 등 보험재정에 관련된 사항을 심의·의결하기 위하여 공단에 재정운영위원회를 둔다.

제34조(재정운영위원회의 구성 등) ① 재정운영위원회는 다음 각 호의 위원으로 구성한다.

1. 직장가입자를 대표하는 위원 10명
2. 지역가입자를 대표하는 위원 10명
3. 공익을 대표하는 위원 10명

③ 재정운영위원회 위원(공무원인 위원은 제외한다)의 임기는 2년으로 한다. 다만, 위원의 사임 등으로 새로 위촉된 위원의 임기는 전임위원 임기의 남은 기간으로 한다.

④ 재정운영위원회의 운영 등에 필요한 사항은 대통령령으로 정한다.

79 ▸ ②

제85조에 따르면, 보험료 등은 국세와 지방세를 제외한 다른 채권에 우선하여 징수한다고 하였으므로, 지방세는 보험료보다 우선하여 징수하며, 일반 채권보다는 보험료를 우선하여 징수한다. 또한 질권 등 담보권으로 담보된 채권은 건강보험료보다 우선 징수한다.

따라서 선택지 중 가능한 순위는 ㉣ 지방세 – ㉡ 질권 – ㉠ 건강보험료 – ㉢ 일반 채권이다.

제85조(보험료등의 징수 순위) 보험료등은 국세와 지방세를 제외한 다른 채권에 우선하여 징수한다. 다만, 보험료등의 납부기한 전에 전세권·질권·저당권 또는 「동산·채권 등의 담보에 관한 법률」에 따른 담보권의 설정을 등기 또는 등록한 사실이 증명되는 재산을 매각할 때에 그 매각대금 중에서 보험료등을 징수하는 경우 그 전세권·질권·저당권 또는 「동산·채권 등의 담보에 관한 법률」에 따른 담보권으로 담보된 채권에 대하여는 그러하지 아니하다.

80 ▸ ③

㉢ 제47조 제4항에 따르면, 공단은 요양급여비용을 요양기관에 지급하는 경우 해당 요양기관이 공단에 납부하여야 하는 보험료 또는 징수금을 체납한 때에는 요양급여비용에서 이를 공제하고 지급할 수 있다. 반드시 그렇게 지급해야 하는 것은 아니다.

㉠ 제47조 제2항, ㉡ 제47조 제6항, ㉣ 제47조 제3항에서 확인할 수 있는 내용들이다.

제47조(요양급여비용의 청구와 지급 등) ① 요양기관은 공단에 요양급여비용의 지급을 청구할 수 있다. 이 경우 제2항에 따른 요양급여비용에 대한 심사청구는 공단에 대한 요양급여비용의 청구로 본다.

② 제1항에 따라 요양급여비용을 청구하려는 요양기관은 심사평가원에 요양급여비용의 심사청구를 하여야 하며, 심사청구를 받은 심사평가원은 이를 심사한 후 지체 없이 그 내용을 공단과 요양기관에 알려야 한다.

③ 제2항에 따라 심사 내용을 통보받은 공단은 지체 없이 그 내용에 따라 요양급여비용을 요양기관에 지급한다. 이 경우 이미 낸 본인일부부담금이 제2항에 따라 통보된 금액보다 더 많으면 요양기관에 지급할 금액에서 더 많이 낸 금액을 공제하여 해당 가입자에게 지급하여야 한다.

④ 공단은 제3항 전단에 따라 요양급여비용을 요양기관에 지급하는 경우 해당 요양기관이 제77조 제1항 제1호에 따라 공단에 납부하여야 하는 보험료 또는 그 밖에 이 법에 따른 징수금을 체납한 때에는 요양급여비용에서 이를 공제하고 지급할 수 있다.

⑤ 공단은 제3항 후단에 따라 가입자에게 지급하여야 하는 금액을 그 가입자가 내야 하는 보험료와 그 밖에 이 법에 따른 징수금(이하 "보험료등"이라 한다)과 상계(相計)할 수 있다.

⑥ 공단은 심사평가원이 제47조의4에 따라 요양급여의 적정성을 평가하여 공단에 통보하면 그 평가 결과에 따라 요양급여비용을 가산하거나 감액 조정하여 지급한다. 이 경우 평가 결과에 따라 요양급여비용을 가산하거나 감액하여 지급하는 기준은 보건복지부령으로 정한다.

직무시험(노인장기요양보험법)

61 ▸ ④

④ 제3조 제3항에 따르면, 장기요양급여는 노인등이 가족과 함께 생활하면서 가정에서 장기요양을 받는 '재가급여'를 우선적으로 제공하여야 한다.

> **제3조(장기요양급여 제공의 기본원칙)** ① 장기요양급여는 노인등이 자신의 의사와 능력에 따라 최대한 자립적으로 일상생활을 수행할 수 있도록 제공하여야 한다.
> ② 장기요양급여는 노인등의 심신상태·생활환경과 노인등 및 그 가족의 욕구·선택을 종합적으로 고려하여 필요한 범위 안에서 이를 적정하게 제공하여야 한다.
> ③ 장기요양급여는 노인등이 가족과 함께 생활하면서 가정에서 장기요양을 받는 재가급여를 우선적으로 제공하여야 한다.
> ④ 장기요양급여는 노인등의 심신상태나 건강 등이 악화되지 아니하도록 의료서비스와 연계하여 이를 제공하여야 한다.

62 ▸ ③

㉡ 제41조 제1항에 따르면, 제23조 제1항 '제1호' 가목에 따른 방문요양에 상당한 장기요양을 받은 경우 보상을 받을 수 있다.
㉢ 제41조 제1항에 따르면, 본인부담금의 '일부'를 감면하거나 이에 갈음하는 조치이다.

> **제41조(가족 등의 장기요양에 대한 보상)** ① 공단은 장기요양급여를 받은 금액의 총액이 보건복지부장관이 정하여 고시하는 금액 이하에 해당하는 수급자가 가족 등으로부터 제23조 제1항 제1호 가목에 따른 방문요양에 상당한 장기요양을 받은 경우 보건복지부령으로 정하는 바에 따라 본인부담금의 일부를 감면하거나 이에 갈음하는 조치를 할 수 있다.
> ② 제1항에 따른 본인부담금의 감면방법 등 필요한 사항은 보건복지부령으로 정한다.

63 ▸ ③

③ 제22조 제2항 제2호에 따르면, 「치매관리법」 제17조에 따른 치매안심센터의 장이 신청을 대리할 수 있다.
① 제22조 제2항 제1호에 해당한다.
② 제22조 제3항에 해당한다.
④ 제22조 제1항의 친족에 해당한다.

> **제22조(장기요양인정 신청 등에 대한 대리)** ① 장기요양급여를 받고자 하는 자 또는 수급자가 신체적·정신적인 사유로 이 법에 따른 장기요양인정의 신청, 장기요양인정의 갱신신청 또는 장기요양등급의 변경신청 등을 직접 수행할 수 없을 때 본인의 가족이나 친족, 그 밖의 이해관계인은 이를 대리할 수 있다.
> ② 다음 각 호의 어느 하나에 해당하는 사람은 관할 지역 안에 거주하는 사람 중 장기요양급여를 받고자 하는 사람 또는 수급자가 제1항에 따른 장기요양인정신청 등을 직접 수행할 수 없을 때 본인 또는 가족의 동의를 받아 그 신청을 대리할 수 있다.
> 1. 「사회보장급여의 이용·제공 및 수급권자 발굴에 관한 법률」 제43조에 따른 사회복지전담공무원
> 2. 「치매관리법」 제17조에 따른 치매안심센터의 장(장기요양급여를 받고자 하는 사람 또는 수급자가 같은 법 제2조 제2호에 따른 치매환자인 경우로 한정한다)
>
> ③ 제1항 및 제2항에도 불구하고 장기요양급여를 받고자 하는 자 또는 수급자가 제1항에 따른 장기요양인정신청 등을 할 수 없는 경우 특별자치시장·특별자치도지사·시장·군수·구청장이 지정하는 자는 이를 대리할 수 있다.

64 ▸ ③

③ 제6조의2 제1항 제4호에 따르면, 장기요양요원의 근로조건, 처우 및 규모에 관한 사항이 해당된다.

> **제6조의2(실태조사)** ① 보건복지부장관은 장기요양사업의 실태를 파악하기 위하여 3년마다 다음 각 호의 사항에 관한 조사를 정기적으로 실시하고 그 결과를 공표하여야 한다.
> 1. 장기요양인정에 관한 사항
> 2. 제52조에 따른 장기요양등급판정위원회(이하 "등급판정위원회"라 한다)의 판정에 따라 장기요양급여를 받을 사람(이하 "수급자"라 한다)의 규모, 그 급여의 수준 및 만족도에 관한 사항
> 3. 장기요양기관에 관한 사항
> 4. 장기요양요원의 근로조건, 처우 및 규모에 관한 사항
> 5. 그 밖에 장기요양사업에 관한 사항으로서 보건복지부령으로 정하는 사항

65 ▸ ②

A기관은 제33조의2 제1항 제3호 "장기요양기관을 설치·운영하는 자가 수급자, 그 보호자 및 장기요양기관 종사자 전원의 동의를 받아 개인정보 보호법 및 관련 법령에 따른 네트워크 카메라를 설치한 경우"에 해당돼, 폐쇄회로 텔레비전을 설치·관리하지 않아도 된다.
D기관은 수급자에게 주·야간보호만을 제공하는 재가급여 제공 기관이다. 제33조의2 제1항 제1호에 따라, 재가급여만을 제공하는 경우 폐쇄회로 텔레비전을 설치·관리하지 않아도 된다. (주·야간보호 : 수급자를 하루 중 일정한 시간 동안 장기요양기관에 보호하여 신체활동 지원 및 심신기능의 유지·향상을 위한 교육·훈련 등을 제공하는 장기요양급여)
제33조의2 제1항 제2호에 따르면, "장기요양기관을 운영하는 자가 수급자 전원 또는 그 보호자 전원의 동의를 받아 특별자치시장·특별자치도지사·시장·군수·구청장에게 신고한 경우" 폐쇄회로 텔레비전을 설치·관리하지 않아도 된다. B기관에서는 동의는 받았으나, 신고기관이 잘못되었고, C기관에서는 동의는 받았으나 신고하지 않았으므로, 폐쇄회로 텔레비전 설치 의무 기관이 아니라 볼 수 없다.

제33조의2(폐쇄회로 텔레비전의 설치 등) ① 장기요양기관을 운영하는 자는 노인학대 방지 등 수급자의 안전과 장기요양기관의 보안을 위하여 「개인정보 보호법」 및 관련 법령에 따른 폐쇄회로 텔레비전(이하 "폐쇄회로 텔레비전"이라 한다)을 설치·관리하여야 한다. 다만, 다음 각 호의 어느 하나에 해당하는 경우에는 그러하지 아니하다.
1. 제23조 제1항 제1호에 따른 재가급여만을 제공하는 경우
2. 장기요양기관을 운영하는 자가 수급자 전원 또는 그 보호자 전원의 동의를 받아 특별자치시장·특별자치도지사·시장·군수·구청장에게 신고한 경우
3. 장기요양기관을 설치·운영하는 자가 수급자, 그 보호자 및 장기요양기관 종사자 전원의 동의를 받아 「개인정보 보호법」 및 관련 법령에 따른 네트워크 카메라를 설치한 경우

66 ▸ ①

㉡ 제13조 제1항에 따르면, 장기요양인정 신청 시 제출하는 의사소견서는 등급판정위원회에 자료를 제출하기 전까지 제출할 수 있다.
따라서, 틀린 설명은 ㉡ 1개이다.

제12조(장기요양인정의 신청자격) 장기요양인정을 신청할 수 있는 자는 노인등으로서 다음 각 호의 어느 하나에 해당하는 자격을 갖추어야 한다.
1. 장기요양보험가입자 또는 그 피부양자
2. 「의료급여법」 제3조 제1항에 따른 수급권자(이하 "의료급여수급권자"라 한다)

제13조(장기요양인정의 신청) ① 장기요양인정을 신청하는 자(이하 "신청인"이라 한다)는 공단에 보건복지부령으로 정하는 바에 따라 장기요양인정신청서(이하 "신청서"라 한다)에 의사 또는 한의사가 발급하는 소견서(이하 "의사소견서"라 한다)를 첨부하여 제출하여야 한다. 다만, 의사소견서는 공단이 제15조 제1항에 따라 등급판정위원회에 자료를 제출하기 전까지 제출할 수 있다.
② 제1항에도 불구하고 거동이 현저하게 불편하거나 도서·벽지 지역에 거주하여 의료기관을 방문하기 어려운 자 등 대통령령으로 정하는 자는 의사소견서를 제출하지 아니할 수 있다.
③ 의사소견서의 발급비용·비용부담방법·발급자의 범위, 그 밖에 필요한 사항은 보건복지부령으로 정한다.

67 ▸ ③

①, ②, ④는 가족요양비, ③은 요양병원간병비로, 성격이 다른 것은 ③이다.

제24조(가족요양비) ① 공단은 다음 각 호의 어느 하나에 해당하는 수급자가 가족 등으로부터 제23조 제1항 제1호 가목에 따른 방문요양에 상당한 장기요양급여를 받은 때 대통령령으로 정하는 기준에 따라 해당 수급자에게 가족요양비를 지급할 수 있다.
1. 도서·벽지 등 장기요양기관이 현저히 부족한 지역으로서 보건복지부장관이 정하여 고시하는 지역에 거주하는 자
2. 천재지변이나 그 밖에 이와 유사한 사유로 인하여 장기요양기관이 제공하는 장기요양급여를 이용하기가 어렵다고 보건복지부장관이 인정하는 자
3. 신체·정신 또는 성격 등 대통령령으로 정하는 사유로 인하여 가족 등으로부터 장기요양을 받아야 하는 자

제26조(요양병원간병비) ① 공단은 수급자가 「의료법」 제3조 제2항 제3호 라목에 따른 요양병원에 입원한 때 대통령령으로 정하는 기준에 따라 장기요양에 사용되는 비용의 일부를 요양병원간병비로 지급할 수 있다.

68 ▸ ②

㉠ 제8조 제2항에 따르면, 국민건강보험공단은 장기요양보험료와 건강보험료를 통합하여 징수하며, 이 경우 공단은 장기요양보험료와 건강보험료를 구분하여 고지하여야 한다.
㉣ 제10조에 따르면, 장애인 등에 대해 대통령령으로 정하는 바에 따라 장기요양보험료의 전부 또는 일부를 감면할 수 있다.
㉡ 제8조 제3항, ㉢ 제9조 제2항에서 찾아볼 수 있는 내용이다.

제8조(장기요양보험료의 징수) ① 공단은 장기요양사업에 사용되는 비용에 충당하기 위하여 장기요양보험료를 징수한다.
② 제1항에 따른 장기요양보험료는 「국민건강보험법」 제69조에 따른 보험료(이하 이 조에서 "건강보험료"라 한다)와 통합하여 징수한다. 이 경우 공단은 장기요양보험료와 건강보험료를 구분하여 고지하여야 한다.
③ 공단은 제2항에 따라 통합 징수한 장기요양보험료와 건강보험료를 각각의 독립회계로 관리하여야 한다.

제9조(장기요양보험료의 산정) ① 장기요양보험료는 「국민건강보험법」 제69조 제4항·제5항 및 제109조 제9항 단서에 따라 산정한 보험료액에서 같은 법 제74조 또는 제75조에 따라 경감 또는 면제되는 비용을 공제한 금액에 같은 법 제73조 제1항에 따른 건강보험료율 대비 장기요양보험료율의 비율을 곱하여 산정한 금액으로 한다.
② 제1항에 따른 장기요양보험료율은 제45조에 따른 장기요양위원회의 심의를 거쳐 대통령령으로 정한다.
③ 제1항에도 불구하고 장기요양보험의 특성을 고려하여 「국민건강보험법」 제74조 또는 제75조에 따라 경감 또는 면제되는 비용을 달리 적용할 필요가 있는 경우에는 대통령령으로 정하는 바에 따라 경감 또는 면제되는 비용의 공제 수준을 달리 정할 수 있다.

제10조(장애인 등에 대한 장기요양보험료의 감면) 공단은 「장애인복지법」에 따른 장애인 또는 이와 유사한 자로서 대통령령으로 정하는 자가 장기요양보험가입자 또는 그 피부양자인 경우 제15조 제2항에 따른 수급자로 결정되지 못한 때 대통령령으로 정하는 바에 따라 장기요양보험료의 전부 또는 일부를 감면할 수 있다.

69 ▸ ④

④를 제외한 ①, ②, ③은 각각 제31조 제3항 제1호, 제2호, 제4호에 해당하는 내용이다.

> **제31조(장기요양기관의 지정)** ③ 특별자치시장·특별자치도지사·시장·군수·구청장이 제1항에 따른 지정을 하려는 경우에는 다음 각 호의 사항을 검토하여 장기요양기관을 지정하여야 한다. 이 경우 특별자치시장·특별자치도지사·시장·군수·구청장은 공단에 관련 자료의 제출을 요청하거나 그 의견을 들을 수 있다.
> 1. 장기요양기관을 운영하려는 자의 장기요양급여 제공 이력
> 2. 장기요양기관을 운영하려는 자 및 그 기관에 종사하려는 자가 이 법, 「사회복지사업법」 또는 「노인복지법」 등 장기요양기관의 운영과 관련된 법에 따라 받은 행정처분의 내용
> 3. 장기요양기관의 운영 계획
> 4. 해당 지역의 노인인구 수, 치매 등 노인성질환 환자 수 및 장기요양급여 수요 등 지역 특성
> 5. 그 밖에 특별자치시장·특별자치도지사·시장·군수·구청장이 장기요양기관으로 지정하는 데 필요하다고 인정하여 정하는 사항

70 ▸ ①

제37조 제1항 제6호 가목에 따르면, 장기요양기관의 종사자 등이 수급자의 신체에 폭행을 가하거나 상해를 입히는 행위를 한 경우에, 특별자치시장·특별자치도지사·시장·군수·구청장은 그 지정을 취소하거나 6개월의 범위에서 업무정지를 명할 수 있다. 이에 해당하는 조치는 ①이다.

> **제37조(장기요양기관 지정의 취소 등)** ① 특별자치시장·특별자치도지사·시장·군수·구청장은 장기요양기관이 다음 각 호의 어느 하나에 해당하는 경우 그 지정을 취소하거나 6개월의 범위에서 업무정지를 명할 수 있다. 다만, 제1호, 제2호의2, 제3호의5, 제7호, 또는 제8호에 해당하는 경우에는 지정을 취소하여야 한다.
> 6. 장기요양기관의 종사자 등이 다음 각 목의 어느 하나에 해당하는 행위를 한 경우. 다만, 장기요양기관의 장이 그 행위를 방지하기 위하여 해당 업무에 관하여 상당한 주의와 감독을 게을리하지 아니한 경우는 제외한다.
>   가. 수급자의 신체에 폭행을 가하거나 상해를 입히는 행위
>   나. 수급자에게 성적 수치심을 주는 성폭행, 성희롱 등의 행위
>   다. 자신의 보호·감독을 받는 수급자를 유기하거나 의식주를 포함한 기본적 보호 및 치료를 소홀히 하는 방임행위
>   라. 수급자를 위하여 증여 또는 급여된 금품을 그 목적 외의 용도에 사용하는 행위
>   마. 폭언, 협박, 위협 등으로 수급자의 정신건강에 해를 끼치는 정서적 학대행위

71 ▸ ①

① 제36조 제1항에 따르면, 폐업이나 휴업을 하려는 장기요양기관의 장은 특별자치시장·특별자치도지사·시장·군수·구청장에게 신고하여야 한다.

② 제36조 제3항 제1호, ③ 제36조 제4항, ④ 제36조 제1항에 해당하는 내용이다.

> **제36조(장기요양기관의 폐업 등의 신고 등)** ① 장기요양기관의 장은 폐업하거나 휴업하고자 하는 경우 폐업이나 휴업 예정일 전 30일까지 특별자치시장·특별자치도지사·시장·군수·구청장에게 신고하여야 한다. 신고를 받은 특별자치시장·특별자치도지사·시장·군수·구청장은 지체 없이 신고 명세를 공단에 통보하여야 한다.
> ③ 장기요양기관의 장은 장기요양기관을 폐업하거나 휴업하려는 경우 또는 장기요양기관의 지정 갱신을 하지 아니하려는 경우 보건복지부령으로 정하는 바에 따라 수급자의 권익을 보호하기 위하여 다음 각 호의 조치를 취하여야 한다.
> 1. 해당 장기요양기관을 이용하는 수급자가 다른 장기요양기관을 선택하여 이용할 수 있도록 계획을 수립하고 이행하는 조치
> 2. 해당 장기요양기관에서 수급자가 제40조 제1항 및 제3항에 따라 부담한 비용 중 정산하여야 할 비용이 있는 경우 이를 정산하는 조치
> 3. 그 밖에 수급자의 권익 보호를 위하여 필요하다고 인정되는 조치로서 보건복지부령으로 정하는 조치
>
> ④ 특별자치시장·특별자치도지사·시장·군수·구청장은 제1항에 따라 폐업·휴업 신고를 접수한 경우 또는 장기요양기관의 장이 유효기간이 끝나기 30일 전까지 제32조의4에 따른 지정 갱신 신청을 하지 아니한 경우 장기요양기관의 장이 제3항 각 호에 따른 수급자의 권익을 보호하기 위한 조치를 취하였는지의 여부를 확인하고, 인근지역에 대체 장기요양기관이 없는 경우 등 장기요양급여에 중대한 차질이 우려되는 때에는 장기요양기관의 폐업·휴업 철회 또는 지정 갱신 신청을 권고하거나 그 밖의 다른 조치를 강구하여야 한다.

72 ▸ ②

② 제32조의4 제1항에 따르면, 지정의 유효기간이 끝난 후에도 계속하여 그 지정을 유지하려는 경우에는 지정 유효기간이 끝나기 90일 전까지 지정 갱신을 신청하여야 한다. 지정 유효기간이 12월 1일에 끝나므로 12월 1일의 90일 전인 9월 2일까지는 지정 갱신을 신청해야 한다.

> **제32조의3(장기요양기관 지정의 유효기간)** 제31조에 따른 장기요양기관 지정의 유효기간은 지정을 받은 날부터 6년으로 한다.
>
> **제32조의4(장기요양기관 지정의 갱신)** ① 장기요양기관의 장은 제32조의3에 따른 지정의 유효기간이 끝난 후에도 계속하여 그 지정을 유지하려는 경우에는 소재지를 관할구역으로 하는 특별자치시장·특별자치도지사·시장·군수·구청장에게 지정 유효기간이 끝나기 90일 전까지 지정 갱신을 신청하여야 한다.

③ 제1항에 따른 지정 갱신이 지정 유효기간 내에 완료되지 못한 경우에는 심사 결정이 이루어질 때까지 지정이 유효한 것으로 본다.
④ 특별자치시장・특별자치도지사・시장・군수・구청장은 갱신 심사를 완료한 경우 그 결과를 지체 없이 해당 장기요양기관의 장에게 통보하여야 한다.

73 ▸ ②

㉠ 제52조 제4항에 따르면, 공단 이사장이 위촉한다.
㉢ 제52조 제2항에 따르면, 인구수 등을 고려하여 하나의 특별자치시・특별자치도・시・군・구에 2 이상의 등급판정위원회를 설치하는 것이 가능하다고 하였다.
㉤ 제52조 제4항에 따르면, 의사 또는 한의사가 1인 이상 각각 포함되어야 한다고 하였다. 2명 이상도 가능하다.

제52조(등급판정위원회의 설치) ① 장기요양인정 및 장기요양등급 판정 등을 심의하기 위하여 공단에 장기요양등급판정위원회를 둔다.
② 등급판정위원회는 특별자치시・특별자치도・시・군・구 단위로 설치한다. 다만, 인구 수 등을 고려하여 하나의 특별자치시・특별자치도・시・군・구에 2 이상의 등급판정위원회를 설치하거나 2 이상의 특별자치시・특별자치도・시・군・구를 통합하여 하나의 등급판정위원회를 설치할 수 있다.
③ 등급판정위원회는 위원장 1인을 포함하여 15인의 위원으로 구성한다.
④ 등급판정위원회 위원은 다음 각 호의 자 중에서 공단 이사장이 위촉한다. 이 경우 특별자치시장・특별자치도지사・시장・군수・구청장이 추천한 위원은 7인, 의사 또는 한의사가 1인 이상 각각 포함되어야 한다.
1. 「의료법」에 따른 의료인
2. 「사회복지사업법」에 따른 사회복지사
3. 특별자치시・특별자치도・시・군・구 소속 공무원
4. 그 밖에 법학 또는 장기요양에 관한 학식과 경험이 풍부한 자

⑤ 등급판정위원회 위원의 임기는 3년으로 하되, 한 차례만 연임할 수 있다. 다만, 공무원인 위원의 임기는 재임기간으로 한다.

74 ▸ ②

㉠ 제35조 제1항에 따르면, 장기요양기관은 입소정원에 여유가 없는 경우 등 정당한 사유가 있는 경우가 아니면 수급자가 요청한 장기요양급여의 제공을 거부하여서는 안 된다. 입소정원에 여유가 없는 경우뿐 아니라 다른 정당한 사유가 있는 경우 장기요양급여의 제공을 거부할 수 있음을 알 수 있다.

제35조(장기요양기관의 의무 등) ① 장기요양기관은 수급자로부터 장기요양급여신청을 받은 때 장기요양급여의 제공을 거부하여서는 아니 된다. 다만, 입소정원에 여유가 없는 경우 등 정당한 사유가 있는 경우는 그러하지 아니하다.
② 장기요양기관은 제23조 제5항에 따른 장기요양급여의 제공 기준・절차 및 방법 등에 따라 장기요양급여를 제공하여야 한다.
③ 장기요양기관의 장은 장기요양급여를 제공한 수급자에게 장기요양급여비용에 대한 명세서를 교부하여야 한다.
④ 장기요양기관의 장은 장기요양급여 제공에 관한 자료를 기록・관리하여야 하며, 장기요양기관의 장 및 그 종사자는 장기요양급여 제공에 관한 자료를 거짓으로 작성하여서는 아니 된다.
⑥ 누구든지 영리를 목적으로 금전, 물품, 노무, 향응, 그 밖의 이익을 제공하거나 제공할 것을 약속하는 방법으로 수급자를 장기요양기관에 소개, 알선 또는 유인하는 행위 및 이를 조장하는 행위를 하여서는 아니 된다.

75 ▸ ③

㉢ 제37조의2 제3항에 따르면, 과징금을 부과하는 위반행위의 종류 및 위반의 정도 등에 따른 과징금의 금액과 과징금의 부과절차 등에 필요한 사항은 대통령령으로 정한다.

제37조의2(과징금의 부과 등) ① 특별자치시장・특별자치도지사・시장・군수・구청장은 제37조 제1항 각 호의 어느 하나(같은 항 제4호는 제외한다)에 해당하는 행위를 이유로 업무정지명령을 하여야 하는 경우로서 그 업무정지가 해당 장기요양기관을 이용하는 수급자에게 심한 불편을 줄 우려가 있는 등 보건복지부장관이 정하는 특별한 사유가 있다고 인정되는 경우에는 업무정지명령을 갈음하여 2억 원 이하의 과징금을 부과할 수 있다. 다만, 제37조 제1항 제6호를 위반한 행위로서 보건복지부령으로 정하는 경우에는 그러하지 아니하다.
② 특별자치시장・특별자치도지사・시장・군수・구청장은 제37조 제1항 제4호에 해당하는 행위를 이유로 업무정지명령을 하여야 하는 경우로서 그 업무정지가 해당 장기요양기관을 이용하는 수급자에게 심한 불편을 줄 우려가 있는 등 보건복지부장관이 정하는 특별한 사유가 있다고 인정되는 경우에는 업무정지명령을 갈음하여 거짓이나 그 밖의 부정한 방법으로 청구한 금액의 5배 이하의 금액을 과징금으로 부과할 수 있다.
③ 제1항 및 제2항에 따른 과징금을 부과하는 위반행위의 종류 및 위반의 정도 등에 따른 과징금의 금액과 과징금의 부과절차 등에 필요한 사항은 대통령령으로 정한다.
④ 특별자치시장・특별자치도지사・시장・군수・구청장은 제1항 및 제2항에 따라 과징금을 내야 할 자가 납부기한까지 내지 아니한 경우에는 지방세 체납처분의 예에 따라 징수한다.

76 ▸ ②

㉡ 제37조의3 제2항에 따르면, 장기요양기관의 폐업 등으로 공표의 실효성이 없는 경우에는 공표하지 않는다고 하였다.
㉢ 제37조의3 제3항에 따르면, 보건복지부장관 또는 특별자치시장·특별자치도지사·시장·군수·구청장은 장기요양기관의 위반사실 등의 공표 여부 등을 심의하기 위하여 공표심의위원회를 설치·운영할 수 있다. 반드시 운영해야 하는 것은 아니다.
㉠ 제37조의3 제2항, ㉣ 제37조의3 제4항에서 확인할 수 있는 내용이다.

제37조의3(위반사실 등의 공표) ② 보건복지부장관 또는 특별자치시장·특별자치도지사·시장·군수·구청장은 장기요양기관이 제61조 제2항에 따른 자료제출 명령에 따르지 아니하거나 거짓으로 자료제출을 한 경우나 질문 또는 검사를 거부·방해 또는 기피하거나 거짓으로 답변하였다는 이유로 제37조 또는 제37조의2에 따른 처분이 확정된 경우 위반사실, 처분내용, 장기요양기관의 명칭·주소, 장기요양기관의 장의 성명, 그 밖에 다른 장기요양기관과의 구별에 필요한 사항으로서 대통령령으로 정하는 사항을 공표하여야 한다. 다만, 장기요양기관의 폐업 등으로 공표의 실효성이 없는 경우 또는 장기요양기관이 위반사실 등의 공표 전에 제61조 제2항에 따른 자료를 제출하거나 질문 또는 검사에 응하는 경우에는 그러하지 아니하다.
③ 보건복지부장관 또는 특별자치시장·특별자치도지사·시장·군수·구청장은 제1항 및 제2항에 따른 공표 여부 등을 심의하기 위하여 공표심의위원회를 설치·운영할 수 있다.
④ 제1항 및 제2항에 따른 공표 여부의 결정 방법, 공표 방법·절차 및 제3항에 따른 공표심의위원회의 구성·운영 등에 필요한 사항은 대통령령으로 정한다.

77 ▸ ③

㉠ 제69조 제1항 제9호에 따르면 제62조의2를 위반하여 노인장기요양보험 또는 이와 유사한 용어를 사용한 자에게는 500만 원 이하의 과태료를 부과한다. 따라서 과태료의 최대금액은 500만 원이다.
㉡ 제67조 제2항 제4호에 따르면 제35조 제6항을 위반하여 수급자를 소개, 알선 또는 유인하는 행위를 하거나 이를 조장한 자는 2년 이하의 징역 또는 2천만 원 이하의 벌금에 처한다. 따라서 벌금의 최대금액은 2천만 원이다.
㉢ 제69조 제1항 제7호에 따르면 제60조, 제61조 제1항 또는 제2항에 따른 보고 또는 자료제출 요구·명령에 따르지 않거나 거짓으로 보고 또는 자료제출을 한 자에게는 500만 원 이하의 과태료를 부과한다. 따라서 과태료의 최대금액은 500만 원이다.
따라서, 벌금 또는 과태료의 최대금액 총액은 3천만 원이다.

제67조(벌칙) ② 다음 각 호의 어느 하나에 해당하는 자는 2년 이하의 징역 또는 2천만 원 이하의 벌금에 처한다.
4. 제35조 제6항을 위반하여 수급자를 소개, 알선 또는 유인하는 행위를 하거나 이를 조장한 자

제69조(과태료) ① 정당한 사유 없이 다음 각 호의 어느 하나에 해당하는 자에게는 500만 원 이하의 과태료를 부과한다.
7. 제60조, 제61조 제1항 또는 제2항(같은 항 제1호에 해당하는 자는 제외한다)에 따른 보고 또는 자료제출 요구·명령에 따르지 아니하거나 거짓으로 보고 또는 자료제출을 한 자나 질문 또는 검사를 거부·방해 또는 기피하거나 거짓으로 답변한 자
9. 제62조의 2를 위반하여 노인장기요양보험 또는 이와 유사한 용어를 사용한 자

78 ▸ ③

㉣ 제47조 제1항에 따르면, 장기요양위원회 회의는 구성원 과반수의 출석으로 개의한다. 16인의 과반수라면 절반인 8인을 넘는 9인이 출석해야 개의할 수 있다. 따라서, 8인 출석으로는 개의할 수 없다.
따라서, 옳은 설명은 ㉠, ㉡, ㉢ 3개이다.

제45조(장기요양위원회의 설치 및 기능) 다음 각 호의 사항을 심의하기 위하여 보건복지부장관 소속으로 장기요양위원회를 둔다.
1. 제9조 제2항에 따른 장기요양보험료율
2. 제24조부터 제26조까지의 규정에 따른 가족요양비, 특례요양비 및 요양병원간병비의 지급기준
3. 제39조에 따른 재가 및 시설 급여비용
4. 그 밖에 대통령령으로 정하는 주요 사항

제47조(장기요양위원회의 운영) ① 장기요양위원회 회의는 구성원 과반수의 출석으로 개의하고 출석위원 과반수의 찬성으로 의결한다.
② 장기요양위원회의 효율적 운영을 위하여 분야별로 실무위원회를 둘 수 있다.

79 ▸ ④

④ 제56조의2 제2항에 따르면, 재심사청구 사항에 대한 재심사위원회의 재심사를 거친 경우에는 「행정심판법」에 따른 행정심판을 청구할 수 없다.

제55조(심사청구) ① 장기요양인정·장기요양등급·장기요양급여·부당이득·장기요양급여비용 또는 장기요양보험료 등에 관한 공단의 처분에 이의가 있는 자는 공단에 심사청구를 할 수 있다.
② 제1항에 따른 심사청구는 그 처분이 있음을 안 날부터 90일 이내에 문서(「전자정부법」 제2조 제7호에 따른 전자문서를 포함한다)로 하여야 하며, 처분이 있은 날부터 180일을 경과하면 이를 제기하지 못한다. 다만, 정당한 사유로 그 기간에 심사청구를 할 수 없었음을 증명하면 그 기간이 지난 후에도 심사청구를 할 수 있다.

③ 제1항에 따른 심사청구 사항을 심사하기 위하여 공단에 장기요양심사위원회(이하 "심사위원회"라 한다)를 둔다.

제56조(재심사청구) ① 제55조에 따른 심사청구에 대한 결정에 불복하는 사람은 그 결정통지를 받은 날부터 90일 이내에 장기요양재심사위원회(이하 "재심사위원회"라 한다)에 재심사를 청구할 수 있다.

제56조의2(행정심판과의 관계) ① 재심사위원회의 재심사에 관한 절차에 관하여는 「행정심판법」을 준용한다.
② 제56조에 따른 재심사청구 사항에 대한 재심사위원회의 재심사를 거친 경우에는 「행정심판법」에 따른 행정심판을 청구할 수 없다.

제57조(행정소송) 공단의 처분에 이의가 있는 자와 제55조에 따른 심사청구 또는 제56조에 따른 재심사청구에 대한 결정에 불복하는 자는 「행정소송법」으로 정하는 바에 따라 행정소송을 제기할 수 있다.

80 ▸ ②

㉠ 제35조의4 제1항 제1호에 따르면, 장기요양기관의 장은 대통령령으로 정하는 바에 따라 적절한 조치를 해야 한다. 의무사항이다.
㉣ 제35조의5 제2항 및 제3항에 따르면, 공단은 장기요양기관이 전문인 배상책임보험에 가입하지 않은 경우 보건복지부령의 기준에 따라 해당 장기요양기관에 지급하는 장기요양급여비용 일부를 감액할 수 있다.

제35조의4(장기요양요원의 보호) ① 장기요양기관의 장은 장기요양요원이 다음 각 호의 어느 하나에 해당하는 경우로 인한 고충의 해소를 요청하는 경우 업무의 전환 등 대통령령으로 정하는 바에 따라 적절한 조치를 하여야 한다.
1. 수급자 및 그 가족이 장기요양요원에게 폭언·폭행·상해 또는 성희롱·성폭력 행위를 하는 경우
2. 수급자 및 그 가족이 장기요양요원에게 제28조의 2 제1항 각 호에 따른 급여외행위의 제공을 요구하는 경우

② 장기요양기관의 장은 장기요양요원에게 다음 각 호의 행위를 하여서는 아니 된다.
1. 장기요양요원에게 제28조의2 제1항 각 호에 따른 급여외행위의 제공을 요구하는 행위
2. 수급자가 부담하여야 할 본인부담금의 전부 또는 일부를 부담하도록 요구하는 행위

제35조의5(보험 가입) ① 장기요양기관은 종사자가 장기요양급여를 제공하는 과정에서 발생할 수 있는 수급자의 상해 등 법률상 손해를 배상하는 보험(이하 "전문인 배상책임보험"이라 한다)에 가입할 수 있다.
② 공단은 장기요양기관이 전문인 배상책임보험에 가입하지 않은 경우 그 기간 동안 제38조에 따라 해당 장기요양기관에 지급하는 장기요양급여비용의 일부를 감액할 수 있다.
③ 제2항에 따른 장기요양급여비용의 감액 기준 등에 관하여 필요한 사항은 보건복지부령으로 정한다.

제2회 모의고사

NCS 직업기초능력

01. ③	02. ①	03. ②	04. ③	05. ②
06. ①	07. ②	08. ②	09. ③	10. ④
11. ①	12. ④	13. ④	14. ③	15. ②
16. ④	17. ④	18. ④	19. ③	20. ④
21. ①	22. ①	23. ③	24. ②	25. ④
26. ③	27. ③	28. ④	29. ②	30. ①
31. ①	32. ③	33. ③	34. ③	35. ②
36. ②	37. ④	38. ②	39. ②	40. ④
41. ③	42. ②	43. ①	44. ①	45. ①
46. ③	47. ②	48. ①	49. ①	50. ④
51. ①	52. ③	53. ②	54. ④	55. ②
56. ③	57. ①	58. ③	59. ④	60. ③

직무시험(국민건강보험법)

61. ④	62. ②	63. ③	64. ④	65. ④
66. ④	67. ③	68. ④	69. ④	70. ③
71. ③	72. ②	73. ②	74. ②	75. ③
76. ②	77. ②	78. ④	79. ②	80. ④

직무시험(노인장기요양보험법)

61. ③	62. ①	63. ①	64. ②	65. ③
66. ③	67. ②	68. ③	69. ②	70. ①
71. ①	72. ③	73. ②	74. ②	75. ④
76. ①	77. ①	78. ②	79. ④	80. ①

NCS 직업기초능력

01 ▸ ③

보건복지부는 선정평가위원회를 통해 시니어의사의 근무 경력, 의료취약도, 사업 계획의 구체성 및 적정성, 지원 필요성 등을 고려해 시도별 채용지원금 지원 대상 기관을 선정한다고 하였다. 모든 기관이 지원 대상 기관이 되는 것은 아니다.

02 ▸ ①

각 기관에서는 시니어의사의 근무 형태에 따라 유형을 선택해 관할 시도에 신청서 및 사업계획서를 제출하면 된다.

03 ▸ ②

① 2024년에 새로이 산정특례를 적용받게 된 질환 중 극히 귀질환의 비중이 높은 것은 맞으나, 산정특례제도를 적용받는 전체 희귀질환에서도 그러한지는 알 수 없다.
③ 중증 간질환 환자의 응고인자 결핍이 혈우병의 하위 질환으로 분류되어 있던 것은 맞으나, 그 이유가 혈우병과 증상이 비슷하기 때문인지는 제시되어 있지 않아 알 수 없다.
④ 간질환 환자가 응고인자 결핍 및 출혈경향을 보이는 것이 '간질환에 의한 응고인자 결핍'이다. 따라서, 이러한 증상을 보이지 않는 간질환 환자가 '간질환에 의한 응고인자 결핍'이 있다고 볼 수 없고, 이에 따라 산정특례 적용 대상인지도 알 수 없다.

04 ▸ ③

③ 선임 요양보호사는 수급자에 대한 직접 서비스 제공을 포함해 신입 요양보호사나 실습생에 대한 기술 지도, 급여제공기록지 확인 점검 등의 업무를 하게 된다.

05 ▸ ②

㉢ 교육비 수납, 수료증 발급 등 승급교육의 실시는 한국보건복지인재원에서 맡는다.
㉣ 이러닝교육, 즉 온라인을 통한 교육 24시간을 포함해 총 40시간이다.
㉠ 장기요양기관장이 자격 요건이 충족되는 요양보호사 중 대상자를 지정하여 기관업무포털에 신청하는 것이 원칙이다.
㉡ 근무기간이 60개월 이상이어야 한다. 3년이면 36개월로 이를 충족하지 못한다.

06 ▸ ①

㉠ 편평세포후두암에서 흡연이 암 발생에 기여하는 정도는 88.0%로 90% 이상은 아니다.
㉢ 과거흡연자에 비해 현재흡연자의 폐암, 후두암 발생위험이 커지는 것으로 나타났다.
㉣ 선천적 유전요인이 폐암 발생에 미치는 영향이 매우 미미함을 과학적으로 규명한 것은 이번 연구가 '국내 최초'이다.

07 ▸ ②

② 폐암과 후두암 이외의 암에 흡연이 영향을 끼친다는 내용은 자료에 언급되어 있지 않다.

① 폐암 유전위험점수가 상위 20% 이내에 해당하는 경우, 유전위험점수가 이보다 낮은 사람에 비해 폐암의 발생위험이 1.20~1.26배 높아진다고 하였다.
③ 흡연력이 높을수록 폐암, 후두암 발생위험이 높은 경향성을 보였다는 데서 추론할 수 있다.
④ 자료의 연구는 흡연과 암 발생의 상관관계를 밝혀 낸 연구이다. 자료의 마지막에서, 법원이 흡연과 폐암, 후두암 발생 간의 인과관계를 인정하지 않아 공단이 담배소송에서 패소하였다고 하였다. 따라서, 흡연과 폐암, 후두암 발생 간의 인과관계를 밝혀 낸 연구 결과가 공단이 담배소송에서 승소하는 데 영향을 줄 수 있다.

08 ▸ ②

ⓒ 2024년 10월부터는 온라인(복지로) 신청이 제공될 것이라고 하였으므로 옳지 않은 설명이다.
ⓔ 심리상담 서비스의 가격은 2급 유형이 7만원, 1급 유형이 8만 원으로, 2급 유형이 더 낮다.

09 ▸ ③

지원대상이 아닌 경우는 ③이다.

10 ▸ ④

④ 심리상담을 받은 후 바우처 결제를 하면 된다고 하였다.

11 ▸ ①

① 2026년에 재택의료센터 지정 지방의료원이 얼마나 늘어날지에 대한 정보는 제시되어 있지 않다.

12 ▸ ④

④ 장기요양 재가급여 대상자 중 1~2등급을 우선으로 거동이 불편하고 재택의료가 필요한 사람으로 의사가 판단하여 선정한다. 1~2등급을 우선으로 하나, 1~2등급만 대상자가 될 수 있는 것은 아니다.

13 ▸ ④

④ 지방의료원 의사 월 1회, 간호사 월 3회 방문 시, 월 급여비용은 건강보험 방문진료료 137,920원, 장기요양보험 재택의료기본료 14만 원, 추가간호료 52,310원으로 모두 합해 330,230원이다.

14 ▸ ③

① 제시된 연구는 일반건강검진을 받은 성인 최대 847만 명을 21년간 추적 관찰한 것이다. 전 국민이라고 할 수는 없다.
② 연구결과에 따르면, 체질량지수 25 구간에서 사망위험이 가장 낮은 U자 형태를 나타낸다고 하였다. 따라서, 체질량지수가 높아질수록 사망위험이 높아진다고 할 수는 없다.
④ 2024년 11월 8일 우리나라 비만 기준을 체질량지수 27 이상으로 상향 조정하는 것이 바람직하다는 연구결과를 발표한 것이지, 공단이 기준을 상향 조정한 것은 아니다.

15 ▸ ②

우리나라 성인의 사망위험은 20년 전 체질량지수 23에서 가장 낮았으나, 이번 조사결과에 따르면 체질량지수 25에서 가장 낮았다. 따라서, 현재 우리나라 비만 기준인 체질량지수(BMI) 25 이상을 상향 조정하는 것이 적절하다는 결론이 나올 수 있다.
따라서 ②의 내용이 직접적 근거로 가장 적절하다.

16 ▸ ④

과민성 대장 증후군을 정의하는 부분에서 '기질적 원인이 없는 기능적 장애'라는 것을 통해 기능성 위장 장애 질환임을 알 수 있다. 신체적인 기관 이상에 의한 질환은 아니다.

17 ▸ ④

④ 생활습관(식사습관)을 조정하고, 규칙적인 운동을 통해 심신의 안정을 취하는 것이 중요하다.
① 증상들이 비슷하다고 해도 다른 기타 질병이 원인일 수 있으므로 과민성 대장 증후군으로 단정 지을 수는 없다.
② 약물치료가 증상 완화에 도움은 되지만 스트레스를 받을 경우 증상이 재발할 수 있다고 하였다.
③ 생명을 위협하는 증상은 없다고 제시돼 있다.

18 ▸ ④

장 건강을 위해서는 스트레스 완화를 위한 이완요법, 행복호르몬인 세로토닌의 생성, 장 운동을 촉진하는 유익균, 유산균의 먹이가 되는 식이섬유 섭취가 모두 필요하다.

19 ▸ ③

제시된 자료는 병원급 이상 의료기관의 일반혈액검사 횟수에 대한 분석을 담고 있다. 상급종합병원, 종합병원, 병원 중 병원급 의료기관이 다른 종 의료기관에 비해 같은 종별 내 혈액검사 실시 횟수의 평균 초과 빈도가 많으며, 병원 간 횟수 차이도 크다고 지적하면서 병원급 의료기관의 과다의료이용 문제에 대한 관리가 필요함을 말하고 있다. 따라서, 주제는 ③으로 볼 수 있다.

20 ▸ ④

④ 종별 평균 대비 1.5배 이상 일반혈액검사를 시행하는 기관 비율은 종합병원이 2.4%, 상급종합병원은 2.2%로, 그 비율이 2배 이상은 아니다.
① 일반혈액검사 횟수는 상급종합병원일수록 같은 종별 내 의료기관 간 편차가 작아지는 경향을 보인다고 하였다.
② 국민건강보험공단 일산병원에서 입원 30일당 시행하는 일반혈액검사 횟수는 8.7회이고, 이것은 유사한 특성을 가진 의료기관 평균의 0.76배라고 하였다. 8.7÷0.76≒11.4이므로, 의료기관 평균은 11.4회임을 알 수 있다.
③ 일반혈액검사 횟수는 상급종합병원일수록 많아진다고 하였다.

21 ▸ ①

① 갑국에서 2022년 사망원인이 암인 남자의 수는 223.5명이고, 을국에서 2017년 사망원인이 호흡기계인 여자의 수는 75.9명이다. 따라서 갑국의 2022년 사망원인이 암인 남자의 수는 을국의 2017년 사망원인이 호흡기계인 여자의 수의 $\frac{223.5}{75.9}$ ≒ 2.9(배)이다.
② 무국의 2022년 사망원인이 순환기계인 여자의 수는 2017년 대비 $\frac{133.5-105.5}{133.5}\times 100$ ≒ 21.0(%) 감소하였다.
③ 2017년과 비교해 2022년 암으로 사망하는 남자의 수는 갑국(233.9→223.5), 을국(278.5→255.6), 병국(265.8→254.7), 정국(279.1→278.5), 무국(272.3→229.0) 모두 감소하였다.
④ 2022년 병국의 호흡기계로 사망한 남자와 여자의 합은 107.8 + 52.3 = 160.1(명)으로 2017년 갑국의 순환기계로 사망한 여자 수 165.1명보다 적다.

22 ▸ ①

2022년 정국의 인구 10만 명당 사망원인별 남자의 수를 이용해 2021년 수치를 구하면 암이 $\frac{278.5}{0.8}\fallingdotseq 348.1$(명), 순환기계가 $\frac{254.3}{0.85}\fallingdotseq 299.2$(명), 호흡기계가 $\frac{118.5}{0.95}\fallingdotseq 124.7$(명)이다.

23 ▸ ③

2022년 한국의 전체 인구수가 5,100만 명이므로 2023년 한국의 전체 인구수는 5,500만 명이다. 2022년의 의사 수는 $\frac{5,100\times 2.1}{1,000}=10.71$(만 명)이므로 2023년 의사 수를 구하면 107,100 + 13,900 = 121,000(명)이다.
따라서 2023년 인구 천 명당 한국의 의사 수는 $\frac{121,000\times 1,000}{55,000,000}$ = 2.2(명)이다.

24 ▸ ②

② 2022년 OECD 주요 국가의 인구 천 명당 의사 수 평균은 $\frac{3.9+3.9+4.0+3.3+3.3+2.8+2.5+2.2+2.3+2.1}{10}$ = 3.03(명)이고, 이는 OECD 전체 국가의 인구 천 명당 의사 수의 평균인 3.2명보다 적다.
① 한국의 인구 천 명당 의료인 수 그래프를 보면 2020~2022년에 간호사를 제외한 의료인의 인원수에는 변화가 없음을 확인할 수 있다.
③ 2022년 OECD의 주요 국가 중 인구 천 명당 의사 수가 가장 많은 국가(독일, 4.0명)와 가장 적은 국가(한국, 2.1명)의 인구 천 명당 의사 수의 차이는 1.9명이다.
④ 한국의 인구 천 명당 간호사 수가 계속 증가 추세임을 그래프에서 확인할 수 있다.

25 ▸ ④

㉡ 1월 대비 3월의 보건용 마스크의 오프라인 가격의 감소율은 $\frac{1,685-1,645}{1,685}\times 100\fallingdotseq 2.4$(%)이고, 온라인 가격의 감소율은 $\frac{2,170-1,306}{2,170}\times 100\fallingdotseq 39.8$(%)로 감소율의 차이는 39.8 − 2.4 = 37.4(%p)이다.
㉢ 4월 대비 6월의 비말차단용 마스크 생산량 감소율은 $\frac{5,274-2,530}{5,274}\times 100\fallingdotseq 52.0$(%)이고, 수술용 마스크 생산량 감소율은 $\frac{1,590-950}{1,590}\times 100\fallingdotseq 40.3$(%)이다.
따라서 비말차단용 마스크 생산량 감소율이 수술용 마스크 생산량 감소율보다 52.0 − 40.3 = 11.7(%p) 높다.
㉣ 5월 대비 6월의 마스크 생산량 감소율은 보건용 마스크가 $\frac{13,279-10,566}{13,279}\times 100\fallingdotseq 20.4$(%), 비말차단용 마스크가 $\frac{3,079-2,530}{3,079}\times 100\fallingdotseq 17.8$(%), 수술용 마스크가 $\frac{1,023-950}{1,023}\times 100\fallingdotseq 7.1$(%)이다. 따라서 감소율이 가장 큰 품목은 보건용 마스크이다.
㉠ 2월에 보건용 마스크 오프라인 가격은 전월 대비 증가하였다.

26 ▸ ③

1월부터 6월의 각 마스크 품목의 생산량 합을 구하면
1월 : 10,653 + 1,369 + 351 = 12,373(만 개)
2월 : 9,369 + 8,181 + 519 = 18,069(만 개)
3월 : 15,169 + 10,229 + 1,970 = 27,368(만 개)
4월 : 19,490 + 5,274 + 1,590 = 26,354(만 개)
5월 : 13,279 + 3,079 + 1,023 = 17,381(만 개)
6월 : 10,566 + 2,530 + 950 = 14,046(만 개)
따라서 1월부터 6월 마스크 생산량 합이 세 번째로 큰 달은 2월이다.

같은 기간 보건용과 비말차단용 마스크의 오프라인 가격 차이는
1월 : 1,685 − 1,085 = 600(원/개)
2월 : 1,758 − 725 = 1,033(원/개)
3월 : 1,645 − 712 = 933(원/개)
4월 : 1,561 − 714 = 847(원/개)
5월 : 1,476 − 696 = 780(원/개)
6월 : 1,454 − 686 = 768(원/개)
따라서 1월부터 6월의 보건용 마스크와 비말차단용 마스크의 오프라인 가격 차이가 가장 적게 나는 달은 1월이다.

27 ▸ ③

㉠ 배포된 설문지 중 제출된 설문지 비율은 $\frac{130}{150}\times 100 \fallingdotseq 86.7(\%)$이다.

㉢ '과거 치료력' 응답률은 $\frac{124}{130}\times 100 \fallingdotseq 95.4(\%)$이고, '신고기관' 응답률은 $\frac{115}{130}\times 100 \fallingdotseq 88.5(\%)$로 '과거 치료력'의 응답률이 더 높다.

㉣ '의료보장' 문항 응답자 중 '지역 건강보험' 비율은 $\frac{28}{76}\times 100 \fallingdotseq 36.8(\%)$, '항결핵약제 내성' 문항 응답자 중 '다제내성결핵' 비율은 $\frac{21}{87}\times 100 \fallingdotseq 24.1(\%)$로 '지역 건강보험'의 비율이 더 높다.

㉡ 전체 설문조사 대상자라고 하였으므로 응답하지 않은 25명이 29세 이하에서 속한다면 50세 이상보다 비율이 높을 수 있다. 따라서 설문지 응답 결과만으로는 알 수 없다.

28 ▸ ④

㉡ 주사기가 주사기 및 주사침류 수출액에서 차지하는 비중은 2022~2024년 동안 18.0%로 변함이 없는데, 주사기 및 주사침류가 전체 수출액에서 차지하는 비중은 계속해서 감소하고 있다. 따라서 주사기가 전체 수출액에서 차지하는 비중은 2023년과 2024년 모두 전년 대비 감소했다고 볼 수 있다.

㉣ 2024년 의료처치용 기계기구는 전체 수출액의 3.0%를 차지하고, 세계수출시장에서의 점유율은 0.1%이다. '전체 수출액×3.0%=세계수출시장 규모×0.1%'이므로 의료처치용 기계기구의 세계수출시장 규모는 전체 수출액의 30배라는 것을 알 수 있다.

㉠ 체외용 의료용품이 전체 수출액에서 차지하는 비중은 2022~2024년 동안 계속해서 감소하는데, 세계수출시장에서의 점유율은 1.0%로 변함이 없다. 따라서 체외용 의료용품의 세계수출시장 규모가 계속해서 감소한다고 볼 수 있다.

㉢ 면역 검사기기, 시력보정용 렌즈, 생체현상 측정기기, 체외용 의료용품, 의료처치용 기계기구, 인체조직 또는 기능대치품은 세계수출시장에서의 점유율이 전년 대비 비슷하거나 감소하였다.

29 ▸ ②

전체 수출액은 매년 변동이 없다고 했으므로 2023년 주사기 수출액은 35억 달러×0.12×0.18=7,560(만 달러)이고, 2024년 의약품 주입기 수출액은 35억 달러×0.11×0.26=1억 10만 달러이다. 따라서 수출액의 합은 7,560만 달러+1억 10만 달러=1억 7,570만 달러이다.

30 ▸ ①

시장규모가 250조 원인 중국의 건설시장이 가장 크다.
주택부문 중 16층 이상 시장규모는
일본이 100 × 0.23 × 0.09 = 2.07(조 원)로 가장 작고
미국이 50 × 0.28 × 0.45 = 6.3(조 원)로 두 번째로 작다.

31 ▸ ①

① 미국의 경우에는 주택시장이 28%, 비주택시장이 21%로 비주택시장의 시장규모 비율이 가장 낮다.

② 2018~2022년 동안 건설시장의 주택부문에서 16층 이상 시장규모 비율이 매년 증가한 국가는 미국과 싱가포르 2개 국가이다.

③ 미국, 두바이, 일본, 싱가포르, 중국의 6~10층 시장규모 비율을 차례대로 나열하면 16%, 26%, 20%, 5%, 15%인데 총 시장 규모를 고려하면 미국 2.24조 원, 두바이 11.31조 원, 일본 4.6조 원, 싱가포르 2.8조 원, 중국 9.75조 원으로 두바이가 가장 크다.

④ 2018~2022년 동안 건설시장의 주택부문에서 16층 이상 시장규모 비율이 매년 감소한 국가는 중국 하나다.

32 ▸ ③

③ 2019년에서 2020년 사이에 만성질환 세대에 대한 생계지원금은 증가한 반면 세대수는 감소하였으므로 증감 추이가 동일하지 않다.

① 2018년과 2021년의 생계지원금 소계를 비교해보면 2021년의 생계지원금이 더 적은 것을 알 수 있다.

② 농어촌에 대한 생계지원 세대수와 생계지원금 모두 가장 비중이 큼을 표를 통해 알 수 있다.

④ 농어촌 세대와 장애인 세대 평균 생계지원금은 각각 $\frac{291,071,200,000}{1,705,848}=170,631$(원), $\frac{187,904,829,000}{405,277}=463,645$(원)이다.

따라서 장애인이 농어촌의 $\frac{463,645}{170,631}\fallingdotseq 2.7$(배)이다.

33 ▸ ③

③의 그래프에서 55세 이상 여자 단독 세대수와 65세 이상 노인 세대수의 수치가 바뀌어 표현되었다.

34 ▸ ③

(A) 2021년 대비 2022년에 총매출액이 감소한 관광사업체는 관광숙박업, 관광객 이용시설업, 국제회의업, 관광 편의시설이다.

관광숙박업 : 7,859,586 − 7,930,628 = − 71,042

관광객 이용시설업 : 789,116 − 814,120 = − 25,004

국제회의업 : 1,760,254 − 2,442,369 = − 682,115

관광 편의시설 : 1,133,617 − 1,760,749 = − 627,132

따라서 2021년 대비 2022년 총매출액이 가장 크게 감소한 관광사업체는 국제회의업이다.

(B) 2020년에서 2022년 사이에 총매출액이 매년 증가하는 관광사업체는 카지노업과 유원시설업으로 2개이다.

(C) 2021년 대비 2022년 이용객 구성비의 증가율을 각각 구해보면,

여행업 : $\frac{21.1-16.6}{16.6}\times 100 ≒ 27.11(\%)$

관광숙박업 : $\frac{20.1-15.0}{15.0}\times 100 = 34(\%)$

관광객 이용시설업 : $\frac{11.0-9.5}{9.5}\times 100 ≒ 15.79(\%)$

카지노업 : $\frac{1.3-1.0}{1.0}\times 100 = 30(\%)$

유원시설업 : $\frac{21.9-18.1}{18.1}\times 100 ≒ 20.99(\%)$

따라서 이용객 구성비의 증가율이 가장 높은 관광사업체는 관광숙박업이다.

35 ▸ ②

② 그래프에서는 2021년이 아니라 2020년의 관광사업체 업종별 이용객 수를 나타내고 있다.

36 ▸ ②

㉠ 2022년 아토피 피부염 여성 환자 비중은

9세 이하가 $\frac{129,256}{530,378}\times 100 ≒ 24.4(\%)$,

20대가 $\frac{89,218}{530,378}\times 100 ≒ 16.8(\%)$이다.

7.6%p 차이 난다.

㉢ 2022년 아토피 피부염 진료비는 2년 전에 비해

여성이 $\frac{68,293-44,215}{44,215}\times 100 ≒ 54.5(\%)$,

남성의 경우 $\frac{108,226-51,872}{51,872}\times 100 ≒ 108.6(\%)$

증가하였다.

증가율 차이는 108.6−54.5=54.1(%p)로 50%p 이상이다.

㉣ 2022년 20~30대 남성 아토피 환자의 진료비는

40,312 + 20,462 = 60,774(백만 원)이고,

같은 연령대 여성 아토피 환자의 진료비는

19,854 + 12,865 = 32,719(백만 원)이다.

여성 환자의 진료비는 남성 환자 진료비의

$\frac{32,719}{60,774}\times 100 ≒ 53.8(\%)$이다.

60%에 미치지 못한다.

㉡ 남성 아토피 환자 중 10대 이하는

$\frac{142,357+76,351}{440,738}\times 100 ≒ 49.6(\%)$이다.

절반 이상은 아니다.

37 ▸ ④

2022년 여성 환자와 남성 환자의 1인당 진료비를 구하면 다음과 같다.

여성 환자 : $\frac{68,293\text{백만 원}}{530,378\text{명}}$ ≒ 128,760원

남성 환자 : $\frac{108,226\text{백만 원}}{440,738\text{명}}$ ≒ 245,550원

여성 환자와 남성 환자의 진료비 차이는

245,550 − 128,760 = 116,790(원)이다.

38 ▸ ②

(A) 아토피 피부염 환자의 진료비는 2018년 82,329백만 원에서 2022년 176,520백만 원으로

$\frac{176,520-82,329}{82,329}\times 100 ≒ 114.4(\%)$ 증가하였다.

(B) 2022년 전체 진료비 중 20대 환자의 진료비 비중은

$\frac{60,166}{176,520}\times 100 ≒ 34.1(\%)$이다.

39 ▸ ②

② $\frac{84.4-80.6}{80.6}\times 100 ≒ 4.7(\%)$ 증가하였다.

① 한국 여성의 평균 사망연령은 84.4 − 82.7 = 1.7(세) 증가하였고, 한국의 전체 평균 사망연령은 81.3 − 79.5 = 1.8(세) 증가하였다.

③ 10개 국가의 여성 평균 사망연령은 84.6세이고, 남성 평균 사망연령은 80.0세이다.

④ 이탈리아와 오스트레일리아의 남녀 평균 사망연령의 합은 164.6세로 같다.

40 ▸ ④

선택지에 있는 국가의 남녀 사망연령의 평균을 구하면 다음과 같다.

스페인	이스라엘	캐나다	아이슬란드
82.5	81.9	81.8	82.2

남녀 사망연령의 평균이 두 번째로 높은 국가는 아이슬란드이다.

41 ▸ ③

A~E기관의 평가점수 총점 및 등급을 구하면 아래와 같다.

A기관 : (0.2×82)+(0.3×85)+(0.2×85)+(0.3×90)
=16.4+25.5+17+27=85.9(점) → 2등급

B기관 : (0.2×90)+(0.3×78)+(0.2×80)+(0.3×72)
=18+23.4+16+21.6=79(점) → 3등급

C기관 : (0.2×80)+(0.3×85)+(0.2×65)+(0.3×74)
=16+25.5+13+22.2=76.7(점) → 3등급

D기관 : (0.2×84)+(0.3×86)+(0.2×78)+(0.3×82)
=16.8+25.8+15.6+24.6=82.8(점) → 2등급

E기관 : (0.2×72)+(0.3×82)+(0.2×68)+(0.3×75)
=14.4+24.6+13.6+22.5=75.1(점) → 3등급

2등급인 기관은 A, D이다.

42 ▸ ②

A기관 : (0.3×85)+(0.3×85)+(0.4×82)
=25.5+25.5+32.8=83.8(점)

B기관 : (0.3×78)+(0.3×80)+(0.4×84)
=23.4+24+33.6=81(점)

C기관 : (0.3×85)+(0.3×65)+(0.4×74)
=25.5+19.5+29.6=74.6(점)

D기관 : (0.3×86)+(0.3×78)+(0.4×82)
=25.8+23.4+32.8=82(점)

E기관 : (0.3×82)+(0.3×68)+(0.4×75)
=24.6+20.4+30=75(점)

이때 평가 점수가 가장 낮은 기관은 C기관이고, C기관의 재정지원이 감축된다.

43 ▸ ①

① 장기요양가족휴가제는 수급자가 단기보호 11일 '또는' 종일방문요양 22회를 사용할 수 있는 서비스이다. 단기보호 11일과 종일방문요양 22회를 모두 사용할 수는 없다.
④ 22시 이후 06시 이전, 일요일, 공휴일에 이용 시 추가 가산이 적용된다고 하였다.

44 ▸ ①

① 장기요양 1등급 이용자인 갑과, 장기요양 5등급 이용자인 을이 단기보호만 최대 횟수를 채워 사용한다면, 두 이용자는 모두 단기보호 11일을 사용하였다.
본인부담금은 다음과 같다.
갑 : 10,790원×11=118,690원
을 : 8,740원×11=96,140원
두 이용자의 본인부담금 차이는 118,690−96,140원=22,550원이다. 2만 원을 넘는다.
② 장기요양가족휴가제는 단기보호 11일 사용이 가능하므로, 1일 남았다고 볼 수 있다. 종일방문요양은 2회 이용 시 1일로 산정한다고 하였으므로, 종일방문요양 2회가 사용 가능하다.
③ 종일방문요양은 2회 이용 시 1일로 산정할 수 있으므로, 종일방문요양 10회=5일이고, 단기보호 4일을 사용했으므로 모두 9일을 사용했다. 2일을 더 사용할 수 있으므로 종일방문요양 4회를 추가로 사용할 수 있다.
④ 종일방문요양만 최대로 사용했다면 22회를 사용한 것이고, 이때 정의 본인부담금을 계산하면, 14,390원×22=316,580원이다. 추가 가산금이 적용될 수도 있으므로, 최소 316,580원 이상이라 할 수 있다.

45 ▸ ①

① 미등록센터가 인가 후 3개월 이내 아동복지센터 대상 지원금 지급신청 시 신청 해당월은 일할 계산하여 지원금을 지급하게 된다. 따라서 신청 다음월부터 지원금을 받을 수 있다는 답변은 틀렸다.
④ 다문화가정 아동이 방과 후 학습을 한 경우 지원금액은 (50만 원−30만 원)×$\frac{40}{100}$+10만 원=18(만 원)이다.

46 ▸ ③

③ 차상위계층 아동이 기본 학습한 경우 지원금액은
10만 원 + (25만 원−10만 원) × $\frac{40}{100}$ = 16(만 원)
① 탈북 아동이 기본 학습한 경우 지원금액은
5만 원 + (20만 원−5만 원)× $\frac{40}{100}$ = 11(만 원)
② 다문화가정 아동이 기본 학습한 경우 지원금액은
20만 원× $\frac{20}{100}$ = 4(만 원)
④ 도서지역소재 아동이 기본 학습한 경우 지원금액은
8만 원 + (20만 원−8만 원−2만 원) × $\frac{30}{100}$ = 11(만 원)

47 ▸ ②

평가점수를 계산하면 아래와 같다.
A : 20+8+18+17+30=93
B : 20+8+12+17+26=83
C : 17+10+18+17+20=82
D : 15+8+12+17+20=72
E : 17+8+12+17+30=84
F : 15+10+12+20+20=77
점수가 가장 높은 두 작품은 93점인 A와 84점인 E이다.

48 ▸ ①

i) 제작비용 100억 원 이상인 작품은 A, B이다.
A : 18+17+30=65
B : 12+17+26=55
A작품에 투자하며, 투자비용은 제작비용 160억 원의 15%인 24억 원이다.

ii) 제작비용 100억 원 미만인 작품은 C, D, E, F이다.
C : 17+10+17+20=64
D : 15+8+17+20=60
E : 17+8+17+30=72
F : 15+10+20+20=65
65점 이상을 얻은 작품은 E와 F 두 개다.
E와 F의 제작비용 합은 115억 원이며, 투자비용은 115억 원의 20%인 23억 원이다.
따라서, 갑 회사의 투자 비용은 24억 원+23억 원=47억 원이다.

49 ▸ ①

A는 '친화력 – 책임감 – 혁신성 – 윤리도'가 '상 – 상 – 중 – 상'으로 인사팀의 중요도에 적합하며, 창의성은 '하'이지만, 이는 인사팀에서 중요하지 않은 역량이다.
C는 '창의성 – 친화력 – 책임감'이 '상 – 상 – 중'으로 영업팀의 중요도에 적합하며, 혁신성과 윤리도가 둘 다 '하'이지만, 이는 영업팀에서는 중요하지 않은 역량이다.
따라서 A는 인사팀, C는 영업팀에 배치되는 것이 가장 적절하다.

50 ▸ ④

총매출이 300억 원 이상인 C는 지원에서 제외된다.
우선지원 대상 사업분야인 인공지능, 반도체에 포함되는 A, G가 지원대상에 먼저 선정된다.
(A, G에 각각 10억 원 지원)
나머지 B, D, E, F의 2024년 총매출 대비 연구비 비율을 구하면

B : $\frac{27}{180}\times100=15(\%)$, D : $\frac{29}{150}\times100\fallingdotseq19.3(\%)$,

E : $\frac{36}{200}\times100=18(\%)$, F : $\frac{36}{120}\times100=30(\%)$

이므로 B, E, D, F의 순서로 지원한다.
B에 10억 원을 지원한다.
E에 10억 원을 지원한다.
D의 총매출액이 150억 원이므로 20억 원을 지원할 수 있으나, 2024년 연구비의 2분의 1을 초과할 수는 없으므로 14억 원을 지원한다.
F의 총매출액이 120억 원이므로 20억 원을 지원할 수 있다. 그러나, 지원 대상 순서대로 A, G, B, E, D에 지급한 지원금은 10억 원+10억 원+10억 원+10억 원+14억 원=54억 원이다. 여기에 F에 20억 원을 지원하면 74억 원이 되어 예산액 70억 원을 초과하게 된다.(또한 F의 2024년 연구비의 2분의 1인 18억 원을 초과해서는 안 된다.)
따라서, F에 16억 원을 지원한다.
㉠ 동일한 지원금을 받는 기업은 10억 원을 받는 A, G, B, E 4개이다.
㉡ 인공지능 분야의 기업은 A, G이고 각각 10억 원을 지원받게 되므로 총 20억 원의 지원금을 받게 된다.
㉢ 가장 많은 지원금을 받는 기업은 16억 원을 받는 F이며, F의 2024년 총매출 대비 연구비는 30%이다.
㉣ D는 14억 원, F는 16억 원의 지원금을 받으므로, D는 F보다 적은 지원금을 받는다.

51 ▸ ①

총매출이 300억 원 이상인 C는 제외한다.
A, G의 2024년 총매출 대비 연구비 비율을 구하면

A : $\frac{53}{170}\times100\fallingdotseq31.2(\%)$, G : $\frac{25.2}{280}\times100=9(\%)$

이므로 C를 제외한 A~G의 지원 순서는 G, B, E, D, F, A가 된다.
G, B, E에 각각 10억 원을 지원한다.
D에 14억 원을 지원한다.
F의 총매출액이 120억 원이므로 20억 원을 지원할 수 있다. 그러나, 2024년 연구비의 2분의 1인 18억 원을 초과해서는 안 되므로 18억 원을 지원한다.
이때, G, B, E, D, F에 지원하는 금액은
10억 원+10억 원+10억 원+14억 원+18억 원=62억 원이 되어 마지막 A에 8억 원만 지원할 수 있다.
따라서, 가장 많은 지원금을 받는 기업 F와, 두 번째로 많은 지원금을 받는 기업 D의 지원금 합계는 18억 원+14억 원=32억 원이다.

52 ▸ ③

'다' 가맹점의 본사 출자액 비율은 $\frac{12,000}{12,000+5,000}\times100$ $\fallingdotseq70.59(\%)$로 B타입일 수 있으나 가맹점주의 출자액이 5천만 원 이상이므로 C타입이다.
정 씨는 가맹점주이므로 사회보험료 부담 비율은 4.00%이고, 보수 월액은 $\frac{2,000}{8}=250$(만 원)이다.
따라서 정 씨가 납부하여야 하는 사회보험료는
$250\times0.04=10$(만 원)이다.

53 ▸ ②

② '나' 가맹점의 본사 출자액 비율은 $\frac{7,000}{7,000+1,500}\times$ $100\fallingdotseq82.35(\%)$로 A타입이다.
최 씨는 근로자이므로 그 부담 비율은 3.00%이고, 보수 월액은 $\frac{6,600}{3}=2,200$(만 원)이다.
따라서 최 씨의 사회보험료는 $2,200\times0.03=66$(만 원)으로 가장 많은 사회보험료를 납부하여야 한다.
① '가' 가맹점의 본사 출자액 비율은 $\frac{4,000}{4,000+2,000}\times$ $100\fallingdotseq66.67(\%)$로 B타입이다.

김 씨는 가맹점주이므로 그 부담 비율은 3.50%이고, 보수 월액은 $\frac{14,000}{9}$ ≒ 1555.56(만 원)이다.

따라서 김 씨의 사회보험료는 1555.56 × 0.035 ≒ 54.44(만 원)이다. 하지만 보수총액이 1억 원 이상이므로 20% 증액하여야 한다. 따라서 김 씨의 최종 사회보험료는 54.44 × 1.2 ≒ 65.33(만 원)이다.

③ '라' 가맹점의 본사 출자액 비율은 $\frac{1,000}{1,000+3,000}$ × 100 = 25(%)로 D타입이다.

강 씨는 근로자이므로 그 부담 비율은 2.00%이고, 보수 월액은 $\frac{2,000}{3}$ ≒ 666.67(만 원)이다.

따라서 강 씨의 사회보험료는 666.67 × 0.02 ≒ 13.33(만 원)이다.

④ '마' 가맹점의 본사 출자액 비율은 $\frac{10,000}{10,000+5,500}$ × 100 ≒ 64.52(%)로 B타입일 수 있으나 가맹점주의 출자액이 5천만 원 이상이므로 C타입이다.

문 씨는 근로자이므로 그 부담 비율은 2.70%이고, 보수 월액은 $\frac{6,000}{8}$ = 750(만 원)이다.

따라서 문 씨의 사회보험료는 750 × 0.027 = 20.25(만 원)이다.

54 ▸ ④

점수 집계 방식에 따라 평가점수를 산정하면 다음과 같다.

구분	A방식	B방식	C방식	D방식
갑	7.4	7.15	22	17
을	7.6	8.1	24	19
병	7.0	7.15	23	15
정	6.6	6.15	20	13
무	7.6	7.8	22	18

동점자 없이 순위를 판가름하기 위해서는 D방식을 선택해야 한다.

55 ▸ ②

가중치가 변경된 B방식으로 평가점수를 산정하면 다음과 같다.

갑 : (9 × 0.15) + (4 × 0.25) + (6 × 0.1) + (5 × 0.2) + (9 × 0.3) = 6.65

을 : (4 × 0.15) + (8 × 0.25) + (9 × 0.1) + (7 × 0.2) + (10 × 0.3) = 7.9

병 : (8 × 0.15) + (8 × 0.25) + (7 × 0.1) + (4 × 0.2) + (8 × 0.3) = 7.1

정 : (9 × 0.15) + (7 × 0.25) + (7 × 0.1) + (8 × 0.2) + (6 × 0.3) = 7.2

무 : (7 × 0.15) + (9 × 0.25) + (7 × 0.1) + (7 × 0.2) + (8 × 0.3) = 7.8

따라서 1위를 하는 직원은 '을'이다.

56 ▸ ③

'갑'과 '정'의 점수를 정정한 후 1차 평가 점수에 대해 D방식을 적용한다. D방식의 점수 산정에 이용된 순위점수 및 D방식으로 산정한 평가점수는 다음과 같다.

구분	심사위원1	심사위원2	심사위원3	심사위원4	심사위원5
갑	5	1	1	2	4
을	1	4	5	4	5
병	3	4	4	1	3
정	5	2	4	5	1
무	2	5	4	4	3

2차 평가점수에 대해 C방식을 적용하여 산정한 평가점수 및 최종점수는 다음과 같다.

구분	1차 평가점수	2차 평가점수	최종점수
갑	13	6 + 7 + 7 = 20	33
을	19	8 + 6 + 7 = 21	40
병	15	7 + 9 + 6 = 22	37
정	17	9 + 6 + 9 = 24	41
무	18	6 + 6 + 9 = 21	39

따라서 최종순위 1위를 하는 직원은 '정'이다.

57 ▸ ①

① 배우자 A와 자녀 B, C, D, E에 대한 가족수당은 4 + 2 + 6 + 10 + 10 = 32(만 원)이다.

② 공무원의 경우 부양가족의 수가 4명 이내여야 가족수당을 지급받을 수 있다. 다만, 자녀의 경우에는 부양가족의 수가 4명을 초과하더라도 가족수당을 지급받을 수 있다.

③ 취학·요양 또는 주거의 형편이나 공무원의 근무형편으로 해당 공무원과 별거하고 있는 가족은 부양가족에 포함한다.

④ 이는 제10조 제2항 제4호에 해당하는 자이다. 하지만 주민등록표상 세대를 같이하지 않고 별거하고 있으므로 부양가족에 포함되지 않는다. 제10조 제2항 제1호에 해당하는 사람, 제2호에 해당하는 사람 중 공무원의 배우자와 세대를 같이하는 사람, 제3호에 해당하는 사람 중 공무원 본인 및 배우자의 자녀에 해당하는 사람만 별거하고 있어도 부양가족에 포함된다.

58 ▸ ③

A : 4(배우자) + 2(첫째 자녀) + 6(둘째 자녀) + 10(셋째 자녀) + 10(넷째 자녀) + 10(다섯째 자녀) = 42(만 원)

B : 2(어머니) + 4(배우자) + 2(첫째 자녀) + 6(둘째 자녀) = 14(만 원)

C : 2(어머니) + 4(배우자) + 2(첫째 자녀) = 8(만 원)
→ 아버지는 60세 미만이므로 부양가족에 포함되지 않는다.

59 ▸ ④

갑~무의 부문별 점수를 구하면 아래와 같다.

	성실성	의사소통능력	창의성	추진능력
갑	70	80×0.7+85×0.3 =81.5	90×0.7+85×0.3 =88.5	70×0.7+75×0.3 =71.5
을	95×0.7+90×0.3 =93.5	65×0.7+80×0.3 =69.5	75	85×0.7+80×0.3 =83.5
병	75×0.7+80×0.3 =76.5	90×0.7+80×0.3 =87	95×0.7+90×0.3 =93.5	80×0.7+75×0.3 =78.5
정	85	80×0.7+85×0.3 =81.5	90×0.7+85×0.3 =88.5	80×0.7+90×0.3 =83
무	70×0.7+80×0.3 =73	90×0.7+85×0.3 =88.5	80×0.7+70×0.3 =77	95

갑~무의 업무역량 점수를 구하면 아래와 같다.
갑: 70 × 0.3 + 81.5 × 0.4 +88.5 × 0.2 +71.5 × 0.1=78.45
을: 93.5 × 0.3 +69.5 × 0.4 +75 × 0.2 +83.5 × 0.1=79.2
병: 76.5 × 0.3 +87 × 0.4 +93.5 × 0.2 +78.5 × 0.1=84.3
정: 85 × 0.3 +81.5 × 0.4 +88.5 × 0.2 +83 × 0.1=84.1
무: 73 × 0.3 +88.5 × 0.4 +77 × 0.2 +95 × 0.1=82.2
업무역량 점수가 가장 높은 두 명은 병과 정이다.

60 ▸ ③

창의성 부분을 제외한 성실성, 의사소통능력, 추진능력 점수 합이 업무역량 점수가 된다.
갑~무의 업무역량 점수를 구하면 아래와 같다.
갑: 70+81.5+71.5=223
을: 93.5+69.5+83.5 =246.5
병: 76.5+87+78.5 =242
정: 85+81.5+83=249.5
무: 73+88.5+95 =256.5
업무역량 점수가 가장 높은 2명은 무와 정이다.

직무시험(국민건강보험법)

61 ▸ ④

④ 제12조 제3항에 따르면, 가입자나 피부양자가 요양급여를 받을 때 건강보험증 대신 주민등록증 등의 신분증명서를 제출해 요양기관이 그 자격을 확인하게 할 수 있다.
① 제12조 제7항, ② 제12조 제1항, ③ 제12조 제8항에서 확인할 수 있는 내용이다.

> **제12조(건강보험증)** ① 국민건강보험공단은 가입자 또는 피부양자가 신청하는 경우 건강보험증을 발급하여야 한다.
> ② 가입자 또는 피부양자가 요양급여를 받을 때에는 제1항의 건강보험증을 제42조제1항에 따른 요양기관(이하 "요양기관"이라 한다)에 제출하여야 한다. 다만, 천재지변이나 그 밖의 부득이한 사유가 있으면 그러하지 아니하다.
> ③ 가입자 또는 피부양자는 제2항 본문에도 불구하고 주민등록증(모바일 주민등록증을 포함한다), 운전면허증, 여권, 그 밖에 보건복지부령으로 정하는 본인 여부를 확인할 수 있는 신분증명서(이하 "신분증명서"라 한다)로 요양기관이 그 자격을 확인할 수 있으면 건강보험증을 제출하지 아니할 수 있다.
> ⑦ 누구든지 건강보험증이나 신분증명서를 양도 또는 대여를 받거나 그 밖에 이를 부정하게 사용하여 보험급여를 받아서는 아니 된다.
> ⑧ 제1항에 따른 건강보험증의 신청 절차와 방법, 서식과 그 교부 및 사용 등에 필요한 사항은 보건복지부령으로 정한다.

62 ▸ ②

② 제5조 제1항 제2호 나목에 따르면, 건강보험을 적용받고 있던 사람이 의료보호대상자로 되었으나 건강보험의 적용배제신청을 보험자에게 하지 아니하면 가입자가 된다. 즉, 병이 자동으로 건강보험 가입자에서 제외되는 것이 아니라, 이미 건강보험 적용을 받고 있어 따로 적용배제신청을 해야 가입자에서 제외된다.
① 제5조 제2항 제2호에서 알 수 있다.(직장가입자의 직계존속)
③ 제5조 제1항 제1호에서 알 수 있다.
④ 제5조 제2항 제3호에서 알 수 있다.(직장가입자의 직계비속과 그 배우자)

> **제5조(적용 대상 등)** ① 국내에 거주하는 국민은 건강보험의 가입자 또는 피부양자가 된다. 다만, 다음 각 호의 어느 하나에 해당하는 사람은 제외한다.
> 1. 「의료급여법」에 따라 의료급여를 받는 사람(이하 "수급권자"라 한다)
> 2. 「독립유공자예우에 관한 법률」 및 「국가유공자 등 예우 및 지원에 관한 법률」에 따라 의료보호를 받는 사람(이하 "유공자등 의료보호대상자"라 한다). 다만, 다음 각 목의 어느 하나에 해당하는 사람은 가입자 또는 피부양자가 된다.
>   가. 유공자등 의료보호대상자 중 건강보험의 적용을 보험자에게 신청한 사람

나. 건강보험을 적용받고 있던 사람이 유공자등 의료보호대상자로 되었으나 건강보험의 적용배제신청을 보험자에게 하지 아니한 사람
② 제1항의 피부양자는 다음 각 호의 어느 하나에 해당하는 사람 중 직장가입자에게 주로 생계를 의존하는 사람으로서 소득 및 재산이 보건복지부령으로 정하는 기준 이하에 해당하는 사람을 말한다.
1. 직장가입자의 배우자
2. 직장가입자의 직계존속(배우자의 직계존속을 포함한다)
3. 직장가입자의 직계비속(배우자의 직계비속을 포함한다)과 그 배우자
4. 직장가입자의 형제·자매

63 ▸ ③

③ 제110조 제4항에 따르면, 임의계속가입자의 보험료는 보건복지부장관이 정하여 고시하는 바에 따라 그 일부를 경감할 수 있다. 반드시 그 일부를 경감하는 것은 아니다.
① 제110조 제3항, ② 제110조 제1항, ④ 제110조 제7항에서 찾아볼 수 있는 내용이다.

제110조(실업자에 대한 특례) ① 사용관계가 끝난 사람 중 직장가입자로서의 자격을 유지한 기간이 보건복지부령으로 정하는 기간 동안 통산 1년 이상인 사람은 지역가입자가 된 이후 최초로 제79조에 따라 지역가입자 보험료를 고지받은 날부터 그 납부기한에서 2개월이 지나기 이전까지 공단에 직장가입자로서의 자격을 유지할 것을 신청할 수 있다.
② 제1항에 따라 공단에 신청한 가입자(이하 "임의계속가입자"라 한다)는 제9조에도 불구하고 대통령령으로 정하는 기간 동안 직장가입자의 자격을 유지한다. 다만, 제1항에 따른 신청 후 최초로 내야 할 직장가입자 보험료를 그 납부기한부터 2개월이 지난 날까지 내지 아니한 경우에는 그 자격을 유지할 수 없다.
③ 임의계속가입자의 보수월액은 보수월액보험료가 산정된 최근 12개월간의 보수월액을 평균한 금액으로 한다.
④ 임의계속가입자의 보험료는 보건복지부장관이 정하여 고시하는 바에 따라 그 일부를 경감할 수 있다.
⑦ 임의계속가입자의 신청 방법·절차 등에 필요한 사항은 보건복지부령으로 정한다.

64 ▸ ④

④ 제95조 제2항에 따르면, 국세청장은 세무조사를 하면 그 조사 결과 중 보수·소득에 관한 사항을 공단에 송부하여야 한다. 결과 전체를 송부해야 하는 것은 아니다.
① 제94조 제1항 제2호, ② 제94조 제2항, ③ 제95조 제1항에서 찾아볼 수 있는 내용이다.

제94조(신고 등) ① 공단은 사용자, 직장가입자 및 세대주에게 다음 각 호의 사항을 신고하게 하거나 관계 서류(전자적 방법으로 기록된 것을 포함한다. 이하 같다)를 제출하게 할 수 있다.
1. 가입자의 거주지 변경
2. 가입자의 보수·소득
3. 그 밖에 건강보험사업을 위하여 필요한 사항
② 공단은 제1항에 따라 신고한 사항이나 제출받은 자료에 대하여 사실 여부를 확인할 필요가 있으면 소속 직원이 해당 사항에 관하여 조사하게 할 수 있다.

제95조(소득 축소·탈루 자료의 송부 등) ① 공단은 제94조 제1항에 따라 신고한 보수 또는 소득 등에 축소 또는 탈루(脫漏)가 있다고 인정하는 경우에는 보건복지부장관을 거쳐 소득의 축소 또는 탈루에 관한 사항을 문서로 국세청장에게 송부할 수 있다.
② 국세청장은 제1항에 따라 송부받은 사항에 대하여 「국세기본법」 등 관련 법률에 따른 세무조사를 하면 그 조사 결과 중 보수·소득에 관한 사항을 공단에 송부하여야 한다.

65 ▸ ④

㉢은 제75조 제1항 제1호, ㉣은 제75조 제2항 제2호, ㉤은 제75조 제1항 제3호에 해당하여 보험료를 경감하거나 감액할 수 있다.
㉠ 제75조 제1항 제2호에 따르면 65세 이상이어야 경감 대상자가 된다.
㉡ 제75조 제1항 제5호에 따르면, 휴직자는 보험료 경감의 대상이 되나 실직자는 해당되지 않는다.

제75조(보험료의 경감 등) ① 다음 각 호의 어느 하나에 해당하는 가입자 중 보건복지부령으로 정하는 가입자에 대하여는 그 가입자 또는 그 가입자가 속한 세대의 보험료의 일부를 경감할 수 있다.
1. 섬·벽지(僻地)·농어촌 등 대통령령으로 정하는 지역에 거주하는 사람
2. 65세 이상인 사람
3. 「장애인복지법」에 따라 등록한 장애인
4. 「국가유공자 등 예우 및 지원에 관한 법률」 제4조 제1항 제4호, 제6호, 제12호, 제15호 및 제17호에 따른 국가유공자
5. 휴직자
6. 그 밖에 생활이 어렵거나 천재지변 등의 사유로 보험료를 경감할 필요가 있다고 보건복지부장관이 정하여 고시하는 사람
② 제77조에 따른 보험료 납부의무자가 다음 각 호의 어느 하나에 해당하는 경우에는 대통령령으로 정하는 바에 따라 보험료를 감액하는 등 재산상의 이익을 제공할 수 있다.
1. 제81조의6 제1항에 따라 보험료의 납입 고지를 전자문서로 받는 경우
2. 보험료를 계좌 또는 신용카드 자동이체의 방법으로 내는 경우

66 ▸ ④

④ 제89조 제4항에 따르면, 분쟁조정위원회는 제3항에 따른 구성원 과반수의 출석과 출석위원 과반수의 찬성으로 의결한다. 이때, 제3항에 따른 구성원은 총 9명이므로, 9명의 과반수인 5명 이상의 출석과, 출석위원 과반수의 찬성(3명~5명)으로 의결할 수 있음을 알 수 있다.

① 제89조 제2항에 따르면, 분쟁조정위원회는 위원장을 포함하여 60명 이내의 위원으로 구성해야 하므로, 60명을 넘을 수 없다.

② 제89조 제2항에 따르면, 분쟁조정위원회는 공무원이 아닌 위원이 전체 위원의 과반수가 되어야 한다. 이는 곧 공무원인 위원이 전체의 절반을 넘지 않는 것이다.

③ 제89조 제5항에 따르면, 분쟁조정위원회를 실무적으로 지원하기 위하여 분쟁조정위원회에 사무국을 둔다고 하였다.

> **제89조(건강보험분쟁조정위원회)** ① 제88조에 따른 심판청구를 심리·의결하기 위하여 보건복지부에 건강보험분쟁조정위원회(이하 "분쟁조정위원회"라 한다)를 둔다.
> ② 분쟁조정위원회는 위원장을 포함하여 60명 이내의 위원으로 구성하고, 위원장을 제외한 위원 중 1명은 당연직위원으로 한다. 이 경우 공무원이 아닌 위원이 전체 위원의 과반수가 되도록 하여야 한다.
> ③ 분쟁조정위원회의 회의는 위원장, 당연직위원 및 위원장이 매 회의마다 지정하는 7명의 위원을 포함하여 총 9명으로 구성하되, 공무원이 아닌 위원이 과반수가 되도록 하여야 한다.
> ④ 분쟁조정위원회는 제3항에 따른 구성원 과반수의 출석과 출석위원 과반수의 찬성으로 의결한다.
> ⑤ 분쟁조정위원회를 실무적으로 지원하기 위하여 분쟁조정위원회에 사무국을 둔다.

67 ▸ ③

③ 제81조의3 제1항 제1호에 따르면, 납부기한의 다음 날부터 1년이 지난 보험료의 총액이 500만 원 이상인 경우 자료를 제공할 수 있다.

①, ②는 제81조의3 제1항에서, ④는 제81조의3 제4항에서 확인할 수 있는 내용들이다.

> **제81조의3(체납 또는 결손처분 자료의 제공)** ① 공단은 보험료 징수 및 제57조에 따른 징수금(같은 조 제2항 각 호의 어느 하나에 해당하여 같은 조 제1항 및 제2항에 따라 징수하는 금액에 한정한다. 이하 이 조에서 "부당이득금"이라 한다)의 징수 또는 공익목적을 위하여 필요한 경우에 「신용정보의 이용 및 보호에 관한 법률」 제25조 제2항 제1호의 종합신용정보집중기관에 다음 각 호의 어느 하나에 해당하는 체납자 또는 결손처분자의 인적사항·체납액 또는 결손처분액에 관한 자료(이하 이 조에서 "체납등 자료"라 한다)를 제공할 수 있다. 다만, 체납된 보험료나 부당이득금과 관련하여 행정심판 또는 행정소송이 계류 중인 경우, 제82조 제1항에 따라 분할납부를 승인받은 경우 중 대통령령으로 정하는 경우, 그 밖에 대통령령으로 정하는 사유가 있을 때에는 그러하지 아니하다.
> 1. 이 법에 따른 납부기한의 다음 날부터 1년이 지난 보험료 및 그에 따른 연체금과 체납처분비의 총액이 500만 원 이상인 자
> 2. 이 법에 따른 납부기한의 다음 날부터 1년이 지난 부당이득금 및 그에 따른 연체금과 체납처분비의 총액이 1억 원 이상인 자
> 3. 제84조에 따라 결손처분한 금액의 총액이 500만 원 이상인 자
>
> ④ 제1항에 따라 체납등 자료를 제공받은 자는 이를 업무 외의 목적으로 누설하거나 이용하여서는 아니 된다.

68 ▸ ④

갑의 보수월액보험료와 보수 외 소득월액보험료를 구해 보자.

i) 보수월액보험료

연봉이 5,400만 원이므로 보수월액은 5,400÷12=450만 원이다. 사업자와 50%씩 나누어 보험료를 부담하게 되므로, 갑이 낼 보수월액 보험료는 450만 원×0.0709×0.5=159,525원이다.

ii) 보수 외 소득월액보험료

보수 외 소득이 연 1,600만 원이다. 이는 제71조 제1항의 대통령령으로 정하는 금액(연간 2,000만 원)을 초과하지 않으므로, 따로 보수 외 소득월액보험료는 내지 않는다.

따라서, 갑이 낼 월보험료는 159,525원이다.

> **제69조(보험료)** ④ 직장가입자의 월별 보험료액은 다음 각 호에 따라 산정한 금액으로 한다.
> 1. 보수월액보험료 : 제70조에 따라 산정한 보수월액에 제73조 제1항 또는 제2항에 따른 보험료율을 곱하여 얻은 금액
> 2. 보수 외 소득월액보험료 : 제71조 제1항에 따라 산정한 보수 외 소득월액에 제73조 제1항 또는 제2항에 따른 보험료율을 곱하여 얻은 금액
>
> **제70조(보수월액)** ① 제69조 제4항 제1호에 따른 직장가입자의 보수월액은 직장가입자가 지급받는 보수를 기준으로 하여 산정한다.
>
> **제71조(소득월액)** ① 직장가입자의 보수 외 소득월액은 제70조에 따른 보수월액의 산정에 포함된 보수를 제외한 직장가입자의 소득(이하 "보수 외 소득"이라 한다)이 대통령령으로 정하는 금액을 초과하는 경우 다음의 계산식에 따른 값을 보건복지부령으로 정하는 바에 따라 평가하여 산정한다.
>
> | (연간 보수 외 소득−대통령령으로 정하는 금액)×1/12 |
> |---|
>
> **※ 국민건강보험법 시행령 제41조 제4항**
> ④ 법 제71조 제1항 계산식 외의 부분 및 같은 항의 계산식에서 "대통령령으로 정하는 금액"이란 각각 연간 2천만 원을 말한다.

69 ▸ ④

㉡, ㉢, ㉣, ㉤은 제63조 제1항에서 확인할 수 있는 심사평가원의 업무에 해당한다.

㉠ 제63조 제2항에 따르면, 보험급여의 적정성 평가의 기준·절차·방법 등에 필요한 사항은 보건복지부장관이 정하여 고시한다.

제63조(업무 등) ① 심사평가원은 다음 각 호의 업무를 관장한다.
1. 요양급여비용의 심사
2. 요양급여의 적정성 평가
3. 심사기준 및 평가기준의 개발
4. 제1호부터 제3호까지의 규정에 따른 업무와 관련된 조사연구 및 국제협력
5. 다른 법률에 따라 지급되는 급여비용의 심사 또는 의료의 적정성 평가에 관하여 위탁받은 업무
6. 그 밖에 이 법 또는 다른 법령에 따라 위탁받은 업무
7. 건강보험과 관련하여 보건복지부장관이 필요하다고 인정한 업무
8. 그 밖에 보험급여 비용의 심사와 보험급여의 적정성 평가와 관련하여 대통령령으로 정하는 업무

② 제1항 제8호에 따른 보험급여의 적정성 평가의 기준·절차·방법 등에 필요한 사항은 보건복지부장관이 정하여 고시한다.

70 ▸ ③

① 제42조 제1항에 따르면, 보건복지부장관은 공익이나 국가정책에 비추어 요양기관으로 적합하지 아니한 '대통령령'으로 정하는 의료기관 등은 요양기관에서 제외할 수 있다.

② 제42조 제2항에 따르면, 보건복지부장관이 요양기관을 전문요양기관으로 인정할 경우 해당 전문요양기관에 인정서를 발급하여야 한다.

④ 제42조 제3항에 따르면, 기관이 인정기준에 미달하게 된 경우 또는 발급받은 인정서를 반납한 경우에 그 인정을 취소한다. 두 경우 중 어느 하나에 해당하는 경우에 인정을 취소하는 것이다.

제42조(요양기관) ① 요양급여(간호와 이송은 제외한다)는 다음 각 호의 요양기관에서 실시한다. 이 경우 보건복지부장관은 공익이나 국가정책에 비추어 요양기관으로 적합하지 아니한 대통령령으로 정하는 의료기관 등은 요양기관에서 제외할 수 있다.
1. 「의료법」에 따라 개설된 의료기관
2. 「약사법」에 따라 등록된 약국
3. 「약사법」 제91조에 따라 설립된 한국희귀·필수의약품센터
4. 「지역보건법」에 따른 보건소·보건의료원 및 보건지소
5. 「농어촌 등 보건의료를 위한 특별조치법」에 따라 설치된 보건진료소

② 보건복지부장관은 효율적인 요양급여를 위하여 필요하면 보건복지부령으로 정하는 바에 따라 시설·장비·인력 및 진료과목 등 보건복지부령으로 정하는 기준에 해당하는 요양기관을 전문요양기관으로 인정할 수 있다. 이 경우 해당 전문요양기관에 인정서를 발급하여야 한다.

③ 보건복지부장관은 제2항에 따라 인정받은 요양기관이 다음 각 호의 어느 하나에 해당하는 경우에는 그 인정을 취소한다.
1. 제2항 전단에 따른 인정기준에 미달하게 된 경우
2. 제2항 후단에 따라 발급받은 인정서를 반납한 경우

71 ▸ ③

㉡ 제9조 제1항과 제2항에 따르면 지역가입자가 다른 세대로 전입하게 되어 자격이 변동된다면 '지역가입자의 세대주'는 자격이 변동될 날부터 14일 이내에 보험자에게 신고하여야 한다.

㉣ 제9조 제1항 제5호에 따르면, 지역가입자가 다른 세대로 전입한 날에 자격이 변동된다. 따라서 전입한 날인 5월 31일에 그 자격이 변동된다.

따라서 옳은 것은 ㉠, ㉢, ㉤ 3개이다.

제9조(자격의 변동 시기 등) ① 가입자는 다음 각 호의 어느 하나에 해당하게 된 날에 그 자격이 변동된다.
1. 지역가입자가 적용대상사업장의 사용자로 되거나, 근로자·공무원 또는 교직원(이하 "근로자등"이라 한다)으로 사용된 날
2. 직장가입자가 다른 적용대상사업장의 사용자로 되거나 근로자등으로 사용된 날
3. 직장가입자인 근로자등이 그 사용관계가 끝난 날의 다음 날
4. 적용대상사업장에 제7조 제2호에 따른 사유가 발생한 날의 다음 날
5. 지역가입자가 다른 세대로 전입한 날

② 제1항에 따라 자격이 변동된 경우 직장가입자의 사용자와 지역가입자의 세대주는 다음 각 호의 구분에 따라 그 명세를 보건복지부령으로 정하는 바에 따라 자격이 변동된 날부터 14일 이내에 보험자에게 신고하여야 한다.
1. 제1항 제1호 및 제2호에 따라 자격이 변동된 경우: 직장가입자의 사용자
2. 제1항 제3호부터 제5호까지의 규정에 따라 자격이 변동된 경우: 지역가입자의 세대주

72 ▸ ②

① 제96조의4 제1항에 따르면, 요양기관은 요양급여비용 청구 관련 서류를 요양급여가 끝난 날부터 5년간 보존해야 한다.

③ 제96조의4 제1항에 따르면, 약국은 처방전을 요양급여비용 청구기간으로부터 3년간 보존해야 한다.

④ 제96조의4 제4항에 따르면, 보조기에 대한 보험급여를 청구한 자는 보험급여를 지급받은 날부터 3년간 보험급여 청구 관련 서류를 보존해야 한다.

제96조의4(서류의 보존) ① 요양기관은 요양급여가 끝난 날부터 5년간 보건복지부령으로 정하는 바에 따라 제47조에 따른 요양급여비용의 청구에 관한 서류를 보존하여야 한다. 다만, 약국 등 보건복지부령으로 정하는 요양기관은 처방전을 요양급여비용을 청구한 날부터 3년간 보존하여야 한다.
② 사용자는 3년간 보건복지부령으로 정하는 바에 따라 자격 관리 및 보험료 산정 등 건강보험에 관한 서류를 보존하여야 한다.
③ 제49조 제3항에 따라 요양비를 청구한 준요양기관은 요양비를 지급받은 날부터 3년간 보건복지부령으로 정하는 바에 따라 요양비 청구에 관한 서류를 보존하여야 한다.
④ 제51조 제2항에 따라 보조기기에 대한 보험급여를 청구한 자는 보험급여를 지급받은 날부터 3년간 보건복지부령으로 정하는 바에 따라 보험급여 청구에 관한 서류를 보존하여야 한다.

73 ▸ ②

㉡ 제76조 제1항에 따르면, 직장가입자가 교직원으로서 사립학교에 근무하는 교원이면 보험료액은 그 직장가입자가 100분의 50을, 사용자가 100분의 30을, 국가가 100분의 20을 각각 부담한다.
㉣ 제76조 제2항에 따르면, 직장가입자의 보수 외 소득월액 보험료는 직장가입자가 부담한다.
따라서, 틀린 설명은 ㉡, ㉣ 2개이다.

제76조(보험료의 부담) ① 직장가입자의 보수월액보험료는 직장가입자와 다음 각 호의 구분에 따른 자가 각각 보험료액의 100분의 50씩 부담한다. 다만, 직장가입자가 교직원으로서 사립학교에 근무하는 교원이면 보험료액은 그 직장가입자가 100분의 50을, 제3조 제2호 다목에 해당하는 사용자가 100분의 30을, 국가가 100분의 20을 각각 부담한다.
1. 직장가입자가 근로자인 경우에는 제3조 제2호 가목에 해당하는 사업주
2. 직장가입자가 공무원인 경우에는 그 공무원이 소속되어 있는 국가 또는 지방자치단체
3. 직장가입자가 교직원(사립학교에 근무하는 교원은 제외한다)인 경우에는 제3조 제2호 다목에 해당하는 사용자

② 직장가입자의 보수 외 소득월액보험료는 직장가입자가 부담한다.
③ 지역가입자의 보험료는 그 가입자가 속한 세대의 지역가입자 전원이 연대하여 부담한다.
④ 직장가입자가 교직원인 경우 제3조 제2호 다목에 해당하는 사용자가 부담액 전부를 부담할 수 없으면 그 부족액을 학교에 속하는 회계에서 부담하게 할 수 있다.

74 ▸ ②

㉠, ㉡은 제41조의4 제1항, ㉣은 제41조의4 제2항에서 찾아볼 수 있는 내용이다.
㉢ 제41조의4 제2항에 따르면, 선별급여에 대하여는 '대통령령'으로 정하는 절차와 방법에 따라 주기적으로 요양급여의 적합성을 평가해 요양급여 여부를 다시 결정한다.

제41조의4(선별급여) ① 요양급여를 결정함에 있어 경제성 또는 치료효과성 등이 불확실하여 그 검증을 위하여 추가적인 근거가 필요하거나, 경제성이 낮아도 가입자와 피부양자의 건강회복에 잠재적 이득이 있는 등 대통령령으로 정하는 경우에는 예비적인 요양급여인 선별급여로 지정하여 실시할 수 있다.
② 보건복지부장관은 대통령령으로 정하는 절차와 방법에 따라 제1항에 따른 선별급여(이하 "선별급여"라 한다)에 대하여 주기적으로 요양급여의 적합성을 평가하여 요양급여 여부를 다시 결정하고, 제41조 제3항에 따른 요양급여의 기준을 조정하여야 한다.

75 ▸ ③

㉠ 제81조 제2항에 따르면, 독촉할 때에는 10일 이상 15일 이내의 납부기한을 정하여 독촉장을 발부하여야 한다.
㉣ 제81조 제5항에 따르면, 직접 공매하는 것이 적당하지 아니하다고 인정하는 경우에는 한국자산관리공사에 공매를 대행하게 할 수 있다. 반드시 그렇게 해야 하는 것은 아니다.
㉡은 제81조 제3항, ㉢은 제81조 제4항에서 확인할 수 있는 내용이다.

제81조(보험료등의 독촉 및 체납처분) ① 공단은 제57조, 제77조, 제77조의 2, 제78조의2, 제101조 및 제101조의2에 따라 보험료등을 내야 하는 자가 보험료등을 내지 아니하면 기한을 정하여 독촉할 수 있다. 이 경우 직장가입자의 사용자가 2명 이상인 경우 또는 지역가입자의 세대가 2명 이상으로 구성된 경우에는 그중 1명에게 한 독촉은 해당 사업장의 다른 사용자 또는 세대 구성원인 다른 지역가입자 모두에게 효력이 있는 것으로 본다.
② 제1항에 따라 독촉할 때에는 10일 이상 15일 이내의 납부기한을 정하여 독촉장을 발부하여야 한다.
③ 공단은 제1항에 따른 독촉을 받은 자가 그 납부기한까지 보험료등을 내지 아니하면 보건복지부장관의 승인을 받아 국세 체납처분의 예에 따라 이를 징수할 수 있다.
④ 공단은 제3항에 따라 체납처분을 하기 전에 보험료등의 체납 내역, 압류 가능한 재산의 종류, 압류 예정 사실 및 「국세징수법」 제41조 제18호에 따른 소액금융재산에 대한 압류금지 사실 등이 포함된 통보서를 발송하여야 한다. 다만, 법인 해산 등 긴급히 체납처분을 할 필요가 있는 경우로서 대통령령으로 정하는 경우에는 그러하지 아니하다.
⑤ 공단은 제3항에 따른 국세 체납처분의 예에 따라 압류하거나 제81조의2 제1항에 따라 압류한 재산의 공매에 대하여 전문지식이 필요하거나 그 밖에 특수한 사정으로 직접 공매하는 것이 적당하지 아니하다고 인정하는 경우에는 「한국자산관리공사 설립 등에 관한 법률」에 따라 설립된 한국자산관리공사(이하 "한국자산관리공사"라 한다)에 공매를 대행하게 할 수 있다. 이 경우 공매는 공단이 한 것으로 본다.

76 ▸ ②

제60조 제1항에 따르면, 공단은 제54조 제3호 및 제4호에 해당하는 사람(현역병 포함)이 요양기관에서 치료를 받을 경우 요양급여비용과 요양비를 법무부장관·국방부장관·경찰청장·소방청장 또는 해양경찰청장으로부터 예탁 받아 지급할 수 있다. 해당하지 않는 사람은 ② '보건복지부장관'이다.

> **제60조(현역병 등에 대한 요양급여비용 등의 지급)** ① 공단은 제54조 제3호 및 제4호에 해당하는 사람이 요양기관에서 대통령령으로 정하는 치료 등(이하 이 조에서 "요양급여"라 한다)을 받은 경우 그에 따라 공단이 부담하는 비용(이하 이 조에서 "요양급여비용"이라 한다)과 제49조에 따른 요양비를 법무부장관·국방부장관·경찰청장·소방청장 또는 해양경찰청장으로부터 예탁 받아 지급할 수 있다. 이 경우 법무부장관·국방부장관·경찰청장·소방청장 또는 해양경찰청장은 예산상 불가피한 경우 외에는 연간(年間) 들어갈 것으로 예상되는 요양급여비용과 요양비를 대통령령으로 정하는 바에 따라 미리 공단에 예탁하여야 한다.

77 ▸ ②

㉠ 제115조 제4항에 따라 거짓이나 그 밖의 부정한 방법으로 보험급여를 받았으므로, 2년 이하의 징역 또는 2천만 원 이하의 벌금에 처한다.
㉡ 제115조 제1항에 따라 가입자 및 피부양자의 개인정보를 누설하였으므로, 5년 이하의 징역 또는 5천만 원 이하의 벌금에 처한다.
㉢ 제115조 제3항에 따라 공동이용하는 전산정보자료를 직무상 목적 외의 용도로 이용하였으므로, 3년 이하의 징역 또는 1천만 원 이하의 벌금에 처한다.

> **제115조(벌칙)** ① 제102조 제1호를 위반하여 가입자 및 피부양자의 개인정보를 누설하거나 직무상 목적 외의 용도로 이용 또는 정당한 사유 없이 제3자에게 제공한 자는 5년 이하의 징역 또는 5천만 원 이하의 벌금에 처한다.
> ② 다음 각 호의 어느 하나에 해당하는 자는 3년 이하의 징역 또는 3천만 원 이하의 벌금에 처한다.
> 1. 대행청구단체의 종사자로서 거짓이나 그 밖의 부정한 방법으로 요양급여비용을 청구한 자
> 2. 제102조 제2호를 위반하여 업무를 수행하면서 알게 된 정보를 누설하거나 직무상 목적 외의 용도로 이용 또는 제3자에게 제공한 자
>
> ③ 제96조의3 제3항을 위반하여 공동이용하는 전산정보자료를 같은 조 제1항에 따른 목적 외의 용도로 이용하거나 활용한 자는 3년 이하의 징역 또는 1천만 원 이하의 벌금에 처한다.
> ④ 거짓이나 그 밖의 부정한 방법으로 보험급여를 받거나 타인으로 하여금 보험급여를 받게 한 사람은 2년 이하의 징역 또는 2천만 원 이하의 벌금에 처한다.

78 ▸ ④

㉠과 ㉡은 제99조 제1항, ㉢은 제99조 제5항, ㉣은 제99조 제9항에서 찾을 수 있는 내용이다. 따라서, ㉠~㉣ 모두 옳다.

> **제99조(과징금)** ① 보건복지부장관은 요양기관이 제98조 제1항 제1호 또는 제3호에 해당하여 업무정지 처분을 하여야 하는 경우로서 그 업무정지 처분이 해당 요양기관을 이용하는 사람에게 심한 불편을 주거나 보건복지부장관이 정하는 특별한 사유가 있다고 인정되면 업무정지 처분을 갈음하여 속임수나 그 밖의 부당한 방법으로 부담하게 한 금액의 5배 이하의 금액을 과징금으로 부과·징수할 수 있다. 이 경우 보건복지부장관은 12개월의 범위에서 분할납부를 하게 할 수 있다.
> ⑤ 보건복지부장관은 제1항에 따른 과징금을 납부하여야 할 자가 납부기한까지 이를 내지 아니하면 대통령령으로 정하는 절차에 따라 그 과징금 부과 처분을 취소하고 제98조 제1항에 따른 업무정지 처분을 하거나 국세 체납처분의 예에 따라 이를 징수한다. 다만, 요양기관의 폐업 등으로 제98조 제1항에 따른 업무정지 처분을 할 수 없으면 국세 체납처분의 예에 따라 징수한다.
> ⑨ 제1항부터 제3항까지의 규정에 따른 과징금의 금액과 그 납부에 필요한 사항 및 제8항에 따른 과징금의 용도별 지원 규모, 사용 절차 등에 필요한 사항은 대통령령으로 정한다.

79 ▸ ②

㉤ 제91조 제3항에 따르면, 휴직자등의 보수월액보험료를 징수할 권리의 소멸시효는 고지가 유예된 경우 휴직 등의 사유가 끝날 때까지 진행하지 아니한다.

> **제91조(시효)** ① 다음 각 호의 권리는 3년 동안 행사하지 아니하면 소멸시효가 완성된다.
> 1. 보험료, 연체금 및 가산금을 징수할 권리
> 2. 보험료, 연체금 및 가산금으로 과오납부한 금액을 환급받을 권리
> 3. 보험급여를 받을 권리
> 4. 보험급여 비용을 받을 권리
> 5. 제47조 제3항 후단에 따라 과다납부된 본인일부부담금을 돌려받을 권리
> 6. 제61조에 따른 근로복지공단의 권리
>
> ③ 휴직자등의 보수월액보험료를 징수할 권리의 소멸시효는 제79조 제5항에 따라 고지가 유예된 경우 휴직 등의 사유가 끝날 때까지 진행하지 아니한다.

80 ▸ ④

㉢ 제39조 제1항에 따르면, 공단은 회계연도의 다음해 2월 말일까지 보건복지부장관에게 보고하여야 한다.
㉣ 제38조 제2항에 따르면, 현금 지출에 준비금을 사용한 경우에는 해당 회계연도 중에 이를 보전하여야 한다.
㉠은 제36조, ㉡은 제37조에서 확인할 수 있는 내용이다.

제36조(예산) 공단은 회계연도마다 예산안을 편성하여 이사회의 의결을 거친 후 보건복지부장관의 승인을 받아야 한다. 예산을 변경할 때에도 또한 같다.

제37조(차입금) 공단은 지출할 현금이 부족한 경우에는 차입할 수 있다. 다만, 1년 이상 장기로 차입하려면 보건복지부장관의 승인을 받아야 한다.

제38조(준비금) ① 공단은 회계연도마다 결산상의 잉여금 중에서 그 연도의 보험급여에 든 비용의 100분의 5 이상에 상당하는 금액을 그 연도에 든 비용의 100분의 50에 이를 때까지 준비금으로 적립하여야 한다.
② 제1항에 따른 준비금은 부족한 보험급여 비용에 충당하거나 지출할 현금이 부족할 때 외에는 사용할 수 없으며, 현금 지출에 준비금을 사용한 경우에는 해당 회계연도 중에 이를 보전(補塡)하여야 한다.
③ 제1항에 따른 준비금의 관리 및 운영 방법 등에 필요한 사항은 보건복지부장관이 정한다.

제39조(결산) ① 공단은 회계연도마다 결산보고서와 사업보고서를 작성하여 다음해 2월 말일까지 보건복지부장관에게 보고하여야 한다.
② 공단은 제1항에 따라 결산보고서와 사업보고서를 보건복지부장관에게 보고하였을 때에는 보건복지부령으로 정하는 바에 따라 그 내용을 공고하여야 한다.

직무시험(노인장기요양보험법)

61 ▸ ③

제46조 제1항 및 제4항에 따르면, 장기요양위원회는 위원장 1인, 부위원장 1인을 포함해 16인 이상 22인 이하의 위원으로 구성된다. 위원회 위원의 임기는 3년이며, 다만 공무원인 위원의 임기는 재임기간이다.
따라서, 빈칸 ㉠, ㉡, ㉢에 들어갈 숫자의 합은 1+22+3=26이다.

제46조(장기요양위원회의 구성) ① 장기요양위원회는 위원장 1인, 부위원장 1인을 포함한 16인 이상 22인 이하의 위원으로 구성한다.
② 위원장이 아닌 위원은 다음 각 호의 자 중에서 보건복지부장관이 임명 또는 위촉한 자로 하고, 각 호에 해당하는 자를 각각 동수로 구성하여야 한다.
1. 근로자단체, 사용자단체, 시민단체(「비영리민간단체 지원법」 제2조에 따른 비영리민간단체를 말한다), 노인단체, 농어업인단체 또는 자영자단체를 대표하는 자
2. 장기요양기관 또는 의료계를 대표하는 자
3. 대통령령으로 정하는 관계 중앙행정기관의 고위공무원단 소속 공무원, 장기요양에 관한 학계 또는 연구계를 대표하는 자, 공단 이사장이 추천하는 자
③ 위원장은 보건복지부차관이 되고, 부위원장은 위원 중에서 위원장이 지명한다.
④ 장기요양위원회 위원의 임기는 3년으로 한다. 다만, 공무원인 위원의 임기는 재임기간으로 한다.

62 ▸ ①

㉡ 제32조의2 제1호에 따르면, 피한정후견인은 장기요양기관으로 지정받을 수 없다. 한정후견인은 피한정후견인을 보호하는 법적 대리인으로, 이 항목과 관련이 없다.
㉤ 제32조의2 제2호에 따르면, 「정신건강증진 및 정신질환자 복지서비스 지원에 관한 법률」 제3조 제1호의 정신질환자는 장기요양기관으로 지정받을 수 없으나, 전문의가 장기요양기관 설립·운영 업무에 종사하는 것이 적합하다고 인정하는 사람은 그러하지 않다고 하였다.

제32조의2(결격사유) 다음 각 호의 어느 하나에 해당하는 자는 제31조에 따른 장기요양기관으로 지정받을 수 없다.
1. 미성년자, 피성년후견인 또는 피한정후견인
2. 「정신건강증진 및 정신질환자 복지서비스 지원에 관한 법률」 제3조 제1호의 정신질환자. 다만, 전문의가 장기요양기관 설립·운영 업무에 종사하는 것이 적합하다고 인정하는 사람은 그러하지 아니하다.
3. 「마약류 관리에 관한 법률」 제2조 제1호의 마약류에 중독된 사람
4. 파산선고를 받고 복권되지 아니한 사람
5. 금고 이상의 실형을 선고받고 그 집행이 종료(집행이 종료된 것으로 보는 경우를 포함한다)되거나 집행이 면제된 날부터 5년이 경과되지 아니한 사람

6. 금고 이상의 형의 집행유예를 선고받고 그 유예기간 중에 있는 사람
7. 대표자가 제1호부터 제6호까지의 규정 중 어느 하나에 해당하는 법인

63 ▸ ①

㉠, ㉡은 제61조 제1항, ㉣은 제61조 제3항에 해당하는 내용이다.

㉢ 제61조 제2항에 따르면, 보건복지부장관, 특별시장・광역시장・도지사 또는 특별자치시장・특별자치도지사・시장・군수・구청장은 장기요양기관에 대해 장기요양급여의 제공 명세 관련 자료의 제출을 명하거나 관련 서류를 소속 공무원으로 하여금 검사하게 할 수 있다.

㉤ 제61조 제5항에 따르면, 시장・군수・구청장이 소속 공무원으로 하여금 장기요양급여 관련 서류를 검사하게 할 때, 이 검사의 절차나 방법 등에 대해서는 「노인장기요양보험법」에서 정하는 사항을 제외하고는 「행정조사기본법」에서 정하는 바에 따른다.

제61조(보고 및 검사) ① 보건복지부장관, 특별시장・광역시장・도지사 또는 특별자치시장・특별자치도지사・시장・군수・구청장은 다음 각 호의 어느 하나에 해당하는 자에게 보수・소득이나 그 밖에 보건복지부령으로 정하는 사항의 보고 또는 자료의 제출을 명하거나 소속 공무원으로 하여금 관계인에게 질문을 하게 하거나 관계 서류를 검사하게 할 수 있다.
1. 장기요양보험가입자
2. 피부양자
3. 의료급여수급권자

② 보건복지부장관, 특별시장・광역시장・도지사 또는 특별자치시장・특별자치도지사・시장・군수・구청장은 다음 각 호의 어느 하나에 해당하는 자에게 장기요양급여의 제공 명세, 재무・회계에 관한 사항 등 장기요양급여에 관련된 자료의 제출을 명하거나 소속 공무원으로 하여금 관계인에게 질문을 하게 하거나 관계 서류를 검사하게 할 수 있다.
1. 장기요양기관 및 의료기관
2. 장기요양급여를 받은 자

③ 보건복지부장관, 특별시장・광역시장・도지사 또는 특별자치시장・특별자치도지사・시장・군수・구청장은 제1항 및 제2항에 따른 보고 또는 자료제출 명령이나 질문 또는 검사 업무를 효율적으로 수행하기 위하여 필요한 경우에는 공단에 행정응원(行政應援)을 요청할 수 있다. 이 경우 공단은 특별한 사유가 없으면 이에 따라야 한다.

⑤ 제1항 및 제2항에 따른 질문 또는 검사의 절차・방법 등에 관하여는 이 법에서 정하는 사항을 제외하고는 「행정조사기본법」에서 정하는 바에 따른다.

64 ▸ ②

제37조 제1항 제4호에 따르면, 장기요양기관이 거짓으로 재가 및 시설 급여비용을 청구한 경우 (6)개월의 범위에서 업무정지를 명할 수 있다.

제6조의2 제1항에 따르면, 보건복지부장관은 장기요양사업의 실태를 파악하기 위하여 (3)년마다 조사를 정기적으로 실시하고 그 결과를 공표하여야 한다.

제67조 제2항 제5호에 따르면, 제62조를 위반하여 업무수행 중 알게 된 비밀을 누설한 자는 (2)년 이하의 징역 또는 2천만 원 이하의 벌금에 처한다(최대 2년의 징역에 처할 수 있다).

따라서, 빈칸에 들어갈 숫자의 합은 6+3+2=11이다.

제37조(장기요양기관 지정의 취소 등) ① 특별자치시장・특별자치도지사・시장・군수・구청장은 장기요양기관이 다음 각 호의 어느 하나에 해당하는 경우 그 지정을 취소하거나 6개월의 범위에서 업무정지를 명할 수 있다. 다만, 제1호, 제2호의2, 제3호의5, 제7호, 또는 제8호에 해당하는 경우에는 지정을 취소하여야 한다.
4. 거짓이나 그 밖의 부정한 방법으로 재가 및 시설 급여비용을 청구한 경우

제6조의2(실태조사) ① 보건복지부장관은 장기요양사업의 실태를 파악하기 위하여 3년마다 다음 각 호의 사항에 관한 조사를 정기적으로 실시하고 그 결과를 공표하여야 한다.
1. 장기요양인정에 관한 사항
2. 제52조에 따른 장기요양등급판정위원회(이하 "등급판정위원회"라 한다)의 판정에 따라 장기요양급여를 받을 사람(이하 "수급자"라 한다)의 규모, 그 급여의 수준 및 만족도에 관한 사항
3. 장기요양기관에 관한 사항
4. 장기요양요원의 근로조건, 처우 및 규모에 관한 사항
5. 그 밖에 장기요양사업에 관한 사항으로서 보건복지부령으로 정하는 사항

제67조(벌칙) ② 다음 각 호의 어느 하나에 해당하는 자는 2년 이하의 징역 또는 2천만 원 이하의 벌금에 처한다.
5. 제62조를 위반하여 업무수행 중 알게 된 비밀을 누설한 자

65 ▸ ③

제33조의2 제3항에 따르면, 장기요양기관을 운영하는 자는 폐쇄회로 텔레비전에 기록된 영상정보를 60일 이상 보관하여야 한다.

① 제33조의2 제2항 제3호, ② 제33조의2 제2항 제1호, ④ 제33조의2 제5항에서 찾아볼 수 있는 내용이다.

제33조의2(폐쇄회로 텔레비전의 설치 등) ② 제1항에 따라 폐쇄회로 텔레비전을 설치・관리하는 자는 수급자 및 장기요양기관 종사자 등 정보주체의 권리가 침해되지 아니하도록 다음 각 호의 사항을 준수하여야 한다.
1. 노인학대 방지 등 수급자의 안전과 장기요양기관의 보안을 위하여 최소한의 영상정보만을 적법하고 정당하게 수집하고, 목적 외의 용도로 활용하지 아니하도록 할 것

> 2. 수급자 및 장기요양기관 종사자 등 정보주체의 권리가 침해받을 가능성과 그 위험 정도를 고려하여 영상정보를 안전하게 관리할 것
> 3. 수급자 및 장기요양기관 종사자 등 정보주체의 사생활 침해를 최소화하는 방법으로 영상정보를 처리할 것
>
> ③ 장기요양기관을 운영하는 자는 폐쇄회로 텔레비전에 기록된 영상정보를 60일 이상 보관하여야 한다.
> ④ 국가 또는 지방자치단체는 제1항에 따른 폐쇄회로 텔레비전 설치비의 전부 또는 일부를 지원할 수 있다.
> ⑤ 제1항에 따른 폐쇄회로 텔레비전의 설치·관리 기준 및 동의 또는 신고의 방법·절차·요건, 제3항에 따른 영상정보의 보관기준 및 보관기간 등에 필요한 사항은 보건복지부령으로 정한다.

66 ▸ ③

㉠ 제29조 제2항에 따르면, 공단은 장기요양급여를 받고 있거나 받을 수 있는 자가 장기요양기관이 거짓이나 그 밖의 부정한 방법으로 장기요양급여비용을 받는 데에 가담한 경우 장기요양급여를 중단하거나 1년의 범위에서 장기요양급여의 횟수 또는 제공 기간을 제한할 수 있다. 갑에 대해 장기요양급여의 횟수를 제한할 수는 있으나 이는 1년의 범위에서 가능하다. 따라서 2년간 장기요양급여의 횟수를 제한했다는 설명은 옳지 않다.
㉢의 병 기관은 제60조에 따른 공단의 요구, ㉡, ㉣의 을과 정은 제15조 제4항에 따른 조사를 거절한 경우에 해당되어 장기요양급여가 제한(제29조 제1항)될 수 있다.
따라서, 옳은 설명은 ㉡, ㉢, ㉣ 3개이다.

> **제15조(등급판정 등)** ④ 공단은 장기요양급여를 받고 있거나 받을 수 있는 자가 다음 각 호의 어느 하나에 해당하는 것으로 의심되는 경우에는 제14조 제1항 각 호의 사항을 조사하여 그 결과를 등급판정위원회에 제출하여야 한다.
> 1. 거짓이나 그 밖의 부정한 방법으로 장기요양인정을 받은 경우
> 2. 고의로 사고를 발생하도록 하거나 본인의 위법행위에 기인하여 장기요양인정을 받은 경우
>
> **제29조(장기요양급여의 제한)** ① 공단은 장기요양급여를 받고 있는 자가 정당한 사유 없이 제15조 제4항에 따른 조사나 제60조 또는 제61조에 따른 요구에 응하지 아니하거나 답변을 거절한 경우 장기요양급여의 전부 또는 일부를 제공하지 아니하게 할 수 있다.
> ② 공단은 장기요양급여를 받고 있거나 받을 수 있는 자가 장기요양기관이 거짓이나 그 밖의 부정한 방법으로 장기요양급여비용을 받는 데에 가담한 경우 장기요양급여를 중단하거나 1년의 범위에서 장기요양급여의 횟수 또는 제공기간을 제한할 수 있다.
> ③ 제2항에 따른 장기요양급여의 중단 및 제한 기준과 그 밖에 필요한 사항은 보건복지부령으로 정한다.

> **제60조(자료의 제출 등)** ① 공단은 장기요양급여 제공내용 확인, 장기요양급여의 관리·평가 및 장기요양보험료 산정 등 장기요양사업 수행에 필요하다고 인정할 때 다음 각 호의 어느 하나에 해당하는 자에게 자료의 제출을 요구할 수 있다.
> 1. 장기요양보험가입자 또는 그 피부양자 및 의료급여수급권자
> 2. 수급자 및 장기요양기관
>
> ② 제1항에 따라 자료의 제출을 요구받은 자는 성실히 이에 응하여야 한다.

67 ▸ ②

㉢ 제17조 제2항에 따르면, 공단은 등급판정위원회가 장기요양인정 및 등급판정의 심의를 완료한 경우 수급자로 판정받지 못한 신청인에게 그 내용 및 사유를 통보하여야 한다.
㉣ 제17조 제3항에 따르면, 월 한도액 범위 안에서 개인별장기요양이용계획서를 작성하여 함께 송부하여야 한다.
㉤ 제17조 제4항에 따르면, 작성방법에 관하여 필요한 사항은 보건복지부령으로 정한다.
따라서 옳은 설명은 ㉠, ㉡ 2개이다.

> **제17조(장기요양인정서)** ① 공단은 등급판정위원회가 장기요양인정 및 등급판정의 심의를 완료한 경우 지체 없이 다음 각 호의 사항이 포함된 장기요양인정서를 작성하여 수급자에게 송부하여야 한다.
> 1. 장기요양등급
> 2. 장기요양급여의 종류 및 내용
> 3. 그 밖에 장기요양급여에 관한 사항으로서 보건복지부령으로 정하는 사항
>
> ② 공단은 등급판정위원회가 장기요양인정 및 등급판정의 심의를 완료한 경우 수급자로 판정받지 못한 신청인에게 그 내용 및 사유를 통보하여야 한다. 이 경우 특별자치시장·특별자치도지사·시장·군수·구청장(자치구의 구청장을 말한다. 이하 같다)은 공단에 대하여 이를 통보하도록 요청할 수 있고, 요청을 받은 공단은 이에 응하여야 한다.
> ③ 공단은 제1항에 따라 장기요양인정서를 송부하는 때 장기요양급여를 원활히 이용할 수 있도록 제28조에 따른 월 한도액 범위 안에서 개인별장기요양이용계획서를 작성하여 이를 함께 송부하여야 한다.
> ④ 제1항 및 제3항에 따른 장기요양인정서 및 개인별장기요양이용계획서의 작성방법에 관하여 필요한 사항은 보건복지부령으로 정한다.

68 ▸ ③

㉠ 제6조 제1항에 따르면, 보건복지부장관은 5년 단위로 장기요양기본계획을 수립·시행하여야 한다.
㉡ 제6조 제2항에 따르면, 지방자치단체의 장은 장기요양기본계획에 따라 세부시행계획을 수립·시행하여야 한다.

> **제6조(장기요양기본계획)** ① 보건복지부장관은 노인등에 대한 장기요양급여를 원활하게 제공하기 위하여 5년 단위로 다음 각 호의 사항이 포함된 장기요양기본계획을 수립·시행하여야 한다.
> 1. 연도별 장기요양급여 대상인원 및 재원조달 계획
> 2. 연도별 장기요양기관 및 장기요양전문인력 관리 방안
> 3. 장기요양요원의 처우에 관한 사항
> 4. 그 밖에 노인등의 장기요양에 관한 사항으로서 대통령령으로 정하는 사항
>
> ② 지방자치단체의 장은 제1항에 따른 장기요양기본계획에 따라 세부시행계획을 수립·시행하여야 한다.

69 ▸ ②

㉡ 제15조 제2항에 따르면, 신청인이 6개월 이상 동안 혼자서 일상생활을 수행하기 어렵다고 인정하는 경우, 대통령령으로 정하는 등급판정기준에 따라 수급자로 판정한다.
따라서, 잘못된 내용은 1개이다.

> **제15조(등급판정 등)** ① 공단은 제14조에 따른 조사가 완료된 때 조사결과서, 신청서, 의사소견서, 그 밖에 심의에 필요한 자료를 등급판정위원회에 제출하여야 한다.
>
> ② 등급판정위원회는 신청인이 제12조의 신청자격요건을 충족하고 6개월 이상 동안 혼자서 일상생활을 수행하기 어렵다고 인정하는 경우 심신상태 및 장기요양이 필요한 정도 등 대통령령으로 정하는 등급판정기준에 따라 수급자로 판정한다.
>
> ③ 등급판정위원회는 제2항에 따라 심의·판정을 하는 때 신청인과 그 가족, 의사소견서를 발급한 의사 등 관계인의 의견을 들을 수 있다.
>
> ④ 공단은 장기요양급여를 받고 있거나 받을 수 있는 자가 다음 각 호의 어느 하나에 해당하는 것으로 의심되는 경우에는 제14조 제1항 각 호의 사항을 조사하여 그 결과를 등급판정위원회에 제출하여야 한다.
> 1. 거짓이나 그 밖의 부정한 방법으로 장기요양인정을 받은 경우
> 2. 고의로 사고를 발생하도록 하거나 본인의 위법행위에 기인하여 장기요양인정을 받은 경우
>
> ⑤ 등급판정위원회는 제4항에 따라 제출된 조사 결과를 토대로 제2항에 따라 다시 수급자 등급을 조정하고 수급자 여부를 판정할 수 있다.

70 ▸ ①

㉠ 제20조 제2항에 따르면, 수급자는 장기요양인정의 갱신 신청을 유효기간이 만료되기 전 30일까지 완료해야 하므로, 갑은 1월 31일의 30일 전인 1월 1일까지는 갱신 신청을 완료해야 한다.

㉡ 제19조 제1항에 따르면, 장기요양인정의 유효기간은 최소 1년 이상이다. 따라서 2024년 11월 20일 장기요양인정을 받았다면, 그 유효기간은 1년 이상이므로 1년이 지나지 않은 2025년 11월 19일에는 유효하다고 볼 수 있다.

㉢ 제20조 제1항에 따르면, 장기요양급여를 계속하여 받고자 하는 경우 공단에 장기요양인정의 갱신을 신청해야 한다.

㉣ 제19조 제2항에 따르면, 장기요양인정의 유효기간 산정방법은 보건복지부령으로 정한다.

> **제19조(장기요양인정의 유효기간)** ① 제15조에 따른 장기요양인정의 유효기간은 최소 1년 이상으로서 대통령령으로 정한다.
>
> ② 제1항의 유효기간의 산정방법과 그 밖에 필요한 사항은 보건복지부령으로 정한다.
>
> **제20조(장기요양인정의 갱신)** ① 수급자는 제19조에 따른 장기요양인정의 유효기간이 만료된 후 장기요양급여를 계속하여 받고자 하는 경우 공단에 장기요양인정의 갱신을 신청하여야 한다.
>
> ② 제1항에 따른 장기요양인정의 갱신 신청은 유효기간이 만료되기 전 30일까지 이를 완료하여야 한다.

71 ▸ ①

① 제14조 제1항에 따르면, 공단은 신청서를 접수하면 보건복지부령으로 정하는 바에 따라 소속 직원으로 하여금 조사하게 하여야 한다.
② 제14조 제1항, ③ 제14조 제4항, ④ 제14조 제3항에서 찾을 수 있는 내용이다.

> **제14조(장기요양인정 신청의 조사)** ① 공단은 제13조 제1항에 따라 신청서를 접수한 때 보건복지부령으로 정하는 바에 따라 소속 직원으로 하여금 다음 각 호의 사항을 조사하게 하여야 한다. 다만, 지리적 사정 등으로 직접 조사하기 어려운 경우 또는 조사에 필요하다고 인정하는 경우 특별자치시·특별자치도·시·군·구(자치구를 말한다. 이하 같다)에 대하여 조사를 의뢰하거나 공동으로 조사할 것을 요청할 수 있다.
> 1. 신청인의 심신상태
> 2. 신청인에게 필요한 장기요양급여의 종류 및 내용
> 3. 그 밖에 장기요양에 관하여 필요한 사항으로서 보건복지부령으로 정하는 사항
>
> ② 공단은 제1항 각 호의 사항을 조사하는 경우 2명 이상의 소속 직원이 조사할 수 있도록 노력하여야 한다.
>
> ③ 제1항에 따라 조사를 하는 자는 조사일시, 장소 및 조사를 담당하는 자의 인적사항 등을 미리 신청인에게 통보하여야 한다.
>
> ④ 공단 또는 제1항 단서에 따른 조사를 의뢰받은 특별자치시·특별자치도·시·군·구는 조사를 완료한 때 조사결과서를 작성하여야 한다. 조사를 의뢰받은 특별자치시·특별자치도·시·군·구는 지체 없이 공단에 조사결과서를 송부하여야 한다.

72 ▸ ③

제34조 제1항에 따르면, 장기요양기관은 수급자가 장기요양급여를 쉽게 선택하도록 하고 장기요양기관이 제공하는 급여의 질을 보장하기 위하여 장기요양기관별 급여의 내용, 시설·인력 등 현황자료 등을 공단이 운영하는 인터넷 홈페이지에 게시하여야 한다.

73 ▸ ②

㉠ 제58조 제1항에 따르면, 국가는 매년 예산 범위 안에서 해당 연도 장기요양보험료 예상수입액의 100분의 20에 상당하는 금액을 공단에 지원한다.
㉡ 제58조 제2항에 따르면, 국가와 지방자치단체는 의료급여수급권자의 장기요양급여비용, 의사소견서 발급비용, 방문간호지시서 발급비용 중 공단이 부담하여야 할 비용 및 관리운영비의 '전액'을 부담한다.

> **제58조(국가의 부담)** ① 국가는 매년 예산의 범위 안에서 해당 연도 장기요양보험료 예상수입액의 100분의 20에 상당하는 금액을 공단에 지원한다.
> ② 국가와 지방자치단체는 대통령령으로 정하는 바에 따라 의료급여수급권자의 장기요양급여비용, 의사소견서 발급비용, 방문간호지시서 발급비용 중 공단이 부담하여야 할 비용(제40조 제2항 단서 및 제4항 제1호에 따라 면제 및 감경됨으로 인하여 공단이 부담하게 되는 비용을 포함한다) 및 관리운영비의 전액을 부담한다.
> ③ 제2항에 따라 지방자치단체가 부담하는 금액은 보건복지부령으로 정하는 바에 따라 특별시·광역시·특별자치시·도·특별자치도와 시·군·구가 분담한다.
> ④ 제2항 및 제3항에 따른 지방자치단체의 부담액 부과, 징수 및 재원관리, 그 밖에 필요한 사항은 대통령령으로 정한다.

74 ▸ ②

제37조의4 제1항에 따르면, ②의 경우는 행정제재처분 효과가 승계되는 경우에 해당하지 않는다.
장기요양기관을 양도한 경우 양수인, 법인이 합병된 경우 합병으로 신설되거나 합병 후 존속하는 법인, 장기요양기관 폐업 후 같은 장소에서 장기요양기관을 운영하는 자 중 종전에 행정제재처분을 받은 자(법인인 경우 그 대표자를 포함)나 그 배우자 또는 직계혈족의 경우, 행정제재처분 효과가 처분을 한 날부터 3년간 승계된다.

75 ▸ ④

제31조 제5항에 따르면, 재가급여를 제공하는 장기요양기관 중 의료기관이 아닌 자가 설치·운영하는 장기요양기관이 방문간호를 제공하는 경우에는 방문간호의 관리책임자로서 간호사를 둔다고 하였으므로, 잘못된 설명이다.
①은 제31조 제1항, ②는 제31조 제3항, ③은 제31조 제4항에 해당하는 내용으로 옳다.

> **제31조(장기요양기관의 지정)** ① 제23조 제1항 제1호에 따른 재가급여 또는 같은 항 제2호에 따른 시설급여를 제공하는 장기요양기관을 운영하려는 자는 보건복지부령으로 정하는 장기요양에 필요한 시설 및 인력을 갖추어 소재지를 관할 구역으로 하는 특별자치시장·특별자치도지사·시장·군수·구청장으로부터 지정을 받아야 한다.
> ② 제1항에 따라 장기요양기관으로 지정을 받을 수 있는 시설은 「노인복지법」 제31조에 따른 노인복지시설 중 대통령령으로 정하는 시설로 한다.
> ③ 특별자치시장·특별자치도지사·시장·군수·구청장이 제1항에 따른 지정을 하려는 경우에는 다음 각 호의 사항을 검토하여 장기요양기관을 지정하여야 한다. 이 경우 특별자치시장·특별자치도지사·시장·군수·구청장은 공단에 관련 자료의 제출을 요청하거나 그 의견을 들을 수 있다.
> 1. 장기요양기관을 운영하려는 자의 장기요양급여 제공 이력
> 2. 장기요양기관을 운영하려는 자 및 그 기관에 종사하려는 자가 이 법, 「사회복지사업법」 또는 「노인복지법」 등 장기요양기관의 운영과 관련된 법에 따라 받은 행정처분의 내용
> 3. 장기요양기관의 운영 계획
> 4. 해당 지역의 노인인구 수, 치매 등 노인성질환 환자 수 및 장기요양급여 수요 등 지역 특성
> 5. 그 밖에 특별자치시장·특별자치도지사·시장·군수·구청장이 장기요양기관으로 지정하는 데 필요하다고 인정하여 정하는 사항
>
> ④ 특별자치시장·특별자치도지사·시장·군수·구청장은 제1항에 따라 장기요양기관을 지정한 때 지체 없이 지정 명세를 공단에 통보하여야 한다.
> ⑤ 제23조 제1항 제1호에 따른 재가급여를 제공하는 장기요양기관 중 의료기관이 아닌 자가 설치·운영하는 장기요양기관이 방문간호를 제공하는 경우에는 방문간호의 관리책임자로서 간호사를 둔다.

76 ▸ ①

㉡ 제38조 제6항에 따르면, 장기요양기관은 지급받은 장기요양급여비용 중 보건복지부장관이 정하여 고시하는 비율에 따라 그 일부를 장기요양요원에 대한 인건비로 지출해야 한다.
㉤ 제38조 제7항에 따르면, 공단은 장기요양기관이 정당한 사유 없이 자료제출 명령에 따르지 아니하거나 질문 또는 검사를 거부·방해 또는 기피하는 경우 이에 응할 때까지 해당 장기요양기관에 지급하여야 할 장기요양급여비용의 지급을 보류할 수 있다. 이 경우 공단은 장기요양급여비용의 지급을 보류하기 전에 해당 장기요양기관에 의견 제출의 기회를 주어야 한다.
㉠은 제38조 제2항, ㉢은 제38조 제4항, ㉣은 제38조 제5항에서 확인할 수 있다.

제38조(재가 및 시설 급여비용의 청구 및 지급 등) ① 장기요양기관은 수급자에게 제23조에 따른 재가급여 또는 시설급여를 제공한 경우 공단에 장기요양급여비용을 청구하여야 한다.
② 공단은 제1항에 따라 장기요양기관으로부터 재가 또는 시설 급여비용의 청구를 받은 경우 이를 심사하여 그 내용을 장기요양기관에 통보하여야 하며, 장기요양에 사용된 비용 중 공단부담금(재가 및 시설 급여비용 중 본인부담금을 공제한 금액을 말한다)을 해당 장기요양기관에 지급하여야 한다.
③ 공단은 제54조 제2항에 따른 장기요양기관의 장기요양급여평가 결과에 따라 장기요양급여비용을 가산 또는 감액조정하여 지급할 수 있다.
④ 공단은 제2항에도 불구하고 장기요양급여비용을 심사한 결과 수급자가 이미 낸 본인부담금이 제2항에 따라 통보한 본인부담금보다 더 많으면 두 금액 간의 차액을 장기요양기관에 지급할 금액에서 공제하여 수급자에게 지급하여야 한다.
⑤ 공단은 제4항에 따라 수급자에게 지급하여야 하는 금액을 그 수급자가 납부하여야 하는 장기요양보험료 및 그 밖에 이 법에 따른 징수금(이하 "장기요양보험료등"이라 한다)과 상계(相計)할 수 있다.
⑥ 장기요양기관은 지급받은 장기요양급여비용 중 보건복지부장관이 정하여 고시하는 비율에 따라 그 일부를 장기요양요원에 대한 인건비로 지출하여야 한다.
⑦ 공단은 장기요양기관이 정당한 사유 없이 제61조 제2항에 따른 자료제출 명령에 따르지 아니하거나 질문 또는 검사를 거부·방해 또는 기피하는 경우 이에 응할 때까지 해당 장기요양기관에 지급하여야 할 장기요양급여비용의 지급을 보류할 수 있다. 이 경우 공단은 장기요양급여비용의 지급을 보류하기 전에 해당 장기요양기관에 의견 제출의 기회를 주어야 한다.

77 ▸ ①

㉢ 제40조 제4항 제1호에 따르면, 「의료급여법」 제3조 제1항 제2호부터 제9호까지의 규정에 따른 수급권자는 본인부담금의 100분의 60의 범위에서 보건복지부장관이 정하는 바에 따라 차등하여 감경할 수 있다.
㉠은 제40조 제3항 제3호, ㉡은 제40조 제3항 제1호, ㉣은 제40조 제5항에서 확인할 수 있는 내용이다.

제40조(본인부담금) ③ 다음 각 호의 장기요양급여에 대한 비용은 수급자 본인이 전부 부담한다.
1. 이 법의 규정에 따른 급여의 범위 및 대상에 포함되지 아니하는 장기요양급여
2. 수급자가 제17조 제1항 제2호에 따른 장기요양인정서에 기재된 장기요양급여의 종류 및 내용과 다르게 선택하여 장기요양급여를 받은 경우 그 차액
3. 제28조에 따른 장기요양급여의 월 한도액을 초과하는 장기요양급여

④ 다음 각 호의 어느 하나에 해당하는 자에 대해서는 본인부담금의 100분의 60의 범위에서 보건복지부장관이 정하는 바에 따라 차등하여 감경할 수 있다.
1. 「의료급여법」 제3조 제1항 제2호부터 제9호까지의 규정에 따른 수급권자
2. 소득·재산 등이 보건복지부장관이 정하여 고시하는 일정 금액 이하인 자. 다만, 도서·벽지·농어촌 등의 지역에 거주하는 자에 대하여 따로 금액을 정할 수 있다.
3. 천재지변 등 보건복지부령으로 정하는 사유로 인하여 생계가 곤란한 자

⑤ 제1항부터 제4항까지의 규정에 따른 본인부담금의 산정방법, 감경절차 및 감경방법 등에 관하여 필요한 사항은 보건복지부령으로 정한다.

78 ▸ ②

㉠ 제67조 제2항 제1호에 따르면, 제31조를 위반하여 지정받지 아니하고 장기요양기관을 운영하거나 거짓이나 그 밖의 부정한 방법으로 지정받은 자는 2년 이하의 징역 또는 2천만 원 이하의 벌금에 처한다. 3천만 원의 벌금형을 받을 수는 없다.
㉣ 제67조 제1항 제2호에 따르면, 폐쇄회로 텔레비전의 설치 목적과 다른 목적으로 폐쇄회로 텔레비전을 임의로 조작하거나 다른 곳을 비추는 행위를 한 자는 3년 이하의 징역 또는 3천 만 원 이하의 벌금에 처한다. 5년의 징역형에 처할 수는 없다.
제67조 제4항에 따라 ㉡은 1천만 원 이하의 벌금, ㉢는 제67조 제1항 제1호에 따라 3년 이하의 징역 또는 3천만 원 이하의 벌금에 처한다.
따라서, 옳은 설명은 ㉡, ㉢ 2개이다.

제67조(벌칙) ① 다음 각 호의 어느 하나에 해당하는 자는 3년 이하의 징역 또는 3천만 원 이하의 벌금에 처한다.
1. 거짓이나 그 밖의 부정한 방법으로 장기요양급여비용을 청구한 자
2. 제33조의3 제2항 제1호를 위반하여 폐쇄회로 텔레비전의 설치 목적과 다른 목적으로 폐쇄회로 텔레비전을 임의로 조작하거나 다른 곳을 비추는 행위를 한 자
3. 제33조의3 제2항 제2호를 위반하여 녹음기능을 사용하거나 보건복지부령으로 정하는 저장장치 이외의 장치 또는 기기에 영상정보를 저장한 자

② 다음 각 호의 어느 하나에 해당하는 자는 2년 이하의 징역 또는 2천만 원 이하의 벌금에 처한다.
1. 제31조를 위반하여 지정받지 아니하고 장기요양기관을 운영하거나 거짓이나 그 밖의 부정한 방법으로 지정받은 자
2. 제33조의3 제3항에 따른 안전성 확보에 필요한 조치를 하지 아니하여 영상정보를 분실·도난·유출·변조 또는 훼손당한 자
3. 제35조 제5항을 위반하여 본인부담금을 면제 또는 감경하는 행위를 한 자

4. 제35조 제6항을 위반하여 수급자를 소개, 알선 또는 유인하는 행위를 하거나 이를 조장한 자
5. 제62조를 위반하여 업무수행 중 알게 된 비밀을 누설한 자

③ 다음 각 호의 어느 하나에 해당하는 자는 1년 이하의 징역 또는 1천만 원 이하의 벌금에 처한다.
1. 제35조 제1항을 위반하여 정당한 사유 없이 장기요양급여의 제공을 거부한 자
2. 거짓이나 그 밖의 부정한 방법으로 장기요양급여를 받거나 다른 사람으로 하여금 장기요양급여를 받게 한 자
3. 정당한 사유 없이 제36조 제3항 각 호에 따른 권익보호조치를 하지 아니한 사람
4. 제37조 제7항을 위반하여 수급자가 부담한 비용을 정산하지 아니한 자

④ 제61조 제2항에 따른 자료제출 명령에 따르지 아니하거나 거짓으로 자료제출을 한 장기요양기관 또는 의료기관이나 질문 또는 검사를 거부·방해 또는 기피하거나 거짓으로 답변한 장기요양기관 또는 의료기관은 1천만 원 이하의 벌금에 처한다.

79 ▸ ④

④ 제37조 제2항에 따르면, 시장·군수·구청장은 관할 특별시장·광역시장 또는 도지사를 거쳐 보건복지부장관에게 통보하여야 한다.

제37조(장기요양기관 지정의 취소 등) ② 특별자치시장·특별자치도지사·시장·군수·구청장은 제1항에 따라 지정을 취소하거나 업무정지명령을 한 경우에는 지체 없이 그 내용을 공단에 통보하고, 보건복지부령으로 정하는 바에 따라 보건복지부장관에게 통보한다. 이 경우 시장·군수·구청장은 관할 특별시장·광역시장 또는 도지사를 거쳐 보건복지부장관에게 통보하여야 한다.

⑤ 특별자치시장·특별자치도지사·시장·군수·구청장은 제1항에 따라 장기요양기관이 지정취소 또는 업무정지되는 경우에는 해당 장기요양기관을 이용하는 수급자의 권익을 보호하기 위하여 적극적으로 노력하여야 한다.

⑥ 특별자치시장·특별자치도지사·시장·군수·구청장은 제5항에 따라 수급자의 권익을 보호하기 위하여 보건복지부령으로 정하는 바에 따라 다음 각 호의 조치를 하여야 한다.
1. 제1항에 따른 행정처분의 내용을 우편 또는 정보통신망 이용 등의 방법으로 수급자 또는 그 보호자에게 통보하는 조치
2. 해당 장기요양기관을 이용하는 수급자가 다른 장기요양기관을 선택하여 이용할 수 있도록 하는 조치

⑧ 다음 각 호의 어느 하나에 해당하는 자는 제31조에 따른 장기요양기관으로 지정받을 수 없다.
1. 제1항에 따라 지정취소를 받은 후 3년이 지나지 아니한 자(법인인 경우 그 대표자를 포함한다)
2. 제1항에 따라 업무정지명령을 받고 업무정지기간이 지나지 아니한 자(법인인 경우 그 대표자를 포함한다)

80 ▸ ①

㉣ 제56조 제3항에 따르면, 재심사위원회의 위원 중에는 공무원이 아닌 위원이 전체 위원의 과반수가 되도록 하여야 한다.

제56조(재심사청구) ① 제55조에 따른 심사청구에 대한 결정에 불복하는 사람은 그 결정통지를 받은 날부터 90일 이내에 장기요양재심사위원회(이하 "재심사위원회"라 한다)에 재심사를 청구할 수 있다.

② 재심사위원회는 보건복지부장관 소속으로 두고, 위원장 1인을 포함한 20인 이내의 위원으로 구성한다.

③ 재심사위원회의 위원은 관계 공무원, 법학, 그 밖에 장기요양사업 분야의 학식과 경험이 풍부한 자 중에서 보건복지부장관이 임명 또는 위촉한다. 이 경우 공무원이 아닌 위원이 전체 위원의 과반수가 되도록 하여야 한다.

④ 이 법에서 정한 것 외에 재심사위원회의 구성·운영, 그 밖에 필요한 사항은 대통령령으로 정한다.

제3회 모의고사

NCS 직업기초능력

01. ①	02. ④	03. ①	04. ③	05. ②
06. ①	07. ④	08. ③	09. ①	10. ②
11. ②	12. ②	13. ①	14. ③	15. ②
16. ④	17. ③	18. ③	19. ①	20. ②
21. ②	22. ④	23. ②	24. ①	25. ③
26. ②	27. ②	28. ②	29. ③	30. ②
31. ①	32. ③	33. ①	34. ③	35. ②
36. ③	37. ③	38. ④	39. ①	40. ③
41. ④	42. ②	43. ③	44. ③	45. ①
46. ②	47. ③	48. ①	49. ④	50. ②
51. ③	52. ①	53. ④	54. ①	55. ②
56. ④	57. ②	58. ①	59. ②	60. ①

직무시험(국민건강보험법)

61. ④	62. ①	63. ②	64. ③	65. ②
66. ④	67. ②	68. ①	69. ③	70. ①
71. ④	72. ②	73. ①	74. ③	75. ①
76. ④	77. ③	78. ③	79. ④	80. ③

직무시험(노인장기요양보험법)

61. ③	62. ③	63. ③	64. ①	65. ④
66. ①	67. ②	68. ②	69. ④	70. ③
71. ①	72. ③	73. ④	74. ③	75. ③
76. ③	77. ①	78. ②	79. ②	80. ①

NCS 직업기초능력

01 ▸ ①

② 가상계좌를 통한 납부 서비스 시작 시간이 2025년 6월 18일부터 오전 4시 30분으로 3시간 앞당겨졌다. 24시간 가능한 것은 아니다.
③ 카카오톡 알림톡에서 한 번 클릭으로 카카오페이 납부화면으로 바로 연결되는 기능은 2025년 6월 25일 도입되었다.
④ 공단은 모바일 간편 납부 서비스 도입 미납 방지에 기여할 것으로 기대하고 있다.

02 ▸ ④

④ '4. 만성질환 데이터 통합 분석'을 보면, 만성폐쇄성폐질환 환자 정보와 한국인유전체역학조사사업 데이터를 건강보험 빅데이터와 연계해, 유전정보, 생활습관, 환경 요인 등을 종합적으로 분석하고, 이를 통해 질병의 조기진단이나 개인 맞춤형 진료 지침 수립에 필요한 근거를 마련할 수 있다고 하였다. 조기진단 및 진료 지침 수립이 완료된 것은 아니다.
① 코로나19 및 결핵 빅데이터 건강정보 빅데이터의 연계를 추진하여, 감염병 외에도 만성질환까지 협력 분야를 확대하여 기존의 치료 중심 정책에서 예방 중심 정책으로 방향을 전환하기 위한 주요 과제를 논의한다고 하였다.
② '코로나19 빅데이터'는 질병청의 코로나19 확진자 및 예방접종 정보와 공단의 건강보험 자료를 결합한 것이고, 이를 통한 총 36건의 연구성과 중에 '코로나19 예방접종 실시기준'이 포함되어 있으므로 일치하는 설명이다.
③ '3. 국가건강검진 제도 개선을 위한 빅데이터 분석'의 내용과 일치한다.

03 ▸ ①

① 인플루엔자 유행에 체계적으로 대응하기 위한 정기보고서를 발간하며, 이 보고서는 예방접종 정책과 건강보험 제도 개선에 중요 근거 자료로 활용될 수 있다고 하였다. 기관을 수립한다는 언급은 없다.

04 ▸ ③

③ 병원획득 폐렴 발생률에 영향을 주는 것은 입원기간, 높은 연령, 성별(남성)이다. 그런데, 의원과 한방병원의 노인 환자가 적다는 근거는 제시되어 있지 않다.

05 ▸ ②

제시된 자료는 국민건강보험공단의 진료비청구자료를 통해, 병원획득 폐렴이 고연령일수록, 입원기간이 길수록, 여성보다는 남성이 그 위험성이 더 높음을 말하고 있다. 따라서, 이러한 위험을 예방하기 위한 방법이 뒤이어 나오는 것이 가장 적절하다. 여기에 해당되는 내용은 ②이다. ③의 요양병원 내용은 '노인'에만 해당되므로 이보다는 ②가 더 적절하다.
① 2024년의 병원획득 폐렴 발생률과, ④ 진료비 지원에 관한 내용은 자료에 전혀 나타나 있지 않은 내용이므로 바로 다음에 제시될 내용으로 보기 어렵다.

06 ▸ ①

㉤ 통합재가서비스 제공기관은 2021년 10월 11개 기관에서 2024년 3월에는 102개 기관으로 91개 늘어났다. 100개 기관 이상 늘어난 것은 아니다.

07 ▸ ④

④ 통합재가서비스를 제공받으려면 먼저 노인장기요양보험 누리집을 통해 서비스 제공기관을 확인해야 한다.
① 재가수급자의 78%가 1종의 급여만 이용하고 있고, 방문급여 기관 중 3종의 급여를 모두 제공하는 기관은 전체의 3%에 불과하다고 하였으므로 이러한 반응은 적절하다.
② 2024년 1월에 「노인장기요양보험법」 개정을 통해 장기요양 통합재가서비스의 제도적 근거를 마련하였다고 하였다.
③ 수급자가 장기요양 시설이나 요양병원이 아닌, 살던 집에서 장기요양 서비스를 편리하게 이용할 수 있도록, 현행 주・야간보호 기관 기반의 서비스를 방문간호 기관 기반의 가정방문형 서비스로 확대한다고 하였다. 이를 통해 공단은 수급자들에게는 집에서 서비스를 받는 가정 방문형 서비스를 제공하는 것이 보다 도움이 된다고 판단했음을 알 수 있다.

08 ▸ ③

③ 2025년 시범사업은 2024년 시범사업과 운영절차와 방식은 동일하다고 하였다. 다만, 2024년 시범사업에서 파악된 일부 문제점을 보완하였다.

09 ▸ ①

① 검진의사의 교육・상담이 진행되는 것은 맞으나, 이러한 교육・상담은 2024년부터 신설되었다.

10 ▸ ②

① 체납보험료가 200만 원 이하인 지역가입자가 지원대상이다.
③ 사업 재원은 신용카드사회공헌재단, 장기소액연체자지원재단, KB증권 등의 기부로 조성된 기금이 활용된다.
④ 2023년 시범사업으로 처음 시작하였으며, 이때 356명에게 체납보험료를 지원했다.

11 ▸ ②

㉠ 접수는 신용회복위원회에, 지원대상이 될 경우 결과도 신용회복위원회에서 개별 안내를 받는다.
㉣ 2025년 6월부터 재원 소진 시까지 시행한다.
㉡ 신용회복위원회 채무조정 중이어야 지원을 받을 수 있다.
㉢ 체납이 3개월 이상인 지역가입자가 지원대상이다.

12 ▸ ②

② 온디바이스용 AI 반도체는 클라우드 기반 AI에서 벗어나, 기기 자체에 탑재돼 직접 AI 서비스를 제공한다.
① 서비스 플랫폼에 따른 데이터센터 서버용 AI는 GPU를 기반으로 하고 있으며, 이는 엔비디아가 주도하고 있다.
③ GPU의 병렬 처리 특성을 유지하면서도, AI만을 위한 전용 반도체가 등장하게 된 것이 FPGA・ASIC이다.
④ GPU는 CPU에 비해 속도가 매우 빨라, 최근 AI의 핵심부품으로 부상하고 있다고 하였다.

13 ▸ ①

(가)의 앞에서 CPU는 많은 정보가 갑자기 들어올 경우 병목현상이 발생한다고 하였고, (가) 뒤에서 GPU는 수백~수천개의 코어를 갖고 있어 방대한 분량의 정보를 한 번에 처리할 수 있다고 하였다. 두 반도체의 상반된 특성을 설명하고 있으므로 (가)에는 '반면'이 들어가는 것이 알맞다.
FPGA과 ASIC이 AI만을 위한 전용 반도체이며 FPGA의 특성에 대해 소개하였고, (나) 다음에 ASIC의 특징에 대해 소개하고 있으므로 (나)에는 '그리고'가 들어가는 것이 적절하다.
뉴로모픽 반도체의 장점(가장 진화된 반도체 기술)을 제시한 후, (다) 다음에는 단점(범용성이 낮고 아직 개발 단계임)을 밝히고 있다. 장점 이후에 단점을 제시했으므로 '하지만'이 들어가는 것이 적절하다.

14 ▸ ③

③ 2024년 1월 보건복지부의 「요양보호사 양성지침」 개정으로 국내 대학을 졸업한 외국인 유학생도 요양보호사 자격을 취득할 수 있게 되었다고 하였다. 따라서 2024년 6월 28일 현재 적용되고 있는 내용이다.
①, ②, ④는 2024년 6월 28일 기준 시행 예정인 사항들이다.

15 ▸ ②

② 법무부는 방문취업 동포가 요양보호사 자격을 취득할 경우, 체류기간 계속 연장이 가능한 재외동포로 자격변경을 허용할 예정이라고 하였다. 요양보호사 자격 취득 시 자동으로 재외동포 자격을 얻게 되는 것은 아니다.
① 2027년 부족인원이 약 7.9만 명으로 예상된다고 하였다.
③ 수급자당 요양보호사 배치기준을 보면 현행 2.3 : 1에서 2025년 이후 2.1 : 1로 개선을 추진한다고 하였다.
④ 마지막 문장에서 제시된 내용이다.

16 ▸ ④

④ 예방접종으로 독감 발병을 완전히 예방할 수 없다고 하였고, 다만 개인 위생수칙 준수가 예방에 도움이 된다고는 하였다. 따라서 옳지 않은 설명이다.

17 ▸ ③

㉡ 페라미비르는 정맥주사제라고 하였다.
㉢ 자나미비르는 1회 10mg, 1일 2회 흡입투약할 수 있다고 하였으므로 1일에 20mg을 투약할 수 있다.

18 ▸ ③

노인장기요양보험제도의 대상자는 일상생활이 어려운 65세 이상의 노인과 치매, 뇌혈관성질환 등 노인성 질병이 있는 65세 미만의 사람 중 등급판정 결과 수급 대상 판정을 받은 자이다.

19 ▸ ①

제시문의 다섯 번째 문단에서 '앞으로 선진국 수준의 수급자 확대를 위해서 단계적으로 그 폭을 넓혀나갈 계획이다.' 라고 하였다. ①의 수급대상자의 요건을 강화하겠다는 내용은 수급자를 제한 또는 축소하겠다는 의미이므로 적절한 유추가 아니다.

20 ▸ ②

제시문은 서구의 다른 선진국보다 빠른 속도로 초고령사회에 진입하는 대한민국의 노인문제에 대해 다루면서 이에 대한 원인을 분석하였고, 그 대비책인 노인장기요양보험제도에 대해 설명하고 있다.

21 ▸ ②

㉡ 세대당 인구 $=\frac{\text{인구 수}}{\text{세대 수}}$이므로, 세대 수는 $\frac{\text{인구 수}}{\text{세대당 인구}}$로 구할 수 있다. 2022년의 세대 수는 $\frac{1{,}010\times 95}{2.39}$ ≒ 40,146(세대)로, 2020년의 세대 수 $\frac{1{,}001\times 95}{2.53}$ ≒ 37,587(세대)보다 약 2,559세대 많다. 3,000세대 이상 증가한 것은 아니다.
㉢ 2022년의 인구수는 1,010 × 95 = 95,950(명)이고, 2018년의 인구수는 950 × 95 = 90,250(명)이다. 2022년의 전체 인구 대비 65세 이상 고령자 인구 비율은 $\frac{13{,}025}{95{,}950}\times 100$ ≒ 13.6(%)로, 2018년의 전체 인구 대비 65세 이상 고령자 인구 비율인 $\frac{10{,}352}{90{,}250}\times 100$ ≒ 11.5(%)보다 약 2.1%p 증가하였다.
㉠ 2019년의 R시 전체 사망자 수 대비 여성 사망자 수 비율은 $\frac{272}{576}\times 100$ ≒ 47.2(%)로, 2018년의 $\frac{565-330}{565}\times 100$ ≒ 41.6(%)보다 증가하였다.
㉣ 인구밀도에 면적을 곱하여 R시의 전체 인구를 구하면, 2021년은 1,006 × 95 = 95,570(명)으로 2020년의 1,001 × 95 = 95,095(명)보다 95,570 − 95,095 = 475(명) 증가하였다.

22 ▸ ④

2018년 R시의 전년 대비 인구증가율은 3.48%이다. 따라서 R시의 2017년 전체 인구를 구하면 $\frac{950\times 95}{1.0348}$ ≒ 87,214(명)이다.

23 ▸ ②

인구밀도를 통해 2021년과 2020년 인구 수를 구하면 각각 95,570명, 95,095명이다. 이를 통해 전년 대비 인구증가율 (A)를 구하면, $\frac{95{,}570-95{,}095}{95{,}095}\times 100$ ≒ 0.50(%)이다.
(B)는 사망자 중 여자의 수로 565 − 330 = 235(명)이다.
2018년 전체 인구를 구하면 950 × 95 = 90,250(명)이고, 전년 대비 2.53% 증가했으므로 2019년 인구 수는 90,250 × 1.0253 ≒ 92,533(명)이다. 따라서 면적당 인구밀도 (C)는 $\frac{92{,}533}{95}$ ≒ 974(명/Km^2)이다.

24 ▸ ①

① 2022년 인구 10만 명당 '어깨병변' 환자의 진료인원은 2018년 대비 $\frac{4{,}719-4{,}437}{4{,}437}\times 100$≒6.4(%) 증가하였고, 2019년 대비 $\frac{4{,}719-4{,}581}{4{,}581}\times 100$≒3.0(%) 증가하였다.
② 제시된 자료는 인구 10만 명당 진료인원으로, 절대적인 환자 수를 나타낸 것이 아니다. 따라서, 여성 환자 수가 남성 환자 수보다 많은지는 제시된 자료로는 알 수 없다.
③ 그래프를 통해 수치를 확인할 수 있다. 60대가 아닌 70대가 9,939명으로 가장 많다.
④ 남성 환자는 $\frac{4{,}210-3{,}887}{3{,}887}\times 100$≒8.3(%) 증가했으므로 8% 이상 늘어난 것이 맞으나,
여성 환자는 $\frac{5{,}228-4{,}991}{4{,}991}\times 100$≒4.7(%) 늘어났으므로 5% 이상 늘어나지 않았다.

25 ▸ ③

(A) 인구 10만 명당 '어깨병변' 환자의 진료인원이 가장 많은 연령대는 70대, 두 번째로 많은 연령대는 60대로 두 연령대의 진료인원 차이는 9,939−9,300=639(명)이다.
(B) 여성의 인구 10만 명당 진료인원이 가장 많은 연령대는 70대, 세 번째로 많은 연령대는 50대로 두 연령대의 진료인원 차이는 11,129−8,832=2,297(명)이다.
두 수치의 합을 구하면, 2,936이다.

26 ▸ ②

② 2022년 4월 서울의 미세먼지 농도는 70㎍/m³를 넘지 않기 때문에 상하이의 연평균 미세먼지 농도(81㎍/m³)보다 낮다.
① 두 번째 그래프에서 서울의 미세먼지 농도는 4월, 3월 순으로 높으므로, 미세먼지가 가장 높은 계절이 봄임을 추론할 수 있다.
③ 런던의 2022년 평균 미세먼지 농도는 25(㎍/m³)이고, 같은 해 서울에서 미세먼지 농도가 가장 낮은 때는 7월로 약 30(㎍/m³)이므로, 맞는 설명이다.
④ 두 번째 그래프에서 서울의 미세먼지 농도는 7월, 8월 순으로 낮으므로, 미세먼지가 가장 낮은 계절은 여름임을 추론할 수 있다.

27 ▸ ②

7월 한국(서울)의 미세먼지 농도(30㎍/m³)보다 높아야 하므로 영국(런던)은 25㎍/m³로 제외된다.
한국(서울)의 연평균 미세먼지 농도보다 낮아야 하므로 호주(시드니), 미국(뉴욕)으로 압축된다.
한국(서울)의 가을 미세먼지 농도는 40㎍/m³ 내외이기 때문에 가장 미세먼지 농도가 비슷한 나라(도시)는 미국(뉴욕)이다.

28 ▸ ②

② 2019년 전체 대비 65세 이상 노인 건강보험 의료비의 구성비는 25.9%이며, 총 가구에 대한 노인 가구 구성비는 $\frac{2,982,240}{17,152,277}\times 100 ≒ 17.4(\%)$이다.
① $\frac{1,512,082}{543,522} ≒ 2.8$(배)이다.
③ 2016년 전체 노인 가구 중 독거노인 가구 비율은 $\frac{543,522}{1,733,525}\times 100 ≒ 31.35(\%)$이다.
2022년에는 $\frac{1,512,082}{4,231,578}\times 100 ≒ 35.73(\%)$로 2016년보다 4.38%p 높다.
④ 그래프를 통해 쉽게 확인할 수 있다.

29 ▸ ③

2018년 : 606 − 511 = 95(백억 원)
2019년 : 739 − 606 = 133(백억 원)
2020년 : 908 − 739 = 169(백억 원)
2021년 : 1,049 − 908 = 141(백억 원)

30 ▸ ②

② 2017~2019년 부산광역시의 경제성장률은 서울특별시보다 항상 높은 것을 확인할 수 있다.
① 정수 부분만 계산하여도 2020~2022년 부산광역시와 대구광역시의 1인당 GRDP의 합은 같은 기간 인천광역시와 광주광역시의 1인당 GRDP를 합한 것보다 낮은 것을 확인할 수 있다.
③ 대구광역시를 포함한 모든 도시에서 GRDP가 매년 증가함을 확인할 수 있다.
④ 2017~2022년 경제성장률의 증감폭이 가장 큰 도시는 대구광역시이고, 1인당 GRDP가 나머지 도시들보다 매년 낮음을 확인할 수 있다.

31 ▸ ①

① 2019년부터 2022년까지 인천광역시의 1인당 GRDP는 매년 증가하고 있는데, 그래프에서는 2022년부터 2019년으로 연도가 잘못 표현되었다.

32 ▸ ③

세종특별자치시의 일본뇌염 예방백신 접종률은 93.6%이며, 결핵 예방백신 접종률은 98.2%이다. 이는 해당 예방백신 미접종률이 각각 6.4%, 1.8%라는 것을 의미한다.
즉, 해당 지역에서 접종하지 않은 사람의 수가 각각
20만 명 × 0.064 = 12,800(명),
20만 명 × 0.018 = 3,600(명)이라는 것이다.
따라서 일본뇌염 예방백신 접종률을 결핵 예방백신 접종률까지 끌어올리기 위해서는 최소 12,800 − 3,600 = 9,200(명)분의 무료 백신접종을 실시하면 되므로 20,000원 × 9,200명 = 1억 8천 4백만 원이 필요하다.

33 ▸ ①

제주특별자치도의 일본뇌염 예방백신 미접종률은 8.6%로 대구광역시의 홍역 및 유행성이하선염, 풍진의 예방백신 미접종률인 2%의 3배 이상이다.

34 ▸ ③

③의 그래프는 경상남도 '여성'의 백신별 접종률을 나타내고 있다.

35 ▸ ②

㉠ 2022년 보험급여비는 전년 대비 $\frac{815,260-746,066}{746,066}\times 100 ≒ 9.3(\%)$ 증가하였는데, 이 중 현금급여비는 전년 대비 $\frac{28,166-26,142}{26,142}\times 100 ≒ 7.7(\%)$ 증가하였다.
㉣ 임신・출산 진료비는 2021년 줄어든 것을 제외하면 계속 증가하는 추세이다. 또한 2022년 임신・출산 진료비는 5년 전인 2017년에 비해 $\frac{3,349-1,868}{1,868}\times 100 ≒ 79.3(\%)$ 증가하였다.

㉡ 2022년 요양급여비는 3년 전인 2019년과 비교해 $\frac{767,250-651,674}{651,674}\times 100 ≒ 17.7$(%) 증가하였다.

㉢ 현물급여비 중 건강검진비가 차지하는 비중은 2022년 $\frac{19,844}{787,094}\times 100 ≒ 2.5$(%), 2018년 $\frac{15,575}{601,411}\times 100 ≒ 2.6$(%)로 1%p 이상 차이 나지 않는다.

36 ▸ ③

(A) $\frac{767,250-701,654}{701,654}\times 100 ≒ 9.3$(%)

(B) $\frac{120,008}{767,250}\times 100 ≒ 15.6$(%)

(C) 5,095−3,319=1,776(억 원)

37 ▸ ③

③ 파주시 아동학대 발생건수는 140+280+90+120=630(건)이고, 전체 아동학대 발생건수는 2,240+2,930+1,000+350=6,520(건)으로 파주시는 전체의 $\frac{630}{6,520}\times 100 ≒ 9.7$(%)이다.

① '타인'에 의해 아동학대가 발생한 시는 용인시, 여주시, 고양시, 남양주시, 파주시, 성남시, 수원시로 7개이다.

② '부모'에 의한 아동학대 발생건수가 300건 이상인 시는 고양시, 용인시, 여주시, 남양주시이고, 이 지역의 '친인척'에 의한 아동학대 발생건수는 110건인 경우도 있으므로 잘못된 설명이다.

④ '대리양육자'에 의한 아동학대 발생건수 순위는 '용인시−성남시…' 순이고, '친인척'에 의한 아동학대 발생건수 순위는 '용인시−안성시…' 순이므로 동일하지 않다.

38 ▸ ④

경기도 10개 시의 아동학대 발생건수를 구하면 다음과 같다.

고양시: 160+350+110+70=690(건)
용인시: 640+360+160+40=1,200(건)
파주시: 140+280+90+120=630(건)
수원시: 140+240+80+20=480(건)
안성시: 130+420+130=680(건)
양주시: 110+190+90=390(건)
성남시: 360+170+30+30=590(건)
여주시: 240+320+110+30=700(건)
화성시: 140+260+90=490(건)
남양주시: 180+340+110+40=670(건)

전체 아동학대 발생건수에서 두 번째로 높은 비중을 차지하는 시는 $\frac{700}{6,520}\times 100 ≒ 10.7$(%)인 여주시이고, 세 번째로 낮은 비중을 차지하는 시는 $\frac{490}{6,520}\times 100 ≒ 7.5$(%)인 화성시이다. 따라서 둘의 차이는 10.7−7.5=3.2(%p)이다.

39 ▸ ①

다음달의 급여비를 x원이라 하면,

$\frac{114,230}{72,899}=\frac{x}{72,899+8,000}$

$x=114,230\times\frac{80,899}{72,899} ≒ 126,765$(원)이다.

따라서 급여비 증가분은 126,765 − 114,230 ≒ 12,535(원)이다.

40 ▸ ③

③ $\frac{51,240}{83,079}\times 100 ≒ 61.7$(%)이다.

① $\frac{150,331}{83,079} ≒ 1.81$로 약 1.8배이다.

②, ④ 표를 통해 쉽게 확인할 수 있다.

41 ▸ ④

A~E업체의 합산 점수를 구하면 아래와 같다.

구분	입찰가격 평가점수	기술능력 평가점수	합산 점수
A	18	(67+67+72)÷3≒69	87
B	19	(64+65+69)÷3=66	85
C	16	(62+64+68)÷3≒65	81
D	15	(74+62+66)÷3≒67	82
E	20	(63+68+72)÷3≒68	88

E업체의 합산 점수가 가장 높으므로, 사업자로 E가 선정된다.

42 ▸ ②

A~E업체의 합산 점수를 구하면 아래와 같다.(입찰가격 평가점수는 제시된 평가점수가 높은 순서대로 가격이 낮으므로, 기존 점수를 보고 이를 토대로 점수를 다시 부여한다.)

구분	입찰가격 평가점수	기술능력 평가점수		합산 점수
A	16	(67+67+72)÷3≒69		85
B	20	(64+65+69)÷3=66		86
C	16	(62+64+68)÷3≒65	제외	
D	16	(74+62+66)÷3≒67		83
E	20	(63+68+72)÷3≒68		88

C는 기술능력 평가점수에서 66점에 미치지 못해 제외된다. A, B, D, E 4개 업체 중 합산 점수가 높은 B와 E 두 개 업체가 사업자로 선정된다.

43 ▸ ③

'자기소개서 작성요령'은 화・목 13:00~15:50에 진행된다. 동시 수강이 가능하다고 했으므로, 화・목 13:00~15:50에는 '면접 1:1 코칭B' 강의가 진행되지 않음을 알 수 있다.

'면접 1 : 1 코칭B'와 동일한 강의실인 404호를 사용하는 '영어면접B'가 화・목 17 : 00~17 : 50에 진행되므로, 17 : 00~17 : 50 또한 피해야 한다.
따라서 가능한 시간대는 16 : 00~16 : 50이다.

44 ▸ ③

A : 구직기간 6개월 미만으로 수강료 무료 혜택을 받지 못함
B : 구직기간 6개월 미만으로 수강료 무료 혜택을 받지 못함
C : ○○시 거주기간 5년, 다문화 가구, 소득 1분위 가구로 수강료 무료 혜택 요건 충족
D : 경력단절기간 2년, 구직기간 12개월, 다문화 가구로 수강료 무료 혜택 요건을 충족하나 저녁만찬에 참가 신청했으므로 별도참가비 20,000원이 부과됨

45 ▸ ①

① 표 하단에서 수강정원 내 상시 추가신청이 가능하다고 했으나, 현재 수강정원 10명이 다 차 있으므로 면접일정 증빙서류를 제출하더라도 수강이 불가능하다.
② 경력단절기간이 3년 이내이나 구직 중인지 6개월이 되지 않았으므로, 문의자에게는 우선순위가 부여된다고 할 수 없다. 김 씨와 박 씨는 제2항에 해당되는데, 장애등급 2등급을 받은 박 씨가 다문화 가구 출신인 김 씨보다 우선순위가 높다.
③ 안내문의 프로그램 시간표에서 바로 알 수 있는 내용이다.
④ 사전신청서는 접수기간인 3월 29일까지 작성해야 한다.

46 ▸ ②

A씨 : 3인 가구이며 월소득 2,700,000원으로 지원 지급기준을 충족한다.
지원받을 수 있는 복지급여는 아동양육비 월 23만 원, 아동교육지원비(학용품비) 연 9.3만 원×2이다. 1년 단위로 계산하면 23만 원×12+9.3만 원×2=2,946,000원이다.
B씨 : 2인 가구이며 월소득 1,000,000원으로 지원 지급기준을 충족한다.
지원받을 수 있는 복지급여는 아동양육비 월 23만 원, 생계비(생활보조금) 월 5만 원이다. 1년 단위로 계산하면 (23만 원+5만 원)×12=336만 원이다.
C씨 : 2인 가구이며 월소득 1,900,000원으로 지원 지급기준을 충족한다.
지원받을 수 있는 복지급여는 아동양육비 월 23만 원이다. 1년 단위로 계산하면 23만 원×12=276만 원이다.
② B씨가 336만 원으로 가장 많은 금액을 지원받는다.
① 2,946,000원, 336만 원, 276만 원을 지원받으므로 모두 1년에 250만 원 이상의 금액을 지원받는다.
③ C씨의 손녀는 고등학교 재학 중이 아니므로 아동교육지원비를 받지 못한다.
④ 2,946,000원−2,760,000원=186,000원 차이 난다.

47 ▸ ③

갑 : 아동양육비 월 23만 원+추가 아동양육비 월 5만 원 =280,000원
을 : 아동양육비 월 23만 원+추가 아동양육비 월 10만 원×2 =430,000원
병 : 아동양육비 월 23만 원+아동교육지원비 9.3만 원÷12×3 =253,250원
정 : 월 소득이 2인 가구 기준중위소득 63%인 2,477,575만 원을 초과하므로 지원을 받을 수 없다.

48 ▸ ①

평가항목별 점수 합이 80점 이상이어야 '적정' 판정을 받을 수 있다. 시별 미술관 평가점수 합을 구하면 다음과 같다.
i) A시 미술관
지역대표성 점수 : (23+22+23+22)÷4=22.5
공익성 점수 : (17+17+18+17)÷4=17.25
운영방향성 점수 : (17+18+17+18)÷4=17.5
주민호응도 점수 : (14+14+16+15)÷4=14.75
건립비용 점수 : 건립비가 105억 원이므로 12점이다.
따라서, 평가항목별 점수 합은 84점이다.
ii) B시 미술관
지역대표성 점수 : (18+19+20+19)÷4=19
공익성 점수 : (14+13+15+15)÷4=14.25
운영방향성 점수 : (19+20+18+19)÷4=19
주민호응도 점수 : (13+16+14+14)÷4=14.25
건립비용 점수 : 건립비가 87억 원이므로 14점이다.
인구 수가 50만 명 이상이므로 2점의 가점을 부여한다.
따라서, 최종 평가항목별 점수 합은 82.5점이다.
iii) C시 미술관
지역대표성 점수 : (15+18+16+15)÷4=16
공익성 점수 : (18+19+20+20)÷4=19.25
운영방향성 점수 : (16+16+15+15)÷4=15.5
주민호응도 점수 : (13+13+14+12)÷4=13
건립비용 점수 : 건립비가 67억 원이므로 15점이다.
따라서, 평가항목별 점수 합은 78.75점이다.
이에 따라, 평가항목별 점수 합이 80점 이상인 A시와 B시에서 공공미술관 설립이 가능하다.

49 ▸ ④

㉠ 위 문항의 해설에 따르면, A시와 B시에서 공공미술관 설립이 가능하다. 부지매입비를 제외한 건립비의 최대 50%를 국비로 지원받을 수 있으므로, A시와 B시 미술관의 건물건축비 75억 원, 45억 원의 50%인 60억 원을 국비로 지원받을 수 있다.
㉢ 위 문항 해설에 따르면 A시 미술관의 평가항목별 점수 합은 84점이므로, 이보다 5점이 낮으면 79점이다. 인구 수가 50만 명 이상이므로 2점의 가점이 부여되므로 최종 점수 합은 81점이 된다. '적정' 평가를 받을 수 있어 미술관 설립이 가능하다.

㉡ 3회 연속이고 평가를 진행할 때마다 3회 연속 신청을 했다고 가정하면, 2024년 상반기, 2024년 하반기, 2025년 하반기까지 연속 '부적정' 판정을 받은 것이다. 이 경우 2025년 하반기 평가기간인 2025년 10월 31일 이후 1년간 신청이 불가능하므로 2026년 하반기 신청(2026년 7월 31일)도 불가하다. 따라서, 2027년 상반기가 되어야 사전평가를 신청할 수 있다.

50 ▸ ②

㉠ A과장이 받게 되는 이전비는 직급별 이전비 150만 원+동반가족 이전비 50만 원=200만 원이다. 동반가족에 초등학생 이하 자녀가 포함된다면 추가로 더 받을 수도 있다.
㉣ E과장은 발령일인 4월 14일의 일주일 전인 4월 7일까지는 이전비 지급을 신청해야 한다. 동반가족이 0명이므로 직급 이전비만 받게 되고, 이전비는 150만 원이다.
㉡ 동일한 시·군 및 섬 안에서 거주지를 이전하는 경우에는 이전비를 지급하지 않으나, 제주도는 제외한다고 하였으므로 D주임은 이전비를 지급받을 수 있다.
㉢ 직급 이전비 150만 원, 동반가족 이전비 100만 원에 초등학생 자녀 이전비 100만 원을 추가로 받으므로 이전비는 총 350만 원이다.

51 ▸ ③

B주임과 F부장은 거주지 이전을 하지 않으므로 제외하고, 이전비를 받게 되는 A과장, C과장, D주임, E과장, G과장의 이전비를 구하면 다음과 같다.
A과장 : 150만 원+50만 원+20만 원=220만 원
C과장 : 150만 원+100만 원=250만 원
D주임 : 100만 원+50만 원=150만 원
E과장 : 150만 원+20만 원=170만 원
G과장 : 150만 원+100만 원=250만 원
220만 원+250만 원+150만 원+170만 원+250만 원=1,040만 원

52 ▸ ①

① 1.의 가에 따르면, 영유아 20명 이하를 보육하는 어린이집 원장이 보육교사를 겸임할 수 있다.
② 만 3세 미만의 영유아 연장보육 시 보육교사는 5명당 1명을 배치하는 것이 원칙이다. 다만, 만 1세 미만의 영유아만을 대상으로 하는 경우에는 3명당 1명이라 하였으나, 만 1세 미만과 만 2세 이상 만 3세 미만 영유아가 함께 있는 경우이므로 영유아 5명당 1명을 배치하면 된다. 영유아가 모두 15명이므로 보육교사 3명을 배치하면 된다.
③ 어린이집 원장은 전임으로, 다른 어린이집이나 유치원, 사회복지시설 등의 업무를 겸임할 수 없다고 하였다.
④ 영유아 100명 이상 200명 미만을 보육하는 어린이집이 단독으로 영양사를 두는 것이 곤란한 경우에는 같거나 인접한 시·군·구의 2개 이내 어린이집이 공동으로 영양사를 둘 수 있다고 하였다.

53 ▸ ④

㉡ 만 4세 이상 미취학 영유아 20명당 1명을 배치해야 하므로 1명, 만 3세 이상 만 4세 미만의 영유아 15명당 1명을 배치해야 하므로 1명을 배치해야 한다. 최소 2명을 배치해야 한다.
㉢ 만 1세 미만 영유아 3명당 1명을 배치해야 하므로 3명, 만 1세 이상 만 2세 미만의 영유아 5명당 1명을 배치해야 하므로 3명을 배치해야 한다. 최소 6명을 배치해야 한다.
㉠ 장애아 보육은 장애아 3명당 1명을 배치해야 하므로 4명의 보육교사를 배치해야 한다. 또한 장애아 9명당 1명은 특수교사 자격소지자로 한다고 하였고, 장애아가 11명이므로 2명은 특수교사 자격소지자여야 한다.

54 ▸ ①

우선 인터넷+전화 결합 할인제도를 적용해 보면, 할인이 가장 많이 되는 것은 집전화가 무료인 경우이다. 이를 적용하면 IPTV와 인터넷 사용 요금만 내면 되므로 27,000원이 된다.
두 번째로 휴대전화 사용금액에 대해 가족 결합 할인제도를 적용하면, 4회선 이상이므로 (84,000 − 25,000) + 32,600 + 25,600 + 13,100 + 34,100 = 164,400(원)에서 10% 할인이 된다. 그러면 다섯 회선의 휴대전화 사용금액은 164,400 × 0.9 =147,960(원)이 된다.
이를 모두 합하면 27,000 + 147,960 = 174,960(원)이고, 실제 납부금액은 기기할부금을 포함하여 199,960원이다.
갑은 가입한 지 3년 미만이므로 매월 10포인트를 받을 수 있고, 월 사용금액이 10만 원 이상이고 VIP등급이므로 기본제공 5,000포인트에 추가제공 1,000포인트를 받을 수 있다. 또한 5회선 결합 시 받는 50포인트까지 합치면 총 6,060포인트를 매월 받을 수 있다.

55 ▸ ②

회선	연도	월	개월 수	요금계산	합계
1회선	2022년	12월	1개월	102,326 − 20,026	82,300원
	2023년	1월~8월	8개월	8개월 × (102,326 − 20,026)	658,400원
	2023년	9월~11월	3개월	3개월 × (74,286 − 20,026 − 12,354)	125,718원
2회선	2023년	11월	1개월	68,382 − 36,823	31,559원

2024년 멤버십등급을 구하려면 2022년 12월부터 2023년 11월까지 사용한 1, 2회선 요금의 합을 구하면 된다. 따라서 연 사용금액은 82,300 + 658,400 + 125,718 + 31,559 = 897,977(원)이므로 2024년 을의 멤버십 등급은 VIP이다.

56 ▸ ④

A의 참석수당은 200,000 + 45,000 = 245,000(원)이고,

원고료는 $\frac{30}{2}$ × 28,000 = 420,000(원)이다.

여기서 원천징수할 기타소득세를 계산하면

{665,000 − (665,000 × 0.6)} × 0.2 = 53,200(원)이고,

주민세는 53,200 × 0.1 = 5,320(원)이다.

따라서 甲기관이 원천징수 후 A에게 지급하는 금액은

665,000 − (53,200 + 5,320) = 606,480(원)이다.

57 ▸ ②

② 제시된 자료에서 성과급은 해당 월 급여 지급과 동시에 지급한다고 되어 있다. 그런데 해당 월 급여는 '다음 월 16일'에 지급되므로 8월에 연수 이수를 한 사원 을은 9월 16일에 성과급을 지급받는다.

58 ▸ ①

영업성과 40% 상승에 대한 성과급은 급여의 100%이므로 3,500,000원이고, 성과휴가는 5일이다.

80시간 연수 이수에 대한 성과급은 급여의 30%이므로 1,050,000원이고, 성과휴가는 5일이다.

따라서 박 차장이 받게 되는 성과급은 4,550,000원이고, 성과휴가는 10일이다.

59 ▸ ②

② 내규 제13조 제5항을 보면 차량 도선비를 실비로 지급하는 지역에서 제주도 및 울릉도가 제외된다.

60 ▸ ①

운임 : 해당 없음

일비 : $20{,}000 \times \frac{1}{2} = 10{,}000$(원)

숙박비 : 해당 없음

식비 : $30{,}000 \times \frac{1}{3} = 10{,}000$(원)

따라서 윤 과장이 지급받는 여비는 20,000원이다.

직무시험(국민건강보험법)

61 ▸ ④

국민건강보험공단의 정관에 포함되는 내용은 사무소의 소재지, 보험료 및 보험급여에 관한 사항, 자산 및 회계에 관한 사항이다(제17조 제1항).

설립등기에 포함되는 사항은 분사무소의 소재지, 이사장의 성명 및 주민등록번호이다(제18조).

제17조(정관) ① 공단의 정관에는 다음 각 호의 사항을 적어야 한다.

1. 목적
2. 명칭
3. 사무소의 소재지
4. 임직원에 관한 사항
5. 이사회의 운영
6. 재정운영위원회에 관한 사항
7. 보험료 및 보험급여에 관한 사항
8. 예산 및 결산에 관한 사항
9. 자산 및 회계에 관한 사항
10. 업무와 그 집행
11. 정관의 변경에 관한 사항
12. 공고에 관한 사항

제18조(등기) 공단의 설립등기에는 다음 각 호의 사항을 포함하여야 한다.

1. 목적
2. 명칭
3. 주된 사무소 및 분사무소의 소재지
4. 이사장의 성명 · 주소 및 주민등록번호

62 ▸ ①

㉠, ㉡, ㉢, ㉤는 모두 제14조 제1항에서 확인할 수 있다.

㉣ 국민건강보험종합계획 수립은 공단이 관장하는 업무가 아니다. 보건복지부장관이 건강보험정책심의위원회의 심의를 거쳐 국민건강보험종합계획을 수립한다(제3조의2 제1항).

제14조(업무 등) ① 공단은 다음 각 호의 업무를 관장한다.

1. 가입자 및 피부양자의 자격 관리
2. 보험료와 그 밖에 이 법에 따른 징수금의 부과 · 징수
3. 보험급여의 관리
4. 가입자 및 피부양자의 질병의 조기발견 · 예방 및 건강관리를 위하여 요양급여 실시 현황과 건강검진 결과 등을 활용하여 실시하는 예방사업으로서 대통령령으로 정하는 사업
5. 보험급여 비용의 지급
6. 자산의 관리 · 운영 및 증식사업
7. 의료시설의 운영
8. 건강보험에 관한 교육훈련 및 홍보
9. 건강보험에 관한 조사연구 및 국제협력
10. 이 법에서 공단의 업무로 정하고 있는 사항

> 11. 「국민연금법」, 「고용보험 및 산업재해보상보험의 보험료징수 등에 관한 법률」, 「임금채권보장법」 및 「석면피해구제법」(이하 "징수위탁근거법"이라 한다)에 따라 위탁받은 업무
> 12. 그 밖에 이 법 또는 다른 법령에 따라 위탁받은 업무
> 13. 그 밖에 건강보험과 관련하여 보건복지부장관이 필요하다고 인정한 업무

63 ▸ ②

① 직장가입자의 직계비속, ③ 직장가입자의 직계존속, ④ 직장가입자의 형제・자매이므로 피부양자에 해당된다.
② 직장가입자의 배우자의 형제・자매이므로 피부양자에 해당하지 않는다.

> **제5조(적용 대상 등)** ② 제1항의 피부양자는 다음 각 호의 어느 하나에 해당하는 사람 중 직장가입자에게 주로 생계를 의존하는 사람으로서 소득 및 재산이 보건복지부령으로 정하는 기준 이하에 해당하는 사람을 말한다.
> 1. 직장가입자의 배우자
> 2. 직장가입자의 직계존속(배우자의 직계존속을 포함한다)
> 3. 직장가입자의 직계비속(배우자의 직계비속을 포함한다)과 그 배우자
> 4. 직장가입자의 형제・자매

64 ▸ ③

㉠은 제20조 제5항, ㉡은 제20조 제2항에서 확인할 수 있다.
㉣ 제20조 제4항 제1호에 따르면, 노동조합과 소비자단체에서 추천하는 사람 각 1명이 비상임이사로 임명되므로, 맞는 설명이다.
㉢ 제20조 제1항을 보면, 이사는 14명을 두며 이 중 5명은 상임으로 한다고 하였다. 따라서 이사 14명 중 5명을 뺀 9명이 비상임이사임을 알 수 있다.

> **제20조(임원)** ① 공단은 임원으로서 이사장 1명, 이사 14명 및 감사 1명을 둔다. 이 경우 이사장, 이사 중 5명 및 감사는 상임으로 한다.
> ② 이사장은 「공공기관의 운영에 관한 법률」 제29조에 따른 임원추천위원회(이하 "임원추천위원회"라 한다)가 복수로 추천한 사람 중에서 보건복지부장관의 제청으로 대통령이 임명한다.
> ③ 상임이사는 보건복지부령으로 정하는 추천 절차를 거쳐 이사장이 임명한다.
> ④ 비상임이사는 다음 각 호의 사람을 보건복지부장관이 임명한다.
> 1. 노동조합・사용자단체・시민단체・소비자단체・농어업인단체 및 노인단체가 추천하는 각 1명
> 2. 대통령령으로 정하는 바에 따라 추천하는 관계 공무원 3명
>
> ⑤ 감사는 임원추천위원회가 복수로 추천한 사람 중에서 기획재정부장관의 제청으로 대통령이 임명한다.

65 ▸ ②

② 제53조 제3항에 따르면, 이미 납부된 체납보험료는 총체납횟수에서 제외한다.
① 제53조 제1항 제4호, ③ 제53조 제2항, ④ 제53조 제1항 제2호에서 찾을 수 있는 내용으로 모두 옳다.

> **제53조(급여의 제한)** ① 공단은 보험급여를 받을 수 있는 사람이 다음 각 호의 어느 하나에 해당하면 보험급여를 하지 아니한다.
> 1. 고의 또는 중대한 과실로 인한 범죄행위에 그 원인이 있거나 고의로 사고를 일으킨 경우
> 2. 고의 또는 중대한 과실로 공단이나 요양기관의 요양에 관한 지시에 따르지 아니한 경우
> 3. 고의 또는 중대한 과실로 제55조에 따른 문서와 그 밖의 물건의 제출을 거부하거나 질문 또는 진단을 기피한 경우
> 4. 업무 또는 공무로 생긴 질병・부상・재해로 다른 법령에 따른 보험급여나 보상(報償) 또는 보상(補償)을 받게 되는 경우
>
> ② 공단은 보험급여를 받을 수 있는 사람이 다른 법령에 따라 국가나 지방자치단체로부터 보험급여에 상당하는 급여를 받거나 보험급여에 상당하는 비용을 지급받게 되는 경우에는 그 한도에서 보험급여를 하지 아니한다.
> ③ 공단은 가입자가 대통령령으로 정하는 기간 이상 다음 각 호의 보험료를 체납한 경우 그 체납한 보험료를 완납할 때까지 그 가입자 및 피부양자에 대하여 보험급여를 실시하지 아니할 수 있다. 다만, 월별 보험료의 총체납횟수(이미 납부된 체납보험료는 총체납횟수에서 제외하며, 보험료의 체납기간은 고려하지 아니한다)가 대통령령으로 정하는 횟수 미만이거나 가입자 및 피부양자의 소득・재산 등이 대통령령으로 정하는 기준 미만인 경우에는 그러하지 아니하다.
> 1. 제69조 제4항 제2호에 따른 보수 외 소득월액보험료
> 2. 제69조 제5항에 따른 세대단위의 보험료

66 ▸ ④

제119조에 따르면 500만 원 이하의 과태료, 100만 원 이하의 과태료를 부과하는 경우가 있다.
④는 제96조의4를 위반하여 서류를 보존하지 않은 자에 해당한다. 100만 원 이하의 과태료를 부과한다.
①, ②, ③은 500만 원 이하의 과태료를 부과하는 경우에 해당한다. ①은 제94조 제1항을, ②는 제97조 제3항을, ③은 제97조 제1항을 위반하였다.

> **제119조(과태료)** ③ 다음 각 호의 어느 하나에 해당하는 자에게는 500만 원 이하의 과태료를 부과한다.
> 1. 제7조를 위반하여 신고를 하지 아니하거나 거짓으로 신고한 사용자
> 2. 정당한 사유 없이 제94조 제1항을 위반하여 신고・서류제출을 하지 아니하거나 거짓으로 신고・서류제출을 한 자
> 3. 정당한 사유 없이 제97조 제1항, 제3항, 제4항, 제5항을 위반하여 보고・서류제출을 하지 아니하거나 거짓으로 보고・서류제출을 한 자

4. 제98조 제4항을 위반하여 행정처분을 받은 사실 또는 행정처분절차가 진행 중인 사실을 지체 없이 알리지 아니한 자
5. 정당한 사유 없이 제101조 제2항을 위반하여 서류를 제출하지 아니하거나 거짓으로 제출한 자

④ 다음 각 호의 어느 하나에 해당하는 자에게는 100만 원 이하의 과태료를 부과한다.
3. 제12조 제4항을 위반하여 정당한 사유 없이 건강보험증이나 신분증명서로 가입자 또는 피부양자의 본인 여부 및 그 자격을 확인하지 아니하고 요양급여를 실시한 자
4. 제96조의4를 위반하여 서류를 보존하지 아니한 자
5. 제103조에 따른 명령을 위반한 자
6. 제105조를 위반한 자

제94조(신고 등) ① 공단은 사용자, 직장가입자 및 세대주에게 다음 각 호의 사항을 신고하게 하거나 관계 서류(전자적 방법으로 기록된 것을 포함한다. 이하 같다)를 제출하게 할 수 있다.
1. 가입자의 거주지 변경
2. 가입자의 보수·소득
3. 그 밖에 건강보험사업을 위하여 필요한 사항

제96조의4(서류의 보존) ① 요양기관은 요양급여가 끝난 날부터 5년간 보건복지부령으로 정하는 바에 따라 제47조에 따른 요양급여비용의 청구에 관한 서류를 보존하여야 한다. 다만, 약국 등 보건복지부령으로 정하는 요양기관은 처방전을 요양급여비용을 청구한 날부터 3년간 보존하여야 한다.

② 사용자는 3년간 보건복지부령으로 정하는 바에 따라 자격 관리 및 보험료 산정 등 건강보험에 관한 서류를 보존하여야 한다.

제97조(보고와 검사) ① 보건복지부장관은 사용자, 직장가입자 또는 세대주에게 가입자의 이동·보수·소득이나 그 밖에 필요한 사항에 관한 보고 또는 서류 제출을 명하거나, 소속 공무원이 관계인에게 질문하게 하거나 관계 서류를 검사하게 할 수 있다.

③ 보건복지부장관은 보험급여를 받은 자에게 해당 보험급여의 내용에 관하여 보고하게 하거나, 소속 공무원이 질문하게 할 수 있다.

67 ▸ ②

② 제41조의2 제2항에 따르면, 요양급여비용의 상한금액이 감액된 약제가 감액된 날부터 5년의 범위에서 대통령령으로 정하는 기간 내에 다시 제1항에 따른 감액의 대상이 된 경우에는 요양급여비용 '상한금액의 100분의 40'을 넘지 아니하는 범위에서 요양급여비용 상한금액의 일부를 감액할 수 있다.

① 제41조의2 제1항, ③ 제41조의2 제1항~제3항, ④ 제41조의2 제4항에서 찾아볼 수 있는 내용이다.

제41조의2(약제에 대한 요양급여비용 상한금액의 감액 등) ① 보건복지부장관은 「약사법」 제47조 제2항의 위반과 관련된 제41조 제1항 제2호의 약제에 대하여는 요양급여비용 상한금액(제41조 제3항에 따라 약제별 요양급여비용의 상한으로 정한 금액을 말한다. 이하 같다)의 100분의 20을 넘지 아니하는 범위에서 그 금액의 일부를 감액할 수 있다.

② 보건복지부장관은 제1항에 따라 요양급여비용의 상한금액이 감액된 약제가 감액된 날부터 5년의 범위에서 대통령령으로 정하는 기간 내에 다시 제1항에 따른 감액의 대상이 된 경우에는 요양급여비용 상한금액의 100분의 40을 넘지 아니하는 범위에서 요양급여비용 상한금액의 일부를 감액할 수 있다.

③ 보건복지부장관은 제2항에 따라 요양급여비용의 상한금액이 감액된 약제가 감액된 날부터 5년의 범위에서 대통령령으로 정하는 기간 내에 다시 「약사법」 제47조 제2항의 위반과 관련된 경우에는 해당 약제에 대하여 1년의 범위에서 기간을 정하여 요양급여의 적용을 정지할 수 있다.

④ 제1항부터 제3항까지의 규정에 따른 요양급여비용 상한금액의 감액 및 요양급여 적용 정지의 기준, 절차, 그 밖에 필요한 사항은 대통령령으로 정한다.

68 ▸ ①

① 제10조 제1항 제5호에 따르면, 수급권자가 된 날에 가입자 자격을 잃게 된다.

②, ③, ④는 각각 제10조 제1항 제4호, 제2호, 제1호에 해당하며, 건강보험 가입자 자격 상실 시기가 옳다.

제10조(자격의 상실 시기 등) ① 가입자는 다음 각 호의 어느 하나에 해당하게 된 날에 그 자격을 잃는다.
1. 사망한 날의 다음 날
2. 국적을 잃은 날의 다음 날
3. 국내에 거주하지 아니하게 된 날의 다음 날
4. 직장가입자의 피부양자가 된 날
5. 수급권자가 된 날
6. 건강보험을 적용받고 있던 사람이 유공자등 의료보호대상자가 되어 건강보험의 적용배제신청을 한 날

69 ▸ ③

㉠은 제52조 제2항 제1호, ㉡은 제52조 제2항 제3호, ㉢은 제52조 제3항에서 확인할 수 있는 내용이다.

㉣ 제52조 제1항에 따르면, 공단이 건강검진을 실시한다. 하지만 제52조 제4항을 보면, 건강검진의 횟수·절차와 그 밖에 필요한 사항은 대통령령으로 정한다.

따라서, 옳은 설명은 모두 3개이다.

제52조(건강검진) ① 공단은 가입자와 피부양자에 대하여 질병의 조기 발견과 그에 따른 요양급여를 하기 위하여 건강검진을 실시한다.

> ② 제1항에 따른 건강검진의 종류 및 대상은 다음 각 호와 같다.
> 1. 일반건강검진: 직장가입자, 세대주인 지역가입자, 20세 이상인 지역가입자 및 20세 이상인 피부양자
> 2. 암검진: 「암관리법」 제11조 제2항에 따른 암의 종류별 검진주기와 연령 기준 등에 해당하는 사람
> 3. 영유아건강검진: 6세 미만의 가입자 및 피부양자
>
> ③ 제1항에 따른 건강검진의 검진항목은 성별, 연령 등의 특성 및 생애 주기에 맞게 설계되어야 한다.
> ④ 제1항에 따른 건강검진의 횟수·절차와 그 밖에 필요한 사항은 대통령령으로 정한다.

70 ▸ ①

㉢ 제112조 제2항에 따르면, 공단은 업무의 일부를 국가기관, 지방자치단체 등에 위탁할 수 있지만 보험료와 징수위탁보험료 등의 징수 업무는 위탁할 수 없다.

㉣ 제112조 제1항 제3호에 따르면, 징수위탁근거법의 위탁에 따라 징수하는 연금보험료, 고용보험료, 산업재해보상보험료, 부담금 및 분담금 등의 수납 또는 그 납부의 확인에 관한 업무를 공단은 대통령령으로 정하는 바에 따라 체신관서, 금융기관 또는 그 밖의 자에게 위탁할 수 있다.

> 제112조(업무의 위탁) ① 공단은 대통령령으로 정하는 바에 따라 다음 각 호의 업무를 체신관서, 금융기관 또는 그 밖의 자에게 위탁할 수 있다.
> 1. 보험료의 수납 또는 보험료납부의 확인에 관한 업무
> 2. 보험급여비용의 지급에 관한 업무
> 3. 징수위탁근거법의 위탁에 따라 징수하는 연금보험료, 고용보험료, 산업재해보상보험료, 부담금 및 분담금 등(이하 "징수위탁보험료등"이라 한다)의 수납 또는 그 납부의 확인에 관한 업무
>
> ② 공단은 그 업무의 일부를 국가기관, 지방자치단체 또는 다른 법령에 따른 사회보험 업무를 수행하는 법인이나 그 밖의 자에게 위탁할 수 있다. 다만, 보험료와 징수위탁보험료등의 징수 업무는 그러하지 아니하다.

71 ▸ ④

㉠ 제100조 제1항 제2호에 따르면, 요양급여비용 총액 중 거짓으로 청구한 금액의 비율이 100분의 20 이상이어야 위반행위 등을 공표할 수 있다. 3,000만 원을 3,500만 원으로 부풀렸으므로 거짓으로 청구한 금액은 500만 원이고, 이는 3,000만 원의 100분의 20 이상이 아니다. 공표 대상이 되지 않는다.

㉣ 제100조 제4항에 따르면, 보건복지부장관은 공표심의위원회가 공표대상자를 재심의한 후 공표대상자를 선정한다. 공표심의위원회가 아닌 보건복지부장관이 공표대상자를 선정한다.

> 제100조(위반사실의 공표) ① 보건복지부장관은 관련 서류의 위조·변조로 요양급여비용을 거짓으로 청구하여 제98조 또는 제99조에 따른 행정처분을 받은 요양기관이 다음 각 호의 어느 하나에 해당하면 그 위반 행위, 처분 내용, 해당 요양기관의 명칭·주소 및 대표자 성명, 그 밖에 다른 요양기관과의 구별에 필요한 사항으로서 대통령령으로 정하는 사항을 공표할 수 있다. 이 경우 공표 여부를 결정할 때에는 그 위반행위의 동기, 정도, 횟수 및 결과 등을 고려하여야 한다.
> 1. 거짓으로 청구한 금액이 1천 500만 원 이상인 경우
> 2. 요양급여비용 총액 중 거짓으로 청구한 금액의 비율이 100분의 20 이상인 경우
>
> ② 보건복지부장관은 제1항에 따른 공표 여부 등을 심의하기 위하여 건강보험공표심의위원회(이하 이 조에서 "공표심의위원회"라 한다)를 설치·운영한다.
> ③ 보건복지부장관은 공표심의위원회의 심의를 거친 공표대상자에게 공표대상자인 사실을 알려 소명자료를 제출하거나 출석하여 의견을 진술할 기회를 주어야 한다.
> ④ 보건복지부장관은 공표심의위원회가 제3항에 따라 제출된 소명자료 또는 진술된 의견을 고려하여 공표대상자를 재심의한 후 공표대상자를 선정한다.
> ⑤ 제1항부터 제4항까지에서 규정한 사항 외에 공표의 절차·방법, 공표심의위원회의 구성·운영 등에 필요한 사항은 대통령령으로 정한다.

72 ▸ ②

㉠ 제82조 제1항에 따르면, 공단은 보험료를 3회 이상 체납한 자가 신청하는 경우에 보건복지부령으로 정하는 바에 따라 분할납부를 승인할 수 있다.

㉢ 제82조 제3항에 따르면, 공단은 분할납부 승인을 받은 자가 정당한 사유 없이 5회 이상 그 승인된 보험료를 납부하지 아니하면 그 분할납부의 승인을 취소한다. 단, 승인받은 분할납부 횟수가 5회 미만인 경우 해당납부 횟수 이상 납부하지 않은 경우 분할납부 승인이 취소된다. 따라서, 납부하지 않은 횟수가 5회 미만인 경우라도, 승인받은 분할납부 횟수가 5회 미만이면 분할납부의 승인이 취소될 수 있다.

> 제82조(체납보험료의 분할납부) ① 공단은 보험료를 3회 이상 체납한 자가 신청하는 경우 보건복지부령으로 정하는 바에 따라 분할납부를 승인할 수 있다.
> ② 공단은 보험료를 3회 이상 체납한 자에 대하여 제81조 제3항에 따른 체납처분을 하기 전에 제1항에 따른 분할납부를 신청할 수 있음을 알리고, 보건복지부령으로 정하는 바에 따라 분할납부 신청의 절차·방법 등에 관한 사항을 안내하여야 한다.
> ③ 공단은 제1항에 따라 분할납부 승인을 받은 자가 정당한 사유 없이 5회(제1항에 따라 승인받은 분할납부 횟수가 5회 미만인 경우에는 해당 분할납부 횟수를 말한다) 이상 그 승인된 보험료를 납부하지 아니하면 그 분할납부의 승인을 취소한다.
> ④ 분할납부의 승인과 취소에 관한 절차·방법·기준 등에 필요한 사항은 보건복지부령으로 정한다.

73 ▸ ①

㉡ 제51조 제2항에 따르면, 장애인인 가입자 또는 피부양자에게 보조기기를 판매한 자는 '가입자나 피부양자의 위임이 있는 경우' 공단에 보험급여를 직접 청구할 수 있다. 판매자가 반드시 보험급여를 직접 청구해야 하는 것은 아니다.
㉠과 ㉣은 제51조 제1항, ㉢은 제51조 제3항에서 확인할 수 있는 내용이다. 따라서, 옳지 않은 설명은 ㉡ 1개이다.

제51조(장애인에 대한 특례) ① 공단은 「장애인복지법」에 따라 등록한 장애인인 가입자 및 피부양자에게는 「장애인·노인 등을 위한 보조기기 지원 및 활용촉진에 관한 법률」 제3조 제2호에 따른 보조기기(이하 이 조에서 "보조기기"라 한다)에 대하여 보험급여를 할 수 있다.
② 장애인인 가입자 또는 피부양자에게 보조기기를 판매한 자는 가입자나 피부양자의 위임이 있는 경우 공단에 보험급여를 직접 청구할 수 있다. 이 경우 공단은 지급이 청구된 내용의 적정성을 심사하여 보조기기를 판매한 자에게 보조기기에 대한 보험급여를 지급할 수 있다.
③ 제1항에 따른 보조기기에 대한 보험급여의 범위·방법·절차, 제2항에 따른 보조기기 판매업자의 보험급여 청구, 공단의 적정성 심사 및 그 밖에 필요한 사항은 보건복지부령으로 정한다.

74 ▸ ③

㉡ 제97조 제3항에 따르면, 보험급여를 받은 자에게 해당 보험급여의 내용에 관하여 소속 공무원이 질문하게 할 수 있다. 서류 제출을 명할 수 있다는 내용은 찾아볼 수 없다.

제97조(보고와 검사) ① 보건복지부장관은 사용자, 직장가입자 또는 세대주에게 가입자의 이동·보수·소득이나 그 밖에 필요한 사항에 관한 보고 또는 서류 제출을 명하거나, 소속 공무원이 관계인에게 질문하게 하거나 관계 서류를 검사하게 할 수 있다.
② 보건복지부장관은 요양기관(제49조에 따라 요양을 실시한 기관을 포함한다)에 대하여 요양·약제의 지급 등 보험급여에 관한 보고 또는 서류 제출을 명하거나, 소속 공무원이 관계인에게 질문하게 하거나 관계 서류를 검사하게 할 수 있다.
③ 보건복지부장관은 보험급여를 받은 자에게 해당 보험급여의 내용에 관하여 보고하게 하거나, 소속 공무원이 질문하게 할 수 있다.
④ 보건복지부장관은 제47조 제7항에 따라 요양급여비용의 심사청구를 대행하는 단체(이하 "대행청구단체"라 한다)에 필요한 자료의 제출을 명하거나, 소속 공무원이 대행청구에 관한 자료 등을 조사·확인하게 할 수 있다.
⑥ 제1항부터 제5항까지의 규정에 따라 질문·검사·조사 또는 확인을 하는 소속 공무원은 그 권한을 표시하는 증표를 지니고 관계인에게 보여주어야 한다.

75 ▸ ①

㉠ 제35조 제2항, ㉡ 제35조 제3항에서 찾을 수 있는 내용이다.
㉢ 제36조에 따르면, 이사회 의결 후 바로 보건복지부장관의 승인을 받으면 된다.
㉣ 제37조에 따르면, 1년 이상 장기로 차입할 경우에만 보건복지부장관의 승인이 필요하다.

제35조(회계) ① 공단의 회계연도는 정부의 회계연도에 따른다.
② 공단은 직장가입자와 지역가입자의 재정을 통합하여 운영한다.
③ 공단은 건강보험사업 및 징수위탁근거법의 위탁에 따른 국민연금사업·고용보험사업·산업재해보상보험사업·임금채권보장사업에 관한 회계를 공단의 다른 회계와 구분하여 각각 회계처리하여야 한다.

제36조(예산) 공단은 회계연도마다 예산안을 편성하여 이사회의 의결을 거친 후 보건복지부장관의 승인을 받아야 한다. 예산을 변경할 때에도 또한 같다.

제37조(차입금) 공단은 지출할 현금이 부족한 경우에는 차입할 수 있다. 다만, 1년 이상 장기로 차입하려면 보건복지부장관의 승인을 받아야 한다.

76 ▸ ④

㉠ 제45조 제2항에 따르면, 계약은 공단과 각 요양기관 사이에 체결된 것으로 본다.
㉡ 제45조 제3항에 따르면, 보건복지부장관이 그 직전 계약기간 만료일이 속하는 연도의 6월 30일까지 심의위원회의 의견을 거쳐 요양급여비용을 정한다.
㉢ 제45조 제4항에 따르면, 요양급여비용이 정해지면 보건복지부장관은 그 요양급여비용의 명세를 지체 없이 고시하여야 한다.

제45조(요양급여비용의 산정 등) ① 요양급여비용은 공단의 이사장과 대통령령으로 정하는 의약계를 대표하는 사람들의 계약으로 정한다. 이 경우 계약기간은 1년으로 한다.
② 제1항에 따라 계약이 체결되면 그 계약은 공단과 각 요양기관 사이에 체결된 것으로 본다.
③ 제1항에 따른 계약은 그 직전 계약기간 만료일이 속하는 연도의 5월 31일까지 체결하여야 하며, 그 기한까지 계약이 체결되지 아니하는 경우 보건복지부장관이 그 직전 계약기간 만료일이 속하는 연도의 6월 30일까지 심의위원회의 의결을 거쳐 요양급여비용을 정한다. 이 경우 보건복지부장관이 정하는 요양급여비용은 제1항 및 제2항에 따라 계약으로 정한 요양급여비용으로 본다.
④ 제1항 또는 제3항에 따라 요양급여비용이 정해지면 보건복지부장관은 그 요양급여비용의 명세를 지체 없이 고시하여야 한다.
⑥ 심사평가원은 공단의 이사장이 제1항에 따른 계약을 체결하기 위하여 필요한 자료를 요청하면 그 요청에 성실히 따라야 한다.

77 ▸ ③

③ 제24조 제2항 제1호에 따르면, '신체장애나 정신장애로 직무를 수행할 수 없다고 인정되는 경우' 임명권자는 임원을 해임할 수 있다. 하지만, '직무에 어려움을 겪는 경우'를 '직무를 수행할 수 없다고 인정되는 경우'라 할 수는 없으므로 퇴임사유라고 단정 지을 수 없다.

제23조(임원 결격사유) 다음 각 호의 어느 하나에 해당하는 사람은 공단의 임원이 될 수 없다.
1. 대한민국 국민이 아닌 사람
2. 「공공기관의 운영에 관한 법률」 제34조 제1항 각 호의 어느 하나에 해당하는 사람

제24조(임원의 당연퇴임 및 해임) ① 임원이 제23조 각 호의 어느 하나에 해당하게 되거나 임명 당시 그에 해당하는 사람으로 확인되면 그 임원은 당연퇴임한다.
② 임명권자는 임원이 다음 각 호의 어느 하나에 해당하면 그 임원을 해임할 수 있다.
1. 신체장애나 정신장애로 직무를 수행할 수 없다고 인정되는 경우
2. 직무상 의무를 위반한 경우
3. 고의나 중대한 과실로 공단에 손실이 생기게 한 경우
4. 직무 여부와 관계없이 품위를 손상하는 행위를 한 경우
5. 이 법에 따른 보건복지부장관의 명령을 위반한 경우

78 ▸ ③

㉠ 제78조 제1항에 따르면, 보험료의 해당 월 보험료 납부일은 그 다음 달 10일까지이다.
따라서 옳은 설명은 ㉡, ㉢, ㉣ 3개이다.

제78조(보험료의 납부기한) ① 제77조 제1항 및 제2항에 따라 보험료 납부의무가 있는 자는 가입자에 대한 그 달의 보험료를 그 다음 달 10일까지 납부하여야 한다. 다만, 직장가입자의 보수 외 소득월액보험료 및 지역가입자의 보험료는 보건복지부령으로 정하는 바에 따라 분기별로 납부할 수 있다.
② 공단은 제1항에도 불구하고 납입 고지의 송달 지연 등 보건복지부령으로 정하는 사유가 있는 경우 납부의무자의 신청에 따라 제1항에 따른 납부기한부터 1개월의 범위에서 납부기한을 연장할 수 있다. 이 경우 납부기한 연장을 신청하는 방법, 절차 등에 필요한 사항은 보건복지부령으로 정한다.

제78조의2(가산금) ① 사업장의 사용자가 대통령령으로 정하는 사유에 해당되어 직장가입자가 될 수 없는 자를 제8조 제2항 또는 제9조 제2항을 위반하여 거짓으로 보험자에게 직장가입자로 신고한 경우 공단은 제1호의 금액에서 제2호의 금액을 뺀 금액의 100분의 10에 상당하는 가산금을 그 사용자에게 부과하여 징수한다.
1. 사용자가 직장가입자로 신고한 사람이 직장가입자로 처리된 기간 동안 그 가입자가 제69조 제5항에 따라 부담하여야 하는 보험료의 총액
2. 제1호의 기간 동안 공단이 해당 가입자에 대하여 제69조 제4항에 따라 산정하여 부과한 보험료의 총액

79 ▸ ④

㉠ 제66조 제3항~제5항에 따르면, 건강보험심사평가원 원장은 진료심사평가위원회의 심사위원을 임명·위촉하고 해임·해촉할 수 있다.
㉢ 제66조 제2항에 따르면, 90명 이내의 상근 심사위원과 1천 명 이내의 비상근 심사위원으로 구성한다고 하였으므로 합하여 천 명이 넘는 것이 가능하다.
㉣ 제66조 제5항 제4호에 따르면, 직무 여부와 관계없이 품위를 손상하는 행위를 한 경우 심사위원의 해임 또는 해촉이 가능하다.
㉡ 제66조 제3항과 제4항에 따르면, 심사평가원 원장은 보건복지부령으로 정하는 사람 중에서 상근 심사위원과 비상근 심사위원을 임명·위촉한다. 따라서 보건복지부령에서 정하는 자격에 맞지 않는다고 해서 비상근 심사위원으로 임명할 수 있는 것은 아니다.

제66조(진료심사평가위원회) ① 심사평가원의 업무를 효율적으로 수행하기 위하여 심사평가원에 진료심사평가위원회(이하 "심사위원회"라 한다)를 둔다.
② 심사위원회는 위원장을 포함하여 90명 이내의 상근 심사위원과 1천 명 이내의 비상근 심사위원으로 구성하며, 진료과목별 분과위원회를 둘 수 있다.
③ 제2항에 따른 상근 심사위원은 심사평가원의 원장이 보건복지부령으로 정하는 사람 중에서 임명한다.
④ 제2항에 따른 비상근 심사위원은 심사평가원의 원장이 보건복지부령으로 정하는 사람 중에서 위촉한다.
⑤ 심사평가원의 원장은 심사위원이 다음 각 호의 어느 하나에 해당하면 그 심사위원을 해임 또는 해촉할 수 있다.
1. 신체장애나 정신장애로 직무를 수행할 수 없다고 인정되는 경우
2. 직무상 의무를 위반하거나 직무를 게을리한 경우
3. 고의나 중대한 과실로 심사평가원에 손실이 생기게 한 경우
4. 직무 여부와 관계없이 품위를 손상하는 행위를 한 경우
⑥ 제1항부터 제5항까지에서 규정한 사항 외에 심사위원회 위원의 자격·임기 및 심사위원회의 구성·운영 등에 필요한 사항은 보건복지부령으로 정한다.

80 ▸ ③

③ 제96조 제3항에 따르면, 이를 요청할 수 있는 주체는 보건복지부장관이다.
①, ② 제96조 제1항과 제2항에 따라 옳은 내용이다.
④ 제96조 제5항에 따라 옳은 내용이다.

제96조(자료의 제공) ① 공단은 국가, 지방자치단체, 요양기관, 「보험업법」에 따른 보험회사 및 보험료율 산출 기관, 「공공기관의 운영에 관한 법률」에 따른 공공기관, 그 밖의 공공단체 등에 대하여 다음 각 호의 업무를 수행하기 위하여 주민등록·가족관계등록·국세·지방세·토지·건물·출입국관리 등의 자료로서 대통령령으로 정하는 자료를 제공하도록 요청할 수 있다.

1. 가입자 및 피부양자의 자격 관리, 보험료의 부과·징수, 보험급여의 관리 등 건강보험사업의 수행
2. 제14조 제1항 제11호에 따른 업무의 수행

② 심사평가원은 국가, 지방자치단체, 요양기관, 「보험업법」에 따른 보험회사 및 보험료율 산출 기관, 「공공기관의 운영에 관한 법률」에 따른 공공기관, 그 밖의 공공단체 등에 대하여 요양급여비용을 심사하고 요양급여의 적정성을 평가하기 위하여 주민등록·출입국관리·진료기록·의약품공급 등의 자료로서 대통령령으로 정하는 자료를 제공하도록 요청할 수 있다.
③ 보건복지부장관은 관계 행정기관의 장에게 제41조의 2에 따른 약제에 대한 요양급여비용 상한금액의 감액 및 요양급여의 적용 정지를 위하여 필요한 자료를 제공하도록 요청할 수 있다.
④ 제1항부터 제3항까지의 규정에 따라 자료 제공을 요청받은 자는 성실히 이에 따라야 한다.
⑤ 공단 또는 심사평가원은 요양기관, 「보험업법」에 따른 보험회사 및 보험료율 산출 기관에 제1항 또는 제2항에 따른 자료의 제공을 요청하는 경우 자료 제공 요청 근거 및 사유, 자료 제공 대상자, 대상기간, 자료 제공 기한, 제출 자료 등이 기재된 자료제공요청서를 발송하여야 한다.

직무시험(노인장기요양보험법)

61 ▸ ③

제7조 제4항에 따르면, 외국인근로자 등 대통령령으로 정하는 외국인이 신청하는 경우 보건복지부령으로 정하는 바에 따라 장기요양보험가입자에서 제외할 수 있다.
① 제7조 제1항, ② 제7조 제2항, ④ 제7조 제3항에서 찾아볼 수 있는 내용이다.

제7조(장기요양보험) ① 장기요양보험사업은 보건복지부장관이 관장한다.
② 장기요양보험사업의 보험자는 공단으로 한다.
③ 장기요양보험의 가입자(이하 "장기요양보험가입자"라 한다)는 「국민건강보험법」 제5조 및 제109조에 따른 가입자로 한다.
④ 공단은 제3항에도 불구하고 「외국인근로자의 고용 등에 관한 법률」에 따른 외국인근로자 등 대통령령으로 정하는 외국인이 신청하는 경우 보건복지부령으로 정하는 바에 따라 장기요양보험가입자에서 제외할 수 있다.

62 ▸ ③

③ 제13조 제1항에 따르면, 의사소견서는 공단이 제15조 제1항에 따라 등급판정위원회에 자료를 제출하기 전까지 제출할 수 있다. 따라서, 신청서 제출 시 함께 제출하지 않아도 된다.
① 제2조 제1호에 따르면, "노인등"에 해당하는 사람은 65세 이상 노인 또는 65세 미만의 자로서 치매·뇌혈관성질환 등 대통령령으로 정하는 노인성 질병을 가진 자이다. 제12조에 따르면, "노인등"으로서 장기요양보험가입자는 장기요양인정을 신청할 수 있다고 하였다.
② 제13조 제1항에 따르면, 장기요양인정을 신청하는 자는 공단에 보건복지부령으로 정하는 바에 따라 장기요양인정신청서에 의사 또는 한의사가 발급하는 소견서를 첨부하여 제출하여야 한다.
④ 제13조 제3항의 내용이다.

제2조(정의) 이 법에서 사용하는 용어의 정의는 다음과 같다.
1. "노인등"이란 65세 이상의 노인 또는 65세 미만의 자로서 치매·뇌혈관성질환 등 대통령령으로 정하는 노인성 질병을 가진 자를 말한다.

제12조(장기요양인정의 신청자격) 장기요양인정을 신청할 수 있는 자는 노인등으로서 다음 각 호의 어느 하나에 해당하는 자격을 갖추어야 한다.
1. 장기요양보험가입자 또는 그 피부양자
2. 「의료급여법」 제3조 제1항에 따른 수급권자(이하 "의료급여수급권자"라 한다)

제13조(장기요양인정의 신청) ① 장기요양인정을 신청하는 자(이하 "신청인"이라 한다)는 공단에 보건복지부령으로 정하는 바에 따라 장기요양인정신청서(이하 "신청서"라 한다)에 의사 또는 한의사가 발급하는 소견서(이하 "의사소견서"라 한다)를 첨부하여 제출하여야 한다. 다만, 의사소견서는 공단이 제15조 제1항에 따라 등급판정위원회에 자료를 제출하기 전까지 제출할 수 있다.
② 제1항에도 불구하고 거동이 현저하게 불편하거나 도서·벽지 지역에 거주하여 의료기관을 방문하기 어려운 자 등 대통령령으로 정하는 자는 의사소견서를 제출하지 아니할 수 있다.
③ 의사소견서의 발급비용·비용부담방법·발급자의 범위, 그 밖에 필요한 사항은 보건복지부령으로 정한다.

63 ▸ ③

㉡ 제4조 제2항에 따르면, 국가는 노인성질환예방사업을 수행하는 지방자치단체 또는 「국민건강보험법」에 따른 국민건강보험공단에 대하여 이에 소요되는 비용을 지원할 수 있다. 반드시 '해야 하는' 것은 아니다.
㉠ 제4조 제3항, ㉢ 제4조 제6항, ㉣ 제4조 제5항, ㉤ 제4조 제7항에서 찾아볼 수 있는 내용이다.

제4조(국가 및 지방자치단체의 책무 등) ① 국가 및 지방자치단체는 노인이 일상생활을 혼자서 수행할 수 있는 온전한 심신상태를 유지하는 데 필요한 사업(이하 "노인성질환예방사업"이라 한다)을 실시하여야 한다.
② 국가는 노인성질환예방사업을 수행하는 지방자치단체 또는 「국민건강보험법」에 따른 국민건강보험공단(이하 "공단"이라 한다)에 대하여 이에 소요되는 비용을 지원할 수 있다.
③ 국가 및 지방자치단체는 노인인구 및 지역특성 등을 고려하여 장기요양급여가 원활하게 제공될 수 있도록 적정한 수의 장기요양기관을 확충하고 장기요양기관의 설립을 지원하여야 한다.
④ 국가 및 지방자치단체는 국·공립 장기요양기관을 확충하기 위하여 노력하여야 한다.
⑤ 국가 및 지방자치단체는 장기요양급여가 원활히 제공될 수 있도록 공단에 필요한 행정적 또는 재정적 지원을 할 수 있다.
⑥ 국가 및 지방자치단체는 장기요양요원의 처우를 개선하고 복지를 증진하며 지위를 향상시키기 위하여 적극적으로 노력하여야 한다.
⑦ 국가 및 지방자치단체는 지역의 특성에 맞는 장기요양사업의 표준을 개발·보급할 수 있다.

64 ▸ ①

㉣ 제6조 제2항에 따르면, 장기요양기본계획에 따라 세부시행계획을 수립·시행하는 주체는 '지방자치단체의 장'이다.

제6조(장기요양기본계획) ① 보건복지부장관은 노인등에 대한 장기요양급여를 원활하게 제공하기 위하여 5년 단위로 다음 각 호의 사항이 포함된 장기요양기본계획을 수립·시행하여야 한다.
1. 연도별 장기요양급여 대상인원 및 재원조달 계획
2. 연도별 장기요양기관 및 장기요양전문인력 관리 방안
3. 장기요양요원의 처우에 관한 사항
4. 그 밖에 노인등의 장기요양에 관한 사항으로서 대통령령으로 정하는 사항

② 지방자치단체의 장은 제1항에 따른 장기요양기본계획에 따라 세부시행계획을 수립·시행하여야 한다.

제6조의2(실태조사) ① 보건복지부장관은 장기요양사업의 실태를 파악하기 위하여 3년마다 다음 각 호의 사항에 관한 조사를 정기적으로 실시하고 그 결과를 공표하여야 한다.
1. 장기요양인정에 관한 사항
2. 제52조에 따른 장기요양등급판정위원회(이하 "등급판정위원회"라 한다)의 판정에 따라 장기요양급여를 받을 사람(이하 "수급자"라 한다)의 규모, 그 급여의 수준 및 만족도에 관한 사항
3. 장기요양기관에 관한 사항
4. 장기요양요원의 근로조건, 처우 및 규모에 관한 사항
5. 그 밖에 장기요양사업에 관한 사항으로서 보건복지부령으로 정하는 사항

65 ▸ ④

장기요양요원지원센터는 장기요양요원의 권리를 보호하는 업무를 한다. ①, ②, ③은 각각 제47조의2 제2항 제2호, 제3호, 제1호에 해당하는 내용으로, 장기요양요원지원센터의 업무에 해당한다.

제47조의2(장기요양요원지원센터의 설치 등) ① 국가와 지방자치단체는 장기요양요원의 권리를 보호하기 위하여 장기요양요원지원센터를 설치·운영할 수 있다.
② 장기요양요원지원센터는 다음 각 호의 업무를 수행한다.
1. 장기요양요원의 권리 침해에 관한 상담 및 지원
2. 장기요양요원의 역량강화를 위한 교육지원
3. 장기요양요원에 대한 건강검진 등 건강관리를 위한 사업
4. 그 밖에 장기요양요원의 업무 등에 필요하여 대통령령으로 정하는 사항

③ 장기요양요원지원센터의 설치·운영 등에 필요한 사항은 보건복지부령으로 정하는 바에 따라 해당 지방자치단체의 조례로 정한다.

66 ▸ ①

㉠ 제67조 제1항 제1호에 따르면, 거짓이나 그 밖의 부정한 방법으로 장기요양급여비용을 청구한 자는 3년 이하의 징역 또는 3천만 원 이하의 벌금에 처한다.
㉡ 제67조 제2항 제4호에 해당하는 경우로, 2년 이하의 징역 또는 2천만 원 이하의 벌금에 처한다.

㉢은 제67조 제3항 제2호, ㉣은 제67조 제3항 제1호에 해당하는 경우로, 1년 이하의 징역 또는 1천만 원 이하의 벌금에 처한다.
㉠과 ㉡이 벌금 2천만 원에 처해질 수 있다.

제67조(벌칙) ① 다음 각 호의 어느 하나에 해당하는 자는 3년 이하의 징역 또는 3천만 원 이하의 벌금에 처한다.
1. 거짓이나 그 밖의 부정한 방법으로 장기요양급여비용을 청구한 자
2. 제33조의3 제2항 제1호를 위반하여 폐쇄회로 텔레비전의 설치 목적과 다른 목적으로 폐쇄회로 텔레비전을 임의로 조작하거나 다른 곳을 비추는 행위를 한 자
3. 제33조의3 제2항 제2호를 위반하여 녹음기능을 사용하거나 보건복지부령으로 정하는 저장장치 이외의 장치 또는 기기에 영상정보를 저장한 자

② 다음 각 호의 어느 하나에 해당하는 자는 2년 이하의 징역 또는 2천만 원 이하의 벌금에 처한다.
1. 제31조를 위반하여 지정받지 아니하고 장기요양기관을 운영하거나 거짓이나 그 밖의 부정한 방법으로 지정받은 자
2. 제33조의3 제3항에 따른 안전성 확보에 필요한 조치를 하지 아니하여 영상정보를 분실·도난·유출·변조 또는 훼손당한 자
3. 제35조 제5항을 위반하여 본인부담금을 면제 또는 감경하는 행위를 한 자
4. 제35조 제6항을 위반하여 수급자를 소개, 알선 또는 유인하는 행위를 하거나 이를 조장한 자
5. 제62조를 위반하여 업무수행 중 알게 된 비밀을 누설한 자

③ 다음 각 호의 어느 하나에 해당하는 자는 1년 이하의 징역 또는 1천만 원 이하의 벌금에 처한다.
1. 제35조 제1항을 위반하여 정당한 사유 없이 장기요양급여의 제공을 거부한 자
2. 거짓이나 그 밖의 부정한 방법으로 장기요양급여를 받거나 다른 사람으로 하여금 장기요양급여를 받게 한 자
3. 정당한 사유 없이 제36조 제3항 각 호에 따른 권익보호조치를 하지 아니한 사람
4. 제37조 제7항을 위반하여 수급자가 부담한 비용을 정산하지 아니한 자

67 ▸ ②

㉡ 제24조 제1항 제2호에 따르면, 천재지변이나 그 밖에 이와 유사한 사유로 인하여 장기요양기관이 제공하는 장기요양급여를 이용하기가 어렵다고 보건복지부장관이 인정하는 자에게 가족요양비를 지급할 수 있다. '대통령령으로 인정하는 자'가 아니다.
㉣ 제24조 제2항에 따르면, 지급절차는 보건복지부령으로 정한다.
㉠ 제23조 제1항 제3호 가목, ㉢ 제24조 제1항에서 확인할 수 있는 내용이다.

제23조(장기요양급여의 종류) ① 이 법에 따른 장기요양급여의 종류는 다음 각 호와 같다.
3. 특별현금급여
 가. 가족요양비 : 제24조에 따라 지급하는 가족장기요양급여
 나. 특례요양비 : 제25조에 따라 지급하는 특례장기요양급여
 다. 요양병원간병비 : 제26조에 따라 지급하는 요양병원장기요양급여

제24조(가족요양비) ① 공단은 다음 각 호의 어느 하나에 해당하는 수급자가 가족 등으로부터 제23조 제1항 제1호 가목에 따른 방문요양에 상당한 장기요양급여를 받은 때 대통령령으로 정하는 기준에 따라 해당 수급자에게 가족요양비를 지급할 수 있다.
1. 도서·벽지 등 장기요양기관이 현저히 부족한 지역으로서 보건복지부장관이 정하여 고시하는 지역에 거주하는 자
2. 천재지변이나 그 밖에 이와 유사한 사유로 인하여 장기요양기관이 제공하는 장기요양급여를 이용하기가 어렵다고 보건복지부장관이 인정하는 자
3. 신체·정신 또는 성격 등 대통령령으로 정하는 사유로 인하여 가족 등으로부터 장기요양을 받아야 하는 자

② 제1항에 따른 가족요양비의 지급절차와 그 밖에 필요한 사항은 보건복지부령으로 정한다.

68 ▸ ②

㉠ 제27조 제1항에 따르면, 수급자는 장기요양인정서와 개인별장기요양이용계획서가 도달한 날부터 장기요양급여를 받을 수 있다. 따라서 A씨는 2025년 1월 21일부터 장기요양급여를 받을 수 있다.
㉡ 제27조 제3항에 따르면, 수급자가 장기요양급여를 받으려면 장기요양기관에 장기요양인정서와 개인별장기요양이용계획서를 제시하여야 한다. 다만, 장기요양인정서 및 개인별장기요양이용계획서를 제시하지 못하는 경우 장기요양기관은 공단에 전화나 인터넷 등을 통해 그 자격을 확인할 수 있다고 하였으므로, 이를 제시하지 못한다고 해서 장기요양급여를 받을 수 없는 것은 아니다.
따라서 옳지 않은 설명은 ㉠, ㉡ 2개이다.

제27조(장기요양급여의 제공) ① 수급자는 제17조 제1항에 따른 장기요양인정서와 같은 조 제3항에 따른 개인별장기요양이용계획서가 도달한 날부터 장기요양급여를 받을 수 있다.

② 제1항에도 불구하고 수급자는 돌볼 가족이 없는 경우 등 대통령령으로 정하는 사유가 있는 경우 신청서를 제출한 날부터 장기요양인정서가 도달되는 날까지의 기간 중에도 장기요양급여를 받을 수 있다.

③ 수급자는 장기요양급여를 받으려면 장기요양기관에 장기요양인정서와 개인별장기요양이용계획서를 제시하여야 한다. 다만, 수급자가 장기요양인정서 및 개인별장기요양이용계획서를 제시하지 못하는 경우 장기요양기관은 공단에 전화나 인터넷 등을 통하여 그 자격 등을 확인할 수 있다.
④ 장기요양기관은 제3항에 따라 수급자가 제시한 장기요양인정서와 개인별장기요양이용계획서를 바탕으로 장기요양급여 제공 계획서를 작성하고 수급자의 동의를 받아 그 내용을 공단에 통보하여야 한다.
⑤ 제2항에 따른 장기요양급여 인정 범위와 절차, 제4항에 따른 장기요양급여 제공 계획서 작성 절차에 관한 구체적인 사항 등은 대통령령으로 정한다.

69 ▸ ④

④ 제33조의3 제1항 제5호에 따르면, 노인 관련 안전업무를 수행하는 기관으로서 '보건복지부령'으로 정하는 자가 업무의 수행을 위하여 열람시기·절차 및 방법 등 보건복지부령으로 정하는 바에 따라 요청하는 경우에 영상정보 열람이 가능하다.
①은 제33조의2 제1항 제1호, ②는 제33조의2 제1항 제2호, ③은 제33조의2 제1항 제4호에 해당하여 열람이 가능하다.

제33조의2(폐쇄회로 텔레비전의 설치 등) ③ 장기요양기관을 운영하는 자는 폐쇄회로 텔레비전에 기록된 영상정보를 60일 이상 보관하여야 한다.

제33조의3(영상정보의 열람금지 등) ① 폐쇄회로 텔레비전을 설치·관리하는 자는 다음 각 호의 어느 하나에 해당하는 경우를 제외하고는 제33조의2 제3항의 영상정보를 열람하게 하여서는 아니 된다.
1. 수급자가 자신의 생명·신체·재산상의 이익을 위하여 본인과 관련된 사항을 확인할 목적으로 열람 시기·절차 및 방법 등 보건복지부령으로 정하는 바에 따라 요청하는 경우
2. 수급자의 보호자가 수급자의 안전을 확인할 목적으로 열람 시기·절차 및 방법 등 보건복지부령으로 정하는 바에 따라 요청하는 경우
3. 「개인정보 보호법」 제2조 제6호 가목에 따른 공공기관이 「노인복지법」 제39조의11 등 법령에서 정하는 노인의 안전업무 수행을 위하여 요청하는 경우
4. 범죄의 수사와 공소의 제기 및 유지, 법원의 재판업무 수행을 위하여 필요한 경우
5. 그 밖에 노인 관련 안전업무를 수행하는 기관으로서 보건복지부령으로 정하는 자가 업무의 수행을 위하여 열람시기·절차 및 방법 등 보건복지부령으로 정하는 바에 따라 요청하는 경우

70 ▸ ③

제18조에 따르면, 장기요양인정서를 작성할 경우 고려사항은 수급자의 장기요양등급 및 생활환경, 수급자와 그 가족의 욕구 및 선택, 시설급여를 제공하는 경우 장기요양기관이 운영하는 시설 현황이다.

제18조(장기요양인정서를 작성할 경우 고려사항) 공단은 장기요양인정서를 작성할 경우 제17조 제1항 제2호에 따른 장기요양급여의 종류 및 내용을 정하는 때 다음 각 호의 사항을 고려하여 정하여야 한다.
1. 수급자의 장기요양등급 및 생활환경
2. 수급자와 그 가족의 욕구 및 선택
3. 시설급여를 제공하는 경우 장기요양기관이 운영하는 시설 현황

71 ▸ ①

㉠ 제25조 제1항에 따르면, 수급자가 장기요양기관이 아닌 노인요양시설 등의 기관 또는 시설에서 재가급여 또는 시설급여에 상당한 장기요양급여를 받은 경우 대통령령으로 정하는 기준에 따라 해당 장기요양급여비용의 일부를 해당 수급자에게 특례요양비로 지급할 수 있다. 반드시 지급해야 하는 것은 아니다.
㉡ 제25조 제2항, ㉢ 제26조 제1항, ㉣ 제26조 제2항에서 찾아볼 수 있는 내용이다.

제25조(특례요양비) ① 공단은 수급자가 장기요양기관이 아닌 노인요양시설 등의 기관 또는 시설에서 재가급여 또는 시설급여에 상당한 장기요양급여를 받은 경우 대통령령으로 정하는 기준에 따라 해당 장기요양급여비용의 일부를 해당 수급자에게 특례요양비로 지급할 수 있다.
② 제1항에 따라 장기요양급여가 인정되는 기관 또는 시설의 범위, 특례요양비의 지급절차, 그 밖에 필요한 사항은 보건복지부령으로 정한다.

제26조(요양병원간병비) ① 공단은 수급자가 「의료법」 제3조 제2항 제3호 라목에 따른 요양병원에 입원한 때 대통령령으로 정하는 기준에 따라 장기요양에 사용되는 비용의 일부를 요양병원간병비로 지급할 수 있다.
② 제1항에 따른 요양병원간병비의 지급절차와 그 밖에 필요한 사항은 보건복지부령으로 정한다.

72 ▸ ③

㉤ 장기요양보험료는 장기요양위원회 심의를 거쳐 대통령령으로 정한다(제9조 제2항).
ⓞ 장기요양사업과 관련하여 보건복지부장관이 위탁한 업무

제48조(관리운영기관 등) ① 장기요양사업의 관리운영기관은 공단으로 한다.
② 공단은 다음 각 호의 업무를 관장한다.
1. 장기요양보험가입자 및 그 피부양자와 의료급여수급권자의 자격관리
2. 장기요양보험료의 부과·징수
3. 신청인에 대한 조사
4. 등급판정위원회의 운영 및 장기요양등급 판정
5. 장기요양인정서의 작성 및 개인별장기요양이용계획서의 제공
6. 장기요양급여의 관리 및 평가

7. 수급자 및 그 가족에 대한 정보제공·안내·상담 등 장기요양급여 관련 이용지원에 관한 사항
8. 재가 및 시설 급여비용의 심사 및 지급과 특별현금급여의 지급
9. 장기요양급여 제공내용 확인
10. 장기요양사업에 관한 조사·연구, 국제협력 및 홍보
11. 노인성질환예방사업
12. 이 법에 따른 부당이득금의 부과·징수 등
13. 장기요양급여의 제공기준을 개발하고 장기요양급여비용의 적정성을 검토하기 위한 장기요양기관의 설치 및 운영
14. 그 밖에 장기요양사업과 관련하여 보건복지부장관이 위탁한 업무

73 ▸ ④

㉡ 제53조의2 제3항에 따르면, 위원회의 구성, 운영 등의 사항은 대통령령으로 정한다.

㉠, ㉢, ㉣은 각각 제53조의2 제2항, 제1항 제3호, 제1항 제2호에 해당하는 내용으로 옳은 것은 모두 3개이다.

제53조의2(장기요양급여심사위원회의 설치) ① 다음 각 호의 사항을 심의하기 위하여 공단에 장기요양급여심사위원회(이하 "급여심사위원회"라 한다)를 둔다.
1. 장기요양급여 제공 기준의 세부사항 설정 및 보완에 관한 사항
2. 장기요양급여비용 및 산정방법의 세부사항 설정 및 보완에 관한 사항
3. 장기요양급여비용 심사기준 개발 및 심사조정에 관한 사항
4. 그 밖에 공단 이사장이 필요하다고 인정한 사항

② 급여심사위원회는 위원장 1명을 포함하여 10명 이하의 위원으로 구성한다.

③ 이 법에서 정한 것 외에 급여심사위원회의 구성·운영, 그 밖에 필요한 사항은 대통령령으로 정한다.

74 ▸ ③

㉠ 제37조 제1항 제4호에 해당하는 경우이다. 제37조의2 제1항에 따르면, 특별자치시장·특별자치도지사·시장·군수·구청장은 제37조 제1항 각 호의 어느 하나에 해당하는 행위를 이유로 업무정지명령을 해야 하는 경우 보건복지부장관이 정하는 특별한 사유가 있다고 인정될 때 업무정지명령을 갈음해 2억 원 이하의 과징금을 부과할 수 있다. 하지만, 제37조 제1항 제4호의 경우는 제외한다고 하였으므로, 과징금 부과로 업무정지명령을 갈음할 수 없다.

㉣ 제37조 제1항 제1호에 해당하는 경우로, 반드시 지정을 취소해야 한다.

㉡ 제37조 제1항 제6호 다목에 해당하는 경우로, 지정 취소나 업무정지가 모두 가능하다.

㉢ 제37조 제1항 제3호의5에 해당하는 경우로, 반드시 지정을 취소해야 한다.

제37조(장기요양기관 지정의 취소 등) ① 특별자치시장·특별자치도지사·시장·군수·구청장은 장기요양기관이 다음 각 호의 어느 하나에 해당하는 경우 그 지정을 취소하거나 6개월의 범위에서 업무정지를 명할 수 있다. 다만, 제1호, 제2호의2, 제3호의5, 제7호, 또는 제8호에 해당하는 경우에는 지정을 취소하여야 한다.
1. 거짓이나 그 밖의 부정한 방법으로 지정을 받은 경우
1의 2. 제28조의2를 위반하여 급여외행위를 제공한 경우. 다만, 장기요양기관의 장이 그 위반행위를 방지하기 위하여 해당 업무에 관하여 상당한 주의와 감독을 게을리하지 아니한 경우는 제외한다.
3. 제35조 제1항을 위반하여 장기요양급여를 거부한 경우
3의2. 제35조 제5항을 위반하여 본인부담금을 면제하거나 감경하는 행위를 한 경우
3의3. 제35조 제6항을 위반하여 수급자를 소개, 알선 또는 유인하는 행위 및 이를 조장하는 행위를 한 경우
3의4. 제35조의4 제2항 각 호의 어느 하나를 위반한 경우
3의5. 제36조 제1항에 따른 폐업 또는 휴업 신고를 하지 아니하고 1년 이상 장기요양급여를 제공하지 아니한 경우
3의6. 제36조의2에 따른 시정명령을 이행하지 아니하거나 회계부정 행위가 있는 경우
3의7. 정당한 사유 없이 제54조에 따른 평가를 거부·방해 또는 기피하는 경우
4. 거짓이나 그 밖의 부정한 방법으로 재가 및 시설 급여비용을 청구한 경우
6. 장기요양기관의 종사자 등이 다음 각 목의 어느 하나에 해당하는 행위를 한 경우. 다만, 장기요양기관의 장이 그 행위를 방지하기 위하여 해당 업무에 관하여 상당한 주의와 감독을 게을리하지 아니한 경우는 제외한다.
   가. 수급자의 신체에 폭행을 가하거나 상해를 입히는 행위
   나. 수급자에게 성적 수치심을 주는 성폭행, 성희롱 등의 행위
   다. 자신의 보호·감독을 받는 수급자를 유기하거나 의식주를 포함한 기본적 보호 및 치료를 소홀히 하는 방임행위
   라. 수급자를 위하여 증여 또는 급여된 금품을 그 목적 외의 용도에 사용하는 행위
   마. 폭언, 협박, 위협 등으로 수급자의 정신건강에 해를 끼치는 정서적 학대행위

제37조의2(과징금의 부과 등) ① 특별자치시장·특별자치도지사·시장·군수·구청장은 제37조 제1항 각 호의 어느 하나(같은 항 제4호는 제외한다)에 해당하는 행위를 이유로 업무정지명령을 하여야 하는 경우로서 그 업무정지가 해당 장기요양기관을 이용하는 수급자에게 심한 불편을 줄 우려가 있는 등 보건복지부장관이 정하는 특별한 사유가 있다고 인정되는 경우에는 업무정지명령을 갈음하여 2억 원 이하의 과징금을 부과할 수 있다. 다만, 제37조 제1항 제6호를 위반한 행위로서 보건복지부령으로 정하는 경우에는 그러하지 아니하다.

75 ▸ ③

㉠ 제55조 제1항, ㉣ 제55조 제3항과 4항에서 확인할 수 있다.
㉡ 제55조 제2항에 따르면, 심사청구는 그 처분이 있음을 안 날부터 90일 이내에 문서로 하여야 한다.
㉢ 제55조 제2항에 따르면, 처분이 있은 날부터 180일이 경과하면 심사청구를 제기하지 못한다.

제55조(심사청구) ① 장기요양인정·장기요양등급·장기요양급여·부당이득·장기요양급여비용 또는 장기요양보험료 등에 관한 공단의 처분에 이의가 있는 자는 공단에 심사청구를 할 수 있다.
② 제1항에 따른 심사청구는 그 처분이 있음을 안 날부터 90일 이내에 문서(「전자정부법」 제2조 제7호에 따른 전자문서를 포함한다)로 하여야 하며, 처분이 있은 날부터 180일을 경과하면 이를 제기하지 못한다. 다만, 정당한 사유로 그 기간에 심사청구를 할 수 없었음을 증명하면 그 기간이 지난 후에도 심사청구를 할 수 있다.
③ 제1항에 따른 심사청구 사항을 심사하기 위하여 공단에 장기요양심사위원회(이하 "심사위원회"라 한다)를 둔다.
④ 심사위원회는 위원장 1명을 포함한 50명 이내의 위원으로 구성한다.

76 ▸ ③

㉢ 제59조 제3항에 따르면, 정보통신망 및 정보통신서비스 시설이 열악한 지역 등 보건복지부장관이 정하는 지역의 경우 전자문서·전산매체 또는 전자문서교환방식을 이용하지 아니할 수 있다.
㉣ 제60조 제1항에 따르면, 공단은 장기요양사업 수행에 필요하다고 인정할 때 자료의 제출을 요구할 수 있다. '보건복지부령에서 인정하는 사항'에 관하여는 제시되어 있지 않다.

제59조(전자문서의 사용) ① 장기요양사업에 관련된 각종 서류의 기록, 관리 및 보관은 보건복지부령으로 정하는 바에 따라 전자문서로 한다.
② 공단 및 장기요양기관은 장기요양기관의 지정신청, 재가·시설 급여비용의 청구 및 지급, 장기요양기관의 재무·회계정보 처리 등에 대하여 전산매체 또는 전자문서교환방식을 이용하여야 한다.
③ 제1항 및 제2항에도 불구하고 정보통신망 및 정보통신서비스 시설이 열악한 지역 등 보건복지부장관이 정하는 지역의 경우 전자문서·전산매체 또는 전자문서교환방식을 이용하지 아니할 수 있다.

제60조(자료의 제출 등) ① 공단은 장기요양급여 제공내용 확인, 장기요양급여의 관리·평가 및 장기요양보험료 산정 등 장기요양사업 수행에 필요하다고 인정할 때 다음 각 호의 어느 하나에 해당하는 자에게 자료의 제출을 요구할 수 있다.
1. 장기요양보험가입자 또는 그 피부양자 및 의료급여수급권자
2. 수급자, 장기요양기관 및 의료기관
② 제1항에 따라 자료의 제출을 요구받은 자는 성실히 이에 응하여야 한다.

77 ▸ ①

㉢ 제43조 제4항에 따르면, 공단은 장기요양기관이 수급자로부터 부정한 방법을 사용해 장기요양급여비용을 받은 때 해당 장기요양기관으로부터 이를 징수하여 수급자에게 지체 없이 지급하여야 하며, 해당 비용은 수급자가 납부할 장기요양보험료 등과 상계할 수 있다.

제43조(부당이득의 징수) ① 공단은 장기요양급여를 받은 자, 장기요양급여비용을 받은 자 또는 의사소견서·방문간호지시서 발급비용(이하 "의사소견서등 발급비용"이라 한다)을 받은 자가 다음 각 호의 어느 하나에 해당하는 경우 그 장기요양급여, 장기요양급여비용 또는 의사소견서등 발급비용에 상당하는 금액을 징수한다. 이 경우 의사소견서등 발급비용에 관하여는 「국민건강보험법」 제57조 제2항을 준용하며, "보험급여 비용"은 "의사소견서등 발급비용"으로, "요양기관"은 "의료기관"으로 본다.
1. 제15조 제5항에 따른 등급판정 결과 같은 조 제4항 각 호의 어느 하나에 해당하는 것으로 확인된 경우
2. 제28조의 월 한도액 범위를 초과하여 장기요양급여를 받은 경우
3. 제29조 또는 제30조에 따라 장기요양급여의 제한 등을 받을 자가 장기요양급여를 받은 경우
4. 제37조 제1항 제4호에 따른 거짓이나 그 밖의 부정한 방법으로 재가 및 시설 급여비용을 청구하여 이를 지급받은 경우
4의2. 거짓이나 그 밖의 부정한 방법으로 의사소견서등 발급비용을 청구하여 이를 지급받은 경우
5. 그 밖에 이 법상의 원인 없이 공단으로부터 장기요양급여를 받거나 장기요양급여비용을 지급받은 경우
② 공단은 제1항의 경우 거짓 보고 또는 증명에 의하거나 거짓 진단에 따라 장기요양급여가 제공된 때 거짓의 행위에 관여한 자에 대하여 장기요양급여를 받은 자와 연대하여 제1항에 따른 징수금을 납부하게 할 수 있다.
③ 공단은 제1항의 경우 거짓이나 그 밖의 부정한 방법으로 장기요양급여를 받은 자와 같은 세대에 속한 자(장기요양급여를 받은 자를 부양하고 있거나 다른 법령에 따라 장기요양급여를 받은 자를 부양할 의무가 있는 자를 말한다)에 대하여 거짓이나 그 밖의 부정한 방법으로 장기요양급여를 받은 자와 연대하여 제1항에 따른 징수금을 납부하게 할 수 있다.
④ 공단은 제1항의 경우 장기요양기관이나 의료기관이 수급자 또는 신청인으로부터 거짓이나 그 밖의 부정한 방법으로 장기요양급여비용 또는 의사소견서등 발급비용을 받은 때 해당 장기요양기관 또는 의료기관으로부터 이를 징수하여 수급자 또는 신청인에게 지체 없이 지급하여야 한다. 이 경우 공단은 수급자 또는 신청인에게 지급하여야 하는 금액을 그 수급자 또는 신청인이 납부하여야 하는 장기요양보험료등과 상계할 수 있다.

78 ▸ ②

② 제37조의3 제1항 제1호에 따르면, 이 경우 위반사실, 처분내용 등 대통령령으로 정하는 사항을 공표하여야 한다.
① 제37조의3 제4항에 따르면, 공표심의위원회의 구성·운영 등에 필요한 사항은 대통령령으로 정한다.
③ 제37조의3 제1항에 따르면, 장기요양기관의 폐업 등으로 공표의 실효성이 없는 경우에는 공표하지 않는다고 하였다.
④ 제37조의3 제3항에 따르면, 보건복지부장관 또는 특별자치시장·특별자치도지사·시장·군수·구청장은 제1항 및 제2항에 따른 공표 여부 등을 심의하기 위하여 공표심의위원회를 설치·운영할 수 있다.

제37조의3(위반사실 등의 공표) ① 보건복지부장관 또는 특별자치시장·특별자치도지사·시장·군수·구청장은 장기요양기관이 거짓으로 재가·시설 급여비용을 청구하였다는 이유로 제37조 또는 제37조의2에 따른 처분이 확정된 경우로서 다음 각 호의 어느 하나에 해당하는 경우에는 위반사실, 처분내용, 장기요양기관의 명칭·주소, 장기요양기관의 장의 성명, 그 밖에 다른 장기요양기관과의 구별에 필요한 사항으로서 대통령령으로 정하는 사항을 공표하여야 한다. 다만, 장기요양기관의 폐업 등으로 공표의 실효성이 없는 경우에는 그러하지 아니하다.
1. 거짓으로 청구한 금액이 1천만원 이상인 경우
2. 거짓으로 청구한 금액이 장기요양급여비용 총액의 100분의 10 이상인 경우

③ 보건복지부장관 또는 특별자치시장·특별자치도지사·시장·군수·구청장은 제1항 및 제2항에 따른 공표 여부 등을 심의하기 위하여 공표심의위원회를 설치·운영할 수 있다.
④ 제1항 및 제2항에 따른 공표 여부의 결정 방법, 공표 방법·절차 및 제3항에 따른 공표심의위원회의 구성·운영 등에 필요한 사항은 대통령령으로 정한다.

79 ▸ ②

㉢ 제35조의3 제1항, ㉣ 제35조의3 제4항 제1호에서 찾을 수 있는 내용이다.
㉠ 제35조의3 제3항에 따르면, 보건복지부장관이 인권교육기관을 지정할 경우 인권교육 비용을 지원할 수 있고, 인권교육기관은 교육에 필요한 비용을 교육대상자, 즉 장기요양기관 종사자로부터 징수할 수 있다고 하였다. 따라서 교육비용을 모두 보건복지부장관이 지원하는 것은 아니다.
㉡ 제35조의3 제2항에 따르면, 장기요양기관 중 대통령령으로 정하는 기관을 운영하는 자는 해당 기관을 이용하고 있는 장기요양급여 수급자에게 인권교육을 실시할 수 있다. 반드시 교육을 해야 하는 것은 아니다.
따라서, 옳은 설명은 ㉢, ㉣ 2개이다.

제35조의3(인권교육) ① 장기요양기관 중 대통령령으로 정하는 기관을 운영하는 자와 그 종사자는 인권에 관한 교육(이하 이 조에서 "인권교육"이라 한다)을 받아야 한다.
② 장기요양기관 중 대통령령으로 정하는 기관을 운영하는 자는 해당 기관을 이용하고 있는 장기요양급여 수급자에게 인권교육을 실시할 수 있다.
③ 보건복지부장관은 제1항 및 제2항에 따른 인권교육을 효율적으로 실시하기 위하여 인권교육기관을 지정할 수 있다. 이 경우 예산의 범위에서 인권교육에 소요되는 비용을 지원할 수 있으며, 지정을 받은 인권교육기관은 보건복지부장관의 승인을 받아 인권교육에 필요한 비용을 교육대상자로부터 징수할 수 있다.
④ 보건복지부장관은 제3항에 따라 지정을 받은 인권교육기관이 다음 각 호의 어느 하나에 해당하면 그 지정을 취소하거나 6개월 이내의 기간을 정하여 업무의 정지를 명할 수 있다. 다만, 제1호에 해당하면 그 지정을 취소하여야 한다.
1. 거짓이나 그 밖의 부정한 방법으로 지정을 받은 경우
2. 제5항에 따라 보건복지부령으로 정하는 지정요건을 갖추지 못하게 된 경우
3. 인권교육의 수행능력이 현저히 부족하다고 인정되는 경우

80 ▸ ①

㉣ 제54조 제2항에 따르면, 장기요양기관이 장기요양급여의 제공 기준·절차·방법 등에 따라 적정하게 장기요양급여를 제공하였는지를 평가하는 것은 공단이다.

제53조(등급판정위원회의 운영) ① 등급판정위원회 위원장은 위원 중에서 특별자치시장·특별자치도지사·시장·군수·구청장이 위촉한다. 이 경우 제52조 제2항 단서에 따라 2 이상의 특별자치시·특별자치도·시·군·구를 통합하여 하나의 등급판정위원회를 설치하는 때 해당 특별자치시장·특별자치도지사·시장·군수·구청장이 공동으로 위촉한다.
② 등급판정위원회 회의는 구성원 과반수의 출석으로 개의하고 출석위원 과반수의 찬성으로 의결한다.
③ 이 법에 정한 것 외에 등급판정위원회의 구성·운영, 그 밖에 필요한 사항은 대통령령으로 정한다.

제54조(장기요양급여의 관리·평가) ② 공단은 장기요양기관이 제23조 제5항에 따른 장기요양급여의 제공 기준·절차·방법 등에 따라 적정하게 장기요양급여를 제공하였는지 평가를 실시하고 그 결과를 공단의 홈페이지 등에 공표하는 등 필요한 조치를 할 수 있다.

국민건강보험공단

NCS + 법률

박문각

국민건강보험공단 봉투모의고사 (3회)

생년월일													
						–	*	*	*	*	*	*	*
	①	①	①	①	①								
	②		②	②	②								
	③		③	③	③								
	④		④		④								
⑤	⑤		⑤		⑤								
⑥	⑥		⑥		⑥								
⑦	⑦		⑦		⑦								
⑧	⑧		⑧		⑧								
⑨	⑨		⑨		⑨								
⓪	⓪	⓪	⓪	⓪	⓪								

이름								
ㄱ	ㅏ	ㄱ	ㄱ	ㅏ	ㄱ	ㄱ	ㅏ	ㄱ
ㄴ	ㅑ	ㄴ	ㄴ	ㅑ	ㄴ	ㄴ	ㅑ	ㄴ
ㄷ	ㅓ	ㄷ	ㄷ	ㅓ	ㄷ	ㄷ	ㅓ	ㄷ
ㄹ	ㅕ	ㄹ	ㄹ	ㅕ	ㄹ	ㄹ	ㅕ	ㄹ
ㅁ	ㅗ	ㅁ	ㅁ	ㅗ	ㅁ	ㅁ	ㅗ	ㅁ
ㅂ	ㅛ	ㅂ	ㅂ	ㅛ	ㅂ	ㅂ	ㅛ	ㅂ
ㅅ	ㅜ	ㅅ	ㅅ	ㅜ	ㅅ	ㅅ	ㅜ	ㅅ
ㅇ	ㅠ	ㅇ	ㅇ	ㅠ	ㅇ	ㅇ	ㅠ	ㅇ
ㅈ	ㅡ	ㅈ	ㅈ	ㅡ	ㅈ	ㅈ	ㅡ	ㅈ
ㅊ	ㅣ	ㅊ	ㅊ	ㅣ	ㅊ	ㅊ	ㅣ	ㅊ
ㅋ	ㅐ	ㅋ	ㅋ	ㅐ	ㅋ	ㅋ	ㅐ	ㅋ
ㅌ	ㅒ	ㅌ	ㅌ	ㅒ	ㅌ	ㅌ	ㅒ	ㅌ
ㅍ	ㅔ	ㅍ	ㅍ	ㅔ	ㅍ	ㅍ	ㅔ	ㅍ
ㅎ	ㅖ	ㅎ	ㅎ	ㅖ	ㅎ	ㅎ	ㅖ	ㅎ
	ㅘ			ㅘ			ㅘ	
	ㅚ			ㅚ			ㅚ	
	ㅝ			ㅝ			ㅝ	
	ㅟ			ㅟ			ㅟ	
	ㅢ			ㅢ			ㅢ	
	ㅙ			ㅙ			ㅙ	
	ㅞ			ㅞ			ㅞ	

응시번호							
①	①	①	①	①	①	①	①
②	②	②	②	②	②	②	②
③	③	③	③	③	③	③	③
④	④	④	④	④	④	④	④
⑤	⑤	⑤	⑤	⑤	⑤	⑤	⑤
⑥	⑥	⑥	⑥	⑥	⑥	⑥	⑥
⑦	⑦	⑦	⑦	⑦	⑦	⑦	⑦
⑧	⑧	⑧	⑧	⑧	⑧	⑧	⑧
⑨	⑨	⑨	⑨	⑨	⑨	⑨	⑨
⓪	⓪	⓪	⓪	⓪	⓪	⓪	⓪

1	① ② ③ ④	21	① ② ③ ④	41	① ② ③ ④	61	① ② ③ ④
2	① ② ③ ④	22	① ② ③ ④	42	① ② ③ ④	62	① ② ③ ④
3	① ② ③ ④	23	① ② ③ ④	43	① ② ③ ④	63	① ② ③ ④
4	① ② ③ ④	24	① ② ③ ④	44	① ② ③ ④	64	① ② ③ ④
5	① ② ③ ④	25	① ② ③ ④	45	① ② ③ ④	65	① ② ③ ④
6	① ② ③ ④	26	① ② ③ ④	46	① ② ③ ④	66	① ② ③ ④
7	① ② ③ ④	27	① ② ③ ④	47	① ② ③ ④	67	① ② ③ ④
8	① ② ③ ④	28	① ② ③ ④	48	① ② ③ ④	68	① ② ③ ④
9	① ② ③ ④	29	① ② ③ ④	49	① ② ③ ④	69	① ② ③ ④
10	① ② ③ ④	30	① ② ③ ④	50	① ② ③ ④	70	① ② ③ ④
11	① ② ③ ④	31	① ② ③ ④	51	① ② ③ ④	71	① ② ③ ④
12	① ② ③ ④	32	① ② ③ ④	52	① ② ③ ④	72	① ② ③ ④
13	① ② ③ ④	33	① ② ③ ④	53	① ② ③ ④	73	① ② ③ ④
14	① ② ③ ④	34	① ② ③ ④	54	① ② ③ ④	74	① ② ③ ④
15	① ② ③ ④	35	① ② ③ ④	55	① ② ③ ④	75	① ② ③ ④
16	① ② ③ ④	36	① ② ③ ④	56	① ② ③ ④	76	① ② ③ ④
17	① ② ③ ④	37	① ② ③ ④	57	① ② ③ ④	77	① ② ③ ④
18	① ② ③ ④	38	① ② ③ ④	58	① ② ③ ④	78	① ② ③ ④
19	① ② ③ ④	39	① ② ③ ④	59	① ② ③ ④	79	① ② ③ ④
20	① ② ③ ④	40	① ② ③ ④	60	① ② ③ ④	80	① ② ③ ④

박문각

국민건강보험공단 봉투모의고사 (2회)

생 년 월 일

						–	*	*	*	*	*	*	*
	①	①	①	①	①								
	②		②	②	②								
	③		③	③	③								
	④		④		④								
⑤	⑤		⑤		⑤								
⑥	⑥		⑥		⑥								
⑦	⑦		⑦		⑦								
⑧	⑧		⑧		⑧								
⑨	⑨		⑨		⑨								
⓪	⓪	⓪	⓪	⓪	⓪								

이 름

(3 blocks, each with the following columns)

- ㄱ ㄴ ㄷ ㄹ ㅁ ㅂ ㅅ ㅇ ㅈ ㅊ ㅋ ㅌ ㅍ ㅎ
- ㅏ ㅑ ㅓ ㅕ ㅗ ㅛ ㅜ ㅠ ㅡ ㅣ ㅐ ㅒ ㅔ ㅖ ㅘ ㅚ ㅝ ㅟ ㅢ ㅙ ㅞ
- ㄱ ㄴ ㄷ ㄹ ㅁ ㅂ ㅅ ㅇ ㅈ ㅊ ㅋ ㅌ ㅍ ㅎ

응 시 번 호

①	①	①	①	①	①	①	①
②	②	②	②	②	②	②	②
③	③	③	③	③	③	③	③
④	④	④	④	④	④	④	④
⑤	⑤	⑤	⑤	⑤	⑤	⑤	⑤
⑥	⑥	⑥	⑥	⑥	⑥	⑥	⑥
⑦	⑦	⑦	⑦	⑦	⑦	⑦	⑦
⑧	⑧	⑧	⑧	⑧	⑧	⑧	⑧
⑨	⑨	⑨	⑨	⑨	⑨	⑨	⑨
⓪	⓪	⓪	⓪	⓪	⓪	⓪	⓪

1	① ② ③ ④	21	① ② ③ ④	41	① ② ③ ④	61	① ② ③ ④
2	① ② ③ ④	22	① ② ③ ④	42	① ② ③ ④	62	① ② ③ ④
3	① ② ③ ④	23	① ② ③ ④	43	① ② ③ ④	63	① ② ③ ④
4	① ② ③ ④	24	① ② ③ ④	44	① ② ③ ④	64	① ② ③ ④
5	① ② ③ ④	25	① ② ③ ④	45	① ② ③ ④	65	① ② ③ ④
6	① ② ③ ④	26	① ② ③ ④	46	① ② ③ ④	66	① ② ③ ④
7	① ② ③ ④	27	① ② ③ ④	47	① ② ③ ④	67	① ② ③ ④
8	① ② ③ ④	28	① ② ③ ④	48	① ② ③ ④	68	① ② ③ ④
9	① ② ③ ④	29	① ② ③ ④	49	① ② ③ ④	69	① ② ③ ④
10	① ② ③ ④	30	① ② ③ ④	50	① ② ③ ④	70	① ② ③ ④
11	① ② ③ ④	31	① ② ③ ④	51	① ② ③ ④	71	① ② ③ ④
12	① ② ③ ④	32	① ② ③ ④	52	① ② ③ ④	72	① ② ③ ④
13	① ② ③ ④	33	① ② ③ ④	53	① ② ③ ④	73	① ② ③ ④
14	① ② ③ ④	34	① ② ③ ④	54	① ② ③ ④	74	① ② ③ ④
15	① ② ③ ④	35	① ② ③ ④	55	① ② ③ ④	75	① ② ③ ④
16	① ② ③ ④	36	① ② ③ ④	56	① ② ③ ④	76	① ② ③ ④
17	① ② ③ ④	37	① ② ③ ④	57	① ② ③ ④	77	① ② ③ ④
18	① ② ③ ④	38	① ② ③ ④	58	① ② ③ ④	78	① ② ③ ④
19	① ② ③ ④	39	① ② ③ ④	59	① ② ③ ④	79	① ② ③ ④
20	① ② ③ ④	40	① ② ③ ④	60	① ② ③ ④	80	① ② ③ ④

국민건강보험공단 봉투모의고사 (1회)

생년월일

						–	*	*	*	*	*	*	*
	①	①	①	①	①								
	②		②	②	②								
	③		③	③	③								
	④		④		④								
⑤	⑤		⑤		⑤								
⑥	⑥		⑥		⑥								
⑦	⑦		⑦		⑦								
⑧	⑧		⑧		⑧								
⑨	⑨		⑨		⑨								
⓪	⓪	⓪	⓪	⓪	⓪								

이름

㉠	ㅏ	㉠	㉠	ㅏ	㉠	㉠	ㅏ	㉠
㉡	ㅑ	㉡	㉡	ㅑ	㉡	㉡	ㅑ	㉡
㉢	ㅓ	㉢	㉢	ㅓ	㉢	㉢	ㅓ	㉢
㉣	ㅕ	㉣	㉣	ㅕ	㉣	㉣	ㅕ	㉣
㉤	ㅗ	㉤	㉤	ㅗ	㉤	㉤	ㅗ	㉤
㉥	ㅛ	㉥	㉥	ㅛ	㉥	㉥	ㅛ	㉥
㉦	ㅜ	㉦	㉦	ㅜ	㉦	㉦	ㅜ	㉦
㉧	ㅠ	㉧	㉧	ㅠ	㉧	㉧	ㅠ	㉧
㉨	ㅡ	㉨	㉨	ㅡ	㉨	㉨	ㅡ	㉨
㉩	ㅣ	㉩	㉩	ㅣ	㉩	㉩	ㅣ	㉩
㉪	ㅐ	㉪	㉪	ㅐ	㉪	㉪	ㅐ	㉪
㉫	ㅒ	㉫	㉫	ㅒ	㉫	㉫	ㅒ	㉫
㉬	ㅔ	㉬	㉬	ㅔ	㉬	㉬	ㅔ	㉬
㉭	ㅖ	㉭	㉭	ㅖ	㉭	㉭	ㅖ	㉭
	ㅘ			ㅘ			ㅘ	
	ㅚ			ㅚ			ㅚ	
	ㅝ			ㅝ			ㅝ	
	ㅟ			ㅟ			ㅟ	
	ㅢ			ㅢ			ㅢ	
	ㅙ			ㅙ			ㅙ	
	ㅞ			ㅞ			ㅞ	

응시번호

①	①	①	①	①	①	①	①
②	②	②	②	②	②	②	②
③	③	③	③	③	③	③	③
④	④	④	④	④	④	④	④
⑤	⑤	⑤	⑤	⑤	⑤	⑤	⑤
⑥	⑥	⑥	⑥	⑥	⑥	⑥	⑥
⑦	⑦	⑦	⑦	⑦	⑦	⑦	⑦
⑧	⑧	⑧	⑧	⑧	⑧	⑧	⑧
⑨	⑨	⑨	⑨	⑨	⑨	⑨	⑨
⓪	⓪	⓪	⓪	⓪	⓪	⓪	⓪

1	① ② ③ ④	21	① ② ③ ④	41	① ② ③ ④	61	① ② ③ ④
2	① ② ③ ④	22	① ② ③ ④	42	① ② ③ ④	62	① ② ③ ④
3	① ② ③ ④	23	① ② ③ ④	43	① ② ③ ④	63	① ② ③ ④
4	① ② ③ ④	24	① ② ③ ④	44	① ② ③ ④	64	① ② ③ ④
5	① ② ③ ④	25	① ② ③ ④	45	① ② ③ ④	65	① ② ③ ④
6	① ② ③ ④	26	① ② ③ ④	46	① ② ③ ④	66	① ② ③ ④
7	① ② ③ ④	27	① ② ③ ④	47	① ② ③ ④	67	① ② ③ ④
8	① ② ③ ④	28	① ② ③ ④	48	① ② ③ ④	68	① ② ③ ④
9	① ② ③ ④	29	① ② ③ ④	49	① ② ③ ④	69	① ② ③ ④
10	① ② ③ ④	30	① ② ③ ④	50	① ② ③ ④	70	① ② ③ ④
11	① ② ③ ④	31	① ② ③ ④	51	① ② ③ ④	71	① ② ③ ④
12	① ② ③ ④	32	① ② ③ ④	52	① ② ③ ④	72	① ② ③ ④
13	① ② ③ ④	33	① ② ③ ④	53	① ② ③ ④	73	① ② ③ ④
14	① ② ③ ④	34	① ② ③ ④	54	① ② ③ ④	74	① ② ③ ④
15	① ② ③ ④	35	① ② ③ ④	55	① ② ③ ④	75	① ② ③ ④
16	① ② ③ ④	36	① ② ③ ④	56	① ② ③ ④	76	① ② ③ ④
17	① ② ③ ④	37	① ② ③ ④	57	① ② ③ ④	77	① ② ③ ④
18	① ② ③ ④	38	① ② ③ ④	58	① ② ③ ④	78	① ② ③ ④
19	① ② ③ ④	39	① ② ③ ④	59	① ② ③ ④	79	① ② ③ ④
20	① ② ③ ④	40	① ② ③ ④	60	① ② ③ ④	80	① ② ③ ④